부활
신학

Immortality or Resurrection?

A Biblical Study on Human Nature and Destiny

Authored by Samuele Bacchiocchi

Translated by Byung Ho Jang

Christian Research Institute

인간의 본질과 운명에 대한 성서적 연구

사람들은 실제로 성경이 그들의 본질을 꼴 짓고
있는 것과 그들의 운명에 대한 하나님의 계획을
가르치고 있다는 것에 관심을 가지고 있는가?

부활
신학

사무엘레 바키오키 저

장병호 역

기독교리서치연구소

기독교의 부활 신앙

김 경 직 박사(기독교리서치연구소장)

기독교 신앙의 핵심을 표현하는 단어들이 몇 가지 있다. 예수, 사랑, 생명, 구원, 영생 등과 같은 낱말들이다. 특히, 죽음을 피할 수 없는 인생들에게 "영생"이라는 말은 매우 중요한 의미를 갖는다. 이미 죽은 그리스도인들에게 영생이란 무슨 의미를 갖는 것인가? 이 질문의 대답으로 사용된 성경상의 용어는 "부활"이다. 예수께서 말씀하셨다. "나는 부활이요 생명이니 나를 믿는 자는 죽어도 살겠고 무릇 살아서 나를 믿는 자는 영원히 죽지 아니하리니 이것을 네가 믿느냐"(요 11:26, 27). 이 말씀은 기독교 신앙의 매우 중요한 두 가지 사실을 설명하고 있다.

첫째, 하나님을 믿는 참된 신앙심을 가지고 살다가 죽은 자들은 다시 살아나서 영생으로 들어간다는 말씀이다. 언제 다시 살아나는가? 예수께서 재림하실 때 불멸의 몸으로 부활한다. 둘째, 올바른 믿음을 가지고 살던 중에 예수께서 재림하시면, 죽음을 맛보지 않고 영생하게 된다. 이 두 가지 사실을 증거하는 성경구절이 데살로니가전서 4장 16, 17절이다. "주께서 호령과 천사장의 소리와 하나님의 나팔로 친히 하늘로 좇아 강림하시리니 그리스도 안에서 죽은 자들이 먼저 일어나고 그후에 우리 살아남은 자도 저희와 함께 구름 속으로 끌어

올려 공중에서 주를 영접하게 하시리니 그리하여 우리가 항상 주와 함께 있으리라."

그런데 불행하게도 오늘날 이 중대한 부활의 문제가 묻혀져 있다. 대부분의 사람들은 죽을 때에 영혼이 분리되어 천국에 간다는 신앙심을 가지고 산다. 그렇기 때문에 예수께서 성도들을 구원하시러 내려오시는 재림이나 재림시에 일어날 부활에 대하여 깊은 관심이 갖지 않는 것이 오늘날 우리 기독교의 현실이다. 그런데 매우 놀라운 사실은, 사람의 몸에서 영혼이 분리되어 천국이나 지옥으로 간다는 교리가 중세기 천주교에서 연옥설과 함께 만들어졌다는 것이다. 건전한 기독교 신앙을 가지려면, 부활 신앙에 대한 올바른 이해가 있어야 한다. 아이러니 하게도 이 부활에 대한 깊은 신학을 가지고 있는 교파는 재림교회이다. 그들은 확고한 재림 사상과 함께 부활에 대한 확실한 소망을 가지고 신앙생활을 하고 있다.

〈부활 신학〉이라는 본서의 저자 사무엘레 바키오키 박사는 교황청 대학을 졸업한 세계적인 석학이다. 그는 해박한 지식과 경험을 통해서 기독교 신앙의 핵심이라고도 할 수 있는 부활에 대하여 매우 광범위한 자료와 성경을 바탕으로 명쾌한 설명을 하고 있다. 부활에 관한 한 이 책에 필적할만한 책을 찾기는 쉽지 않을 것이라고 생각된다. 기독교의 부활 신앙에 대한 올바른 신학적 배경과 성경적 개념을 이해하기 위하여 열린 마음으로 그 번역서를 내놓게 되었다. 아무쪼록 이 책을 대하는 모든 독자들은 편견 없이 정직한 양심으로 모든 내용을 잘 살펴서 부활 신앙의 새로운 지평이 열려지기를 바란다.

　토마스 선교사의 순교 후 언더우드와 아펜젤러가 이 땅에 개신교선교의 문을 연지도 130년이 되었다. 가난과 질병이 만연했던 이 땅에 개신교회는 근대식병원과 서구식 학교들을 세웠다. 이후 초대교회가 로마제국의 혹독한 박해를 받고 성장했던 것처럼, 한국 개신교는 일제의 강점기 동안에 극심한 박해를 견뎌내며 끝내 대한민국을 일약 기독교국가로 탈바꿈시켰다. 그러나 한 세기를 넘기면서 한국교회는 급격한 침체의 늪에 빠져들었다.

　지난 2006년의 통계청 인구조사와 2010년의 한 리서치의 호감도 조사는 가히 충격적이었다. 개신교 인구는 감소한 반면에 가톨릭인구는 급격히 증가되었으며, 호감도 역시 가톨릭, 불교, 개신교 순으로 현저히 낮아졌다. 이는 두말할 필요도 없이 오직 성경만이 유일한 판단기준이라는 개혁자들의 신앙유산을 포기한 자업자득의 결과이다. 설상가상으로 프란체스코교황의 한국방문은 개신교에 또 하나의 부담을 안겼다.

　이즈음에 역자는 교황청 바티칸대학교에서 박사학위를 취득한 사무엘레 바키오키 박사의 부활신학(원문명은 영혼불멸이냐 부활이냐?)이 잠자는 백성들을 깨울 것으로 확신한다. 이원론의 영향력의 심각성을 일깨워주는 본서는 인간의 본질에 대한 성서적 입장을 명쾌히 제시하므로, 하나님의 형상을 따라 지음을 받은 인간의 존엄성을 높여주기도 한다. 특히 저자는 인간의 본질, 타락,

죄, 죽음, 지옥, 천국, 연옥, 육체, 영혼, 재림, 낙원 등에 대한 성서적이고도 신학적인 해박한 지식을 총동원하여 모든 성도들이 이원론의 영향을 극복하고 전인(全人)의 구원을 열망하도록 만든다.

본서는 목회자, 신학자, 평신도, 신학도 그리고 일반 학자들에 이르기까지 폭넓은 독자층의 필독서로 손색이 없는 책이다.

본서를 통해 재림과 부활신앙의 감격을 바라는 모든 교회와 성도들의 염원이 기필코 성취되기를 기도드린다.

클락 피녹(캐나다 온타리오, 해밀톤에 있는 MC Master 신학대학 교수)

사무엘 바키오키 박사께서 저술하신 눈부신 또 다른 한권의 책을 진심으로 환영해 마지 않는다. 오스카 쿨만의 전통을 이어받아, 바키오키 박사께서는 죽은 자의 부활에 대한 초기 그리스도인의 소망을 불멸의 영혼이 살아있다는 헬라인들의 기대감과 대조하므로 더욱 완전하게 제시하였다. 이토록 훌륭한 새로운 책에서, 그는 철저한 성서적 연구를 통해서 인간의 본질(human nature)은 하나의 나눌 수 없는 통일체라는 사실을 제시하며, 아울러 우리의 운명과 많은 다른 문제들을 이끌어낸다.

인류학적인 이원론은 그리스도의 출현에 대한 우리의 복된 소망을 약화시키고 앞으로 올 세상에 대한 우리의 이해를 곡해시키므로 매우 심각한 해(害)를 입혀왔다. 그것은 또한 영혼과 대조를 이루는 몸에 대한 부정적인 견해와 전적인 변형으로보다는 오히려 하나의 내적인 경험으로 보는 구원에 대한 개념을 포함하고 있는 많은 오류의 양분상황을 조장해 왔다. 무엇보다 가장 나쁜 것은 그것이 하나님께서 악한 자들이 의식을 가지고 지옥에서 끝없이 고통을 당하도록 하였다는 변태적인 가르침으로 말미암아 그리스도인의 양심에 어떤 짐이 되도록 했으며 또한 많은 구도자들에게 불필요한 반감을 사도록 한 것이다.

많은 학자들은 인간의 본질에 관하여 저자와 의견을 같이 하고 있으나 어느 누구도 필요한 많은 의미들을 이렇게 용기 있게 기술하지 못하였다. 본서는 그리스도인들 가운데서 영혼이 불멸하는 본질이라는 잘못된 견해가 비성서적이며 위해(危害)한 신앙이라는 것을 철저하게 밝히는 데 있어서 꼭 필요한 책이다. 본인은 바키오키 박사에게 축하를 드리면서 이토록 중요한 책을 저술하신 것에 대해 심심한 감사를 드린다.

인간의 본질과 운명에 대한 성서적인 견해를 담고 있는 이 한 권의 책을 왜 저술해야 하는가? 이 주제는 이미 신학자들이 오래 전에 결론 지은 하나의 사문화된 문제가 아닌가? 이 질문을 다시 조사하려는 요지는 무엇인가? 사람들은 실제로 성경이 그들의 본질을 꼴 짓고 있는 것과 그들의 운명에 대한 하나님의 계획을 가르치고 있다는 것에 관심을 가지고 있는가?

문제의 진실은 인간의 본질과 운명에 대한 의문이 하나의 사문화된 것과는 거리가 멀다는 것이다. 근년에 이르러, 많은 성경학자들, 철학자들 그리고 과학자들은 인간의 본질이 물질인 멸절(滅絕)하는 몸과 그리고 영적인 불멸의 혼으로 구성되어 있다는 전통적인 이원론의 견해를 다시 연구하고 있다는 것이다. 그들은 그러한 견해가 성경과 이성 그리고 과학과도 모순되는 하나의 견해라는 것을 발견했다.

사람과 관련된 기초적인 성경용어(몸[body], 혼[soul], 영[spirit], 육[flesh], 마음[mind], 감성[heart])에 대한 면밀한 재점검은 많은 학자들로 하여금 성경에서는 멸절하는 몸과 죽을 때에 "분리되는" 불멸의 영혼 사이에 결코 양분이 없다는 결론에 이르도록 했다. 몸과 혼, 육체와 영은 죽어서 부활할 때까지 존재하지 않는 동일한 사람의 부분으로써 하나의 불가분리의 단일체이다. 이러한 학문적인 연구들을 읽으면서, 기독교가 혼미한 상태에서 벗어나 졸지에 인간의 본질에 대한 견해가 성경적인 통전주의(wholism)보다는 오히려 플라톤의 이원론(dualism)으로부터 이끌어 와서 오랫동안 견지해 왔다는 사실을 발견하게 된다.

결과적으로 인간의 본질에 대한 전통적인 이원론적 견해에 대한 거센 학문적인 공격은 실제로 기독교교단의 많은 연구를 통해 걸러낼 것이다. 이러한 일들이 일어날 때, 죽을 때에 그들의 영혼이 그들의 육체로부터 분리되어 낙원의 행복한 곳에서나 아니면 지옥의 고통 가운데서 계속 머물러있게 된다고 믿고 있는 그리스도인들에게는 지적으로나 개인적인 위기의 원인이 될 것이다. 많은 그리스도인들은 사후에 대한 그들의 신앙이 하나의 기만이었다는 사실을 발견할 때 쓰라린 실망을 경험하게 될 것이다.

성경연구는 죽을 때에 그들의 육체를 떠난 영혼들이 하늘로 간다고 믿고 있는 수많은 그리스도인들에게 실제적으로 엄청난 근심을 불러일으키게 된다는 것은 의심의 여지가 없다. 전통적인 신앙에 대한 이러한 도전들은 파괴적인 것이 될 것이다. 본 연구의 목적은 염려들을 증폭시키는 것이 아니라, 오히려 모든 그리스도인들이 성경의 분명한 진위에 의지하여 그들의 전통적인 신앙을 재점검하므로 만일 그러한 견해들이 비성서적이라는 것이 입증된다면 그러한 것들을 거절하도록 용기를 주고자 함에 있다. 더 나은 내일을 위한 그리스도인들의 소망은 교회의 전통에 의해서가 아니라, 결코 잘못될 수 없는 하나님의 말씀에 기초 되어야 한다.

본서를 기록한 이유

주요한 두 가지의 이유가 나로 하여금 본 연구에 착수하도록 동기를 부여하였다. 그 첫 번째 이유는 전통적인 이원론에 대한 성경학자들의 격렬한 공격에도 불구하고 사후에 의식이 존재한다는 신앙이 더 크게 인기를 얻고 있다는 것이다. 최근의 갤럽 여론조사에 의하면 미국인의 71%가 사후에 어떤 형태로든 의식적인 삶이 있다고 믿는다. 이러한 신앙의 증가는 영매와 심령술사들의 교묘한 모습, 사망의 경험에 대한 고도의 "과학적" 연구 등의 요인들에 기인될 수 있다. 이러한 매개체들은 그들이 무슨 일을 하든지 간에 그들은 "죽지 않을 것이며"(창 3:4), 신들처럼 영원히 살리라는 사단의 거짓말을 사람들이 믿도록 하는데 매우 성공적이다.

본 연구에 착수하게 된 두 번째 이유는 이 부분에 대한 대부분의 학문적 연구가 특성상 전문적이며 연구범위에 한계가 있다는 것이다. 그러한 것들은 대부분의 일반 독자들이 이해하지 못하는 원어인 히브리어나 헬라어를 사용하여 전문적인 언어로 기록되어 있다. 범위도 제한적이어서 종종 인간의 본질(성서적인 인간론)만이든가 또는 인간의 운명(성서적 종말론)에 대한 문제만을 배타적으로 다룬다. 성경학자들은 인간의 본질을 구성하고 있는 것에 대한 성경의 가르침과 인간의 운명의 본질에 대한 가르침 사이에 있는 상호관계를 보여주려고 좀처럼 시도하지 않는다.

사후에 의식이 존재한다는 신앙의 대중적인 수용이 증가되는 것과 이러한 문제를 성경적인 입장에서 기록한 인기 있는 책들의 부재에 대해 알게 된 것이 본서의 집필의 필요성을 확신시켜 주었다. 본서의 집필 목적은 이중적이다. 한편으로는 인간이 영원히 생존하는 불멸의 영혼을 소유하고 있다는 낡고 오래된 기만적인 가르침을 성서적인 논리로 그 정체를 파헤치려는 것이다. 이러한 기만적인 가르침이 기독교 사상과 생활에 부정적인 영향을 끼쳐 총체적으로 잘못된 관점의 신앙을 조장해 왔다. 다른 한편으로 본인은 인간에 대한 성경의 전반적인 견해가 우리의 실제적인 생활, 현재의 세상, 구속 그리고 우리의 궁극적인 운명에 대한 이해에 어떤 영향을 끼쳐 왔는지를 보여주고자 하는 것이다.

연구 과정

본인이 밟고자하는 과정은 두 단계로 구성되어 있다. 첫째, 본인은 2장과 3장에서 중요한 용어인 혼, 몸, 영, 육체 그리고 마음 등의 주요 용어들의 의미와 용례를 점검하므로 구약과 신약의 이해를 조사하였다. 본서는 이러한 용어들은 종종 인간의 본질에 대한 성서적인 견해는 **이원론적**(dualistic)이 아니라 단일체적, 곧 **통전적**(wholistic)이기 때문에 빈번히 상호 교환적으로 사용되어왔다는 것을 보여준다. 몸과 영혼, 육과 영은 동일한 사람의 특질이지, 죽을 때에 "떠나는" 분리될 수 있는 구성요소들이 아니다.

두 번째, 본인은 4장에서 7장까지 인간의 본질에 대한 단일체적인 견해가 죽음의 본질, 부활 때까지의 죽은 자의 상태, 재림, 악한 자들에 대한 최종적인 형벌 그리고 앞으로 올 세상에 대한 성경의 가르침과 어떻게 관련되어 있는지를 제시하였다. 본 연구는 인간의 본질에 대한 성경의 통전적인 견해와 인간의 생애와 운명에 대한 성경의 실제적인 견해 사이에 분명한 관련이 있다는 것을 보여준다.

죽을 수 있는 몸과 죽은 후에도 살아있는 불멸의 영혼으로 인간의 본질이 구성되어 있다는 이원론적인 견해를 가지고 있는 그리스도인들은 역시 인간의 생애와 운명도 이원론적인 형태로 생각한다. 그들은 현재의 생애 죽음, 죽은 자의 상태, 부활, 그리스도인의 소망, 마지막 심판, 앞으로 올 세상을 이원론적으로 정의한다.

이원론은 영혼의 긍정적인 역할과는 대조적으로 몸의 부정적인 견해를 담고 있다. "구원하는 영혼"은 보존하는 육체보다 더 중요하다. **영적인 생명**(vita contemplativa)이 **육적인 생명**(vita active)보다 더 우월하나 구속은 전 인간의 완전한 변화이기보다는 오히려 영혼의 내적인 경험에 불과한 것이다.

이원론은 죽음이란 몸으로부터 혼이 분리되는 것이고 죽은 자의 상태는 육체를 떠난 영혼이 낙원의 축복 속에서나 아니면 지옥의 고통 속 어디서인가 거하는 곳으로 부활은 영광스런 불멸의 몸이 한 영적인 혼(a spiritual soul)에 접합되는 것으로 그리스도인의 소망은 영혼이 복스러운 낙원에 승천하는 것으로 마지막 심판은 지옥 불에서 육체와 영혼이 영원히 고통당하는 것으로 그리고 낙원은 영광스러운 하늘에 있는 어떤 영적인 곳으로, 영적인 성도들이 영원히 묵상과 명상을 통해서 보내는 곳으로 정의한다.

대조적으로 인간의 본질은 몸과 혼과 영의 분리할 수 없는 단일체로 구성되어 있다는 성경적인 통전적 견해를 받아들이는 그리스도인들은 인간의 생명과 운명에 대해서도 통전적인 견해를 가지고 있다. 그들은 죽음을 전인(全人)에게 주어진 생명이 중단되는 것이라는 통전적인 입장으로 정의하며 죽은 자의 상태

부활신학

는 부활 때까지 전인이 무덤에서 쉬는 것으로 그리스도인의 소망은 전인을 부활시키기 위해 그리스도께서 다시 오시는 것에 대한 기대감으로, 낙원은 전 지구가 본래의 완전함으로 회복되는 것으로 그리고 그곳에 거하는 사람들은 실제의 사람들이 실제적인 활동에 종사하게 될 것으로 정의한다.

방법과 형태

본서는 성서적인 관점에서 기록되었다. 본인은 성경을 그리스도인의 신앙과 생활을 결정하는 기준으로 받아들인다. 성경의 말씀은 특별한 역사적인 상황에서 살았던 인간 저자들에 의해서 기록된 하나님의 기별을 담고 있기 때문이다. 모든 노력은 그것들의 역사적인 문맥에서 그것들의 의미를 이해하기 위해 기울어져야만 한다. 본인은 적절한 성경의 본문에 대한 역사적이고도 문자적인 배경을 이해하는 것은 그 기별이 본래의 의미와 그것들의 현재의 적절성 모두를 세우는데 불가분의 관계라는 것을 확신하고 있다. 이러한 확신은 본인이 인간의 본질과 운명에 관련된 성경본문들을 조사하는데 사용한 방법론에서도 나타난다.

본서의 형태와 관련하여, 본인은 단순하고 비전문적인 언어를 사용하려고 시도했다. 전문적인 용어가 사용되는 어떤 경우에는 그 의미를 삽입시켜 놓았다. 독서를 촉진시키기 위해서 각 장은 주요 부분들과 부속 부분들에 적절한 표제들을 달아 나누어 놓았다. 매 장마다, 간략한 요약이 주어져 있다. 특별한 경우를 제외하고는 모든 경우에 있어서 1946년과 1952년에 출판된 개정표준어 역으로부터 성경본문들을 인용하였다. 몇 경우에 있어서 성경본문의 핵심단어들을 강조하기 위해서 각주를 달지 않고 이탤릭체(역자 주 : 번역서는 중고딕으로 처리함)로 표기하였다.

목차

제 1 장

인간의 본질과
운명에 대한 논쟁

Immortality or
Resurrection

제1장

인간의 본질과 운명에 대한 논쟁

인간의 본질을 구성하고 있는 것에 대한 그리스도인들의 믿음은 주로 궁극적인 운명에 대한 그들의 신앙을 결정한다. 그것의 본질이 이원론, 즉 물질적인 멸절의 몸과 영적인 불멸의 영혼으로 구성되어 있다는 이원론을 믿는 자들은 일반적으로 자신들의 불멸하는 영혼들이 몸의 죽음을 견디면서 낙원의 축복 가운데서나 아니면 지옥의 고통 속에서 영원히 살게 될 것이라고 상상한다. 가톨릭 교인들이나 다른 교인들에게서처럼 용서받을 수 있는 영혼들은 낙원으로 승천하기 전에 연옥에서 정결케 될 수 있는 가능성을 가지고 있다고 믿는다.

다른 한편으로, 자신들의 본질이 분리될 수 없는 동일한 인격체의 유일한 특성인 몸, 혼, 영으로 구성되어 있는 통전적인 존재라고 믿는 사람들은 일반적으로 전적으로 멸절될 수밖에 없는 자신들의 인간이 영원한 생명으로, 아니면 영원한 사망으로 부활할 것이라는 운명을 그려본다. 인간의 본질을 이원론적이거나, 아니면 전인적인 견해를 가진 사람들에 의해서 상상되는 이 두 다른 운명은 본서의 표제에 의해서 제시된 것처럼, 영혼의 불멸 대 죽은 자의 부활로 특징지어질 수 있다.

인간의 본질과 운명에 대한 성서적 견해가 최근에 이르러 학적인 주목을 받게 되었다. 다른 종교 단체들의 주요 학자들이 이 문제에 대해서 기고문이나 단행본들에서 제시해왔다. 지난 50여 년 동안에 나온 연구조사에 의하면 인간의 본질에 대한 전통적인 이원론적 견해가 상당한 공격을 받아왔다. 학자들은 전통적인 이원론에 도전하고 아울러 성서적인 통전주의를 확증하는데 있어서 서로가 최고가 되려는 듯이 보인다. 이 영역의 학문적인 문헌들을 읽으면 거의 대부분은 기독교가 혼란스러운 상태에서 빠져나오고 있으며 성서적인 통전적인 개념보다는 플라톤의 이원론으로부터 나온 인간의 본질에 대한 견해를 너무 오랫동안 유지해왔다는 인상을 받는다.

본서의 목적

본서는 최근 몇 년 동안에 많은 학자들이 이룩해 낸 연구 위에 세워져 있으며, 어떻게 인간의 본질에 대한 성서적인 단일체적, 곧 통전적인 견해가 우리 자신과 현세, 구속 그리고 궁극적인 운명에 대한 이해를 넓히도록 하는지를 보여주고자 하는 데 있다.

본 연구의 목적은 이중적이다. 우선 첫째로 인간의 본질에 대한 성서적인 견해를 세우는 것이다. 우리는 성경이 인간의 본질을 불가분리의 연합체로 보고 있다는 것을 배우게 될 것이다. 이 진리는 최근에 대부분의 교파의 많은 학자들에 의해 받아들여져 왔다. 성경에는 사람을 몸과 혼, 또는 몸, 혼 그리고 영으로 분리하고 있지 않다. 이 모든 것들은 동일한 사람의 구성요소들이거나 아니면 특성들이다. 몸과 혼의 이중적인 분리는 플라톤 사상으로부터 왔으며 결코 성서적인 계시를 통해 온 것이 아니다. 인간의 본질에 대한 성서적인 견해는 전인적이고 단일적이지 결코 이원론적이 아니다. 몸을 영혼의 감옥으로 보는 플라톤적인 견해는 성경과는 거리가 멀며 기독교의 영성, 구원론 그리고 종말론에 엄청난 해를 끼쳐왔다.

본서의 두 번째 목적은 인간의 본질에 대한 성경적인 견해가 우리의 현세의 생애와 궁극적인 운명에 어떤 관계를 맺고 있는 지를 점검하는 데 있다. 학자들의 연구에는 성서적인 인간의 본질(성경적 인류학)이나 또는 운명(성경적 종말론)을 분리해서 점검하려는 경향이 있다. 이 둘 사이에 있는 상호 관련성을 연구하려는 시도는 좀처럼 하지 않는다. 그러나 이 둘은 분리해서 연구할 수 없는 바, 그 이유는 인간의 본질에 대한 성서적인 견해가 인간의 운명에 대한 견해를 결정하기 때문이다.

우리는 나누고 분석하고 또 떼어놓는 특성과 경향성을 가지고 있지만, 그러나 종종 다양한 부분들이 어떻게 큰 그림에 영향을 미치는 지를 종합하고 보여주는 일에는 실패하곤 한다. 본 연구에서 나는 인간의 본질에 대한 성경적인 통전적인 개념이 어떻게 우리의 본질과 우리의 세계를 구성하고 있는 몸과 혼, 육과 혼, 물질과 영적인 요소들이 하나님의 창조, 구속 그리고 궁극적인 회복의 모든 부분들이라는 것과 인간의 운명에 대한 성경적인 실제 개념을 어떻게 전제로 하고 있는 지를 보여주고자 한다.

과정

본서의 연구 과정은 다음과 같다. 첫째 우리는 인간의 본질에 대한 성경적인 견해를 신약과 구약에 있는 사람에게 사용되는 주요 단어들을 점검하므로 연구하고자한다. 우선 우리는 각 용어들을 분석하면서 전인, 곧 영혼으로서의 사람, 몸으로의 사람, 영으로서의 사람을 연구한다는 것을 항시 마음에 두어야 한다. 따라서 우리는 인간의 본질에 대한 다양한 국면을 고려하면서, 항상 전인으로서의 사람을 관찰해야 하다. 우리는 성경 가운데서, 로빈손이 제시한 것처럼 "어떤 부분은 전체를 위한 어떤 요소를 가지고 있을 수 있다."[1]

두 번째 과정의 단계는 인간의 본질에 대한 성경이 가르치는 빛 가운데 있는 성경적인 견해를 점검하는 것이다. 본 연구는 몸과 혼은 불가분리의 단일체라는 인간의 본질에 대한 성경의 통전적인 견해는 몸과 혼이 부활 시에 영원한 생명으로나 아니면 영원한 멸망으로 일어난다는 전체로서의 인간의 운명에 대한 성경적 견해를 전제로 한다. 더 나아가 영생을 얻는 자는 정신계나 영적인 낙원에서가 아니라 하나님에 의해 본래의 완전한 상태로 회복된 물질로 구성된 지구상에서 영원히 보낼 것이다.

인간의 운명에 대한 연구는 죽음과 부활, 낙원과 지옥 사이에 있는 중간단계에 대한 허다한 오해들을 분석하기를 요구한다. 이러한 주제들은 모두 성경의 빛 가운데서 분리된 별도의 장(章)안에서 탐구하게 된다. 본 연구는 제6장에서 지옥을 의식적인 고통의 장소라는 전통적인 견해에 대해 특별한 관심을 기울이고자 한다. 본 연구의 궁극적인 목표는 단순히 보편적인 견해들이 잘못되었다는 것을 들추어내는데 있는 것이 아니라 근본적으로 인간의 본질과 운명에 대한 성경의 전인적이고도 실제적인 견해를 확증하는 데 있다.

본서의 서론은 기독교신앙과 생활에 영향을 주고 있는 인간의 본질에 대한 기본적인 두 견해를 일괄해서 다루고자 마련되었다. 그 서론의 목적은 독자들로 하여금 우리가 본서에서 제시하고 있는 문제들이 중요하다는 사실을 이해하는데 도움을 주고자 한다. 우리는 그리스도인들이 자신들의 인간의 본질을 구성하고 있는 것에 대해서 믿고 있는 것이 현세와 구속 그리고 궁극적인 운명에 대한 그들의 이해를 대부분 결정한다는 것을 발견하게 될 것이다.

A. 인간의 본질과 운명에 대한 두 기본적인 견해들

인간의 본질에 대한 근본적인 두 다른 견해에 기초를 두고 있는 인간의 운명에 대한 두 기본적인 이상이 있다. 첫 번째 이상은 영혼의 불멸성에 대한 신앙에 기초하고 있으며, 둘째는 몸의 부활에 대한 신앙에 기초하고 있다. 라인홀드 니버는 자신의 학문적 연구서인 **인간의 본질과 운명**(*The Nature and Destiny of Man*)에서 인간의 본질과 운명에 대한 근본적으로 다른 두 견해는, 곧 1) 고전적인 견해와 2) 기독교적인 견해로부터 온 것이라고 제시한다.[2] 첫 번째 견해는 헬라의 철학으로부터 왔으며, 두 번째 견해는 성경의 가르침으로부터 왔다. 후자의 견해를 위해 "기독교적"이라는 용어는 잘못 인도될 수도 있다. 그 이유는 우리가 배우게 될 것이지만 수 세기에 걸쳐 대부분의 그리스도인들이 인간의 본질이 죽을 몸과 불멸의 혼으로 구성되어 있다는 전통적인 견해에 크게 영향을 받아왔기 때문이다. 따라서 본인은 두 번째 견해를 "성경적"인 견해로 부르기를 선호한다. 그 이유는 본 연구가 성경의 가르침을 반영하고 있기 때문이다.

고전적인 이원론

인간의 본질에 대한 고전적인 견해는 주로 플라톤, 아리스토텔레스, 스토익 사람들의 저서들로부터 왔다. 이러한 철학들에서 강조하는 것은 인간의 본질에 대한 물질적인 요소와 영적인 요소 사이를 구별하는 데 있다. 플라톤의 사상에서 인간의 본질은 물질적인 요소와 영적인 요소 둘 다를 가지고 있다. 즉 물질적인 요소는 몸으로서 그것은 일시적이고 또 근본적으로 악하며, 아울러 영적인 요소는 혼(**프쉬케**) 또는 정신(**누스**)으로서 영원하고 선하다. 인간의 몸은 무상하고 죽을 수밖에 없으나 인간의 혼은 영원하며 죽지 아니한다. 죽을 때 혼은 한 동안 갇혀있던 몸의 감옥으로부터 해방된다. 역사적으로 대중적이었던 기독교의 사상은 인간의 본질에 대한 이러한 이원론적이고도 비 성서적인 기독교 사상에 심각한 영향을 받아왔다. 기독교의 신앙과 생활에 이러한 고전적인 인간의 본질에 대한 견해의 방대한 영향은 가히 평가할 수 없을 정도이다. 그것들에 대해 잠깐 살펴보겠다.

성경적인 전인주의

인간의 본질에 대한 성경적인 견해는 근본적으로 전인적이고 일원론적이다. 성경에서 강조하는 것은 몸과 혼과 영은 통합적이며, 불가분리의 유기체를 구성하고 있는 각 부분이다. 본인은 여기서 고전적인 견해에 대해 단순히 두 중요한 차이점을 언급하고자 한다. 그 첫째는 인간의 본질에 대한 전인적인 견해는 세상의 물질적인 피조물은 "매우 선"(창 1:31)한 인간의 몸을 포함하고 있다는 신앙에 내포되어 있다. 물질과 영, 몸과 혼, 육과 영은 이원론적이거나 서로 상반되지 않는바, 그 이유는 그것들 모두는 하나님의 선한 창조의 모든 부분들이기 때문이다.

고전적인 견해의 두 번째 모순은 인간의 본질은 본래 죽지 않게 창조되지는 않았지만, 그러나 불멸의 능력을 가지고 있다는 데 있다. 인간은 죽을 몸과 불멸의 혼을 소유하고 있지 않으며, 그것들은 불멸할 수 있는 전인적인 죽을 몸과 혼을 가지고 있다. 불멸 또는 영생은 하나님께서 마련하신 구원을 받아들이는 자에게 주어지는 그분의 선물이다. 인간의 구원을 위한 하나님의 계획을 거절하는 자는 궁극적으로는 영원히 꺼지지 않는 지옥에서 영원히 고통을 당하는 것이 아니라 영원한 멸망을 경험하게 될 것이다. 그 이유는 매우 단순하다. 불멸은 멸망당하는 자들에게 주어지는 보응이 아니라 구원받은 자들에게 주어지는 보상이기 때문이다.

바로 여기에 하나님의 복음이 있다. 비록 아담과 하와가 죽을 수도 있는 존재로 창조되었으며(생명나무에 참여하므로 영생할 수 있는 가능성을 가지고 있었음) 오늘날 우리는 죽을 몸으로 태어나지만, 우리는 만일 하나님의 영원한 생명의 선물을 받아들이면 영생을 받을 수 있다. 불멸은 하나님의 선물이지 결코 인간이 내면에 가지고 있지 않다. 그 불멸은 우리의 총체적인 본질, 곧 몸과 혼의 구원을 위해 하나님께서 자비로 마련하신 계획을 기꺼이 받아들이는 자들에게 조건적(conditional)으로 주어지는 것이다. 따라서 성경적인 개념은 조건적인 불멸설(conditional immortality)로 언급되어 질 수도 있는데, 이는 하나님의 용어 가운데서 제시되었으며 또한 조건적이기 때문이다.

몸-혼의 논쟁

일단의 독자들은 몸-혼의 문제는 그 어떤 사람도 더 이상 어찌할 수 없는 죽음의 문제로 느끼고 있다. 이 주제로 책을 쓰는 것은 시간 낭비로 보여 질 수 있다. 그 문제의 실체는 몸-혼의 문제가 부적절한 문제일 뿐만 아니라, 곧 죽음의 문제로부터 멀리 떨어져 있다는 사실이다. 최근에 산디애고의 한 저택에서 자신들의 영혼이 헤일-밥 혜성(Hale-Bopp comet)에 도달하기 위해 자신들의 그릇인 몸을 벗어나기를 원한 39명의 사람들이 집단 자살을 한 것은 우리로 하여금 살아 있는 사람들의 몸-혼의 문제가 얼마나 심각한지를 기억나게 만들어준다. 사후에 대한 흥미는 오늘날 그 어느 때보다도 큰 것처럼 보인다. 중세기 동안에 사후에 대한 중세시대의 신조가 문헌이나 예술, 성도들의 축복과 죄인들의 고통에 대한 미신적인 표현들을 통해 증가되었다. 오늘날의 그런 신조는 영매(靈媒)들, 심령술사들, 죽음직전의 경험에 대한 연구들, 과거의 영들과 교통하는 뉴 에이지 운동 등을 통해 더욱 교묘한 방법으로 선전되고 있다. 이 모든 것들의 결과는 몸-혼 문제가 학자들의 공동체에서도 전례 없는 주의를 끌고 있다는 것이다. 최근에 저술된 학자들의 문헌의 조사에 따르면 이 문제가 다른 종교 단체들의 주요 학자들에 의해서 뜨거운 논쟁이 되고 있다는 것을 명확히 보여준다.

핵심이 되고 있는 문제는 혼이 몸을 떠나서도 살아서 활동할 수 있는가 하는 것이다. 다른 말로는 그렇게 구성된 인간의 본질이 죽을 때에 영혼, 즉 의식적인 부분이 그것을 담고 있는 용기(容器-container)에 병합되어 있지 않고 몸을 떠나서도 생존할 수 있는가 하는 문제이다. 전통적으로 대부분의 그리스도인들은 이 문제에 대해서 단정적으로 답한다. 그들은 죽음과 마지막 부활 사이에, 하나님께서 몸을 떠난 인간의 영혼이 존재할 수 있도록 보존하신다고 믿어왔다. 부활 시에 그들의 물질적인 몸은 그들의 영적인 혼들과 재결합 하게 되며, 따라서 낙원의 기쁨이나 아니면 지옥의 격렬한 고통이 있을 것이다.

이러한 전통적이고도 대중적인 견해는 최근에 이르러 거센 공격을 받게 되었다. 인간의 본질에 관하여 자연의 낮은 세계에 속해 있는 죽을 몸과 영적인 세계에 속하여 몸은 죽어도 살아있는 불멸의 혼으로 보는 고전적, 이원론적인 견해들을 버리는 주요 복음주의 학자들의 수가 점점 더 증가하고 있다. 그 대신 그들은 인간의 본질은 전인으로서 죽음과 부활을 경험하는 몸과 혼으로 구성

부활신학

되어 있다는 성경적인 견해를 받아들이고 있다.

몇몇 요인들이 다수의 학자들 편에서 고전적인 이원론을 포기하도록 하는 데 큰 기여를 해왔다. 그것들 가운데 하나는 인간의 본질에 대한 성서적 견해의 새로운 연구이다. 인간을 위해 사용된 기본적인 성경적인 용어들(몸, 혼, 영, 육, 마음, 감성)에 대한 면밀한 점검은 많은 학자들로 하여금 이러한 용어들이 독립적인 요소들을 가리키는 것이 아니라, 오히려 다른 관점에서 본 전인(全人)이라는 사실을 이해하도록 만들었다. 엘돈 래드는 "최근의 학문은 몸, 혼 그리고 영과 같은 용어들이 인간의 분리될 수 있는 다른 기능들이 아니라 전인으로 보는 다른 방법임을 인정해 왔다"[3]고 기록한다. 실제로 몸의 어떤 부분이 성경에서 인간 전체를 나타내기 위해 사용되어 질 수 있다. 죽을 몸과 몸을 떠나 생존하면서 기능을 다하는 불멸의 혼 사이에는 어떤 이중적인 분리도 없다. 성경에서는 몸과 혼, 육과 영 둘 다는 동일한 사람의 부분이며 죽을 때에 "떨어지지 않는다."

공격받는 이원론

근래에 많은 성경학자들은 구약과 신약의 저자들이 인간의 본질을 이원론적인 견해로 기록하지 않고 오히려 전인적이거나 일원론적인 견해로 기록하고 있다고 제시한다. 그들의 연구는 다음 장에서 토의하도록 하겠다. 이러한 연구의 결과는 오늘날 많은 사람들로 하여금 성경이 사후에 몸을 떠난 영혼의 존재를 가르치고 있다는 관념에 의문을 갖거나 심지어 거절하게 한다.

교회 역사가들은 인간의 본질에 대한 이원론적인 견해와 몸을 떠난 영혼의 존재에 대한 신앙이 플라톤의 이원론적인 철학에 영향을 받은 기독교 부조들에 의해 기독교 안으로 들어왔다고 주장하므로 이러한 결론을 지지한다. 이것은 이러한 신앙이 성경의 가르침과는 동떨어진 것임에도 불구하고 기독교 안에서 어떻게 이렇게 널리 받아들여지게 되었는지를 설명한다.

철학자들과 과학자들 역시 인간의 본질에 대한 전통적인 이원론적 견해에 대해서 반대하는 거센 공격에 기여해 왔다. 철학자들은 영혼은 몸이 죽을 때에 살아있는 불멸의 존재라는 전통적인 주장을 공격해왔다. 그들은 선택할 수 있는 사안의 이론을 제안했는바, 이는 영혼이 인간의 몸의 한 부분으로서 분리해 낼 수 없는 요소라는 것이다.

과학자들 역시 인간의 의식은 의존적이며 두뇌에 의해 영향을 받는다고 주장하므로 영혼의 독립적인 존재를 믿는 신앙에 도전장을 던졌다. 죽을 때에 뇌는 기능을 멈추며 모든 형태의 의식은 정지된다는 것이다. 과학자들에게는 죽을 때에 모든 정신적인 기능이 죽음 후로 이동될 수 있다는 것은 결코 가능하지 않다는 것을 제시하는 것이다.

성서학자들, 교회 역사가들, 철학자들 그리고 과학자들에 의한 집중적인 공격들은 자유주의로 인도했으며 더 나아가 보수적인 그리스도인들조차도 인간의 본질에 대한 전통적인 이원론 견해를 거절하도록 만들었다. 존 쿠퍼는 자신의 책, **몸, 혼 그리고 영생**(*Body, Soul, and Life Everlasting*)에서 이러한 발전된 연구의 결과를 요약하면서 말하기를 "자유주의자들은 그것[이원론]을 구닥다리며 더 이상 지성적인 것으로 유지할 수 없다며 거절했다고 한다. 어떤 보수적인 개신교인들은 우리가 성경만을 따르고 인간의 전통을 따르지 않을 진대 만약 인간적인 이원론이 성경에 기초하고 있지 않는 인간적인 전통이라면 헬라의 사고에 융합되어 있는 우리의 주장들을 말끔히 청소하므로 개혁해야할 것이라고 주장했다. 몸과 혼의 분리는 여러 방향으로부터 공격을 받아왔다"[4]고 한다.

이원론자들이 주목을 받음

이러한 발전은 인간의 본질에 대한 이원론적인 이해가 심각한 도전과 훼손을 받고 있다는 것을 발견하는 자들 편에서 심각한 관심을 불러일으켰다. 쿠퍼의 책은 이원론을 공격하는 것에 대해 반응을 보이므로 전통적인 이원론의 견해를 재확인하는 시도 중 하나를 대표한다. 이러한 반응이 있는 이유에 대해 쿠퍼는 다음과 같이 잘 표현하고 있다. "만약 그들[학자들]이 말하는 것이 사실이라면, 즉각적으로 혼란을 야기하는 두 가지가 뒤따른다. 그 첫째는 대부분의 기독교회는 교회의 시초부터 확증되었던 교리가 거짓이 되는 것이며, 둘째는 더욱 개인적이고 실존적인 것으로써 수많은 그리스도인들이 자신들이 죽을 때 일어날 것으로 믿고 있었던 것이 하나의 기만이라는 사실이다."[5]

쿠퍼는 인간의 본질에 대한 전통적인 이원론적 견해를 포기하는 대가에 대해서 깊은 관심을 가지고 있었다. 그는 기록하기를 "가장 분명한 것은 일반 그리스도인들이 사후에 대해 가지고 있는 실제적인 신앙 또한 던져 버려야한다는 것이다. 만일 영혼들이 몸으로부터 떨어져나와 분리될 수 있는 어떤 것이 아니라면, 우리는 그리스도와 함께 있든지 아니면 다른 어떤 곳에 있어야하며, 의식적이거나 무의식적이거나 간에 실제로 죽음과 부활 사이에 머물러 있는 것이 아닌 것이다. 바로 그러한 결론은 많은 그리스도인들로 하여금 어느 정도의 존재에 관한 염려를 불러일으킬 것이다. 더 많은 일반적인 대가는 전통적인 기독교 신앙의 강령이 되는 하나의 항목을 잃어버리는 것이며, 풀린 것을 찾아 현대 고전문학의 세단기(문서 파쇄기) 속으로 던져 버리는 것이다."[6]

현대 성경학문은 죽을 때에 그들의 몸에서 분리된 영혼들이 하늘로 간다고 믿고 있는 수많은 신실한 그리스도인들에게 엄청난 "존재에 관한 염려"의 원인이 된다는 것은 의문의 여지가 없다. 소중하게 간직했던 전통적인 신앙에 대한 어떤 도전은 그것을 황폐화시킬 수 있다. 그러나 성경의 규범적인 권위를 신뢰하는 그리스도인들은 전통적인 신앙에 대해 다시 한 번 점검해보아야 하며, 만일 비 성서적인 것으로 입증된다면 그것들을 바꾸어야한다.

자신들의 신앙이 성경학자들에 의해 도전을 받는다면 틀림없이 강한 정서적인 반작용들이 예상된다. 예컨대 오스카 쿨만은 자신의 책, **영혼의 불멸과 죽은 자의 부활**(*Immortality of the Soul or Resurrection of the Dead?*)에 강하게 반대하는 많은 사람들로부터 혹독한 공격을 받은 것이다. 그는 기록하기를 "이 책만큼 열렬한 지지나 또 격렬한 적의를 불러 일으켰던 나의 출판물은 또 없습니다"[7]라고 했다. 사실, 비평이 너무나도 강력하여 많은 사람들은 그가 한 동안 의도적으로 잠잠하기로 결정한 것이라는 자신의 진술에 불쾌감을 드러냈다. 나는 쿨만이 자신의 책에 대한 공격에 영향을 받지 않았던 것은 그가 그러한 공격들이 주석적인 논증에 기초되어 있지 않고 오히려 철학적이고도 심리학적인, 그러나 무엇보다도 감정적인 막연한 이유에 기초하고 있었다고 주장한 것을 덧붙이고자 한다.

괴롭히는 전략

어떤 경우들에서, 그러한 반작용은 괴롭히는 형태를 취하게 되었다. 존경받는 캐나다인 신학자인 클락 핀녹은 인간의 본질에 대한 전통적인 이원론적 입장과 뜨거운 지옥 불에서 영원히 고통을 받는다는 견해를 포기한 복음주의 학자들을 망신시키기 위해 사용된 "괴롭히는 전략" 중 몇을 언급한다. 그 전략 가운데 하나는 그러한 학자들을 자유주의자들과 재림교도들과 같은 소 종파와 연결시키는 것이다. 핀녹은 기록하기를 "그것은 마치 재림교도들이나 아니면 자유주의자들이 가지고 있는 어떤 견해라면 그 견해는 잘못된 것이 분명하다고 말하므로 진리를 위한 새로운 기준을 발견해온 것처럼 보인다. 분명한 것은 진리라고 주장하는 것이 그것과의 관련성에 의해서나 아니면 공개적인 토론에서 나온 공식적인 기준에 의해 점검되어야 할 필요는 없다는 것이다. 그러한 논증이 비록 지식인들의 토론에서는 별로 쓸모없는 것이지만 그러나 수사학에 무지한 어리석은 자들에게는 영향을 줄 수 있다."[8]라고 한다.

괴롭히는 전략에도 불구하고 영혼의 본래의 불멸성과 그 결과 구원받지 못하는 자들의 지옥에서의 영원한 형벌을 부정하는 인간의 본질에 대한 성경적인 전인적 견해는 복음주의자들 가운데서 그 자리를 얻어가고 있다. 이러한 상황은 영국에서 신학자와 설교자로서 높은 존경을 받고 있는 스토트에 의해 공식적으로 인정을 받은 것으로, 분명한 것은 이러한 경향성이 힘을 얻고 있다는 것이다. 핀녹은 "이상야릇하게도 이러한 경향성은 어느 정도 협회의 승인을 받아 그것을 반대하는 데 사용된 동일한 전략을 고려하는 측정법을 찾아내고 있다.

본인이 확신하기로는 이 마당에 비록 몇 사람들이 스토트의 정통성을 철저하게 흐트러뜨리고 있지만 이단들과 준 이단적인 사람들[제칠일안식일예수재림교도와 같은 사람들]은 결코 그러한 입장을 취하지 않을 것이다."[9]라고 기록한다.

스토트 자신은 그가 유명한 지도자로 있는 복음주의 공동체에서 자신의 새로운 견해들에 대해 이견을 보이는 결론들에 대한 염려를 표현한다. 그는 기록하기를 "본인은 이러한 일을 기록하는 것을 주저하는 것은 부분적으로는 본인이 성경의 참된 해석이라고 주장하는 오랫동안 유지되어 온 전통을 크게 존경해 왔기 때문이며, 그것을 경솔하게 배제시키지 않는 것은 부분적으로 범세계적인 복음주의 공동체가 언제나 나에게 소중하기 때문이다. 그러나 그 문제는 너무나 중요하므로 지나쳐서는 안 되며, 따라서 본인은 당신이(데이빗 에드워드) 나의 지금의 마음에 도전을 해오는 것에 대해서 감사하게 생각한다. 본인은 내가 도달한 입장을 교조화하지 않는다. 본인은 그것을 잠정적인 것으로 간주한다. 그러나 본인은 성경에 기초하는 복음주의자들과 명쾌한 대화를 하기를 기뻐한다"[10]고 하였다.

"성경에 기초하는 복음주의자들과의 허심탄회한 대화"에 대한 스토트의 제안은 비록 실현이 불가능하지는 않을지라도 목적을 달성하기는 매우 어려울 것이다. 그 이유는 매우 단순하다. 복음주의자들은 로마 가톨릭 교회와 동방 정교회와 꼭 마찬가지로 자신들의 전통적인 가르침에 의해 꼴 지어져 있기 때문이다. 이론상으로는 그들이 오직 성경만(Sola Scriptura)을 견지하고 있지만, 그러나 실제적으로 복음주의자들은 빈번히 성경을 자신들의 전통적인 가르침과 조화되게 해석한다. 만일 새로운 성경적인 연구가 전통적인 가르침에 도전한다면, 대부분의 경우에 있어서 "오직 성경만으로" 보다는 "전통"(tradition)을 고수하는 것을 택할 것이다. 복음주의자들과 로마 가톨릭교도들과의 사이에 있는 실재하는 차이점은 후자는 적어도 자신들의 교회가 가지고 있는 전통을 공식적인 권위로 받아들이는데 있어서 정직하다는 것이다.

"복음주의자"가 된다는 것은 두말할 필요도 없이 어떤 기초적이고도 전통적인 교리를 고수한다는 것을 의미한다. 어떤 전통적인 교리의 성서적인 한계에 대해서 감히 의문을 가지는 자는 누구든지 "이단"으로 의심을 받게 될 것이다. 1989년에 거행된 한 주요한 회의에서 복음주의자가 된다는 것이 무엇을 의미하는 지에 대해서 토론하면서 조건적인 불멸설(conditional immortality)과 구원받지 못하는 자들의 멸절을 받아들인 존 스토트나 또는 필립 휴스 같은 사람들이 복음주의자로 간주되어야하는 지에 대해서 심각한 의문이 일어났다. 그러한 신학자들을 배제시키기기 위한 투표는 매우 근소한 차로 실패했다.[11]

그렇다면 왜 복음주의자들은 인간의 본질과 운명에 대한 재고(再考)를 그토록 거절하는가? 결국 그러한 것들이 다른 전통적인 옛 가르침들을 변경하도록 만드는 자유를 선택하는 것이 되기 때문이다. 아마도 그들이 이원론적인 입장을 끈질기게 고수하는 하나의 이유는 그것이 다른 많은 교리들에 영향을 주기 때문이다. 우리는 본 장의 서두에서 기독교인들은 인간의 본질이 주로 그들이 생각하는 인간의 운명에 대한 믿음을 결정하기 때문이라는 것을 유의해 보았다. 이원론을 포기하기 위해서는 그것으로부터 나오는 한 뭉치의 교리를 포기하는 결과를 야기시킨다. 이것을 일컬어 "연쇄효과", 곧 "도미노 효과"(domino effect)라고 한다. 만약 하나의 교리가 잘못되면 많은 다른 교리들도 잘못된다. 이점을 분명히 하기 위해서 우리는 전통적인 이원론의 어떤 교리들과 실제적인 의미들을 간략하게 살려보고자 한다. 바로 이러한 연구는 독자들로 하여금 그러한 교리들의 복잡한 가지들에 대해 고민하게 만든다.

B. 이원론의 함축성

교리적인 함축성

인간의 본질에 대한 고전적인 이원론 견해는 교리적이고도 실제적인 많은 의미들을 함축하고 있다. 교리적으로는 신앙의 대부분이 고전적인 이원론으로부터 왔으므로 주로 그 이원론에 의존하고 있다. 예컨대 죽을 때에 영혼이 천당이나 지옥, 또는 연옥으로 이동한다는 신앙은 영혼이 본래 불멸이며 죽을 때에는 몸으로부터 분리되어 살아있다는 신앙에 기초하고 있다. 이러한 신앙은 만일 영혼이 본래 불멸하다는 것이 비 성서적인 개념으로 입증된다면 낙원, 연옥 그리고 지옥에 대한 대중의 신앙은 획기적으로 수정되어져야 하거나 아니면 배척되어야 한다.

죽을 때에 성도들의 영혼이 행복한 하늘 낙원으로 승천한다는 신앙은 마리아와 성도들의 중보적인 역할을 믿는 가톨릭과 정교회의 신앙을 수용한 것이다. 만약 성도들의 영혼들이 하늘에 있다면 그들은 이 지상에 있는 부족한 죄인들을 위해 중보할 수 있다고 능히 추측할 수 있다. 따라서 헌신하는 그리스도인들은 지상에서 중보하기 위해서 마리아와 성인들에게 기도한다. 그런 일은 "하나님은 한 분이시요 또 하나님과 사람 사이에 중보도 한 분이시니 곧 사람이신 그리스도 예수라"(딤전 2:5)라는 성경의 가르침과는 반대가 된다. 나아가 더욱 중요한 것은 만일 영혼이 살아서 몸으로부터 떠나서 어떤 기능도 감당할 수 없다면, 마리아와 성자들의 중보역할에 대한 모든 가르침은 교회가 한갓 꾸며낸 것이므로 배척되어야 한다. 실로 인간의 본질에 대한 재점검은 오랫동안 간직해 온 기독교 신앙을 당황스럽게 만드는 결과를 가져올 것이다.

이와 유사하게, 죽을 때에 용서받을 수 있는 영혼들이 연옥으로 이동한다는 가르침은 땅에 있는 교회가 그리스도와 성자들의 공로를 연옥에서 고통당하는 영혼들에게 적용할 수 있는 재판권을 가지고 있다는 것이다. 이것은 면죄의 승인, 곧 용서받은 죄에 대하여 일시적인 형벌을 유예하므로 성취된다. 그러한 신앙은 수치스러운 면죄부 판매로 인도하여 결국 종교개혁의 불을 댕겼다.

종교개혁자들은 비성서적인 연옥의 교리는 없앴으나, 그들은 죽은 후에는 개인의 영혼이 완전한 축복의 상태(하늘나라)나 아니면 지속적인 형벌의 상태(지옥)로 즉각적으로 이동한다는 교리는 남겨두었다. 다시 말하지만, 만일 몸을 떠난 영혼이 살아서 여전히 활동한다는 신앙이 비 성서적으로 입증된다면 자연히 연옥과 면죄부 그리고 영혼이 하늘나라 또는 지옥으로 이동한다는 대중적인 신앙은 교회가 날조한 것이므로 마땅히 배척되어야 한다.

종교개혁자들이 이제 연옥을 없애기 시작한 작업은 교회의 전통에 따라서가 아니라 성경에 의해서 천국과 지옥을 다시 연구하므로 완성되어야 할 것이다. 그러한 엄청난 과제가 오늘날의 어떤 개신교회에 의해서 수행되어지는 것은 바람직하지 않다. 전통적인 교리들을 수정하거나 배척하려는 어떤 시도가 종종 믿음에서 떠나 분열시키거나 아니면 파당을 만드는데 영향을 끼치도록 해석되어지곤 한다. 바로 이것이 대부분의 교회들이 즐겨 가담하지 않으려는 가장 큰 이유이다.

영혼의 불멸은 재림을 약화시킴

아울러 전통적인 이원론은 재림의 소망을 약화시키는데 큰 작용을 해 왔다. 영혼이 하늘로 승천한다는 신앙은 재림에 대한 기대감을 모호하게 만들거나 아예 잠식시켜버릴 수 있다. 만약 죽을 때에 신자들의 영혼이 즉각적으로 낙원의 축복 속으로 **올라가서**(goes up) 주님과 함께 있게 된다면 아마도 사람들은 잠자는 성도들을 부활시키기 위해 **내려오시는**(come down) 그리스도에 대한 기대감을 가질 수 없을 것이다. 이러한 그리스도인들의 기본적인 관심은 몸을 떠난 영혼이 즉각적으로 낙원에 도달하는 것이다. 이러한 관심은 주님의 다시 오심과 몸의 부활에 대한 어떤 흥미도 남겨두지 않는다.

영혼의 불멸을 믿는 것은 사람이 죽을지라도 적어도 자신의 일부는 죽을 수 없다고 간주해야 한다는 것을 뜻한다. 그러한 신앙은 자신을 신뢰하게 하며 자신의 영혼이 주님께로 올라갈 수 있는 가능성이 있다는 것을 믿도록 용기를 준다. 다른 한편으로 몸의 부활을 믿는 것은 자신이나 아니면 몸으로부터 분리된 영혼이 주님께로 간다는 것을 믿지 않는다는 것을 뜻한다. 이것은 몸을 떠난 영혼이 주님을 만나기 위해서 하늘로 **올라가는**(going up) 대신에 몸과 혼이 결합되어 있는 육체를 가진 신자들을 만나기 위해서 이 지상으로 주님께서 **내려오**

부활신학

신다는(*coming down*) 것을 믿는 것을 의미한다. 재림의 소망은 "당신이 죽을 때 극락에 있는 것"이 아니라 그분께서 다시 오실 때에 이 지상에서 몸이 있는 신자들과 그리스도 사이에 있는 실제적인 만남이다. 그러한 실제적인 몸으로부터 인간성과 본성에 영향을 미치는 어떤 변화가 올 것이다. 이 엄청난 기대감은 개인의 불멸과 사후에 즉각적인 하늘 복락이 있을 것을 믿는 신앙으로 인해 모호해지고 또 사라지게 된다.

즉각적인 불멸에 대한 개인적인 소망이 함축하고 있는 또 다른 의미는 창조와 그 가운데 있는 피조물의 궁극적인 회복을 바라는 성서적인 결합의 희망을 무효로 만드는 것이다(롬 8:19~23; 고전 15:24~28). 단지 사후에 개개인의 영혼이 살아있는 것만을 생각하는 미래라면 인류의 번민은 전 인류를 위한 하나님의 구속의 가치와 관심을 주변적인 것으로 돌려버리므로 무시하고 있다는 것이다. 이러한 신앙의 궁극적인 결과는 아브라함 카이퍼가 주목하고 있는 것처럼 "대부분의 그리스도인들이 그들 자신의 죽음 저편을 그다지 심각하게 생각하지 않도록 만드는 것이다."[12]

미래의 세상에 대한 오해들

고전적인 이원론은 또한 다가올 세상에 대한 잘못된 사상들을 키워왔다. 낙원이 공간 어딘가에 있는 영적인 휴식의 센터이며 영광스럽게 된 영혼들이 영원히 명상하고 관조하며 보낼 수 있는 어떤 곳이라고 생각하는 대중적인 관심은 성경적인 사실에 의해서라기보다는 플라톤의 이원론에 더 많이 고무를 받아왔다. 플라톤에게 있어서 이 세상의 물질적 요소들은 악하며, 따라서 생존의 가치가 없는 것이다. 그러한 이원론이 목표하는 바는 영혼이 물질로 구성된 몸의 감옥으로부터 해방되어 영원한 축복을 누리기 위해 영적인 실체에 도달하는 것이다.

우리는 연구 중에 구약과 신약 모두가 아래에 있는 물질과 위에 있는 영적인 실체 사이를 구분하는 이원론을 배격하고 있다는 사실을 보게 될 것이다. 주님의 강림으로 개시되는 최종적인 구원은 성경에서는 이 세상으로부터의 **탈출**(*escape from*)이 아니라 **변화**(*transformation of*)로 간주하고 있다. 다가올 세상에 대한 성경적 견해는 영광스럽게 된 영혼들이 거하는 영적인 하늘에 있는 피난처가 아니라, 부활한 성도들이 거하는 실제적인 **유성 지구**이다(사 66:22; 계 21:1).

실제적으로 함축하고 있는 것들

더욱 실제적인 단계에서 인간의 본질에 대한 고전적인 이원론 견해는 몸과 신체적인 욕구의 압박 그리고 건강한 자연적인 충동으로부터 벗어난 영혼의 개량을 생각해왔다. 육체적인 즐거움을 포함하여 하나님의 창조는 선하다는 성경적 견해와는 반대로 중세의 영성은 육체의 금욕을 하나님의 거룩한 목적을 달성하는 하나의 방법으로 강조했다. 성도들은 자신들을 근본적으로 육적인 생명으로부터 자신들을 떼어내어 그들 스스로를 영적인 생명에 바친 금욕주의자들이었다. 영혼의 구원이 신체의 보존보다 더 중요하게 보는 이상, 신체의 육체적인 필요는 종종 경시되거나 더 나아가 압제되었다.

몸과 혼, 신체적인 것과 영적인 것의 이분법은 여전히 오늘날의 그리스도인들의 사고 속에 자리하고 있다. 많은 사람들은 아직도 구원을 인간의 육체보다는 오히려 인간의 영혼과 관련시킨다. 우리는 교회의 선교사업을 "영혼을 구원하는 것"으로 묘사한다. 함축하고 있는 것은 영혼이 육체보다는 더 중요하게 보이는 듯하다. 콘라드 벌겐도프는 바르게 주목하기를 "복음은 그들이 속해 있는 몸을 떠난 영혼을 구원하는 구속의 이론에 대한 기초를 제시하지 않는다. 하나님께서 그 둘을 연합시키신 것을 철학자들과 신학자들이 떼어놓지 말아야 한다. 그러나 그들은 하나님께서 창조 시에 하나로 만드신 사람의 몸과 영혼을 분리하는 죄를 범해왔으며, 그들의 죄책은 구원이 촉진될 수 있도록 하려는 그들의 변명으로 인해 경감되지 않고 있다는 것이다. 우리가 인간의 전적인 필요를 충족시키는 구원의 이론을 가질 때까지는 그분께서 인간을 구원하실 수 있기 위해 인간이 되신 그분의 목적을 이해하는 데 실패할 것이다."[13]

근대 세속주의의 발생

일단의 학자들은 고전적인 이원론이 근대 세속주의의 발생에 한 방편이 되어 왔으며 이로 인해 사회와 문화에 대한 기독교의 영향력을 침식시켜왔다는 주장을 한다.[14] 그들은 생애에서 종교를 배제시키는 근대 세속주의와 몸과 영혼을 구별하는 전통적인 기독교 사이의 상호 관계를 찾고 있다. 그들은 또한 세속주의와 특히 토마스 아퀴나스에 의해서 표현된 자연-은혜 구별 사이의 어떤 관련성이 있다고 보고 있다. 후자에 따르면 자연적 이성은 이 세상의 자연적인 생애를 사는 데 충분하며, 다른 한편 은혜는 영적인 생애를 살고 구원의 목표를 이루는 데 필요하다고 한다. 따라서 스콜라주의의 몸과 혼의 구분은 생애를 두 다른 부분으로 나누는 바, 곧 **육적인 생명**(*vita activa*)과 **영적인 생명**(*vita contemplativa*) 또는 세속적인 생애와 영적인 생애라고 말할 수 있다.

실제적으로 이러한 구분은 기독교 본래의 관심은 사람들의 영혼의 구원에 있는 반면에 그 상태는 몸이 돌보아야 할 책임이 있다는 신앙을 갖도록 인도했다. 이것은 그 상태는 교회가 아니라 교육, 과학, 기술, 경제제도, 사회와 정치적인 문제들 또는 일반적인 문화와 공공의 가치에 관심을 갖는다는 것을 의미한다. 몸과 혼의 구별의 결과로 그리스도인들은 생활의 광대한 영역, 도덕적인 가치 그리고 세속주의와 인본주의의 힘에 대한 지식 등에 굴복해왔다. 교수법과 교과서에서 나라의 기독교 학교들조차도 성경적인 견해보다는 인본주의적인 철학을 더 많이 반영하고 있다. 몸과 혼의 이원론의 총체적인 영향은 평가하기가 거의 불가능할 정도이다. 인간을 몸과 혼으로 나누는 것은 인간의 생애의 모든 부분에서 잘못된 이분법을 조장해왔다.

예배에서의 이원론

이원론의 영향은 많은 기독교 찬미, 기도, 시 등에서 더욱 많이 본다. 영국 교회의 공동기도문에서 발견되는 장례식의 첫 말씀은 분명히 이원론적이다. "전능하신 하나님의 위대하신 자비로 여기를 떠난 우리의 사랑하는 형제의 영혼을 기뻐하셨기에, 따라서 우리는 그 몸을 이 땅에 위탁 하나이다."[15] 동일한 기도서에 있는 다른 어떤 구절은 신체적인 존재에 대한 분명한 이원론적인 요소를 무심코 들어낸다. "그들이 육체의 짐으로부터 구원을 받은 후에 신실한 자들의 영혼들은 그들과 함께 기쁨과 축복 속에 있나이다."

몸의 감옥으로부터 영혼이 해방되는 것에 대한 플라톤의 개념은 기독교 시인인 존 던의 글에서 명확하게 제시되었다. "몸들이 그들의 무덤으로 들어갈 때, 영혼들은 그 무덤들로부터 벗어난다."[16] 많은 우리의 찬미들이 희미하게나마 이원론적인 시들로 위장되어 있다. 너무나도 자주 우리는 현재의 생애를 "피곤에 지친 순례"로 보도록 하고 또 "공중 위에 있는" 하늘로 실제로 탈출하도록 요구받는다.

이러한 지상 생애에 대한 적개심을 나타내는 찬미들, 종교적인 도피주의 그리고 다른 세속적인 것들의 예는 대부분의 기독교 종파들의 찬미들에서 발견할 수 있다. 어떤 찬미들은 이 지구를 신자들이 하늘 집으로 승천할 때 벗어나는 감옥으로 묘사한다. "나의 아버지의 집은 멀고도 먼 뭇 별 저 편 높은 곳에 있네. 이 지상 감옥으로부터 해방될 때 나의 하늘 맨션이 될 것이네." 또 다른 찬미들은 그리스도인을 이 세상을 떠나기 위해 어렵게 참고 있는 나그네로 묘사한다. "이 나라 여기는 너무도 어둡고 황량하여, 나는 오랫동안 쓸쓸히 지쳐 방황했네." "나는 여기서 나그네일 뿐이며, 나의 본향은 하늘이네 땅은 황량한 사막이며, 하늘은 나의 본향이네." "나는 세상 저 위에…하늘 대지에서 살고 싶네."

그러한 찬미의 가사를 믿는 그리스도인들은 어느 날 그들의 영원한 본향이 "세상 위에 있는 하늘대지"가 아니고 오히려 하늘 아래에 있는 바로 이 땅이라는 사실을 발견하고 실망하게 될 것이다. 이 땅은 하나님께서 창조하셨고 구속하셨으며 궁극적으로 우리가 영원히 살도록 회복시켜 주실 바로 그 유성이다. 미래의 세상에 대한 성경의 이상은 제7장에서 탐구한다.

C. 성경적 통전주의가 함축하는 것

신체적인 것과 영적인 것에 대한 긍정적인 견해

고전적인 이원론과 같이 성경적 통전주의는 우리 자신, 지금의 세상, 구속 그리고 궁극적인 운명에 대한 이해에 영향을 미친다. 본 연구를 진행하는 동안에 우리는 성경의 통전주의에 대한 다양한 교리와 실제적인 의미들을 어느 정도 점검하겠지만 여기서 본인은 단지 그것들 중 일부만 제시하고자 한다.

인간의 본질에 대한 성경적 통전주의는 우리의 몸과 혼은 하나님께서 창조하셨고 구속하신 불가분리의 단위로서, 우리로 하여금 생명의 신체적인 국면과 영적인 국면 모두를 긍정적으로 보도록 한다. 우리는 하나님을 우리의 마음으로 뿐만 아니라 우리의 몸으로도 존경하는 바, 그 이유는 우리의 몸이 "성령의 전"(고전 6:19)이기 때문이다. 성경은 우리로 하여금 우리의 "몸을 산제사"(롬 12:1)로 드리도록 권고한다. 만일 우리가 우리의 몸을 담배, 마약, 또는 건강에 해로운 것으로 오염시키면 우리는 우리의 육체에 대한 **신체적인 오염**(*physical pollution*)뿐만 아니라, 우리의 영혼에 대한 **영적인 오염**(*spiritual pollution*)의 원인을 제공하는 것이 된다.

헨리 바넷은 "사람들이 다른 사람들을 위해, 또 함께 행하는 것과 환경은 주로 그들이 하나님, 자연, 그들 자신 그리고 그들의 운명에 대해 생각하는 것에 달려 있다"[17]고 말한다. 그리스도인들이 그들 자신과 현재의 세상을 하나님의 선한 창조와 구속의 대상으로서 총체적으로 생각할 때 그들은 자신의 몸 뿐만 아니라 창조된 질서에 대해 하나님의 청지기로 활동하도록 확신하고 또 그렇게 이끌림을 받게 될 것이다.

전인에 대한 관심

성서적인 통전주의는 우리로 하여금 전인에 대해 관심을 갖도록 도전한다. 설교와 가르침으로 교회는 영혼의 영적인 필요뿐만 아니라 몸의 신체적인 필요도 충족시켜줘야 한다. 이것은 교회의 프로그램이 신체의 필요성에 대해서 경홀히 여기지 말아야 한다는 것을 뜻한다. 적절한 음식, 운동 그리고 교외의 활동 등이 그리스도인 생애의 중요한 부분으로 격려되어야 한다.

인간의 본질에 대한 성경의 통전적인 개념을 받아들이는 것은 우리의 전도와 선교적인 노력에 있어서도 통전적인 접근을 선택한다는 것을 의미한다. 이러한 접근은 백성들의 "영혼"을 구원하는 데 뿐만 아니라 건강과 같은 부분에서 활동하므로 그들의 생활환경을 개선하는 것을 포함하고 있다. 그것의 목적은 세상을 돕기 위한 것이어야 하며 세상을 피하는 것이 되어서는 안 된다. 사회의 정의, 전쟁, 인종차별, 가난 그리고 경제적인 불균형은 하나님이 전인과 전 세계를 위해서 일하시고 계신다는 것을 믿는 자들에게 관심의 대상이 되어야 한다.

그리스도인 교육은 전인(全人)의 개발을 증진시키는 것이어야 한다. 이것은 학교의 프로그램이 생활의 정신적, 신체적 그리고 영적인 국면을 발전시키는 것에 목적을 두어야 한다는 것을 뜻한다. 훌륭한 체육교육 프로그램은 학문과 종교적인 프로그램의 중요성만큼이나 중요하게 고려되어야 한다. 부모와 교사들은 훌륭한 음식 습관, 신체의 적절한 돌봄 그리고 규칙적인 신체훈련 프로그램에 관심을 가져야 한다.

전인에 대한 성경적 개념은 의술에 대한 의미도 담고 있다. 의료과학은 최근에 **통전적 의술**(holistic medicine)로 알려진 것을 발전시켰다. 통전적 건강 교육자들은 "신체의 형편, 영양, 정서적인 재건, 영적인 상태, 생활양식의 가치 그리고 환경을 포함하는 전인을 볼 필요성을 강조하고"[18] 있다. 1975년에 존 홉킨스 의과대학의 대학원 훈련과정에서 제롬 프랭크 박사는 대학원생들에게 "인간의 정신을 다루지 않는 그 어떤 질병 치료도 엄청난 결함이 있다."[19]라고 말했다. 치료와 신체적 건강의 유지는 언제나 전인을 포함해야 한다.

우주적인 구속

인간의 본질에 대한 통전적인 견해는 또한 몸과 혼, 물질과 영적인 세계를 포함하는 구속의 우주적인 견해를 전제로 한다. 몸과 혼 또는 영을 분리하는 것을 종종 창조의 영역과 구속의 영역 사이에 분리가 있다는 것으로 병행시켜왔다. 즉 후자는 가톨릭교회와 개신교회 모두에서 구속에 있어서 **신체적인** 영역과 **우주적인** 영역을 희생시키면서까지 개인의 영혼의 구원으로 확대하는 데 관심을 가져 왔다. 종종 성도들은 지상에서 살면서도 세상으로부터 떠나 있으며, 사망 시에 즉각적으로 그들의 영혼들이 자신들의 물질로 된 몸을 떠나서 추상적으로 "하늘"로 불려지는 곳으로 승천하는 순례자들로 묘사되곤 한다. 이러한 견해는 고전적인 이원론을 반영하며, 우리가 본서에서 보게 될 것이지만, 인간과 유인원에 대한 성경적인 전인 견해를 나타내는 데는 실패하고 있다.

앞서 주목한 것처럼 전통적인 이원론은 몸과 물질계를 경홀히 여기는 태도를 만들어 냈다. 이러한 다른 속심(俗心)은 "이 세상은 내 집 아니네", "나는 여기서 나그네이며, 하늘은 내 집이네. 땅은 황량한 사막, 하늘은 내 본향 일세"와 같은 찬미 가운데서도 반영된다. 지구를 경멸하는 우리의 태도는 하나님의 경이로운 창조를 찬양하는 주제로 된 시편이나 히브리 찬미 가운데서는 찾아 볼 수 없다. 시편 139:14에서 다윗은 말하기를 "내가 주께 감사하옴은 나를 지으심이 신묘막측하심이라 주의 행사가 기이함을 내 영혼이 잘 아나이다"라고 했다. 여기서 시편기자는 자신의 영혼(마음)으로 잘 알고 있는 경이로운 몸으로 인해 하나님을 찬양하고 있다. 이것은 몸과 혼이 하나님의 경이로운 창조의 부분이라는 전인적인 사고의 한 좋은 예가 된다.

시편 92편에서 시편기자는 사람이 악기로 하나님을 찬양하기를 주장하는데 그 이유를 다음과 같이 말하고 있다. "여호와여 주의 행사로 나를 기쁘게 하셨으니 주의 손의 행사를 인하여 내가 높이 부르리이다. 여호와여 주의 행사가 어찌 그리 크신지요 주의 생각이 심히 깊으시니이다"(시 92:4, 5). 자신의 경이로운 신체와 경탄할만한 창조에 대한 시편기자의 기쁨은 창조와 구속의 전체적인 드라마의 중요한 부분이 창조된 세계라는 통전적인 견해에 기초하고 있다.

성경적인 현실주의

인간의 본질에 대한 성경의 통전적인 견해는 다가올 세계에 대한 견해에도 영향을 끼친다. 제7장은 성경이 미래의 세계를 영광스럽게 변화된 영혼들이 흰옷을 입고, 노래하고, 하프를 켜고, 기도하고, 구름을 타고, 불로불사(不老不死)의 음료를 마시면서 영원히 보내게 될 곳이라는 천상의 낙원으로 보여주고 있지 않다는 것을 다룬다. 오히려 성경은 주님의 강림을 통해 부활한 성도들이 정결하게 되고, 변화되며, 또 완전하게 될 이 유성 지구에서 거하는 것에 대해서 말하고 있다(벧후 3:11~13; 롬 8:19~25; 계 21:1). "새 하늘과 새 땅"(사 65:17)은 없어지지 아니하며 공간 어딘가에 있는 불연속적인 영적인 피난처라기보다는 오히려, 그 본래의 완전함으로 새롭게 된 지금의 하늘과 땅인 것이다.

신자들은 몸으로부터 분리된 영혼이 새 하늘에 들어가는 것이 아니라 부활한 몸을 가진 사람들이(계 20:4; 요 5:28, 29; 살전 4:14~17) 들어간다. 불결한 것은 아무것도 새 하늘에 들어갈 수 없을 것으로, 우리는 "땅의 왕들이 자기 영광을 가지고 그리로 들어오리라…사람들이 만국의 영광과 존귀를 가지고 그리로 들어 올 것"(계 21:24, 26)이라고 듣고 있다. 이 구절들은 인간의 발명, 예술 그리고 지적인 탁월성을 포함하여 옛 하늘과 땅에 있는 모든 실제적인 가치는 영원한 질서에서 한 자리를 발견하게 될 것임을 암시한다. "도성"에 대한 이러한 착상은 활동성, 창의성 그리고 실제적인 관계에 대한 사상을 나르고 있다.

이러한 성경에 묘사된 근본적이고도 확고한 지상에 있는 하나님의 새 세계에 대한 견해가 사라지고 천상적이고 신령적인 하늘 개념으로 대중의 신앙심에서 대치된 것은 안타까운 일이다. 후자는 성경적인 사실주의의 영향이라기보다는 플라톤의 이원론에 영향을 받았다.

D. 결론

역사적으로 인간의 본질에 대한 중요한 두 급진적인 견해가 있어왔다. 하나는 고전적인 이원론이고 다른 하나는 성서적인 통전주의이다. 이원론적인 견해는 인간의 본질이 물질인 죽을 수 있는 몸과 영적인 불멸의 혼으로 구성되어 있다는 입장을 유지하고 있다. 후자는 몸이 죽으면 혼은 살아서 하늘이나 연옥, 또는 지옥으로 옮겨진다. 부활 시에 혼은 몸과 재결합한다. 이러한 이원론적인 견해는 기독교인들의 생애와 사상, 백성들의 인생에 대한 견해, 현재의 세상, 미래의 세상, 구속 그리고 다가올 세계에 엄청난 영향을 끼치고 있다.

현 시대에 고전적인 이원론은 성경학자들, 교회 역사가들, 철학자들 그리고 과학자들로부터 공격을 받고 있다. 성경학자들은 인류학적 용어들과 문맥들을 점검해 왔으며 그 결과 인간의 본질에 대한 성경적인 견해는 이원론적이 아니라 분명히 전인적이라는 결론에 도달했다. 다른 많은 방향들로부터 나온 많은 소리들은 오늘날 이원론은 퇴조하고 통전주의가 자리를 잡는다고 확증하고 있다.

인간의 본질에 대해 계속되는 논쟁에 대한 사전(事前) 연구는 본 연구가 그리스도인의 신앙과 생활의 전체적인 구조에 근본적으로 중요하다는 것을 보여주었다. 따라서 실제로 이토록 중요한 주제에 대해 성경이 가르치고 있는 것을 면밀히 검토하는 것은 우리의 의무이다. 2장과 3장에서는 인간의 본질에 대한 성경적인 가르침을 조사하고, 제4장에서 7장까지는 인간의 운명에 대한 성경의 가르침을 조사하고자 한다.

제 2 장

인간의 본질에 대한 구약의 입장

제2장
인간의 본질에 대한 구약의 입장

　사람이 무엇이관대 주께서 저를 생각하시며"(시 8:4)라는 시편기자의 질문은 사람이 제시할 수 있는 가장 근원적인 질문이다. 그 질문의 근본적인 이유는 그 질문에 대한 대답이 우리가 자신과 이 세상, 구속 그리고 우리의 궁극적인 운명을 바라보는 입장을 결정하기 때문이다.

　우리의 시대만큼 인간의 본질에 대해 많은 것들을 알고 있었던 시대가 없었지만 여전히 이 세대만큼 사람의 실체에 대해서 알지 못하는 세대도 없다. 하나님을 의식하지 않으면서도, 오늘날 많은 사람들은 자신들의 지금의 존재에 대해서 근원적인 관심을 가지고 있다. 하나님을 의식하지 않는 것은 많은 사람들로 하여금 생애의 의미에 대해서 불확실하게 만드는데, 그 이유는 하나님과 그분의 계시 안에서만이 인간의 본질과 운명을 알 수 있기 때문이다.

　인간의 본질에 대한 질문은 서구인들의 사상 역사 가운데서 일관된 관심이 되어 왔다. 제1장에서 우리는 역사적으로 대부분의 그리스도인들이 인간의 본질을 이원론적으로, 즉 물질부분인 절멸할 몸과 죽을 때에 살아 있는 비 물질부분인 불멸의 혼으로 구성되어있다고 정의해 왔다는 것을 보았다. 계몽주의(18세기의 철학운동)가 시작될 때 한 시도(試圖)들은 사람을 거대한 우주라는 기계의 부속품이 되는 하나의 기계로 정의하려는 것이었다. 소망 없는 인간은 하나의 결정론적인 우주 속에 갇혀있으므로 그들의 행동은 그러한 비물질적이고 비자발적인 힘에 의해 유전적인 요인들, 화학적인 분비물, 교육, 양육 그리고 사회적인 여건으로 결정된다. 사람들은 비물질적이고도 영원한 혼을 가지고 있지 않으며 단지 우주적인 기계의 결정론에 의해 조성된 멸절될 물질적인 몸을 가지고 있을 뿐이다.

인간 존재를 하나의 기계나 동물로 저하시키는 이토록 우울하게 만드는 물질적인 견해는 인간이 하나님의 형상으로 창조되었다는 성경적인 견해를 부정한다. "하나님을 닮은" 존재라기보다, 인간을 "동물을 닮은" 존재로 저하시킨다. 이러한 염세주의적인 견해의 한 반응으로 많은 근대적인 모조 이교 종파들과 사상들(뉴 에이지 같은 것)이 인간을 신격화한다. 인간은 "동물과 유사"하지도 않고 "하나님을 닮지도" 않고 그는 신일뿐이다. 그는 해방되기를 기다리는 신적 능력과 자원을 내면에 가지고 있다. 이러한 새로운 인본주의적인 복음이 오늘날 인기가 있는 것은 그러한 사상이 사람들로 하여금 내면에 잠들어 있는 능력과 자원들을 톡톡 건드려 해방시키므로 그들 자신 안에서 구원을 찾도록 사람들에게 도전을 가져다 주기 때문이다.

우리가 오늘날 경험하고 있는 것은 인간의 본질에 대한 극단적인 물질적 견해로부터 극단적인 신비주의적이고도 신격화하는 견해로 추(錘)가 심각하게 움직이고 있다는 것이다. 이러한 배경에서 사람들은 두 선택에 직면하는데, 곧 인간 존재란 사전 계획에 의해 고안된 기계일 뿐이거나, 아니면 무한한 능력을 가진 신이라는 것이다. 이러한 도전에 대한 그리스도인의 반응은 우리의 신앙과 생활을 정의하는 데 기초를 마련하는 거룩한 성경 안에서 발견되어져야 한다. 본 연구는 성경이 우리가 사전에 고안된 기계나 또는 무한한 잠재력을 가진 신적 존재들이라고 가르치고 있지 않다는 것을 보여준다. 우리는 하나님의 형상에 의해서 창조되었고 이 세상과 다가오는 세상에서 그분에 의존하여 살아가는 피조물이다.

본장의 목적

본장은 인간의 본질에 대한 구약의 견해를 사람과 관련된 4개의 중요한 용어, 곧 혼(soul), 몸(body), 마음(heart) 그리고 영(spirit)을 점검하고 이해하고자 한다. 이러한 용어들의 다양한 의미들과 용례들이 몸으로부터 분리되어 독립적으로 기능을 하는 비물질적인 것을 의미하기 위해 사용된 적이 있는지를 점검하고 분석하고자 한다.

우리가 할 연구는 구약이 신체와 영적인 기관 사이를 구분하지 않고 있다는 것을 지적하게 되는데, 그 이유는 고등인간의 전 영역의 기능, 곧 감정, 사고, 지식, 애정, 하나님의 계명 준수, 찬양 그리고 기도가 혼과 육의 "영적" 기관뿐만 아니라 심장과 신장 그리고 내장으로 된 신체적인 기관도 해당되기 때문이다. **혼(네페쉬 : *nephesh*)과 영(루아흐 : *rūach*)**은 구약에서 몸이 죽을 때에 살아 있을 수 있는 비물질적인 실체가 아니라 신체와 심리학적인 기능 전체의 영역을 의미하는 데 사용된다.

본 연구를 수행하는데 있어서 우리가 염두에 두어야할 것은 성경 저자들은 현대의 생리학이나 심리학에 익숙해 있지 않았다는 것이다. 예컨대 그들은 우리의 손이 어떤 물체를 만지면 신경을 통해 뇌로 그 정보가 전달되어 경험하는 감각으로 꼭 알아야할 필요는 없었다. "뇌"(brain)란 단어는 영어성경에서는 발견되지 않는다. 성경저자들은 신경계나 또는 호흡기계에 대해서 전혀 알지 못했다. 대부분의 경우에 있어서 그들은 인간의 본질을 그들이 보고 느끼는 것으로 정의했다.

본 장은 다섯 부분으로 나누어져 있다. 첫 부분은 창조 이야기가 우리에게 본래 인간의 본질을 구성하고 있는 것에 대해서 말하는 것에 관해 연구한다. 연이어지는 4 부분들은 인간의 본질에 대해 구약에서 발견되는 네 기본적인 용어들, 곧 혼, 몸, 마음 그리고 영에 대해서 분석한다. 우리가 할 연구는 이 모든 용어들이 각각의 기능으로 나누어져 있는 전혀 다른 물질로 묘사하고 있지 않으며, 오히려 상호 관련을 가지고 있으며 통합되어 있는 동일한 인간의 능력과 기능이라는 것을 지적한다. 융합되고 상호 관련을 가지고 있으면서 기능적으로 연합되어 있는 많은 부분들로 구성되어 있는 사람은 몸으로부터 분리된 혼이라는 존재 관념의 여지를 남기지 않고 있으므로, 따라서 몸이 죽을 때 혼이 살아 있다는 신앙의 기초는 사라지게 된다.

A. 창조시의 인간의 본질

창조, 타락 그리고 구속

인간의 본질에 대한 성서적인 견해를 이해하기 위해서 우리는 우선 인간의 생명의 의미를 성경에 있는 창조, 죄로의 타락 그리고 하나님의 구속의 경륜에 대한 정의 가운데서 이해해야만 한다. 이 세 기본적인 진리는 인간의 본질과 운명에 대한 성경의 견해를 이해하는 데 필수적이다. 연대기적으로, 이것들은 창세기 1장부터 3장에서 가장 먼저 만나게 되는 진리들로서 이곳에서 우리는 첫 창조 사건, 타락 그리고 구속을 발견한다. 이론적으로 성경에 있는 그 밖의 것들은 이 세 개념들에 대한 하나의 전개에 불과한 것들이다. 그것들은 인간이 존재하며, 또 모든 문제들을 볼 수 있는 프리즘을 마련한다.

예수께서 결혼과 이혼에 대해서 말씀하셨을 때, 그는 우선 그 문제를 창조 시에 주어졌던 의미로 접근하셨다. 그후 그는 그것을 타락의 관점에서 바라보았는 바, 그 이유는 죄가 이혼의 사유를 말하고 있기 때문이다(마 19:1~8). 이와 유사하게 바울은 남자와 여자 사이의 역할의 구별(고전 11:3~12; 딤전 2:12~14)과 그리스도 안에서 하나(갈 3:28)라는 것을 설명하기 위해 창조, 타락 그리고 구속에 호소한다.

우리가 인간의 본질을 창조, 타락 그리고 구속에 대한 성경적인 개념에서 볼 때 우리는 즉각적으로 창조가 인간의 본질을 구성하고 있는 기원을, 타락이 지금의 상태를 그리고 현재에 성취되고 있고 또 미래에 완성될 회복, 곧 구속에 대해서 말하고 있다는 것을 보게 된다. 따라서 인간의 본질에 대한 일목요연한 성경적인 정의는 인간의 본질이 창조 시에 어떠했으며, 타락 후에는 어떻게 되었으며, 지금은 어떠하며 그리고 구속의 결과로 미래에는 어떻게 될 것인지를 생각하게 만들 것이다.

사람의 창조

인간의 본질에 대한 성경적 견해를 연구하는 데 있어서 논리적인 출발점은 인간의 창조에 관한 서술이다. 우리는 여기서 성경에서 사용된 것처럼 남자와 여자 모두를 포함하고 있는 "사람"(man)이란 용어를 사용한다. 우선 첫 번째로 중요한 성경의 진술은 창세기 1:26, 27에서 발견한다. "하나님이 가라사대 우리의 형상을 따라 우리의 모양대로 우리가 사람을 만들고 그로 바다의 고기와 공중의 새와 육축과 온 땅과 땅에 기는 모든 것을 다스리게 하자 하시고 하나님이 자기 형상 곧 하나님의 형상대로 사람을 창조하시되 남자와 여자를 창조하시고."

인간의 창조에 대한 이 첫 근거는 인간의 생명이 동물계에 있는 돌연변이의 결과이거나 아니면 예상하지 못한 자연적인 결과에 기인되어 시작된 것이 아니라, 하나님의 개인적인 창조의 결과라는 것을 우리에게 말해준다. 그것은 결국 사람이 하나님의 창조의 특별한 초점이었다는 것이다. 그 이야기에서 전달된 감명은 하나님께서 사람을 창조하실 때 그분께서 무엇인가 다르고 구별되는 어떤 것 속으로 들어오셨다는 것이다.

세상 창조의 매 단계의 끝에, 하나님께서는 당신 자신께서 행하신 것을 응시하시고 또 "좋았더라"(창 1:4, 10, 12, 18, 21, 25)라고 선언하시기 위해서 잠깐 멈추신다. 그 후 하나님께서는 자신의 피조물을 다스릴 수 있는 한 존재를 창조하셨으며, 그분께서는 그 존재와 함께 거니시고 말씀하셨다. 26절 서두에 "그 다음에"(역자 주 : 영어성경에는 *then*이 있음)라는 부사가 있는 것은 사람의 창조가 어떤 면에서 특별했다는 것을 암시한다. 하나님께서 창조하신 이 전의 모든 것은 접속사인 **"그리고"**(역자 주 : 영어 성경에는 창 1:3, 6, 9, 14, 20, 24 앞에 접속사인 '그리고'[and]라는 단어가 있음)에 의해 함께 연결된 연속적인 것으로 제시되고 있다. 그러나 우주적인 창조의 순서가 끝나고 땅이 인간의 생명을 보존할 준비가 되었을 때, "그 다음에" 여호와께서는 사람을 창조하시려는 당신의 계획을 선언하셨다. "그 다음에 하나님께서는 '우리가 사람을 만들자'라고 말씀하셨다."(창 1:26). 사람을 창조하신 후, 하나님께서는 자신이 창조한 모든 피조물이 "매우 좋았더라"(창 1:31)라고 선언하셨다.

하나님의 특별창조

이 본래의 신적인 선언은 두 기본적인 진리를 제시하는 것으로서, 첫째는 **사람은 하나님의 특별한 창조물로서** 자신의 생명이 그분에게 달려있는 것이다. 자신의 생명은 하나님께로부터 나와서 계속 유지되는 것은 오로지 하나님의 자비하심 때문이다. 대제사장에게 지속적으로 의존한다는 생각은 인간의 본질에 대한 성경적인 이해에 기초한다. 하나님은 창조주이시며 인간은 그 기원과 연속적인 존재에 있어서 그분께 의존되어 있는 피조물이다.

둘째, **사람은 하나님과는 다르다.** 인간 존재는 시간적인 출발을 가지고 있으나, 하나님은 영원하신 분이시다. 주(主)는 죽을 수 있는 어떤 사람이 아니시다. 성경은 창조주로서의 하나님의 무한하신 속성과 피조물로서의 유한한 한계를 가지고 있는 인간 사이의 대조를 강조한다. 바로 이것은 성경이 인간의 본질에 대해서 보는 견해로서 우리가 염두에 두어야할 중요한 점이다. 모든 하나님의 계시는 인간을 의존적인 피조물로 제시하며 결코 하나님으로부터 떠나있는 것으로 제시하지 않는다(사 45:11; 57:15; 욥 10:8~10). 그러나 인간이 하나님을 의존하는 피조물에 대한 강조에도 불구하고 그는 창조주와 특별히 교제 하는 위치에 남아있다. "그의 인간됨의 차별적인 특성은 하나님의 다른 피조물뿐만 아니라 그분의 창조물을 위한 사랑과 감사의 봉사를 받고 주기[to and for]위해 따로 떼어놓으셨다는 것이다."[1]

하나님의 형상

하나님과의 관계에 있어서 차별적인 특성은 자신의 피조물을 하나님의 형상이라고 선언한 데서 표현된다. "우리의 모양대로 우리가 사람을 만들고"(창 1:26; 참조 5:1~3; 9:6). 정성을 들이는 정교한 시도는 "하나님의 형상"을 따라 사람이 창조되었다는 것을 설명하기 위해 있어왔다.[2] 어떤 사람들은 하나님과 사람 사이에 신체적인 유사성이 있다고 주장한다.[3] 이러한 견해의 문제점은 하나님이 인간 존재와 유사한 육체적인 본질을 가지고 있다고 가정하는 것이다. 이러한 사상은 "하나님은 영이시니"(요 4:24)라는 그리스도의 진술에 의해 인정을 받지 못하며, 이 진술은 그분께서 우리처럼 공간이나 또는 물질에 묶여져 있지 않다는 것을 암시한다. 더 나아가, 인간의 본질에 대한 신체적인 면에 사용된 성경적인 용어들(**바살**[*bāshār*, 육체], **싸르크스**[*sarks*, 육], flesh, body)은 결코 하나님께 적용해서는 안 된다는 것이다.

다른 사람들은 하나님의 형상은 인간의 비물질적인 국면, 즉 영적인 혼이라고 생각한다. 따라서 하리스는 선언하기를 "세상에서 사람만이 영적이고 도덕적이며 또한 이성적인 존재이다. 그는 하나님께서 주신 혼을 가지고 있으며 추측하기는 바로 이 혼이 하나님의 형상으로 만들어졌으며 시간과 공간의 제한 속에 속해있지 않다."[4]고 한다. 이와 유사한 맥락에서 칼뱅은 확증하기를 "형상의 적절한 장소가 혼이라는 사실은 의심의 여지가 없다"고 했으며, 덧붙이기를 "인간의 어떤 부분이나 더 나아가 신체적인 부분은 영광의 광채로 장식되지 않는다."[5]라고 했다. 이러한 견해는 몸과 혼 사이의 이원론적인 견해를 전제로 하고 있으며, 결코 창세기에 있는 창조의 이야기에 의해 보증을 받지 못한다. 사람은 하나님으로부터 어떤 혼을 받지 않았으며 그는 산 혼(생령 : living soul)으로 만들어졌다(made). 더 나아가, 이 창조의 이야기 가운데서 동물 역시 그들 속에 산 혼을 가지고 있는 것으로 말하나, 그러나 하나님의 형상으로는 창조되지는 않았다.

어떤 사람들은 사람 속에 있는 하나님의 형상을 인간의 남성다움과 여성다움을 조화롭게 가지고 있는 존재로 해석한다.[6] 이러한 해석의 기초가 된 것은 "남자와 여자를 창조하시되"라는 표현이 "하나님의 형상대로 창조하시되"라는 구절과 인접해 있다는 것이다(창 1:27). 의심할 것 없이, 하나님의 형상이 남녀의 교제가 동등하다는 것에서 반영되고 있다는 개념 속에는 일단의 신학적인 진리가 있다. 그러나 이러한 해석의 문제점은 그러한 해석이 하나님의 형상을 철저하게 남녀의 교제가 동등하다는 데로 지나치게 축소시켜 해석하는 것이다.

하나님의 형상을 인간의 남성과 여성의 조화로움으로 해석하는 것은 하나님을 반은 남성이고 반은 여성으로서 두 성을 동시에 가진 양성적인 존재(androgynous Being)로 인도해 왔다. 이러한 견해는 성경과는 거리가 먼 것으로 하나님은 자신의 정체성을 완성하기 위해 반대가 되는 여성일 필요가 없는 분이시다. 하나님의 행위는 종종 사랑이 많은 어머니(사 49:15)로 비교되기도 하지만, 그러나 **하나님이라는 인격**은 구체적으로 예수 그리스도를 통해서 우리의 아버지로 계시된다.

하나님을 반영하는 능력으로서의 형상

우리의 견해로는 하나님의 형상은 남성과 여성으로서의 사람과 관련된 것이거나, 아니면 우리의 종(種)에 주어진 불멸의 영혼과 관련된 것이 아니라, 오히려 하나님이라는 존재와 무한한 수준의 행위를 인간이라는 유한한 존재가 행하는 능력과 관련이 있다. 창조 이야기는 태양이 날을 주관하고 달이 밤을 그리고 물고기가 바다를 주관하는 한편, 하나님의 형상을 가진 인류는 모든 세계를 다스리는 것이라고 말하는 것처럼 보인다(창 1:28~30).

신약에서는 인간성 속에 나타난 하나님의 형상이 결코 남성과 여성의 교제나, 육체적인 유사함이나, 아니면 비물질적이고 영적인 혼과 결코 관련을 가지고 있지 않으며, 오히려 도덕적이고 이성적인 능력과 관련을 맺고 있다: "새 사람을 입었으니 이는 자기를 창조하신 자의 형상을 좇아 지식에까지 새롭게 하심을 받는 자니라"(골 3:10; 참조 엡 4:24). 이와 유사하게 그리스도의 형상과 일치하는 것은(롬 8:29; 고전 15:49) 일반적으로 의로움과 거룩함에 의해 이해된다. 이러한 특성의 그 어떤 것도 동물은 소유하고 있지 않다. 사람을 동물과 구별하는 것은 인간의 본질은 본래 경건의 능력을 가지고 있다는 것이다. 하나님의 형상으로 창조를 받은 존재의 미덕은 인간이 자신의 생애 속에서 그분의 품성을 반영할 수 있다는 것이다.

하나님의 형상으로 창조된 존재라는 것은 우리 스스로가 자신을 본질적으로 가치가 있으며, 보람과 능력 그리고 책임성이 풍부하게 주어져 있다고 보아야 한다는 것을 뜻한다. 그것은 우리가 우리의 사고와 행동 가운데 하나님을 반영하기 위해 창조되었다는 것을 의미하는 것이다. 하나님이 무한하신 수준에 계시고 행하시는 것을 우리는 유한한 수준에서 거하면서 행한다.

성경은 결코 사람 속에 있는 하나님의 형상을 불멸성과 관련하여 언급하지 않는다. 생명나무는 창조주와의 교제 속에서 불멸성이 있다는 것을 나타냈으나, 죄의 결과로 아담과 하와는 동산에서 추방되었으며, 그 결과 하나님의 임재 속에서 계속되는 생명의 근원으로 접근하는 특권은 박탈당했다.

왜 그 형상이 전지, 전능, 편재 가운데서만 발견되어야 하는가? 이중 그 어떤 신적인 속성도 하나님의 형상의 일부로 인간에서 주어지지 않았으며, 심지어 타락 전에도 그러했다. 성경에서는 인간이 하나님의 형상을 그분의 신적 속성, 즉 불멸성을 소유하므로 반영하고 있다고 제시하지 않는다. "하나님의 형상"이라는 구절이 의도하는 신적 속성에는 결코 단 하나도 불멸성을 그 이유로 들지 않는다. 우리가 보게 될 것이지만 오히려 그 반대로 성경은 그것을 많은 곳에서 부정하고 있다.

창 2:7 – "생령"

인간의 본질을 이해하는 데 두 번째로 중요한 성경의 진술이 창세기 2:7에서 발견된다. 본문이 인간의 본질에 대한 토론에 상당한 기초를 형성하고 있다는 것은 새삼스럽지 않은데, 그 이유는 하나님께서 사람을 어떻게 창조하셨는지에 대한 성경의 이야기가 여기서만 발견되고 있기 때문이다. 성경 본문은 다음과 같다. "여호와 하나님이 흙으로 사람을 지으시고 생기를 그 코에 불어넣으시니 사람이 생령이 된지라."

역사적으로 본 구절은 고전적인 이원론적 입장에서 읽혀져 왔다. 하나님께서 사람의 코에 불어넣으신 생명의 호흡은 단순히 물질로 된 몸에 투입하신 비물질적인 불멸의 혼으로 추측해 왔다. 지상의 생애가 육체적인 몸 속으로 들어간 불멸하는 혼으로 시작되었으므로, 따라서 그 혼이 몸으로부터 떠날 때 생명은 끝난다는 것이다. 따라서 창세기 2:7은 역사적으로 전통적인 몸과 혼으로 된 이원론에 기초하여 해석해 왔다.

이런 곡해되고 잘못된 해석으로 인도해 온 것은 창세기 2:7에 있는 "혼"으로 번역된 히브리 단어 **네페쉬**(*nephesh*)가 혼에 대한 웹스터의 표준 해석에 따라 이해되어왔기 때문이다. 그곳에서는 혼을 "비물질적인 본질, 생기를 주는 원리, 또는 개인의 생명을 발생시키는 원인"으로, 또는 "인간 존재 속에 결합된 영적인 원리"[7]로 정의하고 있다. 이 표준적인 정의는 혼, 곧 **프쉬케**(*psychē*)를 비록 몸의 일부는 아니지만 몸속에 거하는 비물질적이고 불멸하는 요소라는 플라톤의 이원론적인 견해를 반영하고 있다.

이러한 편만한 견해는 사람들로 하여금 구약성경에 언급되는 혼-네페쉬를 성경적인 전인적인 개념으로보다는 플라톤의 이원론적인 빛 가운데서 읽도록 만든다. 클로드 트레스몬턴트는 말하기를 "플라톤의 **프쉬케**(혼)의 성질을 히브리 단어 **네페쉬**(*nephesh*)에 적용하므로…우리는 **네페쉬**[혼]의 실제의 의미로부터 떠나게 하며, 더 나아가 무수한 오류들에 봉착하게 되었다"[8]고 했다.

네페쉬(영어 흠정역 성경에서는 472회나 "혼"으로 번역한다)에 대한 구약의 언급을 이원론적인 사고로 읽는 사람들은 인간의 본질에 대한 성경적인 전인견해를 이해하기란 매우 어려울 것이다. 이원론에 따르면 몸과 혼은 다른 면에서 본 동일한 인격체이다. 그들은 성경이 말하는 "혼"에 대한 성경적인 의미가 인간과 동물의 생명 모두에게 주어진 생기를 주는 원리라는 것으로 받아들이는데

부활신학

어려움을 겪게 될 것이다. 더 나아가 그들은 그러한 구절들이 죽은 사람을 죽은 영혼-**네페쉬**(레 19:28; 21:1, 11; 22:4; 민 5:2; 6:6, 11; 9:6, 7, 10; 19:11, 13; 학 2:13)로 말하는 것을 설명하는데 큰 어려움을 겪게 될 것이다. 그들에게는 불멸의 혼이 몸과 함께 죽을 수 있다는 것은 거의 상상할 수 없을 것이다.

"생령"의 의미

인간의 혼은 불멸한다는 대부분의 추측은 많은 사람들로 하여금 "사람이 생령이 된지라(became)"(창 2:7)를 "사람이 생령을 얻은지라(obtained)"를 의미하는 것으로 해석하도록 유도했다. 이러한 해석은 인간의 본질에 대한 헬라의 이원론적 견해와 성경의 전인적인 개념 사이에 있는 차이점에 관해 예리한 많은 학자들에 의해 도전을 받아왔다.

예컨대, 오드리 존슨 같은 사람은 창세기 2:7에 있는 **네페쉬**-혼은 사람의 의식과 생명력을 강조하는 것으로 전인을 의미하는 것이라고 설명한다.[9] 유사하게 요한네스 페드선은 자신의 고전적인 연구 **이스라엘**(*Isreal*)에서 인간의 창조에 대해서 다음과 같이 기록하고 있다. "인간의 요소의 기초는 부서지기 쉬운 물질적인 요소였으나, 하나님의 숨에 의해 그것은 변화되었으며 **네페쉬** 곧 한 영혼이 되었다. 사람에게 **네페쉬**가 주어졌다고 말하지 않으며, 따라서 몸과 혼 사이의 관계는 우리가 생각하는 것과는 다르다. 그가 존재하는 것처럼 본질 면에 있어서 사람은 전적으로 하나의 영혼이다."[10]

페드슨은 계속해서 주목하기를 "구약에서 우리는 사람이 영혼이라는 사실에 계속해서 직면한다. 아브라함은 가나안을 향해 자신의 소유와 그가 얻은 모든 영혼들(역자 주 : 한글개역성경에는 "사람들"로 되어 있음)과 함께 출발했으며 (창 12:5), 아브라함이 큰 왕들을 대항하는 전쟁에서 전리품들을 취했을 때 소돔의 왕이 영혼들(사람들)은 돌려주고 물건들은 취하라고 권고했다(창 14:21). 야곱의 집에 70명의 영혼들(사람들)이 애굽으로 갔다(창 46:27; 출 1:5). 인구조사를 할 때면 언제나 "얼마나 많은 영혼들이 그곳에 있는가? 라는 질문을 받았

다." 다른 많은 곳에서도 우리는 사람을 영혼으로 대치하는 것을 본다.[11]

창세기 2:7에 대한 주석에서 한스 월터 울프는 질문하기를 "여기서 **네페쉬**[영혼]는 무엇을 의미하는가? 분명히 영혼이 아니다[전통적인 이원론적인 의미에서]. **네페쉬**는 사람의 모든 형태, 특히 자신의 호흡이 함께 있는 것으로 보여지도록 고안된 것이며; 더 나아가 사람이 **네페쉬**[영혼]를 가지고 있지 않으며, 그가 곧 **네페쉬**[영혼]이며, 그가 **네페쉬**[영혼]로 살아있다"[12]고 했다. 살아있는 전인을 지칭하는 성경에 있는 영혼은 가톨릭 학자인 덤 울스탄 몰크[13] 조차도 이와 유사한 용어로 다음과 같이 이해한다. "**몸**[바살 : *bashar*]에 생명을 주는 것은 **네페쉬**[영혼]이지만, 그러나 하나의 다른 물질은 아니다. 아담은 **네페쉬**[영혼]을 가지고 있는 것이 아니며 그가 곧 바살[몸]인 것과 꼭 마찬가지로 **네페쉬**[영혼]이다. 생기를 주는 분리된 존재로부터는 거리가 먼 몸은 볼 수 있는 **네페쉬**[영혼]이다."

성경적 관점으로부터, 몸과 혼은 한 인간 존재 안에 함께 거하는 두 다른 실체(하나는 멸절하고 다른 하나는 불멸하는)가 아니며, 동일한 사람의 두 특질들(characteristics)이다. 요한네스 페더슨은 이 점을 마치 한 금언(金言)이 진술하는 것처럼 "몸은 외형으로 나타난 영혼이다."[14]라며 경탄스럽게 요약하고 있다. 그 같은 견해가 휠러 로빈슨에 의해서 매우 유명한 진술 가운데서 다음과 같이 표현되고 있다. "인격에 대한 히브리 사상은 하나의 화신한 영혼이 아니라(헬라 사상처럼), 하나의 생명을 가진 몸이다."[15]

요약하자면, 우리는 "사람이 생령-**네페쉬 하야**[*nephesh hayyah*]가 된지라"의 표현은 창조 시에 그의 몸에 신체로부터 분리된 어떤 실체인 불멸의 영혼이 부여되지 않았다는 것이다. 오히려 생명 없는 몸속으로 하나님께서 "생명의 호흡"을 불어넣으신 결과로 사람이 살아 있고 숨을 쉬는 존재가 되었다는 것이며, 그 이상도 그 이하도 아니다. 심장이 박동하고 피는 순환하고, 뇌는 생각하기 시작했으며 그리고 모든 생명의 중요한 표징들은 활동하게 되었다. 단순하게 제시한다면, "생령"(살아있는 영혼)은 곧 "살아있는 존재"라는 것이다.

이러한 정의가 실제적으로 함축하고 있는 것은 덤 울스탄 몰크에 의해 다음과 같이 하나의 제안적인 진술에서 나온 것이다. "**네페쉬**[영혼]로서의 사람은 자신의 **네페쉬**[영혼]가 점심 식사에 가서, 스테이크를 자르고 그것을 먹는다. 내가 다른 사람을 볼 때, 내가 보는 것은 단순히 그의 몸이 아니고, 자신이 볼 수 있는 **네페쉬**[영혼]인데, 그 이유는 창세기 2:7의 용어에서 사람이 존재하는 것이 곧 살아있는 **네페쉬**로 되어 있기 때문이다."[16]

"생령"으로서의 동물

살아있는 존재로서의 "생령"의 의미는 동물에게 "생령-**네페쉬 하야**"라는 같은 구절을 사용하는 데서 지지를 받는다. 영어 흠정역 성경에서 아담이 창조를 기술할 때 창세기 2:7에서 이 구절이 처음으로 등장한다. 그러나 우리가 주목해야하는 것은 히브리 성경에서 처음으로 나타나는 구절은 아니라는 것이다. 우리는 그 구절을 창세기 1:20, 21, 24 그리고 30절에서도 발견한다. 이 네 절 모두에서 "생령-**네페쉬 하야**"는 동물에 언급되고 있지만, 대부분의 영어 성경의 번역자들은 "생령"(living souls) 대신에 "생물"(living creatures)로 선택하여 번역했다(역자 주 : 개역한글성경도 그렇게 번역함). 그 같은 형태가 창세기 2:7 이후에 나오는 다른 구절들에서도 동물을 "생령"으로보다는 "생물"을 언급하는 것으로 번역한 것이 사실이다(창 2:19; 9:10, 12, 15, 16; 레 11:46).

그렇다면 왜 대부분의 영어성경의 번역자들이 그 동일한 구절인 **네페쉬** 하야를 사람을 언급할 때는 "생령"으로 그리고 동물을 언급할 때는 "생물"로 번역했는가? 그 이유는 간단하다. 그들은 인간 존재는 비물질적이고 불멸하는 영혼을 가지고 있지만 동물을 그렇지 않다는 신앙에 의해 꼴 지어져 있었기 때문이다. 결과적으로, 그들은 히브리어 **네페쉬 하야**를 번역하기 위해 사람에는 "영혼"이라는 단어를, 동물에는 "생물"이라는 단어를 사용한 것이다. 놀만 스나이드는 "가장 비난받을 만한 사실"을 발견하고는 이렇게 말한다. "그들은 번역을 하면서 이러한 잘못된 차이점을 유지했다는 것이 개정자들[권위 있는 역본의 번역자들] 가운데 많이 나타났다. …히브리 구절은 두 경우에 있어서 꼭 같은 방법으로 번역되어야 한다. 다르게 번역하는 것은 히브리 성경을 읽지 못하는 모든 사람들을 오도하는 것이다. 변명의 여지가 없으며 적절한 방어책도 없다. 히브리어의 **네페쉬**를 '불멸하는 영혼'으로 읽고 또 그렇게 번역하는 경향성은 고대에도 있었으며, 70인역(LXX)에서도 볼 수 있다."[17]

캠브리지 대학의 전 도서관장이었던 바실 아트킨슨은 다음과 같이 동일한 설명을 한다. "우리의 번역자들[권위있는 역본의]이 스스로 사실을 숨기고 있는 것은 아마도 그들이 너무나도 '영혼'이라는 단어가 의미하는 현대의 신학적 개념에 묶여져 있어서, 비록 그들이 20절과 30절의 여백[권위있는 역본의]에 그 단어를 사용했지만, 감히 그 히브리어를 동물을 언급하는 말로 번역할 수가 없었기 때문일 것이다. 이러한 절들에서 우리는 다음과 같은 것을 발견한다.[18] '움직이는 생물, 곧 생령'(히브리어, 20절)을 발견하며 '움직이는 모든 생령'(히브리어는 **네페쉬** : 21절), '땅은 그 종류대로 생령을 내라'(히브리어로 **네페쉬**), '또 땅의 모든 짐승과 공중의 모든 새와 생명(생령, 히브리어는 **네페쉬**)이 있어 땅에 기는 모든 것에게는 내가 모든 푸른 풀을 식물로 주노라 하시니 그대로 되니라'(창 1:30).

이 구절들에서 모든 종류의 동물들을 언급하기 위해 **네페쉬**-영혼이란 단어를 사용한 것은 **네페쉬**가 사람에게 주어진 불멸의 영혼이 아니라 사람과 동물 모두에게 있는 생명을 동작하게 하는 원리 또는 "생명의 호흡"이다. 둘 다는 식물과는 대조되는 영혼들로 특징지어진다. 식물들이 영혼이 아닌 이유는 아마도 그것들은 호흡을 하고 고통과 기쁨을 느끼거나 음식물을 찾기 위해 움직이는 조직을 가지고 있지 못하기 때문일 것이다. 인간의 영혼이 동물의 영혼과 차별되는 것은 인간은 하나님의 형상, 곧 동물에게는 없는 경건의 능력으로 창조된 것이다.

이 경우에서 중요한 점은 사람과 동물 둘 다 영혼들이라는 **것**(are)이다. 아트킨슨은 다음과 같이 말한다. "그들[사람과 동물]은 둘로 나누어져서 살아갈 수 있는 영혼과 몸의 2부로 구성된 피조물이 아니다. 그들의 영혼은 그들의 전부이며 그들의 몸은 그들의 정신력과 함께 구성되어 있다. 그들은 생명을 가지고 있지 않는 무생물체로부터 구별하기 위해 영혼, 곧 의식하는 존재를 가지고 있는 **것**(having)이라고 불려진다. 이와 꼭 같은 방법으로 우리는 영어에서 사람과 동물은 의식하는 존재**이며**(is) 의식적인 존재를 가지고 **있다**(has)고 말할 수 있다."[19] 영혼-네페쉬라는 용어가 사람과 동물 둘 다에 사용되는 것은 둘 다가 의식을 가지고 있는 존재이기 때문이다. 그들은 둘 다 살게 만드는 동일한 생명의 원칙, 곧 "생명-숨"을 나누고 있다.

영혼과 피

우리가 창세기 1장에서 고려해 본 네 구절들에 부가하여 **네페쉬**라는 단어가 동물에 적용되고 있는 다른 19구절이 구약에 있다. 우리는 그 구절들 중 둘을 보고자 하는데 그 이유는 그 구절들이 창세기 2:7에 있는 "생령"의 의미를 더욱 분명히 하는 데 도움을 주기 때문이다. 이러한 구절들에 특별한 관심이 있는 것은 그 구절들이 **네페쉬**가 피와 관련되어 있기 때문이다. 레위기 17:11에서 우리는 "육체의 생명은 피에 있다."라는 말씀을 읽는다. "생명"이 히브리어로 **네페쉬**로 번역되어 있으며, 따라서 그 구절은 "육체의 영혼은 피에 있다."라고 읽는다.

같은 장 14절에서 우리는 "모든 생물은 그 피가 생명과 일체라 그러므로 내가 이스라엘 자손에게 이르기를 너희는 어느 육체의 피든지 먹지 말라 하였나니 모든 육체의 생명은 그 피인즉 무릇 피를 먹는 자는 끊쳐지리라"(레 17:14)라는 말씀을 읽는다. 여기서 "생명"이라는 단어는 매 경우에 히브리 말로 **네페쉬**로 번역되어 있으므로, 따라서 그 구절을 실제로 "모든 생물의 영혼은 그것의 피라;…모든 생물의 영혼은 그것의 피라"(역자 주 : 영문을 직역함)로 읽어야 한다(신 12:23도 참조하라). "모든 생물"이라는 구절은 사람과 동물 둘 다에 피에 대한 언급이 적용되고 있다는 것을 암시한다. 따라서 아트킨슨은 지적하기를 "우리가 여기서 인간의 본질 속에 나타난 매우 중요한 하나의 통찰력을 가지게 된다. 영혼과 피는 같은 것이다"[20]라고 한다.

영혼-네페쉬가 피와 동일한 이유는 아마도 생명-네페쉬의 활력이 피에 내재하기 때문일 것이다. 희생제사 제도에서 피가 죄 때문에 바쳐졌는데, 그 이유는 그것이 네페쉬-생명과 관련되어 있기 때문이다. 희생 제물로 동물을 죽이는 것은 네페쉬-생명이 다른 네페쉬-생명의 죄를 속죄하기 위해 희생되었다는 것을 의미한다.

토리 호팝틀리는 관찰하기를 "네페쉬[생명]와 피 사이에 있는 히브리어의 관계는 네페쉬[생명]가 인간의 생애에서 '거룩한' 면을 전달했다는 것을 나타낸다. 네페쉬[생명]는 하나님께서 하시는 일이었으며(창 2:7), 하나님의 보호 안에 있었고(잠 24:12), 그분의 손 안에 있었으며(욥 12:10), 그분에게 속해 있는 것이었다(겔 18:4, 20). 히브리인들은 네페쉬가 사람을 초월하여 받은 하나의 존재인 이상 네페쉬로서 존재하는 데 불필요하게 간섭하거나 중간에 끼어드는 것은 금지된 것으로 믿었다. ···히브리인들은 피를 그냥 둔 채 먹는 것이 금지되어 있었는데 그 이유는 그러한 행위가 네페쉬[생명]에 간섭하는 것이며, 곧 그러한 행위는 하나님께 죄를 짓는 것이었기 때문이다. 피와 네페쉬[생명]가 동등하므로 피를 계속 소모하는 것은 하나의 살인형태를 뜻했다. 전자는 자신의 네페쉬[생명]를 다른 사람의 거룩한 네페쉬[생명]로 지탱하는 것이었다"[21]고 했다.

동물의 네페쉬-영혼과 관련된 앞에서의 토론은 아담에게 적용된 "생령"(창 2:7)의 의미를 더욱 분명하게 하는 데 도움을 주었다. 우리는 이 구절이 창조 시에 하나님께서 인간의 몸에 불멸의 영혼을 주셨다는 것을 의미하지 않고, 단순히 사람이 하나님께서 당신의 숨을 생명 없는 몸에 불어넣으신 결과 살아있는 존재(living being)가 되었다는 것을 뜻한다는 사실을 발견했다. 이러한 결론은 네페쉬가 동물과 피를 기술하는 데도 사용되고 있다는 사실에 의해 지지를 받고 있다. 후자가 네페쉬-영혼과 동일하게 간주되는 것은 생명력의 유형적인 표현으로 보여졌기 때문이다. 구약에 나와 있는 네페쉬-영혼의 의미를 더 깊이 탐구하기 전에, 우리는 창세기 2:7에 있는 "생명의 호흡"(역자 주 : 한글개역성경은 '생기'로 번역함)의 의미를 찾아볼 필요가 있다.

생명의 호흡(생기)

하나님께서 아담의 코에 불어넣으신 "생명의 호흡[네샤마 : neshāmāh]"은 무엇인가? 어떤 사람들은 "생명의 호흡", 곧 "생기"는 하나님께서 물질로 된 아담의 몸속으로 심으신 불멸의 영혼이라고 추측한다. 이러한 해석은 "생기"에 대한 성경적 의미나 용례에 의해서 합법적으로 지지를 받지 못하는데, 그 이유는 성경 어느 곳에서도 "생기"를 불멸의 영혼과 동일시하지 않기 때문이다.

성경에서, "생명의 호흡[네샤마]"은 하나님의 호흡과 관련된 생명을 주는 능력이다. 따라서 우리는 욥기 33:4에서 다음의 말씀을 읽는다. "하나님의 신[루아흐 : ruach]이 나를 지으셨고 전능자의 기운[네샤먀]이 나를 살리시느니라"(욥 33:4). "하나님의 신"과 "전능자의 기운" 사이의 평행성은 그 둘이 상호 교환적으로 사용되고 있다는 것을 암시하는데, 그 이유는 그 구절이 둘 다 하나님에 의해서 피조물들에게 주어진 생명의 선물을 언급하기 때문이다. 다른 분명한 예가 다음의 이사야 42:5에서 발견된다. "하늘을 창조하여 펴시고 땅과 그 소산을 베푸시며 땅 위의 백성에게 호흡[네샤마]을 주시며 땅에 행하는 자에게 신[루아흐]을 주시는 하나님 여호와께서 이같이 말씀하시되." 여기서 다시 두 구절의 평행성은 호흡과 신이 하나님께서 자신의 피조물들에게 주시는 동일한 생명력의 원칙을 의미하고 있음을 보여준다.

"생명의 호흡"에 대한 비유적 표현은 자신의 피조물들에게 하나님께서 주신 생명의 선물을 암시적인 방법으로 묘사하고 있는 것은 호흡하는 것이 하나의 살아있는 생명의 징표이기 때문이다. 더 이상 호흡을 하지 않는 사람은 죽은 사람이다. 따라서 성경에서 생명을 주시는 하나님의 신이 "생명의 호흡"으로 묘사되는 것은 전혀 이상할 것이 없다. 결국, 호흡하는 것은 생명의 유형적 표현이다. 욥은 말하기를 "나의 생명[네샤마]이 아직 내 속에 완전히 있고 하나님의 기운[루아흐]이 오히려 내 코에 있느니라"(욥 27:3)고 한다. 여기서 인간의 "호흡"과 하나님의 "신"은 동등한 것인데, 그 이유는 숨을 쉬는 것이 하나님의 신의 지탱시키는 능력을 표현하는 것으로 보여지기 때문이다.

"생명의 호흡", 곧 "생기"를 소유하는 그 자체가 불멸성을 부여하고 있지 않은데, 그 이유는 성경이 죽을 때에 "생기"가 하나님께로 돌아간다고 말하고 있기 때문이다. 생명은 하나님께로부터 와서, 하나님에 의해서 유지되고 그리고 하나님께로 돌아간다. 욥은 죽음에 관해서 다음과 같이 묘사하고 있다: "그가 만일 자기만 생각하시고 그 신[루아흐]과 기운[네샤먀]을 거두실진대 모든 혈기 있는 자가 일체로 망하고 사람도 진토로 돌아가리라"(욥 34:14, 15). 꼭 같은 진리가 전도서 12:7에서도 표현 된다. "흙은 여전히 땅으로 돌아가고 신은 그 주신 하나님께로 돌아가기 전에 기억하라"(전 12:7). 홍수에 대해서 우리는 다음의 말씀을 읽는다: "땅 위에 움직이는 생물이 다 죽었으니 곧 새와 육축과 들짐승과 땅에 기는 모든 것과 모든 사람이라. 육지에 있어 코로 생물의 기식을 호흡하는 것[네샤먀]은 다 죽었더라"(창 7:21, 22).

죽음이 생명의 호흡, 곧 생기를 거두어들이는 것으로 특징지어진다는 사실은 "생기"가 하나님께서 자신의 피조물들에게 주신 불멸의 신이나 영혼이 아니라 오히려 인간이 자신의 지상 생애 동안에만 소유하고 있는 생명의 선물이라는 사실을 보여준다. "생기"나 영[신]이 남아있는 한, 인간은 "생령"인 것이다. 그러나 호흡이 떠날 때 그들은 죽은 영혼들이 되는 것이다.

"생기"와 "생령" 간의 관계는 우리가 아트킨슨이 지적한 것처럼 "사람의 영혼이 그 피에 있고 그 피는 진정으로 자신의 영혼이다. 따라서 영혼은 공기 중에 있는 산소를 흡입함으로 생령으로서 살아있는 존재로 보존된다. 아울러 오늘날의 의료과학은 산소의 흡입과 피 사이에 어떤 관계가 있는지에 대해서 많이 다루고 있다"[22]는 사실을 기억할 때 더욱 분명해진다. 호흡하는 것이 중단될 때 영혼의 죽음이 초래되는데, 그 이유는 영혼과 동일시되는 피가 더 이상 생명에 긴요한 산소를 받아들이지 않기 때문이다. 이것은 성경이 인간의 죽음을 13번이나 영혼의 죽음으로 언급하고 있다는 것을 설명한다(레 19:28; 21:1, 11; 22:4;

민 5:2; 6:6, 11; 9:6, 7, 10; 19:11, 13; 학 2:13).

진행되는 토론에 비추어볼 때 우리는 창조 시에 비물질적인 불멸의 영혼을 물질로 된 자신의 몸에 이식하심으로 "사람이 생령이 되었다"(KJV)는 것이 아니라, 하나님 자신에 의해 그에게 주어진 생명을 발생시키는 원리("생기")를 통해서라는 결론에 도달하게 되었다. 창조의 이야기 가운데서, "생령"은 인간의 몸을 살아있도록 하는 생명의 원리 또는 힘을 의미하며, 그 생령은 의식할 수 있는 생명의 형태로 나타난다.

B. 영혼으로서의 인간의 본질

지금까지, 우리는 인간의 본질에 대한 구약의 견해를 생령으로서 하나님의 형상으로 창조된 빛 가운데서 탐구해 보았다. 우리는 인간의 창조에 대한 두 기본적인 본문인 창세기 1:26, 27과 2:7이 인간의 본질을 멸절할 몸과 불멸의 영혼으로 구성된 이원론적으로 설명하고 있지 않다는 것을 발견했다. 오히려 그 반대로, 몸과 생기 그리고 영혼은 사람이 창조될 때 주어진 것으로써 분리된 실체들이 아니라, 동일한 사람의 특질들인 것이다. 몸은 단단한 존재로서의 사람이고, 영혼은 살아있는 개인으로서의 사람이며, 생명의 호흡, 또는 생기는 하나님 안에 자신의 근원을 가짐으로써의 사람인 것이다. 이러한 결론의 확실성을 점검하기 위해, 우리는 이제 인간의 본질의 네 중요한 국면인 혼, 몸, 마음 그리고 영의 더 넓은 구약에서의 용례들을 세심하게 살펴보도록 하자.

창조의 문맥에서 네페쉬–영혼의 의미에 대한 처음의 연구는 그 단어가 인간 존재와 동물 둘 다에 주어진 생명을 발생시키는 원리를 뜻하기 위해 사용되고 있다는 것을 보았다. 이 점 때문에 우리는 구약에 있는 네페쉬의 더 넓은 용례에 관해 탐구하고자 한다. 네페쉬가 구약에서 754회 나타나고 또 45회 다른 방법으로 제시되므로,[23] 우리의 초점은 직접적으로 우리가 탐구하려는 대상과 관련된 그 단어의 세 용례를 연구하는 데 있다.

궁핍한 인간으로서의 영혼

한스 월터 울프는 다양한 신학적 신념들을 가진 학자들 가운데서도 거의 논란이 없는 자신의 책 구약의 **인류학**(*Anthropology of the Old Testament*)에서 영혼에 대한 한 장(章)을 "네페쉬-궁핍한 인간"(*Nephesh*-Needy Man)이란 제목을 붙이고 있다.[24] "궁핍한 사람"으로서의 **네페쉬**의 이러한 특질은 **네페쉬**-영혼이 생명과 사망의 갈림길에서 위기를 겪고 있는 것으로 묘사하는 많은 본문들을 읽을 때 더욱 분명해진다.

사람 곧 "생령"을 만드시고 또 유지하시는 분이 하나님이신 이상 히브리인들은 위기 가운데 처할 때 그들의 영혼, 곧 그들의 생명을 구하기 위해 하나님께 호소했다. 다윗은 기도하기를 "악인에게서 나의 영혼[네페쉬]을 구원하소서"(시 17:13), "주의 의로 내 영혼[네페쉬]을 환난에서 끌어내소서"(시 143:11)라고 했다. 주님께서는 "가난한 자의 생명[네페쉬]을 행악자의 손에서 구원하셨으므로"(렘 20:13) 찬양을 받으실 만한 분이시다.

사람들은 그들의 영혼[네페쉬]을 다른 사람들이 취하려고 할 때 크게 두려워한다(출 4:19; 삼상 23:15). 그들은 자신의 영혼[네페쉬]을 위해 도망해야 했고(왕하 7:7), 또 그들의 영혼[네페쉬]를 방어해야 했으며(에 8:9); 만일 그들이 그렇게 하지 아니하면 그들의 영혼[네페쉬]은 처참하게 파멸될 것이었다(수 10:28, 30, 32, 35, 37, 39). "범죄하는 그 영혼[네페쉬]이 죽으리라"(겔 18:4). 라합은 이스라엘의 두 정탐꾼들이 자신의 가족을 구원해주기를 "우리 생명[네페쉬]을 죽음에서 건져내"(수 2:12) 주도록 요청했다. 이런 예들 가운데서, 영혼이 위기에 처했고, 구원받을 필요가 있었던 것은 개인의 생명이었다는 것이 분명하다.

영혼은 적들로부터 뿐만 아니라 음식의 결핍으로부터도 위기를 경험했다. 예루살렘의 상태에 관해서 통탄하면서, 예레미야는 말하기를 "그 모든 백성이 생명[네페쉬]을 소성시키려고 보물로 식물들을 바꾸었더니 지금도 탄식하며 양식을 구하나이다 나는 비천하오니 여호와여 나를 권고하옵소서"(애 1:11). 이스라엘 백성들이 광야에서 불평한 것은 그들이 애굽에서 먹었던 고기를 더 이상 먹을 수 없었기 때문이다. "이제는 우리 정력[역자 주 : 원문은 영혼 **네페쉬**로 되어 있음]이 쇠약하되 이 만나 외에는 보이는 것이 아무것도 없도다 하니"(민 11:6).

금식이 영혼에 영향을 끼치는 것은 그것이 영혼이 필요로 하는 음식물을 중단시키기 때문이다. 대속죄일에 이스라엘 백성들이 금식하므로 "스스로를 괴롭게 하라"(레 16:29)는 명령을 받았다. 그들은 자신들의 영혼의 신체적인 부양과 영적인 구원이 하나님께 의존되어 있다는 것을 실증해 보기 위해서 음식을 끊었다. 토리 호프는 "매우 적절하게" 기록하기를 "그들[이스라엘 백성]이 대속죄일에 금식하도록 요청을 받은 것은 피흘림[한 순결한 영혼의]을 통해서 속죄를 받게 된 것이 자신들의 영혼이었기 때문이며, 영혼의 죄에도 불구하고 영혼을 지탱시키신 분이 섭리를 가지고 계신 하나님이셨기 때문이다"[25]고 기록 한다.

영혼[**네페쉬**]과 관련된 위험과 구원의 주제는 우리로 하여금 구약 속에 있는 영혼이 인간의 본질을 구성하고 있는 불멸의 한 요소가 아니라 종종 죽음의 위협에 직면하는 생명의 불확실한 환경으로 보인다는 것을 알도록 인도한다. 심각한 위험과 구원을 내포하고 있는 그런 환경은 이스라엘 백성들로 하여금 그들이 보호와 구원을 위해 하나님을 지속적으로 의존한 살아있는 인격체들인 연약한 영혼들[**네페쉬**]이었다.

감정이 앉는 자리로서의 영혼

인간의 생명을 발생시키는 원칙으로서의 영혼은 정서적인 활동의 중심지로서의 기능도 한다. 수넴 여인에게 한 말에서 열왕기하 4:27은 "그 중심에 괴로움[**네페쉬**]이 있다"(왕하 4:27)고 한다. 다윗은 자신의 원수로부터 구원해주기를 여호와께 다음과 같이 부르짖고 있다. "나의 영혼[**네페쉬**]도 심히 떨리나이다 여호와여 어느 때까지니이까 여호와여 돌아와 나의 영혼[**네페쉬**]을 건지시며 주의 인자하심을 인하여 나를 구원하소서"(시 6:3, 4).

백성들이 하나님의 구원을 기다리고 있는 동안에, 그들의 영혼은 생명력을 잃어가고 있었다. 토리 호프는 주목하기를 "시편기자가 종종 이러한 경험[위험한] 안에서부터 기록했기 때문에 다음과 같이 표현하였다. 시편들은 '영혼 속에서 피곤하였도다'(시 107:5), '나의 영혼이 눌림으로 녹는다'(시 119:28), '나의 영혼이 구원을 사모한다'(시 119:81), '내 영혼이 여호와의 궁정을 사모하여 쇠약함이여'(시 84:2), '그 위험을 인하여 그 영혼이 녹는도다'(시 107:26). 욥은 묻기를, '너희가 내 마음을 번뇌케 하며 말로 꺾기를 어느 때까지 하겠느냐'(욥 19:2). 구원을 기다리는 것은 바로 그 영혼이었다. '나의 영혼이 잠잠히 하나님만 바람이여 나의 구원이 그에게서 나는도다'(시 62:1), '나 곧 내 영혼이 여호와를 기다리며 내가 그 말씀을 바라는도다'(시 130:5). 히브리인들이 하나님으로부터 구원이 온다는 것을 안 이후 그의 영혼은 하나님 안에서 '피난처를 찾을 것'(시 57:1)이며 '그로 인하여 목말라'(시 42:4; 63:1) 한다. 한 번 위험이 지나간 후, 그 상황의 어려움과 특별함이 끝난 후, 영혼은 구원을 받은 것으로 인해 '내 영혼이 여호와로 자랑하리니 곤고한 자가 이를 듣고 기뻐하리로다'(시 34:2)며 찬양한다. '내 영혼이 여호와를 즐거워함이여 그 구원을 기뻐하리로다'(시 35:9)."[26]

정서의 자리로서 영혼을 말하는 이 구절들을 어떤 이원론자들은 개인의 정서적이고 지적인 생애에 책임을 가지고 있는 몸에 붙어 있는 비물질적인 실체임을 지지하는데 도움을 주는 구절들로 해석한다. 이러한 해석의 문제점은 토리호프가 지적하고 설명하는 것처럼, "그 어떤 히브리어의 인류학과 관련된 용어에서도 영혼은 '정서의 자리'일 뿐이다"[27]고 한다. 우리는 영혼이 유일하게 정서가 자리 잡는 중심부인 것은 몸, 심장, 내장 그리고 신체의 다른 부분들 역시 정서적인 중심부들이기 때문이라는 것을 보게 될 것이다. 인간의 본질에 대한 성경적인 견해에 의하면 신체의 일부는 종종 그 전체를 나타낼 수 있다.

울프는 영혼의 정서적인 만족은 자아나 사람의 만족과 동등하며 결코 하나의 의존적인 실체가 아니라고 올바르게 주목하고 있다. 예컨대 그는 시편 42:5, 11과 4:5에서 슬픔과 권고의 동일한 노래를 다음과 같이 찾고 있다. "내 영혼아 네가 어찌하여 낙망하며 어찌하여 내 속에서 불안하여 하는고 너는 하나님을 바라라 그 얼굴의 도우심을 인하여 내가 오히려 찬송하리로다." 여기서 울프는

"네페쉬[영혼]는 소망으로 갈망하는 결핍된 생애의 자아"[28]로 기록한다. 이 구절들에서 영혼이 인간의 본질의 비물질적인 부분으로 죽은 후에도 생존할 수 있는 인격과 의식으로 갖춰져 있는 것으로 결코 암시하지 않는다. 우리는 영혼이 몸이 죽을 때 함께 죽는다는 것을 주목하게 될 것이다.

인격의 자리로서의 영혼

구약에서 영혼[네페쉬]은 정서가 위치하는 자리로서 뿐만 아니라 또는 인격이 위치하는 자리로 보여진다. 영혼은 책임을 가진 한 인격자로서의 사람이다. 미가 6:7은 다음과 같이 읽고 있다. "여호와께서 천천의 수양이나 만만의 강수 같은 기름을 기뻐하실까 내 허물을 위하여 내 맏아들을, 내 영혼[네페쉬]의 죄를 인하여 내 몸의 열매를 드릴까"(미 6:7). 히브리 단어는 여기서 "몸"은 배나 자궁을 의미한다. 여기서 대조하고 있는 것은 영혼과 몸 사이가 아니다. 이 구절을 주석하면서 덤 울스탄 몰크는 다음과 같이 기록하고 있다. "의미하는 것은 영혼의 도구로서의 육체가 사람을 죄 짓도록 했다는 것이 아니다. 오히려 살아 있는 전체의 사람을 말하는 **네페쉬**가 죄의 원인이다. 따라서 이 구절에서 죄의 책임은 인격으로서의 **네페쉬**에 있다."[29]

우리는 여러 구절들에서 죄와 범죄에 대해서 동일한 사상을 발견한다. "이스라엘 자손에게 고하여 이르라 누구든지 여호와의 금령 중 하나라도 그릇 범하였으되"(레 4:2; 역자 주 KJV에는 '만일 영혼[네페쉬]이 그릇 죄를 범하면'으로 되어 있음). "누구든지 증인이 되어 맹세시키는 소리를 듣고도 그 본 일이나 아는 일을 진술치 아니하면 죄가 있나니 그 허물이 그에게로 돌아갈 것이"(레 5:1; 역자 주 KJV '만약 영혼[네페쉬]이 죄를 범하면…허물을 질 것이요'로 되어 있음). "본토 소생이든지 타국인이든지 무릇 짐짓 무엇을 행하면 여호와를 훼방하는 자니 그 백성 중에서 끊쳐질 것이라"(민 15:30; '영혼[네페쉬]이 무릇 짐짓 죄를 범하면…그 영혼[네페쉬]은 그 백성 중에서 끊쳐질 것이라'로 되어 있음). "모든 영혼[네페쉬]이 다 내게 속한지라 아비의 영혼[네페쉬]이 내게 속함같이 아들의 영혼[네페쉬]도 내게 속하였나니 범죄하는 그 영혼[네페쉬]이 죽으리라"(겔 18:4). 이러한 구절들에서 영혼이 생각하며 계획하고, 자신의 행동에 대해서 책임이 있는 인격자라는 것이 입증된다.

신체적이고 정신적인 활동은 영혼에 의해서 행해졌다는 것은 그러한 활동이 생활하고, 생각하고 그리고 활동하는 인격으로 추정했기 때문이다. "히브리 사람은 인간의 활동을 나누거나 배분하지 않았다. 그러한 활동은 행동하는 **네페쉬** 전체, 곧 전인(全人)이었다."[30] 스테시는 적절하게 표현하기를 "**네페쉬**는 슬퍼했고, 굶주렸으며, 또한 생각했는데, 이는 곧 그러한 기능들은 전 인격이 그것을 행하기를 요구했으며, 또 정서, 신체 그리고 정신 사이에 어떤 구분도 없었기 때문이다"[31]고 했다.

구약에서 영혼과 몸은 동일한 사람의 두 표현이다. 영혼은 몸을 포함하며 또한 그것은 몸을 가지고 있다. 몰크는 "사실 고대 히브리인들은 전자 없이 후자를 생각할 수 없었다. 여기에는 두 상반되는 물질로 된 영혼과 몸을 이분화시키는 헬라의 이분법적인 것이 없었으며, 오히려 연합된 몸, 곧 한편은 **바살**[몸], 다른 한편은 **네페쉬**[영혼]로 된 사람이다. 따라서 바살은 인간존재의 완전한 실체이며, **네페쉬**는 인간 존재의 인격체이다."[32]라고 기록한다.

영혼과 죽음

구약에서는 몸이 영혼의 외적인 나타냄, 곧 현현(顯現)인 이상 영혼의 생존은 몸의 생존과 연결되어 있다. 이것은 한 사람의 죽음이 왜 종종 영혼의 죽음으로 묘사되고 있는지를 설명한다. 요한네스 페덜슨은 "죽음이 발생할 때 생명이 빼앗기는 것은 곧 영혼이다. 죽음은 영혼 전체를 공격하지 않고서 몸이나 또는 다른 영혼의 어떤 부분들을 공격할 수 없다. 따라서 '영혼을 죽이거나' 아니면 '영혼을 친다'고 말할 수 있다(창 37:21; 신 19:6, 11; 렘 40:14, 15). 죽는 것은 영혼이며, 이 사실을 부정하려는 그 어떤 이론들도 다 거짓이 된다. 영혼이 죽는다는 것을 의도적으로 말하며(삿 16:30; 민 23:10 등), 그것은 파괴되고 소모

되며(겔 22:25, 27), 또한 그것은 사라진다(욥 11:20)."[33]

영어성경을 읽는 독자들은 영혼도 죽는다는 페덜슨의 진술의 신빙성에 대해서 의문을 제기할 수도 있는데, 그 이유는 "영혼"이란 단어가 그가 인용하고 있는 본문에는 없기 때문이다. 예컨대, 도피성에 대해서 말하면서 민수기 35:15은 다음과 같이 말하고 있다. "이 여섯 성읍은 이스라엘 자손과 타국인과 이스라엘 중에 우거하는 자의 도피성이 되리니 무릇 그릇 살인한 자[네페쉬]가 그리로 도피할 수 있으리라." "영혼-네페쉬"란 단어가 대부분의 영어 번역 가운데는 나타나지 않으므로, 어떤 사람들은 그 본문은 몸을 죽이는 것이지 영혼을 죽이는 것에 대해서 말하지 않는다고 반박할 수도 있을 것이다. 그러한 문제의 제기가 사실인 것은 네페쉬가 히브리어 성경에서는 발견되고 있지만, 그러나 번역자들은 일반적으로 그것을 "사람"을 말하는 것으로 선택하는데, 아마도 그 이유는 영혼은 불멸하며 죽일 수 없다는 자신들의 신앙 때문일 것이다.

어떤 경우에 번역자들은 네페쉬-영혼을 인칭대명사로 표현한다. 영어역의 독자들은 그 대명사가 영혼-네페쉬를 지지한다는 것을 전혀 알지 못한다. 예컨대, 페덜슨이 인용하고 있는 본문 중 하나가 신명기 19:11인데, 다음과 같이 읽는다: "그러나 만일 사람이 그 이웃을 미워하여 엎드려 그를 기다리다가 일어나 쳐서 그 생명[네페쉬]을 상하여 죽게 하고 이 한 성읍으로 도피하거든." "그를 죽도록 상하여[역자 주 : RSV 직역]"를 히브리 성경에서는 "영혼-네페쉬를 죽도록 상하여"로 되어 있다. 페덜슨은 그 본문을 영어번역 성경으로부터가 아니라 히브리 성경에서 인용한다. 따라서 "영혼이 죽으리라"는 진술은 히브리 성경의 본문이 말하는 것을 적절하게 반영하고 있다. 더 나아가서 영어로 번역된 성경에도 영혼의 죽음에 대해서 분명하게 말하는 구절이 있다. 예컨대, 에스겔 18:20로서 "범죄하는 그 영혼은 죽을지라"이다(출 18:4도 참조하라).

구약에서 죽음은 생명력과 힘을 가진 영혼이 완전히 비우는 것으로 보여 진다. "그가 자기 영혼을 버려 사망에 이르게 하며"(사 53:12), "그가 버린다"는 것은 "비우다, 벗다, 또는 발가벗다"를 의미하는 아라(arah)를 번역한 것이다.

이것은 고난의 종이 스스로 영혼의 모든 생명력과 힘을 비운 것을 뜻한다. 죽음 안에서 그 영혼은 더 이상 생명을 활동하게 하는 원리로서의 기능을 감당하지 못하고 다만 무덤에서 쉬는 것이다.

페덜슨은 "죽음은 한 영혼의 힘이 **빼앗기는** 것이다. 따라서 죽은 자를 '약한 자'(**르파임** : *rephaim*)로 부른다. '그들은 다 네게 말하여 이르기를 너도 우리같이 연약하게 되었느냐 너도 우리같이 되었느냐 하리로다'(사 14:10)."[34] 죽은 몸은 여전히 한 영혼이지만, 그러나 생명 없는 영혼이다. 나사렛 사람들은 그들 스스로 "시체"(민 6:6)를 가까이 하지 말도록 했으며, 히브리 성경은 그것을 "죽은 사람의 영혼"이라고 말한다. 꼭 같은 방법으로, 제사장들은 그들의 친족들의 죽은 영혼들을 가까이하므로 더럽히지 않도록 하였다(레 21:1, 11; 민 5:2; 9:6, 7, 10).

영혼의 운명은 몸의 운명에 연결되어 있다. 여호수아가 요단 저편에 있는 많은 도성들을 점령했을 때, 우리는 반복해서 다음과 같은 말을 듣는다. "그 성읍과 그 중에 있는 모든 사람[**네페쉬** : 영혼]을 진멸하여"(수 10:28, 30, 31, 34, 36, 38). 몸의 파멸은 영혼의 파멸로 보여 진다. 에드문드 제이콥스는 "성경에서 **네페쉬**는 최종적인 분해 직전의 시체를 언급하며 그리고 한편 그 시체는 구별할 수 있는 모습을 가지게 된다"[35]고 기록한다. 몸이 파괴되고 없어지므로 더 이상 알아볼 수 없게 될 때, 그제야 영혼은 더 이상 존재하지 않는데, 그 이유는 "몸은 외형을 가진 영혼"[36]이기 때문이다. 다른 한편으로 몸이 조상들과 함께 무덤에서 쉬기 위해 누여질 때, 영혼도 방해를 받지 않고 쉬기 위해 눕게 된다(창 15:15; 25:8; 삿 8:3; 대상 29:28).

몸에 생명을 발생시키는 원리인 영혼의 기능이 정지되는 것으로 보는 구약의 관점은 "몸은 죽여도 영혼은 능히 죽이지 못하는 자들을 두려워하지 말고"(마 10:28)라는 예수의 진술에 대해 흥미로운 몇 가지의 의문을 불러일으킨다. 본문은 몸의 죽음이 반드시 영혼의 죽음을 수반하지 않을 수도 있다는 것을 암시하는 것처럼 보인다. 이 구절은 인간의 본질에 대한 신약의 견해를 다루는 다음 장에서 살펴보도록 하겠다.

영혼이 떠남

그러한 구절에 부가하여 우리는 영혼−네페쉬가 죽음과 연관되어 있다는 것은 적어도 두 구절이 영혼이 떠나고 돌아오는 것에 대해서 말하기 때문이며, 따라서 이 두 구절은 살펴볼 만한 가치가 있다. 그 첫째는 창세기 35:18로 라헬의 영혼이 떠나는 것을 죽는 것으로 본 것이며, 두 번째는 열왕기상 17:21, 22로서 과부의 아들에게 영혼이 돌아온 것으로 말하고 있다. 이 두 구절은 죽을 때에 영혼이 몸을 떠나며 또 부활할 때에 몸으로 돌아온다는 견해를 지지하는 데 사용되곤 한다.

로버트 모레이는 자신의 책 **죽음과 그 이후**(*Death and the After life*)에서 이 두 본문을 육체가 죽은 후에 영혼이 살아있다는 자신의 신앙을 지지하는 데 사용한다. 그는 기록하기를 "만약 성경의 저자들이 죽을 때에 영혼이 몸을 떠나 부활 때에 몸으로 되돌아 올 것을 믿지 않았다면 그들은 그러한 어법[영혼이 떠나는 것과 돌아오는 것]을 사용하지 말아야 했다. 그들이 말하는 방식은 그들이 사람은 궁극적으로 몸이 죽은 후에도 살아있다는 것을 믿었다"[37]고 한다.

이러한 결론을 이 두 성경에서 합법적으로 이끌어 올 수 있는가? 그렇다면 좀 더 세밀히 관찰해 보도록 하자. 라헬의 어려운 일을 묘사하면서 창세기 35:18은 다음과 같이 말하고 있다. "그가 죽기에 임하여 그 혼이 떠나려 할 때에 아들의 이름은 베노니라 불렀으나 그 아비가 그를 베냐민이라 불렀더라"(창 35:18). "그 혼이 떠나려고 할 때"라는 구절을 라헬이 죽어가고 있었을 때 그녀의 불멸의 영혼이 그녀의 육체를 떠나고 있었다는 의미로 해석하는 것은 영혼이 육체와 함께 죽는다는 구약의 일관된 가르침과는 정 반대가 된다. 한스 월트 올프는 바르게 지적하기를 "우리는 신체적인 생명에 정 반대가 되는 것으로, 네페쉬[영혼]는 결코 망할 수 없는 인간의 핵심적인 요소로서, 생명으로부터 떠날지라도 살아 있을 수 있다는 뜻으로 결코 주어지지 않았다. 네페쉬가 사람으로부터 '떠나는 것'(창 35:8)으로 언급하고 있거나, 아니면 다시 '돌아오는 것'(애 1:11)이라고 언급될 때, 그것의 기초적인 사상은 호흡이 정지되고 회복되는 것에 대한 분명한 관념인 것이다"[38]고 한다.

"그녀의 영혼이 떠나고 있었다"는 구절의 가장 적절한 의미는 "그녀의 호흡이 멈춰지고 있었다"거나, 아니면 그녀가 마지막 숨을 몰아쉬고 있었다고 말해야할 것이다. 여기서 "영혼—네페쉬"라는 명사는 같은 어간인 "숨을 쉬다", "호흡을 하다", "숨을 들이쉬다"를 의미하는 동사로부터 나온 것임을 주목하는 것은 중요하다. 생명의 숨을 숨 쉬고 있는 것은 결과적으로 사람이 생령, 곧 살아있는 유기체가 되는 것이다. 생명의 호흡이 떠나는 것은 결과적으로 한 사람이 죽은 영혼("그녀가 죽었기 때문에")이 되는 것이다. 따라서 에드문드 제이콥은 "네페쉬가 떠나는 것은 죽음에 대한 은유이며 죽은 사람은 숨 쉬기를 멈춘 자이다"[39]고 한다.

토리 호프도 다음과 같이 비슷한 주석을 한다. "숨이 떠나는 것에 대한 확실한 관념을 통해 본문은 라헬이 죽어가는 과정에서 한편으론 그녀가 자신의 새로 태어나는 아들의 이름을 지었다라고 말한다. 그녀는 그 단어의 현대적인 의미로 아직 죽지 않았지만, 그러나 그 순간 죽음이 거의 이르러 오고 있었다. 그녀는 **네페쉬**의 생명력을 잃어가고 있었으므로 **루아흐**[호흡]를 어느 정도 유지하고 있었지만 곧 남아있는 **네페쉬**로부터 떠나게 될 것이었다."[40] 우리는 영혼이 떠나는 것은 죽음에 대한 은유(隱喩)이며 숨을 쉬는 과정을 방해하는 것과 가장 관련이 깊은 죽음에 대한 한 은유라는 결론을 내린다. 이러한 결론은 우리가 지금 탐구하게 될 두 번째 구절인 열왕기상 17:21, 22에 의해 지지를 받는다.

영혼이 돌아옴

선지자 엘리야가 사르밧 과부의 아들을 살린 이야기와 관련하여 열왕기상 17:20, 21은 다음과 같이 말한다. "여호와께 부르짖어 가로되 나의 하나님 여호와여 주께서 또 내가 우거하는 집 과부에게 재앙을 내리사 그 아들로 죽게 하셨나이까 하고 그 아이 위에 몸을 세 번 펴서 엎드리고 여호와께 부르짖어 가로되 나의 하나님 여호와여 원컨대 이 아이의 혼으로 그 몸에 돌아오게 하옵소서 하니." 이 구절만으로는 죽을 때에 영혼이 육체를 떠나고 있었으며, 이 경우에 엘리야가 다시 영혼이 돌아오도록 기도하고 있었다는 것을 의미할 수도 있다고 인정해야 한다. 분명한 것은 이러한 결론은 영혼은 불멸하며 몸이 죽을 때에도 살아있다는 신앙을 지지할 수 있을 것이라는 것이다.

우리는 이러한 해석을 배척하는 주요한 이유를 가지고 있다. 첫째, 이 구절뿐만 아니라 성경 어떤 곳에서도 인간의 영혼이 불멸이라고 언급하고 있는 곳이 없다는 것이다. 오히려 그 반대로, 우리는 영혼이란 몸이 살아있는 동안에 몸 안에 생명력을 불러일으키는 원리라는 것임을 발견해왔다.

둘째, 17절에서 그 소년의 죽음이 호흡의 정지, 곧 "숨이 끊어진지라"로 묘사되어 있다는 것이다. 이것은 영혼–**네페쉬**가 떠나는 원인이 숨 쉬는 것의 정지이며, 따라서 숨 쉬는 것의 재개가 곧 영혼이 돌아오는 원인이 된다는 것을 암시하는 것이다. 에드문드 제이콥이 제시한 것처럼, "열왕기상 17:17에서 **네샤마**[호흡]의 결핍이 **네페쉬**가 떠나는 원인이 되며, 그 선지자가 어린 아이에게 호흡을 다시 줄 때 그것이 돌아오는데, 그 이유는 **네페쉬**만이 살아있는 피조물을 살아있는 유기체로 만드는 것이기 때문이다."[41] 숨을 쉬는 것이 영혼의 외적인 현현인 이상, 숨을 쉬는 것을 정지하거나 재개하는 것은 곧 영혼이 떠나거나 돌아오는 것이다.

셋째, 히브리 성경에서 21절은 실제로 다음과 같이 읽는다. "이 아이의 영혼이 그의 속으로 다시 들어오도록 하소서." 이러한 독법은 미국어역 성경(AV)의 난외에서 발견되며, 그 구절을 다르게 구성하고 있다. 속으로 다시 들어오는 것은 숨을 쉬는 것이다. 따라서 영혼은 전혀 몸속에 있는 어떤 "내적인" 조직과 연관되어 있지 않다. 속에 있는 기관들로 숨이 다시 돌아오는 것의 결과는 몸이 다시 살아나는 것이며, 다시 말하자면, 몸이 다시 생령이 되는 것이다.

바실 아트킨슨은 지각력 있게 관찰하기를 "저자는 영혼을 실제로 어린아이로나 아니면 그의 인격을 수반하는 것으로 생각하지 않았다. 그 아이는 침대에 죽은 자로 뉘어 있었으며 혼이 아이에게 돌아왔다. 엘리야는 그러한 단어들을 종종 현대의 장례식에서 듣는 것처럼 '나는 더 이상 그가 **여기**(*here*)에 있다고 생각할 수 없다'고 생각하거나 말하지 않았다."[42]

위에서 연구한 빛에서, 우리는 "아이의 혼이 그에게로 다시 돌아오니라"는 진술은 단순히 그 아이에게 생명이 다시 돌아 왔다거나, 또는 그 아이가 다시 숨을 쉬기 시작했다는 의미라고 결론을 지을 수 있다. 곧 이것은 새국제어역(NIV)의 번역자들이 그 구절을 "그 소년의 생명이 그에게로 돌아왔다"는 뜻으로 이해했다는 것이다. 이러한 해석은 그 구절을 완전히 납득할 수 있는 방법으로 이해하는 것이고 또 여타 구약의 가르침과 일치하는 것이다.

결론

구약에 있는 **네페쉬**-영혼의 의미에 대한 연구는 그 단어가 몸을 떠나서도 존재하는 비물질적이고도 영원한 실체에 대한 사상을 나르기 위해 사용된 적이 단 한 곳도 없다는 것을 보여주었다. 반대로, 우리는 영혼-**네페쉬**는 인간과 동물 둘 다에 주어진 생명을 발생시키는 원리, 곧 생명의 호흡이라는 것을 발견했다. 영혼은 피와 동의어로 사용되고 있는데 후자는 생명력의 유형적 현현으로 보여지기 때문이다. 죽을 때에 영혼은 몸에 활력을 불어넣는 생명의 원리로서의 기능은 정지된다. 영혼의 운명은 몸의 운명과 불가분리의 관계에 있는데 그 이유는 몸은 영혼의 외형적인 현현이기 때문이다.

C. 몸과 육체로서의 인간의 본질

영혼에 대한 구약의 견해에 대한 연구는 이미 몸과 영혼은 분리할 수 없는 하나의 통일체, 곧 두 다른 시각으로부터 보여지는 사람이라는 것으로 이미 완성했다. 몸은 실존하는 인간의 신체적인 **실체**(*physical reality*)이며, 영혼은 실존하는 인간의 **생명력**(*vitality*)과 **인격**(*personality*)이다.

기독교 역사에서 인간의 본질의 신체적인 국면이 평가 절하되어 온 것과 더 나아가 바람직하지 않으며 악한 것으로 욕되게 취급되어 온 것은 불행한 일이다. "육체"라는 단어가 부도덕한 것과 관련되어 왔다. "육체의 법"은 변함없이 죄악적인 방종을 의미한다. 이러한 부정적인 견해를 가지게 된 이유는 "육체"가 몸과 동의어이며, 고전적인 이원론에 따르면 몸은 나쁘거나 적어도 의심의 여지가 있는 것으로 수 세기에 걸쳐 기독교인의 생애에 영향을 미쳐왔기 때문이다.

성경에서 "육체"가 인간의 본질의 가장 고상한 국면으로 제시되지 않고 있는 것은 사실이다. 바울은 특히 육신과 영 사이에 존재하는 적대적인 관계에 대해서 말한다. 그러나 이것은 바울이나 아니면 다른 성경의 저자들이 육체나 몸을 윤리적인 면에 있어서 그 자체가 악한 것으로 정죄하고 있다는 것을 의미하지는 않는다. 오히려 육체는 인간의 본질적인 욕망과 경향성에 따라 행동하는 회심하지 못한 전인을 은유적으로 나타내는 데 사용된다.

역사적으로 많은 기독교 영성과 경건성은 몸을 죄가 자리 잡는 곳이라는 부정적인 견해에 영향을 받아왔다. 몸으로부터 음식, 따뜻한 의복, 심지어는 온수욕을 통한 신체적인 기분 전환 등을 몸으로부터 억제하는 육체의 금욕은 영적인 생활을 개발하는 데 필수 불가결한 것처럼 보아 왔다.[43] 따라서, 우리의 기독교 영성을 강화하기 위해, 인간의 본질에 대한 성경의 전인적인 견해, 특히 실존에서 육체적인 면에 대한 긍정적인 견해를 회복하는 것은 우리의 절체절명의 과제이다.

하나님에 의해 창조된 몸

창조이야기는 인간의 본질에 대한 신체적인 국면에 대한 성경의 입장을 연구하는 데 논리적인 출발점을 마련한다. 그 이야기는 우리에게 인간의 몸을 포함하고 있는 물질이 하나님에 의해서 창조되었다는 것을 말해준다. 물질은 플라톤의 **티마에우스**(*Timaeus*)에 있는 것처럼 하나님에 대해 적대적인 영원한 악의 원리가 아니라, 하나님의 영원한 목적을 완성하기 위한 자신의 선한 창조이다. 인간의 몸을 포함하여 전체적인 신체의 질서는 그분의 영원한 목적에 따라 하나님에 의해서 창조되어졌다.

반복하자면 창조의 전체적인 이야기를 통해 우리는 하나님께서 당신이 창조하신 것을 바라볼 때에 "보시기에 좋았더라"(창 1:10, 12, 18, 21, 25)라는 말씀을 듣는다. 그분께서 자신의 형상을 따라 사람을 창조하신 이후 그가 창조한 모든 것에 경탄해 하며, "매우 좋았더라"(창 1:31)고 선언하셨다. 성경에 있는 창조 이야기에 기초하여, 우리는 이러한 물질로 구성된 세상은 하나님의 선한 창조이며 그분의 영원한 목적에 부합하는 장소라고 평가할 수 있다.

하나님께서는 사람을 어느 정도 하나님의 영적인 소재로 창조하신 것이 아니고 "땅의 흙"(창 2:7)으로 "하나님의 형상"(창 1:27)대로 창조하셨다. "인간에게는 신적 기원으로부터 와서 잠깐 동안에 이질적인 '몸' 속에 거하기 위해 내려 온 어떤 부분은 없다. 사람은 결코 신의 본질에 참여할 길이 없다. 인간은 땅의 흙으로부터 만들어졌으며, 하나님과의 관계는 하나의 불꽃이나 아니면 대양과 한 방울의 물에 불과한 것이 아니라 본래부터 형상의 관계이다. 따라서 '종교적인 이원론의 견해' 속에서는 그와 하나님 사이에 이성을 가진 영혼으로서의 어떤 닮음이나 아니면 어떤 연결성을 전혀 발견할 수 없다. 닮았다는 정체성 (identity) 대신에 단지 유사성(likeness)만 있으며, 연결성 대신에 피조물과 창조주 사이에 명확한 단절만이 있을 뿐이다."[44]

신체적인 몸은 악하지 않음

인간의 몸이 땅에 있는 물질적인 소재로부터 창조되었다는 것은 인간의 생명 속에 악의 근원이 되는 물질이 있다는 것을 뜻하지 않는다. 플라톤의 이원론에서 물질은 악의 근원이요 그 시초이다. 악은 물질로 간주되며 선한 분이신 하나님에게는 영원히 독립적이고 적대적인 것이다. 악을 물질과 동일시하는 것은 신체와 육체적인 존재에 대한 염세주의적인 견해로 이끌었다. 불행하게도 몸에 대한 이러한 부정적인 견해가 그리스도인의 사상과 생활에 엄청난 영향을 끼쳤다.

부활신학

아담과 하와의 창조 이야기에는 신체적인 몸이 불순종과 타락에 책임을 지고 책망을 받아야한다는 그 어떤 작은 언급도 없다. 그리스도인의 편만한 전통은 불법적인 성적관계를 구성하고 있는 것이 원죄라고 해석한다. 그러한 해석은 성경적인 지원을 전혀 받지 못한다. 아담과 하와가 유혹을 받게 된 것은 성적 관계를 열망했기 때문이 아니라 그들이 하나님인 양 행동했기 때문이다. 성(性)은 인간의 다른 모든 생리적인 기능과 마찬가지로 하나님께서 선한 것으로 만드셨다.

유혹은 "하나님과 같이 될 수 있다"(창 3:5)는 것이었다. 인간의 생애에서의 원죄는 성관계나 다른 어떤 신체적인 행위와는 전혀 관계가 없다. 인간이 하나님의 형상을 반영하는 존재가 되기보다는 오히려 하나님처럼 되려는 유혹에 굴복한 사실에서 발견된다. 이것은 모든 것의 중심에 하나님을 두기보다는 자신을 두려고 한 데서 근본적으로 나타난 것이었다.

성경에는 원죄가 인간의 몸을 구성하고 있는 신체의 어떤 결함에서 발견된 것이 아니라 자아중심적인 선택이 인간을 잘못되게 한 것에서 발견된다. 오늘날 인간성은 죄악적인 환경에 있는 바, 그 이유는 사람들이 하나님 중심적으로 살기보다는 자기중심적으로 살아가고 있기 때문이다. 이러한 자기중심적인 생활 때문에 하나님의 형상으로 창조된 인간의 본질 가운데 있는 물려받은 엄청난 가능성은 비참하게도 잘못된 방법으로 실현되어 왔다. "이 얼마나 경건한 가능성들이 마귀적인 현실이 되었는가."[45]

인류의 창조와 타락에 관한 성경적인 이야기는 원죄를 신체에 두지 않고 마음, 곧 스스로를 하나님으로 생각하고 행동하기를 원하는 것에 둔다. 죄는 결단력, 곧 의지의 행위이며 신체의 생물학적인 형편이 아니다. 성경은 몸을 하나님의 창조와 구속의 대상으로 보는 건전한 견해를 가지고 있다. 이 점은 우리가 구약에 있는 "육체-[바살]의 의미와 용례를 탐구하므로 더욱 분명하게 된다.

살은 신체의 물질임
몸 전체를 나타내는 간결한 히브리 용어는 **그비야**(*gebiyyāh*)로서 희귀하게 사용되는 단어이다. 그 용어는 산자나 또는 죽은 자의 몸을 언급하기 위해 십여 회 사용되고 있다(창 47:18; 왕상 31:10, 12; 겔 1:11, 23; 삼상 31:10, 12; 단 10:6). 히브리어성경에서 몸을 의미하기 위해 사용되는 보편적인 단어는 바살로서 실제적으로는 "살"(flesh)을 뜻한다. 바살은 히브리어 구약성경에 266회나 언급되어 있다. 그것의 가장 보편적인 의미는 몸을 구성하고 있는 "살"이다. 창세기 2:21~24에 이 용례가 다음과 같이 사용되고 있다. "여호와 하나님이 아담을 깊이 잠들게 하시니 잠들매 그가 그 갈빗대 하나를 취하고 **살**[바살]로 대신 채우시고 여호와 하나님이 아담에게서 취하신 그 갈빗대로 여자를 만드시고 그를 아담에게로 이끌어 오시니 아담이 가로되 이는 내 뼈 중의 뼈요 살[**바살**]중의 살이라 이것을 남자에게서 취하였은즉 여자라 칭하리라 하니라 이러므로 남자가 부모를 떠나 그 아내와 연합하여 둘이 한 몸을 이룰지로다."

다른 한 예를 시편 79:2에서 찾을 수 있는데 시편기자는 다음과 같이 울부짖는다. "저희가 주의 종들의 시체를 공중의 새에게 밥으로 주며 주의 성도들의 육체[**바살**]를 땅 짐승에게 주며." 이 대구법(對句法)은 살, 곧 육체[**바살**]가 몸의 동의어로 사용되고 있다는 것을 가리킨다. 바살은 동물과 마찬가지로 인간이 일반적으로 가지고 있는 육체적인 물질을 가리킨다. 인간과 동물은 둘 다 육체이다. 홍수의 이야기는 이 사실을 다음의 말씀에서 이끌어 낸다. "내가 홍수를 땅에 일으켜 무릇 생명의 기식 있는 육체[**바살**]를 천하에서 멸절하리니 땅에 있는 자가 다 죽으리라"(창 6:17; 참조 6:19; 9:17). "너와 함께한 모든 혈육[바살] 있는 생물 곧 새와 육축과 땅에 기는 모든 것을 다 이끌어 내라 이것들이 땅에서 생육하고 땅에서 번성하리라 하시매"(창 8:17).

위의 예들은 "육체-**바살**"이 하등동물계와 마찬가지로 일반적으로 사람이 가지고 있는 신체의 물질을 나타낸다는 것을 가리킨다. 하나님에 의해서 창조된 육체는 치료하고 회복시킬 수 있듯이 파멸시킬 수도 있다.

전인으로서의 육체

육체-**바살**이 육체적인 물질로서 뿐만 아니라 정서적인 존재로서의 전인을 나타내는 구절들이 있다. "하나님이여 주는 나의 하나님이시라 내가 간절히 주를 찾되 물이 없어 마르고 곤핍한 땅에서 내 영혼이 주를 갈망하며 내 육체[**바살**]가 주를 앙모하나이다"(시 63:1). "내 영혼이 여호와의 궁정을 사모하여 쇠약함이여 내 마음과 육체[**바살**]가 생존하시는 하나님께 부르짖나이다"(시 84:2). "오직 자기의 살[**바살**]이 아프고 자기의 마음이 슬플 뿐이니이다"(욥 14:22).

영혼과 육체 사이에 있는 이런 구절들의 대구(對句)형은 영혼과 같이 육체도 감정이 거하는 장소로서의 기능을 할 수 있다는 것을 지적한다. 육체와 영혼은 존재의 두 다른 형태가 아니라 동일한 인물의 두 다른 표현들이다. 성서적인 전인의 관점은 육체와 영혼을 상호 교환적으로 사용하는 것이 가능하도록 하고 있는데, 그 이유는 그것들이 동일한 유기체를 구성하고 있는 부분들이기 때문이다.

육체 역시 혈연관계나 또는 인간 가족 관계로서 사람들을 함께 묶는 관계를 의미하는 데 사용된다. 따라서 유다는 자신의 형제들이 요셉을 죽이지 말도록 권하고 있는데, 그 이유를 "그는 우리의 동생이요 우리의 골육"(창 37:27)이기 때문으로 말하고 있다. 혈족관계를 표현하는 일상적인 공식은 "내 **뼈**요 내 살"(창 29:14; 삿 9:2; 삼하 5:1; 19:12)이다. 홍수이야기에 나오는 "모든 육체"(창 6:17, 19)는 인간 가족의 큰 규모를 의미한다.

연약한 인간의 본질로서의 육신

육체-**바살**은 또한 성경에서 인간의 본질의 연약함과 부서지기 쉬움을 특징 짓는 데 사용된다. 한스 월트 울프는 "육체-**바살**"에 "병약한 인간"이라는 표제를 붙였다.[46] 그 표제는 인간은 하나님의 시야에서는 "아무것도 아니다"라는 것을 나타내기 위해서 구약에서 빈번히 "육체"로 사용되고 있다는 것을 반영한다. 우리는 욥기 34:14, 15에서 다음과 같이 읽는다. "그가 만일 자기만 생각하시고 그 신과 기운을 거두실진대 모든 혈기[바살] 있는 자가 일체로 망하고 사람도 진토로 돌아가리라"(욥 34:14, 15). "오직 하나님은 자비하심으로 죄악을 사하사 멸하지 아니하시고 그 진노를 여러 번 돌이키시며 그 분을 다 발하지 아니하셨으니 저희는 육체[바살]뿐이라 가고 다시 오지 못하는 바람임을 기억하셨음이로다"(시 78:38, 39).

하나님과의 관계에서, 사람은 육체로서 지속적인 존재를 위해서 그분만을 의존해야하는 피조물이다. "말하는 자의 소리여 가로되 외치라 대답하되 내가 무엇이라 외치리이까 가로되 모든 육체[바살]는 풀이요 그 모든 아름다움은 들의 꽃 같으니"(사 40:6). 왜냐하면 인간[바살]은 하나님 앞에서 무력한 존재이기 때문이다. "내가 하나님을 의지하고 그 말씀을 찬송하올지라 내가 하나님을 의지하였은즉 두려워 아니하리니 혈육[바살] 있는 사람이 내게 어찌하리이까"(시 56:4). 결론적으로 인간 존재에게 있어서 하나님을 신뢰하고 "육체"(인간적인 근원)를 의지하지 말라는 것은 명령이다. "나 여호와가 이같이 말하노라 무릇 사람을 믿으며 혈육[바살]으로 그 권력을 삼고 마음이 여호와에게서 떠난 그 사람은 저주를 받을 것이라"(렘 17:5). 이 구절에서, "육체–바살"은 하나님을 대항하는 것을 의미한다. 육체는 본질적으로 윤리적인 면에서 악한 것은 아니다. 육체가 약하기는 하지만, 그러나 본래부터 그 자체가 죄악적인 것은 아니다. "굳은 마음"(heart of stone)이 "부드러운 마음"(heart of flesh)으로 변할 때, 그 마음은 하나님께 순종하는 마음이 되는 것이다(겔 11:19). 태생적인 본질에 있어서 육체는 교만하고 자기 기만적이기 때문에 결론적으로 하나님께 적대적인 존재가 될 수 있다. 후자가 뜻하는 바는 신약에서 바울이 다른 면으로 더욱 발전시킨 것이다.

결론

구약에서 "육체–바살"에 대한 의미와 용례에 관한 연구는 그 단어가 일반적으로 연약하고 부서지기 쉬운 존재라는 관점에서 인간이 살고 있다는 분명한 실체를 묘사하기 위해서 사용되고 있음을 보여준다. 고전적인 이원론과는 반대로 육체와 영혼은 결코 두 다른 존재의 모습을 가지고 있는 것으로 보여지지 않는다. 오히려 그 둘은 동일한 사람을 나타내는 것으로, 결론적으로는 그 둘이 빈번히 상호 교환적으로 사용되고 있다. 그 좋은 예가 시편 84:2로서 거기에서 영혼, 마음 그리고 육체가 모두 하나님을 바라는 것으로 표현되고 있다. "내 영혼이 여호와의 궁정을 사모하여 쇠약함이여 내 마음과 육체[바살]가 생존하시는 하나님께 부르짖나이다"(시 84:2). 인간의 본질에 대한 구약의 관점에서 본다면 단순히 신체적인 것만으로 표현된 곳은 전혀 없다. 인간의 몸의 어떤 신체적인 부분은 신체적인 기능도 동시에 표현할 수 있다.

인간의 본질에 대한 전인적인 견해는 성경저자들로 하여금 가능한 한 몸과 영혼을 동일한 유기체를 표현하도록 만들었다. 페덜슨은 올바로 지적하기를 "영혼이 육체라는 전제는 뒤집어서 육체는 영혼과 불가분리의 관계에 있다는 것이다"[47]고 하였다. 그 둘을 분리할 수 없는 것은 몸이 영혼의 외적인 형태임과 동시에 영혼은 몸의 내적인 생명이기 때문이다.

D. 인간의 본질인 마음

인간의 본질에 대한 성경적인 견해에서 마음은 개인의 생명의 중심부이며 통합기관이다. 히브리 단어를 번역한 "마음"은 **레브**(*lēb*) 또는 **레바브**(*lēbāb*)로서 858회나 발견된다.[48] 이것은 마음이 인간의 본질을 위해 사용되는 가장 흔한 용어라는 것을 보여준다. 왈터 에아크로트는 주목하기를 "마음과 연결되지 않고 전달될 수 있는 영적인 과정은 거의 없다. 마음은 동등하게 느끼고, 지적인 활동을 하게 하고 그리고 의지를 수행하도록 만든다"[49]고 하였다.

성경적 사고에서 마음은 개인의 생명의 우물이며, 신체적, 지적, 정서적 그리고 결단력의 힘을 담고 있는 궁극적인 근원이다. 따라서 결과적으로는 하나님과 정상적으로 접촉해 온 사람의 기관이다. 마음의 깊숙한 곳에 개인의 인격과 품성을 결정하는 사상, 자세, 두려움 그리고 희망 등이 있다. 마음의 많은 기능은 영혼의 기능과 일치한다. 이것이 사실인 것은 인간에 대한 성경적 입장에는 개인의 여러 국면들 사이에 급격한 구별이 없기 때문이다.

감정의 자리인 마음

한 사람이 경험할 수 있는 모든 정서는 마음에서부터 기인된다. "마음은 기뻐하고(잠 27:11), 슬퍼하고(느 2:2), 고통스러워하며(왕하 6:11), 용기를 얻고(삼하 17:10), 좌절하고(민 32:7), 두려워하고(사 35:4), 질투하고(잠 23:17), 신뢰하고(잠 31:11), 관대할 수 있고(대하 29:31), 증오(레 19:17)나 사랑(신 13:3)할 수 있다."[50]

마음의 감정이 생생하고도 분명하게 묘사되어 있다. 마음은 혼이 나서 떨며(창 42:28), 기진하고(창 45:26), 두근거리며(시 38:10), 떨리고(상상 28:5), 부러워하며(잠 23:17; 신 19:6), 아프기도 한다(잠 13:12). 마음의 상태는 생명의 모든 표현을 주관한다. "마음의 즐거움은 얼굴을 빛나게 하여도 마음의 근심은 심령을 상하게 하느니라"(잠 15:13). 더 나아가 건강이 마음의 상태에 영향을 받는다. "마음의 즐거움은 양약이라도 심령의 근심은 뼈로 마르게 하느니라"(잠 17:22).

감정의 자리로서의 내부 기관들

분명하게 하기위해 우리는 감정의 자리가 마음에서 뿐만 아니라 히브리어로 **퀘레브**(qereb)라는 용어로 언급되는 "내장들"에서도 발견된다는 것을 부가해야만 한다. 더욱 놀라운 것은 구약이 신체의 내장들의 일부를 인간의 높은 능력이 자리하는 곳이나 근원으로 보고 있다는 것이다. 한스 월터 울프는 관찰하기를 "신체의 내부 기관들과 그 유기체들은 동시에 인간의 영적이고 윤리적인 자극을 전달하는 기관들이다"[51]고 한다.

몇 예가 이점을 예시하는 데 도움을 줄 것이다. 예레미야는 예루살렘 백성들에게 "예루살렘아 네 마음의 악을 씻어 버리라 그리하면 구원을 얻으리라 네 악

부활신학

한 생각이 네 속[퀘레브-내장들]에 얼마나 오래 머물겠느냐"(렘 4:14)라고 질문한다. 여기서 "내장들"은 악한 생각이 머무는 곳들이다. 잠언 23:16은 "만일 네 입술이 정직을 말하면 내 속[켈라욧-신장들]이 유쾌하리라"(잠 23:16)고 말한다. 시편기자는 그를 상담해준 하나님께 감사하고 있는데 이는 "밤마다 내 심장[역자 주 : 원어는 켈라욧, 곧 신장으로 되어 있음]이 나를 교훈하기"(시 16:7) 때문이다.

그 밖에서도 시편기자는 가장 예민한 기관인 신장을 심장과 관련짓고 있다. "내 마음[켈라욧 : 신장들]이 산란하며 내 심장이 찔렸나이다"(시 73:21). 여기서 신장은 개인들의 양심으로서의 기능을 한다. 간(肝) 역시 깊은 슬픔을 표현하는 데 사용되기도 한다. 예레미야는 "내 눈이 눈물에 상하며 내 창자가 끓으며 내 간이 땅에 쏟아졌으니 이는 처녀 내 백성이 패망하여 어린 자녀와 젖 먹는 아이들이 성읍 길거리에 혼미함이로다"(애 2:11)라며 슬퍼한다. 신체의 내장으로 흐르는 이러한 간략한 여담은 내장들이 심장과 마찬가지로 종종 감정이 위치하는 자리로서의 기능을 할 수 있다는 것을 보여주려는데 있다. 이러한 표현이 가능한 것은 성서적인 전인적 견해에서 사람의 일부가 종종 신체의 전 기관을 나타낼 수 있기 때문이다.

지성의 자리로서의 심장

수많은 경우에서 엄격히 말하면 성경에 있는 심장은 머리나 뇌로 돌리는 지적인 생애의 중심부임을 의미한다. 심장이 주로 감정과 느낌과 관련되어 있는 곳이라는 서구의 문화와는 반대로 성경에서는 심장이 사람이 어떤 존재인지를 결정하는 합리적인 사고의 중심부임을 "대저 그 마음의 생각이 어떠하면 그 위인도 그러한즉"(잠 23:7)이라는 말에서 알 수 있다.

잠언 15:14에서는 성경적 의미에서 마음의 근본적인 기능을 다음과 같이 말하고 있다. "명철한 자의 마음은 지식을 요구하고 미련한 자의 입은 미련한 것을 즐기느니라"(잠 15:14). 마음은 단순히 지식만을 위해서가 아니라 개인이 도덕적인 책임을 가진 결정을 할 수 있도록 하기 위해서 지식을 찾고 있다. "마음—
레브"이라는 용어가 지혜서에서 가장 빈번히 나타나는 것은 매우 의미심장하다
(잠언에서만 99회, 전도서에서 42회 그리고 신명기의 가장 강한 교훈적인 책에
서 51회 나타남).[52]

솔로몬의 위대한 지혜는 장수나 부를 요구하지 않고 오히려 잘 이해할 수 있
는 마음을 달라고 다음과 같이 말에서 잘 나타나 있다. "누가 주의 이 많은 백
성을 재판할 수 있사오리이까. 지혜로운 마음을 종에게 주사 주의 백성을 재
판하여 선악을 분별하게 하옵소서"(왕상 3:9). 솔로몬이 요구한 지혜로운 마음
은 소위 말하자면 분별하는 마음이다. 명확한 특성 때문에 히브리 언어는 "생
각하다"라는 사상을 "심중에 이르기를"(창 27:41; 시 10:6)이라는 구절 이외로는
거의 표현할 길이 없다. 사람이 계획하고(잠 16:9), 지식을 구하고, 이해하고(전
8:16) 그리고 생애의 깊은 의미를 묵상하는 것(시 4:4)은 마음의 일이다.

이성의 중심부로서 마음은 의지와 도덕적인 생애의 중심부이기도 하다. 마음
은 악한 일을 계획할 수 있고(잠 6:18), 또 곡해할 수도 있다(잠 11:20). 교만으로
높아지기도 하고(신 8:14), 단단하게 되기도 하며(슥 7:12), 고집스럽거나(렘 3:17)
또는 하나님으로부터 돌아서기도 한다(왕상 11:2). 다른 한편으로 선한 마음은
완전하며(왕상 8:61), 책망할 것이 없으며(시 119:80), 정결하고(시 51:10), 정직하
다(시 32:11). 마음은 정결하게 될 수 있으며(시 73:13) 새로 갱신될 수 있다(겔
18:31). 새로운 마음은 당신의 율법 속에 나타난 하나님의 뜻을 받아들이는 것
이 가능하도록 만든다(겔 11:19; 36:26).

마음이 하나님과 교통함

인간의 인격의 사고하는 중심부로서, 마음은 하나님과 교통할 수 있다. 마음
은 하나님께 말하고(시 27:8), 그분의 말씀을 받아들이며(신 30:14) 그리고 그분
을 신뢰한다(시 28:7). 하나님께서는 사람에게 이해하는 마음을 주실 수 있으며
(왕상 3:9), 아울러 마음을 굳게 하거나(출 4:21) 부드럽게 할 수 있다(스 6:22).

부활신학

따라서 타락의 결과로, 마음은 악으로 기울어지며, 마음의 변화는 하나님의 은혜로 말미암아 일어난다. 하나님께서는 당신의 법을 인간의 마음에 새기고 (렘 31:33), 인간 속에 새로운 마음을 창조할 것을 약속하셨다(시 51:10). 신약에서 하나님께서는 당신의 사랑을 인간의 마음에 부어오셨다고 말씀한다(롬 5:5). 그리스도는 인간의 마음속에 거하시며(엡 3:17) 당신의 평화가 그곳을 다스리신다(골 3:15).

결론

구약에 있는 마음의 기능에 대한 간략한 연구는 마음이 모든 종교적, 지적 그리고 도덕적인 활동의 중심과 근원이 된다는 것을 보여준다. 구약에 있는 다른 어떤 용어들보다도 더 많이 마음이 인간의 존재의 가장 깊은 중심부임을 견지하고 있는 것은 인간이야말로 심오한 존재이기 때문이다. 사무엘상 16:7에서 "여호와께서 사무엘에게 이르시되 그 용모와 신장을 보지 말라 내가 이미 그를 버렸노라 나의 보는 것은 사람과 같지 아니하니 사람은 외모를 보거니와 나 여호와는 중심을 보느니라"(삼상 16:7)고 제시된 것처럼 인간이야 말로 심오한 존재이기 때문이다.

많은 경우에서 심장은 전인, 곧 몸과 영혼을 하나로 묶는 중심부이다. 심장의 기능 중 어떤 것은 영혼의 기능과 겹쳐지지만 놀라운 것이 아닌 것은 성경적 관점에서 볼 때 영혼과 심장 사이에 분명한 구분이 없기 때문이다. 예수께서는 다음과 같이 말씀하셨다. "예수께서 가라사대 네 마음[heart]을 다하고 목숨[soul]을 다하고 뜻[mind]을 다하여 주 너의 하나님을 사랑하라 하셨으니"(마 22:37).

페덜슨은 기록하기를 "품성과 조종하는 힘으로서의 마음은 완전한 영혼이다. …**네페쉬**는 그 전체를 총괄하고 있는 영혼이며, 마음은 그것의 내적 가치를 가지고 있는 영혼이다"고 하였다.[53] 영혼에 대해서 말하는 것은 빈번히 마음에 적용될 수 있다. 우리가 몸, 혼 그리고 마음 사이에서 발견한 기능적인 통합성은 인간의 본질을 몸으로부터 혼을 분리시키는 이원론적인 견해를 부정하고 있다. 인간의 본질에 대한 영적이고도 도덕적인 기능을 영혼의 특권으로 보는 이원론적인 견해가 흔히 마음에 해당된다는 사실은 성경에서 영혼이란 분리된 비물질적인 본질로 몸을 떠나서 존재하지 않는다는 것을 보여 준다.

E. 영으로서 인간의 본질

지금까지 우리는 구약이 인간의 본질을 하나의 통일체, 사람, 한 국면에서는 영혼(생령), 다른 국면에서는 육체(육체를 가진 존재) 그리고 또 다른 국면에서는 마음(이성적인 존재)으로 정의한다는 것을 보았다. 또 하나 고려해보아야 할 더 중요한 것은 영으로서의 사람이다. "영"(spirit)이라는 용어는 히브리어의 **루아흐**에서 번역된 것으로 신약에서 사용되는 동의어는 **프뉴마**이다. 우리는 제3장에서 공부하게 될 것이지만 인간의 본질에 대한 신약의 견해를 탐구하도록 하겠다.

인간 존재에 하나님의 영이 임재한다는 것에 대한 연구는 사람 속에 있는 하나님의 영은 하나님께서 각 개인에게 주셔서 죽을 때에 그분께로 되돌아가는 영혼과 동일시하기 때문에 중요하다. 따라서 우선적으로 우리의 관심은 사람 가운데 있는 하나님의 영의 본질을 확인하는 것이다. 둘째는 인간 속에 있는 영이 인간의 본질을 구성하고 있는 구별되고 분리된 실체인지, 아니면 분리할 수 없는 국면인지를 연구하는 것이다.

구약에서 "영-루아흐"라는 용어의 사용 용례에 대한 간략한 통계는 389회나 나타나는 이 용어에서 두 가지의 특이한 것이 있음을 보여준다. 첫째 113회에 달하는 **루아흐**-영은 자연적인 바람의 힘을 의미한다. 따라서 그 단어는 능력의 출현과 관련이 있다. 둘째는 사용 용례의 35%에 해당되는(136회) **루아흐**-영은 하나님께 해당된다. 용례의 단지 33%만이(129회) 사람, 동물 그리고 거짓 신들을 언급한다. 놀라운 것은 "육체–**바살**"이 결코 하나님께 적용되지 않고 있으며, 단지 "영혼–**네페쉬**"만이 사용되는 경우의 3%(21회) 정도가 하나님께 적용된다는 것이다.[54]

이러한 통계 자료에 의하면, 한스 월트 울프는 "**루아흐**[영]는 처음부터 신적이고도 인류학적인 용어, 곧 다시 말하자면 신적이고 인간적인 의미를 가진 용어였다."[55]고 적절한 결론을 내린다. 성경은 **루아흐**–영을 하나님과 사람 둘 다에 적용한다. 즉 그 단어는 하나님의 영과 사람의 영에 대해서 말한다. 인간의 영에 대한 성서적인 개념을 이해하기 위해서 하나님의 영에 대한 성경적인 개념을 이해하는 것이 중요하다. 특별히 우리는 하나님의 영이 사람의 본질 가운데 어떻게 역사하는 지를 점검하므로 이 일을 이루고자 한다.

"영–루아흐"의 의미

"영"으로 번역된 히브리 용어는 일반적으로 **루아흐**로서 문자적으로 그 뜻은 "움직이는 공기, 바람"이다. 따라서 창 1:2, 하나님의 영[신]–**루아흐**가 물 위에 운행하고 있는 것과 이사야 7:2에서 "삼림이 바람에 흔들림 같이"에서는 **루아흐**가 한 곳에 머물러 있는 공기가 아니라 괄목할 만한 힘을 만들어내는 "움직이는 공기"라는 것을 지적한다.[56] 바람[**루아흐**]의 가공할만한 힘이 종종 하나님의 능력의 현현으로 보여지는 것은 놀랄 일이 아니다. 동풍[**루아흐**]이 메뚜기를 몰고 온다(출 10:13). 강력한 바람[**루아흐**]이 홍해를 말린다(출 14:21). 강한 바람[**루아흐**]이 땅에 불며 홍수로 인한 물이 빠진다(창 8:1).

바람에 의해 나타나는 힘이 성경에서는 그분의 창조적이고도 유지하는 능력인 하나님의 숨과 관련을 맺고 있다. 우리는 이러한 사실의 용례를 제일 먼저 창세기 2:7에서 만난다. "여호와 하나님이 흙으로 사람을 지으시고 생기[**네샤마**]를 그 코에 불어 넣으시니 사람이 생령이 된지라."

이미 우리는 "생기"와 "생령" 사이의 관계를 분명히 하고 있는 이 중요한 본문을 살펴보았다. 이제 우리는 "생기"[생명의 호흡]가 사람으로 하여금 생령 곧 산 영혼이 되게 한다는 것에 대해서 충분히 알도록 한다. 여기서 호흡에 사용되는 히브리어 단어는 **루아흐**가 아니라 흔하게 사용되지 않는 **네샤마**–호흡이라는 단어이다. 이 두 용어의 뜻은 유사하며, 다섯 구절(사 42:5; 욥 27:3; 32:8; 33:4; 34:14, 15)에서 평행형으로 나타난다는 사실에 의해서 확인되고 있다. 욥기 33:4은 "하나님의 신[**루아흐**]이 나를 지으셨고 전능자의 기운[**네샤마**]이 나를 살리시느니라"고 말한다. 다시 "그가 만일 자기만 생각하시고 그 신[**루아흐**]과 기운[**네샤마**]을 거두실진대 모든 혈기 있는 자가 일체로 망하고 사람도 진토로 돌아가리라"(욥 34:14, 15)고 말한다.

이러한 구절들에서, **네샤마**와 **루아흐**는 동의어로 사용되고 있지만, 여전히 두 용어 사이에는 약간의 다른 점이 발견된다. **네샤마**는 조용하고, 평화적이며, 신체적인 호흡을 의미하며 반면에 **루아흐**는 보다 더 활동적이고도 역동적인 호흡 형태를 기술한다. **루아흐**는 또한 호흡을 가능하게 하는 기관으로 나타난다. "나의 생명이 아직 내 속에 완전히 있고 하나님의 기운이 오히려 내 코에 있느니라"(욥 27:3). 여기서 호흡–**네샤마**는 사람 속에 있으며, 반면에 영–**루아흐**는 코를 통해 호흡하는 데 있다. "땅 위의 백성에게 호흡[**네샤마**]을 주시며 땅에 행하는 자에게 신[**루아흐**]을 주시는 하나님 여호와 …"(사 42:5). 여기서 신–**루아흐**는 숨을 쉬는 것 이상을 의미하는데, 그 이유는 "그 안에 행하는 자"에게 주어지고 있기 때문이다. 호흡–**네샤마**는 하나님의 영[**루아흐**]의 현현의 하나로 볼 수 있다. 후자는 더 넓은 의미와 기능을 가지고 있다. 하나님의 신의 기능 가운데 하나는 호흡의 과정을 통해서 생명을 주고 지탱시키는 것이다. "사람의 생명의 호흡은 하나님의 선물이며 하나님의 영의 도움으로 호흡하는 것이다."[57]

권위 있는 미국개역영어성경(AV)에서 창세기 7:22의 난외 독법은 "생기"(the breath of life)를 "생기의 호흡"(the breath of the spirit of life)으로 번역하고 있다. 히브리어의 이러한 문자적인 번역은 생명의 호흡[**네샤마**]이 생명을 주는 영[**루아흐**]으로부터 온 것이라는 사상을 전달하고 있다. 이 구절을 주석하면서 바실 아트킨슨은 기록하기를 "**네샤마**[호흡]가 **루아흐**[영]에 속한 어떤 부분인 것처럼 보이며 오늘날 우리가 신체적인 생명이라고 부르는 것과 관련이 있다. **루아흐**는 생명의 원리로서 더욱 광역적이기도 하다. 그것은 사람의 생명의 외적인 것, 곧 네샤마가 신체적인 생명의 모든 행위를 망라하는 외적인 것뿐만 아니라 내적인 것, 곧 지성, 추상적인 사상, 감정, 소원 등을 만들어내고 지탱시킨다."[58] 고 한다.

생명의 원리로서의 영

인용한 본문들에서 네샤마―생명의 호흡, 곧 생기와 본문에서 인용한 **루아흐**―영을 병행하여 사용하는 용례는 "생기"가 인간의 생명과 전체로서의 우주를 창조할 때 나타난 생명을 주시는 하나님의 영이라는 것을 보여준다. "여호와여 주의 하시는 일이 어찌 그리 많으신지요. …주의 부요가 땅에 가득하니이다. 주께서 낯을 숨기신즉 저희가 떨고 주께서 저희 호흡[**루아흐**]을 취하신즉 저희가 죽어 본 흙으로 돌아가나이다. 주의 영[**루아흐**]을 보내어 저희를 창조하사 지면을 새롭게 하시나이다."(시 104:24, 29, 30). 여기서 "호흡"과 "영"은 **루아흐**를 번역한 것이며, 따라서 "생기"는 "지면"을 창조하고 새롭게 하는 생명을 주는 하나님의 영과 동일시된다는 것을 지적하고 있다.

구약에 있는 많은 구절들에서 영―**루아흐**는 인간 존재들에게 주어지는 생명의 원리를 언급한다. 이사야 38:16에서 우리는 히스기야가 "주여 사람의 사는 것이 이에 있고 내 심령의 생명도 온전히 거기 있사오니"라고 말하고 있다. "내 심령의 생명"이라는 구절은 가장 적절하게 히스기야의 건강이 회복되는 것을 언급하고 있으며, 계속해서 그 후에 "원컨대 나를 치료하시며 나를 살려 주옵소서"(사 38:16)라고 말한다. 여기서 영―**루아흐**는 분명히 생명으로 간주된다. 사람 속에 있는 영이 독립적이고 죽지 않는 인간의 본질의 요소를 전혀 암시하지 않는다. 오히려, 호흡을 통해서 볼 수 있는 생명에 활력을 불어넣는 원리인 것이다.

생명을 갖고 있지 않는 우상은 "호흡―**루아흐**"가 없는 것으로 기술된다. "금장

색마다 자기의 조각한 신상으로 인하여 수치를 당하나니 이는 그 부어 만든 우상은 거짓 것이요 그 속에 생기가 없음이라"(렘 10:14). "이는 금과 은으로 입힌 것인즉 그 속에 생기[**루아흐**]가 도무지 없느니라"(합 2:19). 이 두 본문 가운데서 **루아흐**는 "호흡"으로 번역되는 바, 그 이유는 호흡하는 것은 인간의 본질 가운데 하나님의 영이 표출하는 것이기 때문이다. 우상들에게 생명이 없는 것은 그들에게는 사람처럼 숨을 쉬게 할 수 있는 생명을 주는 원리인 **루아흐**가 없기 때문이라는 것이 입증되었다.

느부갓네살의 손에 시드기야 왕의 운명이 달려있는 것을 묘사하면서 예레미야는 다음과 같이 흥미롭고 감지할 만한 상투어를 사용한다. "우리의 콧김[**루아흐**] 곧 여호와의 기름 부으신 자가 저희[바벨론] 함정에 빠졌음이여"(애 4:20). 여기서 시드기야가 포로로 잡혀가므로 국가의 생명-**루아흐**가 취하여간바 된 것으로 생각된다. 여기서 우리는 생명의 원리를 의미하는 **루아흐**의 분명한 예를 가지고 있다.

삼손에 대해서 말하면서 사사기 15:19은 "삼손이 그것을 마시고 소생[**루아흐**]하니"라고 말한다. 이 소생은 죽음으로부터가 아니라 목마른 갈증으로부터이다. 우리는 분명하게 사무엘상 30:12과 다니엘 10:17에서 동일한 용례를 발견하게 된다. 이 모든 예들에서, 영-**루아흐**는 생명의 실제적인 회복을 의미한다. 생명을 주는 동인으로서 영-**루아흐**는 적절하게 실제적인 생명의 갱신을 나타낼 수도 있다. 영-**루아흐**와 생명 사이에 관계가 있음은 분명하다.

에스겔은 마른 뼈의 골짜기에 대한 유명한 이상에서 생명을 주는 하나님의 영-**루아흐**에 대한 가장 생생한 본보기를 다음과 같이 제시한다. "주 여호와께서 이 뼈들에게 말씀하시기를 내가 생기[**루아흐**]를 너희에게 들어가게 하리니 너희가 살리라…나를 여호와인줄 알리라…주 여호와의 말씀에 생기[**루아흐**]가 사방에서부터 와서 이 사망을 당한 자에게 불어서 살게 하라 하셨다 하라 이에 내가 그 명대로 대언하였더니 생기[**루아흐**]가 그들에게 들어가매 그들이 곧 살아 일어나서 서는데 극히 큰 군대더라"(겔 37:5, 6, 9, 10). 여기서 하나님의 생기는 인간을 창조할 때에 있었던 것과 같은 생명을 주시는 영이다. 그 생명을 주시는 영은 하나님의 호흡인데 그 이유는 죽은 뼈들에 생기가 들어가서 호흡을 다시 시작하도록 했기 때문이다. 숨 쉬는 것은 생명의 신체적인 표현이므로 생령은 활력을 불어넣는 영 곧 생명의 원리라는 타당한 은유(隱喻)를 제공한다.

하나님의 말씀으로서의 영

시편 33:6에서 우리는 하나님의 호흡과 그분의 말씀 사이에 있는 흥미로운 평형대구형을 발견한다. "여호와의 말씀으로 하늘이 지음이 되었으며 그 만상이 그 입 기운[루아흐]으로 이루었도다." 여기서 하나님의 기운-루아흐는 하나님의 말씀과 동의어처럼 보이는데, 그 이유는 둘 다가 그분의 입으로부터 나오기 때문이다. 이 평형대구형은 하나님의 호흡, 곧 기운이 움직이는 공기 이상임을 암시한다. 그것은 하나님의 선포된 말씀을 통해서 나타난 창조적인 생명의 능력이다.

다른 예에서 하나님의 말씀이 **루아흐**-영과 관련이 있다는 것이 시편 147:18에서 발견된다. "그 말씀을 보내시고 그것들[얼은 물]을 녹이시고 바람[**루아흐**]을 불게 하신즉 물이 흐르는도다." 여기서 하나님의 말씀이 **루아흐**-호흡 또는 바람과 관련이 있는 것은 아마도 말씀이 호흡을 통해서 만들어지고 입으로부터 나오기 때문일 것이다. 하나님은 호흡을 통해 인간이 말하는 과정과 일치되는 것임이 유추적으로 묘사된다.

우리는 히브리인들이 그들이 본 것을 추상적이지 않고 구체적으로 묘사하고 있다는 것을 결코 잊어버리지 말아야 한다. 그들은 말이 숨 쉬는 것에 기인되었으므로, 따라서 하나님의 호흡을 그분의 말씀과 일치시키는 것이 매우 자연스러웠다는 것을 알았다. 따라서 하나님의 호흡은 움직이는 공기가 아니라 그분의 선포된 말씀을 통해 나타난 생명을 주는 능력으로 이해되어야 한다. 하나님께서 말씀하실 때 일이 일어나는 것은 그분의 말씀이 공허한 연설이 아니라 생명을 주는 능력이기 때문이다.

도덕적인 갱신으로서의 영

하나님의 영에 조성되는 갱신이나 또는 재창조는 신체적일 뿐만 아니라 도덕적이다. 다윗은 다음과 같이 기도했다. "하나님이여 내 속에 정한 마음을 창조하시고 내 안에 정직한 영[루아흐]을 새롭게 하소서 나를 주 앞에서 쫓아내지 마시며 주의 성신[루아흐]을 내게서 거두지 마소서"(시 51:10, 11). "새롭고 정직한 영[루아흐]"은 하나님을 향하여 한 인격이 바른 개성을 가지는 일이 "하나님의 거룩한 영[루아흐]"에 의해 가능하도록 만드는 것이다. 따라서 영-루아흐는 하나님의 영임과 동시에 사람의 영이기도 하다. 하나님은 생명을 창조하고 지탱시키기 위해 영을 주신다. 사람은 하나님의 뜻에 일치되게 생애하기 위해 영을 받는다. 프리드리 바움가르텔은 기록하기를 "하나님의 영은 창조적이며, 변화의 능력이며, 그 영의 목적은 종교와 도덕성의 영역을 창조하기 위한 것이다"[59]고 하였다.

에스겔에서 우리는 영-루아흐가 하나님께서 회심하는 신자 속에 생명을 새롭게 창조하는 원리를 제시하는 것으로 세 번이나 사용된 것을 본다. "또 새 영[루아흐]을 너희 속에 두고 새 마음을 너희에게 주되 너희 육신에서 굳은 마음을 제하고 부드러운 마음을 줄 것이며"(겔 36:26). 여기서 "새 영-루아흐"는 "새 마음"과 연관되어 있는데 그 이유는 우리가 심장이 마음, 곧 개개인이 사고하는 중심부이기 때문임을 발견했기 때문이다. 그 "새 영-루아흐"는 마음의 갱신으로부터 오는 하나님의 계명에 대해 즐겨 순종하는 자세이다(롬 12:2). 이것이 의미하는 것은 다음의 구절에 의해서 더욱 명확해진다. "또 내 신[루아흐]을 너희 속에 두어 너희로 내 율례를 행하게 하리니 너희가 내 규례를 지켜 행할지니라"(겔 36:27). 우리의 마음이 새롭게 되어 하나님께서 우리의 복리를 위해서 나타내 보이신 도덕적인 원칙에 조화되게 생애할 수 있는 것은 그것을 가능케 하시는 하나님의 영의 능력을 통해서이다.

하나님의 부여하시는 능력으로서의 영

하나님의 영은 생명을 창조하고 유지하는 데서 뿐만 아니라 개개인을 특별한 일을 위해 무장시키는 데서도 나타난다. 하나님께서 기드온에게 이스라엘을 미디안의 압제에서 구원하도록 명하셨을 때 "여호와의 신[루아흐]이 기드온에게 강림하시니"(삿 6:34) 이스라엘 백성을 승리로 인도할 수 있었다. 기드온을 직무를 위해 무장시키신 것이 하나님의 영이었던 것은 그가 자신의 능력에 대해서 "내가 무엇으로 이스라엘을 구원하리이까. 보소서 나의 집은 므낫세 중에 극히 약하고 나는 내 아비 집에서 제일 작은 자니이다"(삿 6:15)라고 질문했기 때문이다.

같은 일이 입다에게도 일어났다. "이에 여호와의 신[루아흐]이 입다에게 임하시니…이에 입다가 암몬 자손에게 이르러 그들과 싸우더니 여호와께서 그들을 그 손에 붙이시매"(삿 11:29, 32). 이러한 경우들에서 하나님의 영은 어떤 이스라엘 지도자들로 하여금 심각한 상황에서 초인간적인 행위를 행사하도록 했다.

하나님의 영이 이스라엘을 위한 하나님의 경륜을 수행하기 위해 민족적인 지도자들에게 주어졌다. "여호와의 신"이 사울에게 임했을 때 그는 "다른 사람을 돌아보았다"(삼상 16:14). 유사하게, 사무엘이 다윗에게 사울을 대신하여 왕이 되도록 기름을 부었을 때 "그날로부터 여호와의 신[루아흐]에 크게 감동"(상상 16:13) 되었다. 다윗이 기름부음 받은 왕이 되었을 때 "여호와의 신[루아흐]이 사울에게서 떠났다"(삼상 16:14)는 것을 주목해야한다. 사울에게서 떠난 그 영이 하나님께로 올라간 자신의 혼일 수 없는 것은 여전히 그가 살아있기 때문이다. 영이 거두어지는 것은 사울이 이스라엘의 왕으로서 자격이 없다는 것이며, 한편으로는 다윗에게 하나님의 영이 주어지는 것은 백성을 다스릴 자격이 그에게 있다는 것이다.

재판을 위해 기드온과 입다에게 그리고 통치를 위해 다윗에게 주어진 하나님의 영은 모든 사람에게 주어진 "생명의 호흡"과 같은 영이 아님이 분명하다. 후자는 모든 인간에게 활력을 주는 생명의 원리인 반면에, 전자는 특별한 사명을 위해 선택받은 개인들에게 주어진 하나님의 영이다. 예컨대 브사렐의 경우에서 하나님의 영이 그가 성소를 짓도록 특별한 기술로 무장시켰다. "하나님의 신[**루아흐**]이 그에게 충만하게 하여 지혜와 총명과 지식과 여러 가지 재주로 공교한 일을 연구하여 금과 은과 놋으로 만들게 하며"(출 31:3, 4). 하나님의 영은 특별한 기별을 백성들에게 전달하기 위해 선지자들에게 위탁되었다. 에스겔은 "말씀하실 때에 그 신[**루아흐**]이 내게 임하사 나를 일으켜 세우시기로 내가 그 말씀하시는 자의 소리를 들으니"(겔 2:2)라고 말한다. 반복해서 그 선지자는 여호와의 신[**루아흐**]이 그들에게 이르러 왔다고 말한다. 스가랴는 "율법과 만군의 여호와가 신[**루아흐**]으로 이전 선지자를 빙자"(슥 7:12)한 것에 대해서 말한다.

하나님의 영이 주어지는 것은 하나의 공식적인 신적 위임으로 보여진다. 이사야 61장에서 여호와의 종 메시야가 당신의 사명을 위해 영에 의해 기름부음을 받는다. "주 여호와의 신[**루아흐**]이 내게 임하셨으니 이는 여호와께서 내게 기름을 부으사 가난한 자에게 아름다운 소식을 전하게 하려 하심이라. 나를 보내사 마음이 상한 자를 고치며 포로된 자에게 자유를 갇힌 자에게 놓임을 전파하며"(사 61:1). 요엘은 하나님의 신이 모든 믿는 자에게 부어질 때 메시야의 때가 도래할 것이라고 다음과 같이 예언했다. "그 후에 내가 내 신[**루아흐**]을 만민에게 부어주리니 너희 자녀들이 장래 일을 말할 것이며 너희 늙은이는 꿈을 꾸며 너희 젊은이는 이상을 볼 것이며"(욜 2:28). 이 경우들에서 하나님의 영은 생명력을 불어넣는 신체적인 생명의 원리로서의 기능이 아니라 봉사를 위해 믿는 자들을 무장시키는 주선자로서의 기능을 한다.

개인의 성향으로서의 영

영-**루아흐**에 의해 능력이 표출된다는 사상은 우리가 소위 말하는 개인의 성향 또는 우세한 마음이라고 부를 수 있는 것에도 나타난다. 살아있는 사람은 적어도 그가 극복해야하거나 노력해야하는 자신을 지배하는 정력이나 감정을 가지고 있다. 이것은 빈번히 구약에서 영-**루아흐**라는 용어로 표현되며, 하나님을 적대하는 인간적인 정신으로 특징지어진다. 호세아는 "음란한 마음[**루아흐**]"(호

4:12)이 제사장들을 배도하도록 만들었다고 불평한다. 에스겔은 "본 것이 없이 자기 심령[**루아흐**]을 따라 예언하는 우매한 선지자에게 화가 있을진저"(겔 13:3)라고 저주했다. 시편 78:8은 광야세대를 "심령[**루아흐**]이 하나님께 충성치 못한"(시 78:8)세대라고 말한다. 잠언 25:28은 "자기의 마음[**루아흐**]을 제어하지 못하는 자"를 성벽이 없는 도성으로 비교한다. 전도자는 "참는 정신[**루아흐**]을 가진 자는 교만한 정신[**루아흐**]을 가진 자보다 낫다"고 말한다. 이 모든 경우에서 영은 하나님께 대한 순종 또는 불순종하는 자세를 의미한다. 따라서 이 영은 생명을 주시는 하나님의 영의 기능과 혼돈하지 말아야 한다.

종종 영—**루아흐**는 일반적으로 히브리어에서 "괴로움의 정신"으로 언급되는 슬픔이 있는 자리이다. 우리는 이스라엘 백성들이 "모세에게 듣지 않은 것은 그들의 마음[**루아흐**]이 상함과 역사의 혹독함 때문"(출 6:9)이라고 듣는다. 한나는 제사장에게 "나는 마음[**루아흐**]이 슬픈 여자라 포도주나 독주를 마신 것이 아니요 여호와 앞에 나의 심정을 통한 것 뿐이오니"(삼상 1:15)라고 말했다. 여기서 슬픔의 정신은 하나님 앞에 자신을 비우는 정신과 비교된다.

영과 혼은 함께 언급되는 것은 둘 다가 슬픔에 의해 영향을 받은 생명력을 나타내기 때문이다. 잠언 15:13에서 우리는 "마음[**루아흐**]의 근심은 심령을 상하게 하느니라"(잠 15:13), 여기서 우리는 마음이 슬픔의 자리이지만, 그러나 슬픔이 한 사람의 정신이나 또는 내적 생명을 파괴한다는 것을 발견한다. 영과 혼이나, 또는 마음과 영 사이의 상호관계는 우리에게 인간의 본질은 분리할 수 없는 전인으로서의 인간의 다양한 국면으로 보는 성경의 전인적 견해를 환기시킨다. 영—**루아흐**가 감정의 자리라는 예들이 있다. 잠언 16:32은 말하기를 "노하기를 더디하는 자는 용사보다 낫고 자기의 마음[**루아흐**]을 다스리는 자는 성을 빼앗는 자보다 나으니라"고 하였다. 사람의 정신을 다스리는 것은 사람의 기질 또는 노를 통제하는 것을 의미한다. 여러 경우들에서, **루아흐**는 분노로 번역된다(삿 8:3; 겔 3:14; 잠 14:29; 16:32; 전 7:9; 10:4) 다른 구절들에서, **루아흐**는 용기를 의미한다. "우리가 듣자 곧 마음이 녹았고 너희의 연고로 사람이 정신[역자 주 :

흠정역에서는 용기로 번역됨]을 잃었나니"(수 2:11).

영-루아흐가 슬픔의 뜻으로 사용되는 구절들도 있다. "여호와께서 너를 부르시되 마치 버림을 입어 마음[루아흐]에 근심하는 아내…에 함같이"(사 54:6). "여호와는 마음[루아흐]이 상한 자에게 가까이 하시고 중심에 통회하는 자를 구원하시는도다"(시 34:18).[60] 영-루아흐는 또한 통회와 겸비를 의미할 수도 있다. 따라서 우리는 다음의 이사야 57:15에 있는 아름다운 구절에서 이 사실을 본다. "내가 높고 거룩한 곳에 거하며 또한 통회하고 마음[루아흐]이 겸손한 자와 함께 거하나니 이는 겸손한 자의 영[루아흐]을 소성케하며 통회하는 자의 마음을 소성케 하려 함이라." 다시 이사야 66:2에서도 본다. "마음이 가난하고 심령[루아흐]에 통회하며 나의 말을 인하여 떠는 자 그 사람은 내가 권고하려니와."

구약에 있는 영-루아흐의 다양한 용례들에 대한 간략한 연구는 영이 하나님으로부터 오는 하나의 생명의 원리임과 동시에 또한 인간의 생명을 유지시키는 원리라는 것을 보여주었다. 표현 방법에 있어서 영-루아흐는 내적인 도덕성의 갱신, 선하고 악한 성격, 지배적인 충동, 회환, 용기, 슬픔, 통회, 겸손을 언급하는데 사용된다. 살펴본 이러한 용례들 가운데 그 어떤 경우도 죽을 때 영이 사람을 떠나서 의식이나 인격을 유지하는 것으로 제시된 것은 없다. 생명을 주고 그 원리를 유지하는 영의 기능은 사람이 죽을 때 멈춘다.

죽을 때에 영이 떠남

구약에서 11구절이 죽을 때에 영이 떠나거나 없어지는 것에 대해서 말한다.[61] 이 구절들에서 4구절은 종종 개인이 죽을 때 그 사람의 인격과 의식을 가지고 하나님께로 간다는 신앙을 지지하는 데 사용되기 때문에 특별한 주의를 할 필요가 있다.

십자가상에서의 주님의 죽으심을 미리 내다보면서, 시편 31:5은 "내가 나의 영을 주의 손에 부탁하나이다"라고 말한다. 그리스도께서 그분의 아버지의 손에 위탁하신 "영"은 부활을 고대하면서 자신의 아버지의 손에 맡기는 자신의 인간

부활신학

의 생명이상 아무것도 아니다. 자신의 생명의 원리가 그를 떠나므로, 주님께서는 죽으셨고 또 무의식 속에 빠져들었다.

바다 생물들에 대해서 말하면서 시편기자는 "주께서 저희 호흡[루아흐]을 취하신즉 저희가 죽어 본 흙으로 돌아가나이다"(시 104:29)라고 말한다. 아무도 고기가 죽을 때 하나님께서 취하시는 영-루아흐가 의식과 품격을 가지고 있다고 주장하지 않을 것이다. 똑같은 것이 인간에게도 사실이라고 믿는 이유는 동일한 표현이 둘 다에 사용되고 있기 때문이다. 실제로 다음의 구절에서 동물의 창조가 사람을 창조할 때와 같이 생명을 주시는 하나님의 영이라는 수단을 통해 기술된다는 것이다. "주의 영[루아흐]을 보내어 저희를 창조하사 지면을 새롭게 하시나이다"(시 104:30).

생명의 창조가 은유적으로 하나님의 영을 보내주시는 것으로 제시되므로, 따라서 생명의 끝, 곧 죽음은 하나님의 호흡을 거두어들이거나 없이하는 것으로 묘사된다. 후자는 다음의 욥기 34:14, 15에서 명확하게 표현된다. "그가 만일 자기만 생각하시고 그 신[루아흐]과 기운[네샤마]을 거두실진대 모든 혈기 있는 자가 일체로 망하고 사람도 진토로 돌아가리라." 이와 같은 사상이 다음의 전도서 12:7에서도 표현된다. "흙은 여전히 땅으로 돌아가고 신[루아흐]은 그 주신 하나님께로 돌아가기 전에 기억하라."

이 마지막 두 구절은 매우 중요한데 그 이유는 하나님께로 돌아가는 "영-루아흐"가 죽을 때에 몸을 떠나는 의식과 인격을 가지고 있는 영혼이 하나님께 돌아간다는 신앙을 지지하는 데 보편적으로 인용되기 때문이다. 이러한 해석은 주요한 네 이유에서 성경적인 지지를 받지 못하고 있다. 그 첫째는 성경 어느 곳에서도 하나님의 호흡이나 또는 영을 인간의 영혼으로 간주하지 않는다는 것이다. 영혼의 존재는 하나님의 생명을 주시는 호흡[네샤마]이나 영[루아흐]의 임재에 의존한다. 그리고 생명을 주는 영이 거두어지면, 사람은 살아있는 영혼, 곧 생령이 되는 것을 그치고 죽은 영혼이 된다. 따라서 시편 기자는 "그 호흡[루아흐]이 끊어지면 흙으로 돌아가서 당일에 그 도모가 소멸하리로다"(시 146:4)라고 했다.

둘째, 성경 어느 곳에서도 하나님께로 돌아가는 생명을 주는 영이 죽은 몸의 비물질적인 영혼으로 계속해서 존재한다는 것을 암시하지 않는다. 그와는 반대로, 성경은 하나님께서 생명의 호흡 또는 생명의 영을 거둘 때 그 결과는 영혼의 생존이 아니라 전인의 죽음이라고 가르친다. "도모가 소멸하는"(시 146:4) 것은 거기에 더 이상 의식이 없기 때문이다. 죽음은 몸과 영혼 모두에 이르러 오는데, 그 이유는 우리가 이미 본 것처럼 그 둘은 분리될 수 없기 때문이다. 몸은 영혼의 외형(外形)이고 영혼은 몸의 내형(內形)이다.

셋째, 하나님께로 돌아가는 영은 경건한 사람들만이 아니라 모든 사람(모든 "육체")을 언급한다. 구원받은 자이든지 그렇지 않은 자이든지 간에 모든 백성들의 영이 심판을 받기 위해 하나님께로 간다는 주장은 심판이 죽을 때에 있는 것이 아니고 세상의 종말에 주님께서 강림하실 때에 있다는 성경의 분명한 가르침을 무시하는 것이다.

넷째, 성경은 생명의 호흡, 곧 생기가 그것을 소유한 자를 무죽음의 존재나 불멸의 존재로 만들었다는 암시가 전혀 없다. 구약에서 **루아흐**-영의 용례로 사용된 389회 중 단 한 개도 **루아흐**-영이 육체를 떠나서 존재할 수 있는 인간의 본질을 가진 지적인 실체라고 암시하지 않는다. 그 반대로, 성경은 생령을 소유한 자들의 죽음에 대해서 다음과 같이 말한다. "내가 홍수를 땅에 일으켜 무릇 생명의 기식[**루아흐**] 있는 육체를 천하에서 멸절하리니 땅에 있는 자가 다 죽으리라[**가바**-호흡이 멈춤]"(창 6:17). "땅 위에 움직이는 생물이 다 죽었으니 곧 새와 육축과 들짐승과 땅에 기는 모든 것과 모든 사람이라 육지에 있어 코로 생물의 기식을 호흡[**루아흐**]하는 것은 다 죽었더라[**가바**-호흡이 멈춤]"(창 7:21, 22).

성경 본문들로부터 생기 또는 생명의 호흡을 소유한 이러한 것들이 불멸의 영혼을 가지고 있음을 뜻하지는 않는다는 것이 명백해졌다. 생명의 호흡은 단순히 그것들이 지상에서 존재하는 기간 동안에 인간과 동물에게 주어진 생명의 은사, 곧 선물이라는 것이다. 죽을 때에 하나님께로 돌아간다는 생기, 혹은 생명의 호흡은 단순히 하나님께서 인간과 동물 둘 다에 주신 생명의 원리이다. 이점은 전도서 3:19에서 다음과 같이 분명하게 제시되고 있다. "인생에게 임하는 일이 짐승에게도 임하나니 이 둘에게 임하는 일이 일반이라 다 동일한 호흡[루아흐]이 있어서 이의 죽음같이 저도 죽으니 사람이 짐승보다 뛰어남이 없음은 모든 것이 헛됨이로다." 동물들은 생명의 영[루아흐], 곧 생기를 가지고 있지 않고 다만 생명의 호흡[네샤마]만을 가지고 있다고 주장하는 자들은 전도서 3:21과 창세기 7:15, 22이 인간에게 주어진 동일한 생명의 영-루아흐를 동물들도 소유하고 있다고 명백히 제시하고 있음을 경홀히 여기는 것이다.

성경에서 창조 시에 사람에게 주어진 생기는 그것이 주어지기 전에 어떤 의식적인 실체로 있었다는 지적을 전혀 찾아볼 수 없다. 이것은 우리에게 생기가 하나님께로 돌아갈 때에 의식을 가진 인격을 가지고 있지 않는다는 것을 믿게 하는 이유를 제공한다. 하나님께로 돌아가는 영은 단지 하나님께서 인간과 동물 모두에게 그들이 지상에 살 동안에 주어진 기식하는 생명의 원리이다.

결론

우리는 인간의 본질, 곧 **혼**, **몸**, **마음** 그리고 **영**을 기술하기 위해 구약에서 사용된 중요한 네 용어에 대한 연구를 통해 명확한 결론에 도달하게 되었다. 우리는 이 용어들이 다른 실체들을 제시하거나, 그 각각이 자신의 고유한 기능을 가진 것이 아니라, 오히려 동일한 유기체 안에서 상호관련을 가진 병합된 다른 기능들이라는 것을 발견하게 되었다. 구약은 인간의 본질을 이분법적으로가 아니라 하나의 통합체로 본다. 몸과 혼 사이에 어떤 모순도 없다는 것을 이러한 용어들이 제시한다.

영혼은 육체를 대적하면서 지탱하는 인간의 비물질적이고 불멸하는 어떤 부분이 아니라 인간의 본질 가운데 있는 생명력, 혹은 생명의 원리를 의미한다. 후자는 흙과 이따금은 호흡[네샤마], 통상적으로는 영[루아흐]이라고 부르는 생명력으로 구성된 한 형태를 이루고 있으며, 하나님께서 그에게 호흡하도록 주신 것이다. 몸과 하나님의 호흡이 함께 생명력 있고 활력 있는 영혼-네페쉬를 만든다. 영혼이 있는 자리는 피(血) 인데, 그 이유는 생명력의 유형적인 표현으로 보여지기 때문이다.

생명의 원리로부터 온 "영혼-네페쉬"라는 용어는 개인의 느낌, 열정, 의지 그리고 인격을 포함하는 데까지 확장된다. 따라서 그 용어는 사람 자신을 위한 동의어로 사용되어 왔다. 사람들은 영혼들로 간주되었다(창 12:5; 46:27). 죽음은 몸과 마찬가지로 영혼-네페쉬(민 23:10)에게도 영향을 미친다.

문자적으로 "움직이는 공기, 바람"을 뜻하는 영-루아흐는 종종 하나님에게 사용된다. 하나님의 영-루아흐는 그분의 호흡, 즉 생명을 창조하시고 지탱시키시는 데에 나타나는 그분의 능력이다(시 33:6; 104:29, 30). 인간의 호흡-루아흐는 하나님의 호흡-루아흐로부터 온다(사 42:5; 욥 27:3). 상징적인 의미에서, 영-루아흐는 내적인 도덕성의 갱신, 선하고 악한 성벽, 정서적이고 의지력 있는 생활에까지 확대되므로, 따라서 영혼-네페쉬와 어느 정도 중첩이 된다. 영혼-네페쉬와 영-루아흐 사이의 다른 점은 전자는 거의 대부분 다른 인간 존재와의 관계에서 살아있는 사람을 말하며, 반면에 후자는 하나님과의 관계에서 사람을 언급한다. 그러나 우리는 영혼도 영도 몸이 죽을 때에도 살아있을 수 있는 인간의 본질의 일부로 간주되지 않는다는 것을 발견했다.

육체, 또는 몸에 대한 구약의 언급들은 신체적인 기능들이 순전히 생리학적이며 또 영혼의 심리학적인 기능에 의존하는 것이라고 결코 암시하지 않는다. 구약에서는 신체적인 기능과 영적인 기능 사이에 어떤 차별도 두지 않고 있다. 그 이유는 고등인간의 전체적인 기능 도표인 느낌, 사고, 지식, 사랑, 하나님의 계명 준수, 찬양 그리고 기도들이 영혼의 "영적인 기관들"과 심장 그리고 종종 신장과 내장에 해당되는 "신체적인" 기관에서도 동일하게 기인되기 때문이다.

신체적인 기관들이 병리학적인 기능을 수행한다. 따라서 심장은 생각하고, 신장은 기뻐하며, 간은 슬퍼하고 그리고 내장은 동정을 느낀다. 이것은 인간의 본질에 대한 전인적인 견해에 의하면 어떤 사람의 한 부분이 종종 전체의 유기체를 나타낼 수 있기 때문이다.

영혼이 떠나가고(창 35:18) 돌아오는 것(왕상 17:21, 22)에 대한 언급들은 죽을 때에 영혼이 몸을 떠나 부활 때에 그것이 다시 돌아온다는 견해를 합법적으로 지지하기 위해 사용될 수 없다. 우리는 영혼이 떠나가는 것이 사람이 호흡하기를 그쳤다는 것을 가리키는 죽음에 대한 하나의 은유라는 것을 발견했다. 이와 유사하게 영혼이 돌아오는 것은 사람이 다시 숨쉬기 시작한 것을 가리키는 생명의 회복에 대한 하나의 은유적인 표현이다. 영혼의 진실성은 죽을 때에 하나님께로 돌아오는 생령, 또는 생기에서도 진실하다. 하나님께로 돌아오는 것은 불멸의 영혼이 아니라 단지 땅에서 존재하는 동안에 생존을 위해 인간과 동물 모두에게 하나님께서 주신 생명력의 원리이다.

랄프 월터 두얼먼은 1961년에 듀크 대학교에 제출한 자신의 박사학위 논문인 **"구약에 있는 스올"**(Sheol in the Old Testament)에서 근본적으로 같은 결론에 도달한다. 그는 기록하기를 "인간을 정신과 신체의 통합적인 연합체로 보는 히브리 견해로부터는 '영혼의 불멸성'에 대한 신앙이 들어갈 여지는 거의 없다는 것이 분명해졌다. 전인이 살아있든지 전인이 죽음으로 내려갔든지 간에 가장 약한 것은 생명이다. 몸으로부터 떠난 **루아흐**[영] 또는 **네페쉬**[혼]가 독립적으로 존재할 수는 없다. 몸의 죽음과 함께 비인격적인 **루아흐**[영] 또는 **네페쉬**[혼]는 '그것을 주신 하나님께로 돌아가며'(전 12:7) 그리고 비록 뼈나 피에 매우 희미하게나마 남아있을 수 있지만 그 **네페쉬**는 파괴된다. 이것들이 묻히거나 덮여질 때 남아있었던 소량의 생명력마저 폐기된다"[62]고 하였다.

결론을 요약하자면, 인간의 본질에 대한 구약의 통전적인 견해가 몸과 영혼 사이를 완전히 두 다른 실체를 가진 것처럼 구분하는 것을 금하고 있다고 말할 수 있다. 더 나아가 그 견해는 몸이 죽을 때에 영혼이 살아있다는 신앙의 기초를 허물어버린다. 다음에 우리가 연구하고자 하는 것은 신약이 인간의 본질에 대한 구약의 전인적인 견해를 지지하는지, 아니면 수정하는지를 알아보는 것이다. 이 질문은 다음 장에서 제시하도록 하겠다.

제 3 장

인간의 본질에 대한
신약의 견해

Immortality or
Resurrection

제3장

인간의 본질에 대한 신약의 견해

    우리가 가지고 있는 성경에서 신약의 첫 쪽은 구약의 마지막 쪽 바로 뒤에 온다. 이것은 두 성경 사이에는 시간 차이가 없다는 것을 독자들이 알지 못하도록 암시하는 것 같이 보일 수도 있다. 그러나 실제로는 그 두 성경 사이에는 약 4세기 정도의 시간적인 간격이 있다. 이 신구약 중간기 동안에 유대인들은 그들의 고향 팔레스틴과 흩어져 살았던 해외에서 매우 영향력이 높았던 헬라 문화와 철학에 노출되어 있었다. 유대주의에 대한 헬라주의의 영향력은 당시에 만들어졌던 어떤 유대 문헌들이 헬라의 이원론을 받아들인 것을 포함하여 많은 영역에서 분명해졌다.

    신구약 중간기 동안에 만들어진 유대인 문헌은 일반적으로 외경, 또는 위경으로 알려지고 있다.[1] 대부분의 그리스도인들은 이러한 비 경전적인 서적을 성경의 책들처럼 하나님의 영감과 권위를 가진 책들로 간주하지 않는다. 그렇다고 해서 그때 당시의 역사적이고도 이념적인 발전에 대한 주요한 정보의 근원이 되어 온 그러한 책들의 역사적인 가치를 축소하는 것은 아니다.

    인간의 본질과 운명에 대한 유대인 사상의 주요 두 학파는 신구약 중간기 동안에 일어났다. 그 첫째는 팔레스틴에 살고 있는 유대인들로서 인간의 본질에 대한 구약의 전인적 견해에 충실하게 남아있었던 자들로서, 이들은 신약의 이해에 주요한 배경을 마련했다. 팔레스틴의 유대인들은 죽음을 전인이 의식을 가지지 않은 채 자는 것으로 보았으며 몸의 최종적인 부활의 필요성을 강조했다. 신약의 연구를 위한 이러한 견해의 중요성이 기독교의 첫 50년대 후반기 동안에 팔레스틴 지역에 살고 있었던 한 유대인에 의해서 기록된 바룩의 묵시록이라는 외경(제2바룩서로 알려짐)에서 보게 된다. 그 저자는 죽음을 "땅에서 자는 것"이며, 메시야가 돌아 올 때 "그분을 소망하며 잠든 모든 사람들이 다시 부활 할 것"[2]이라고 가르치고 있다. 모든 의인들은 한 순간에 모이게 될 것이며 악한 자들은 그들이 당할 고통의 때가 도래하였으므로 슬퍼하게 될 것이다.[3] 그러한 견해는 헬라 사람들에게 있어서 "어리석은 것"이었던 복합적 사상 가운데 일부인 몸의 부활을 가르치는 신약과 놀랍게도 흡사하다(고전 1:23).

두 번째 사상 학파는 헬라파 유대주의로서 주로 헬라의 이원론에 영향을 받았다. 헬라파 유대주의는 주로 헬라와 히브리 사상을 조합시키려는 시도를 했던 유명한 유대인 철학자인 필로의 고향인 알렉산드리아에서 번영하였다. 헬라파 유대인들의 글들에서 우리는 영혼의 생존과 불멸성에 대한 분명한 언급들을 발견한다. 육체를 떠난 생존은 구원받은 자들의 영원한 운명처럼 보여진다. 예컨대, 경외서인 쥬빌리서(Book of Jubilee, 대략 기원전 135년 경)는 "'뼈들'은 무덤에서 쉬는 동안 '영들'은 독립적으로 살아있다. '그리고 그들의 뼈들은 땅에서 쉴 것이며, 그들의 영들은 큰 기쁨을 누릴 것이며, 또한 그분이 심판을 집행하시며, 또한 그분을 사랑하는 자들 모두에게 자비를 보여주실 것이다"고 가르친다 (23:31).[4]

유사한 맥락에서 B.C. 50년에서 B.C. 30년 사이에 한 헬라파 유대인에 의해서 기록된 **솔로몬의 지혜서**(*The Wisdom of Solomon*)는 말하기를 "의로운 영혼들은 하나님의 손에 있으며, 그들에게는 번뇌가 영원히 접근하지 못할 것이다. …그들에게는 평화가 있을 것이며…그들의 소망은 완전한 불멸이다"(3:1, 3, 4)고 한다.[5] 같은 견해가 기독교세기 바로 직전에 한 헬라파 유대인에 의해 작성된 철학 논문인 4 마카베스(4 Maccabees)에서도 발견된다. 죽은 의인은 즉시 영원한 복락의 천국으로 **올라가지**(*ascend*)만,[6] 악인은 가지각색으로 된 영원한 형벌로 **내려간다**(*descend*)는 것이다.[7]

최종적으로는 휠러 로빈슨이 적절하게 표현한 것처럼, 신구약 중간기 동안에 "몸과 영혼(또는 영)과의 관계에 대한 이원론적인 해석이 유대주의(지혜서 9:15) 헬라 계에서 발견되지만 그러나 구약을 신약의 많은 부분과 관련시키고 있는 팔레스틴계에서는 발견되지 않는다."[8]

인간의 본질에 대한 신약의 견해를 연구함에 있어서 우리는 신약의 저자들에게 미친 헬라파 유대주의에 대해서 경홀히 여길 수 없다. 결국 마태를 제외하고는 거의 모든 신약의 책들은 헬라어로 기록되었으며 네 중요한 인간과 관련된 헬라 단어인 **프쉬케**-혼, **프뉴마**-영, **소마**-몸 그리고 **싸르크**-육체를 사용하고 있다. 이 단어들은 통상적으로 신약시기에 헬라의 이원론적인 의미로 사용되었다. 혼과 영은 인간의 본질 가운데서 비물질적이고 불멸하는 부분을 의미했으며, 반면에 몸과 육은 물질적이고 멸절하는 부분으로 기술되었다.

그렇다면 문제는 이토록 중요한 헬라어 단어들의 이원론적인 의미가 신약의 책들에서 어느 정도 반영되고 있는가? 하는 것이다. 우리가 본 장에서 보게 되겠지만 놀랍게도 이러한 용어들의 이원론적인 의미와 용례가 신약에서는 없다는 것이다. 비록 육과 영을 대조하는 데서 이원론적인 것처럼 비치는 그러한 구절들조차도 면밀하게 연구해보면 인간의 본질에 대한 전인적인 견해를 보이고 있다. 육과 영은 인간의 본질 가운데서 분리되고 상반된 두 부분으로 있지 않으며, 오히려 두 다른 생활양태로서 자아 중심 대(對) 하나님 중심을 말하는 것이다.

신약에 이원론적인 영향이 없는 것은 그 책의 저자들이 인간의 본질에 대한 중요한 헬라 단어들을 본래의 사상이 기원되고 또 헬라 사회에 편만했던 의미들을 따르지 않고 구약의 본래의 동의어들과 조화되게 사용했기 때문이다.

우리가 항상 마음에 두어야하는 것은 "구약의 히브리어와 신약의 헬라어 사이를 연결시키는 것은 기원전 3세기 경에 알렉산드리아에서 만들어진 구약의

70인역(LXX)이라는 것이다. 그 번역서는 히브리어의 뜻을 알고 있으면서 헬라어로 답하려 했던 유대인들에 의해서 만들어졌다. 따라서 70인역은 히브리어를 따르고 신약은 70인역을 따른다. 70인역이 영감을 받지는 못했지만 그러나 그 70인역이 구약과 신약 사이를 귀중한 언어로 연결시키게 된 것은 하나님의 섭리이다."[9]

헬라의 이원론이 그리스도인 전통 안으로 흡수된 것은 신약이 기록된 이후에 일어났다. 로빈슨은 바울이 어떻게 헬라어 단어를 당시에 편만하게 사용되었던 헬라어 용례를 따르지 않고 히브리어 단어들이 가지고 있는 의미와 일치되게 사용했는지에 대한 훌륭한 사례들을 제시한다. 예컨대, 바울이 사용하고 있는 "육신의 마음"(골 2:18)이라는 구절은 헬라인의 마음에는 의미가 없는데, 그 이유는 마음(**누스**)은 언제나 혼(**프쉬케**)과 관련을 가지고 있으며 결코 육신과 관련을 가지고 있지 않기 때문이다. 이와 유사하게 바울의 "신령한 몸"(고전 15:44, 46)에 대한 언급과 육과(*and*) 영의 더러운 것(고후 7:1)에 대한 언급이 "헬라인들에게는 어리석은 것처럼 된 것"[10] 그들에 따르면 몸은 영적이 아니며 영은 더럽혀질 수 없기 때문이었다. 이러한 지적들은 인간의 본질에 대한 신약의 견해가 헬라인의 사고가 아니라 구약의 히브리 사상을 반영하고 있다는 것을 보여준다.

본장의 목적

본장은 인간의 본질에 대한 신약의 견해를 사람과 관련된 네 중요한 단어들, 즉 혼(soul), 영(spirit), 몸(body) 그리고 마음(heart)을 탐구하므로 파악하고자 한다. 이 전 장에서 우리는 인간의 본질에 대한 구약의 견해를 연구할 때 역시 네 용어들을 살펴보았다. 이러한 용어들의 다양한 의미와 용례들이 구약에 있는 히브리 용어들과 조화를 이루고 사용되고 있는지를 연구하고자 한다.

본 연구는 인간의 본질에 대한 전인적인 이해에서 구약과 신약 사이에 분명한 연관성이 있다는 것을 보여준다. 영혼의 불멸성에 대한 주제가 비록 신약이 기록될 때 당시의 많은 사람들이 보편적으로 믿었지만 신약 성경에서는 그러한 기록이 없는 이유는 저자들이 구약의 가르침에 충실했기 때문이다.

신약은 인간의 본질과 운명에 대한 이해에서 구약과 신약 사이에 일관성이 있을 뿐만 아니라 그리스도의 성육신과 교훈의 빛 속에서의 이해에서도 일관성이 있다는 것으로 확대되었다는 것을 보여준다. 결국 그리스도는 아담이 "오실 자의 표상"(롬 5:14)이 되신 이후, 실제로 인간의 머리가 되신다. 구약에서는 인간의 본질이 창조와 홍수 덕분에 아담과 근본적으로 연결되어 있는 반면에, 신약에서는 인간의 본질이 그분의 성육신과 구속 덕분에 그리스도와 관련되어 있다. 그리스도는 인간의 본질, 의미 그리고 운명에 대한 완전한 계시가 되신다. 그리스도께서는 인간의 혼, 몸 그리고 영에 더 깊은 의미를 부여하시는 것은 그분의 구속의 즉각적인 영향이 "너희와 함께 너희 속에"(요 14:17) 거하게 될 성령을 주심으로 미쳤기 때문이다.

A. 영혼으로서의 인간의 본질

헬라어 단어 **프쉬케**-혼(영혼)은 신약에서는 우리가 구약에서 발견하는 히브리어 단어 **네페쉬**-혼의 뜻과 기본적으로 조화되게 사용되고 있다. 그리스도의 교훈과 구속의 봉사의 빛 속에서 그 단어의 확장된 의미에 특별한 주의를 집중시키고 있는 **프쉬게**-혼의 기본적인 의미를 간략하게 살펴보도록 하겠다.

사람으로서의 혼

신약에서 혼-**프쉬케**는 구약에서 **네페쉬**와 같은 뜻으로 전인을 의미한다. 예를 들자면 스데반이 산헤드린 앞에서 자신을 변호할 때, 구약에서 발견되는 비유와 용례(창 46:26, 27; 출 1:5; 신 10:22)를 사용하여 "그 부친 야곱과 온 친족 일흔 다섯 사람[영혼-**프쉬케**]"(행 7:14)을 언급한다. 오순절 날에 "제자의 수가 삼천 명[**프쉬케**]"(행 2:41)이 침례를 받았으며, "각 사람[**프쉬케**]마다 두려워"(행 2:43) 하였다. 베드로는 노아의 가족들에 대해서 말하면서 "물로 말미암아 구원을 받은 자가 겨우 여덟 명[**프쉬케**]"(벧전 3:20)이라고 말한다. 본문들에 있는 이러한 "혼-**프쉬케**"는 사람의 동의어로 사용된다.

이 문맥 안에서 우리는 그분의 멍에를 받아들이는 "영혼-[**프쉬케**]"의 쉼에 대한 그리스도의 유명한 약속을 언급한다(마 11:28). "너희[**네페쉬**]를 쉬게 하리라"는 표현은 하나님의 계명에 조화되게 살아가는 사람들에게 약속된 예레미야 6:16로부터 온 것이다. 그리스도께서 영혼들에게 주시기로 약속된 쉼은 에드워드 슈바이처가 지적하고 있는 것처럼 "몸으로부터 해방될 때 영혼이 쉼을 발견한다는 헬라 세계에게 발견되는 것과는 완전히 다르다. 그 이유는 여기서는 인간의 통일성과 전체성이 높여지고 있기 때문이다. 사람이 하나님의 쉼을 발견하는 것은 순종이라는 실제적인 행위 속에 있다."[11]

생명으로서의 혼

신약에서 영혼-**프쉬케**에 대한 가장 흔한 의미는 "생명"이다. 한 통계에 의하면 프쉬케가 46회나 "생명"으로 번역되었다. 이런 경우들에서, "생명"은 헬라어의 프쉬케의 가장 적절한 번역이 되는데 그 이유는 신체적인 생명을 언급하는 데 사용되기 때문이다. 헬라어 본문에서 발견되는 프쉬케라는 단어의 뜻을 파악하는 데 도움을 주기 위해서 영어표준개역성경(RSV)이 그 단어를 "생명"으로 표현하는 곳들에서 문자적으로는 "영혼"(또는 혼)으로 번역되어질 것이다.

파도의 한 가운데서, 바울은 배에 타고 있는 사람들에게 "너희 중 생명[**프쉬케**]에는 아무 손상이 없겠고 오직 배뿐이리라"(행 27:22; 27:10 참조)며 안심시켰다. 이 문맥에서, 헬라어 프쉬케는 "생명"으로 올바로 번역되었는데 그 이유는 바울이 생명들의 잃어버림에 대해서 말하고 있기 때문이다. 한 천사가 요셉에게 말하기를 "일어나 아기와 그 모친을 데리고 이스라엘 땅으로 가라 아기의 목숨[**프쉬케**]을 찾던 자들이 죽었느니라"(마 2:20)고 했다. 이것은 영혼-**프쉬케**를 찾

부활신학

고, 죽이고 그리고 구원하는 것과 관련된 언급들 가운데 하나로, 이 모든 것들은 영혼이 인간의 본질의 불멸하는 부분을 말하는 것이 아니라 위기 가운데 처해있는 육체적인 생명 그 자체를 말하는 것이다. 구약과 조화되게 영혼-프쉬케는 몸이 죽을 때 죽음에 이른다.

예수께서는 영혼을 음식과 마시는 것과 관련시키셨다. 그분께서는 "그러므로 내가 너희에게 이르노니 목숨[프쉬케]을 위하여 무엇을 먹을까 무엇을 마실까 몸을 위하여 무엇을 입을까 염려하지 말라 목숨[프쉬케]이 음식보다 중하지 아니하며 몸이 의복보다 중하지 아니하냐"(마 6:25)고 말씀하셨다. 여기서 혼-프쉬케가 음식을 먹고 마시고 또 의복을 입는 것과 관련되어 있다. 영혼을 음식을 먹는 것과 마시는 것과 관련을 지으므로, 예수께서는 비록 음식을 먹는 것과 음료를 마시는 것보다 생명이 더 중요하다고 설명하고 있지만, 영혼이란 생명의 신체적인 부분이라는 것을 보여주고 있다. 믿는 자들은 그들의 소망과 사상을 하늘 사물에 올려놓으므로 그리스도와 영원을 위해 생애 할 수 있다. 그러나 남아있는 사실은 영혼을 음식을 먹는 것과 마시는 것에 관련지으시므로, 그리스도께서는 영혼이란 우리가 실제로 존재하는 것의 신체적인 국면이지 결코 우리의 본질에 남아있는 비물질적인 요소가 아니라는 것을 보여주시고 있다는 것이다.

잃어버림으로 구원하는 영혼

구약에서 우리는 영혼-네페쉬가 빈번히 생명의 불확실성, 곧 끊임없이 상처를 입고 심지어는 멸망을 당할 가능성에도 직면한다는 것을 뜻하기 위해 사용되고 있음을 발견한다. 결론적으로 고대 이스라엘 백성들은 그들의 영혼을 구원하고, 그들의 영혼을 건져내고, 그들의 영혼을 안전하게 회복하고 그리고 그들의 영혼을 지탱하기 위해 음식물을 마련하는 것에 관심을 가지고 있었다. 이러한 배경에서, "누구든지 제 목숨을 구원코자 하면 잃을 것이요 누구든지 나와 복음을 위하여 제 목숨을 잃으면 구원하리라"(막 8:35)는 그리스도의 말씀은 유대인들을 당황스럽게 만들었음이 분명하다(마 16:25; 10:39; 눅 9:24; 17:33; 요 12:25 참조).

유대인들에 대한 그리스도의 말씀의 영향력이 매우 역동적이었음이 분명한데, 그 이유는 그분을 위해 자신을 잃어버림으로써만이 그들의 영혼을 구원할수 있다고 말씀하신 그분의 대담성 때문이었다. 영혼을 잃어버림으로 영혼을구원한다는 개념이 유대인들에게는 알려져 있지 않았는데 그 이유는 그러한 말씀이 구약성경에서 발견되고 있지 않기 때문이다. 그리스도께서는 자신의 십자가상에서 행동의 절정을 이루는 방식으로 자신의 가르침을 실증해보이셨다. 그분께서는 "자신의 생명[혼 : **프쉬케**]을 많은 사람의 대속물로 주시기 위해서(마 20:28) 오셨다. 사람의 영혼을 구원하기 위해서는 자신의 생명을 잃어버리고, 포기하고, 또 남을 위해 자신의 생명을 내어주는 것이 필요하다고 가르치시므로, 그리스도께서는 그분을 위해 현재의 생명(영혼)을 기꺼이 희생하는 자들이영생을 얻게 된다고 포괄적으로 말씀하시므로 구약의 **네페쉬**–영혼의 의미를신체적인 생명으로 확장하셨다.

우리는 동일한 이야기를 하고 있는 요한의 글에서 그리스도께서 하신 확장된영혼의 의미를 "자기 생명을 사랑하는 자는 잃어버릴 것이요 이 세상에서 자기생명[**프쉬케**]을 미워하는 자는 영생하도록 보존하리라"(요 12:25)는 말씀 가운데서 확증하고 있음을 발견한다. "이 세상"과 "영생" 사이의 상호관계는 영혼–**프쉬케**가 지상에서의 생명과 영원한 생명 둘 다를 언급하는 데 사용되고 있다는 것을 가리킨다. 그리스도의 말씀에 대한 요한의 언급 가운데서 분명한 것은영혼은 불멸이 아님이 분명해졌는데, 그 이유는 에드워드 슈바이처가 지적한 것처럼 "한편으로 우리는 그것을 미워하도록 부름을 받지 않았다. **프쉬케**는 하나님에 의해서 사람에게 주어진 생명이며, 하나님에 대한 인간의 자세를 통해 그특성이 멸절하든지 아니면 영생을 받게 된다. …따라서 우리는 **프쉬케 아이오니오스** 또는 **아싸나토스**[영원하는 혼 또는 불멸하는 혼]로 읽지 않고 하나님에의해서 주어지고, **조에 아이오니오스**[영원한 생명]를 위해 보존되는 영혼[프쉬

케]으로만 읽는다.[12]

영원한 생명으로서의 영혼의 의미는 누가복음 21:19에서도 나타난다. 그리스도께서는 "너희의 인내로 너희 영혼[프쉬케]을 얻으리라"고 말씀하신다. 이 문맥은 그리스도께서 지상 생애를 유지하는 것에 대해서 말씀하고 있지 않다는 것을 알 수 있는데 그 이유는 그분의 제자들 가운데 누군가가 배반하여 죽음에 이르도록 할 것을 예언하고 있기 때문이다(16절). 여기서 영혼-프쉬케는 그리스도께 전적이고도 희생적인 헌신을 기꺼이 하는 자들은 영원한 생명을 얻게 될 것으로 분명하게 이해된다.

영혼-생명은 그리스도를 위해서 희생하게 될 때 얻게 될 것이라는 것은 그리스도께서 가지신 견해가 그분 자신을 개인의 구주로 받아들이는 자들에게 참되고 완전한 생명이 주어진다는 것을 보여준다는 것이다. 그리스도 안에 있는 생명은 자연적인 생명과는 다른데, 그 이유는 그 생명을 보존하려는 노력으로부터 자유로워진 자들만이 경험하는 생명이기 때문이다. 그 생명은 풀려나고 해방되어 공개된 생명으로써 자연적인 생명에 성취감을 준다. 이것은 그리스도께서 영혼에 대해 부여한 확장된 의미이며, 몸과 함께 동거하는 비물질적이고 영원한 어떤 실체로서의 영혼의 개념을 부정한다는 의미이다.

사도교회는 구주께 전적으로 의탁하는 생애를 의미하는 것으로서의 이러한 확장된 영혼 개념을 이해하고 있었다. 유다와 실라는 "우리 주 예수 그리스도의 이름을 위하여 생명[프쉬케]을 아끼지 아니하는 자"(행 15:25)가 되었다. 에바브로디도는 그리스도의 일을 위하여 "자기 목숨[프쉬케]을 돌아보지 아니하였다" (빌 2:30). 사도 바울 자신은 "나의 달려갈 길과 주 예수께 받은 사명 곧 하나님의 은혜의 복음 증거하는 일을 마치려 함에는 나의 생명[프쉬케]을 조금도 귀한 것으로 여기지 아니하노라"(행 20:24)고 증거했다. 만약 바울이 영혼의 불멸성을 믿었다면 복음을 위해 그것을 잃어버리는 것은 가치가 없는 것으로 보아야 했을 것이다. 이러한 본문들은 사도교회가 영혼의 새로 확장된 개념을 그리스도를 위해 전적으로 헌신하는 생애를 살므로 실천했다는 것을 보여준다. 믿는 자들은 자신들의 영혼을 그리스도를 섬기는 일에 바침으로써만이 구원을 얻을 수 있다고 이해했다.

사람들이 범할 수 있는 가장 어리석은 실수는 "온 세상을 얻고도 자기 목숨[**프쉬케**]을 버리는 것"(막 8:36)이다. 죽음을 초월하는 생명은 영혼-**프쉬케**로서 그것은 구속의 근본적인 목표이다(히 10:39; 13:17; 약 1:21; 벧전 1:9, 22). "혼"이라는 용어가 구약에서보다는 신약에서 비교적 적게 사용되고 있는 반면에, 이러한 주요 본문들이 그 단어의 뜻에 대한 의미심장한 확장을 지적하고 있다. 그 용어에는 그리스도를 위해 그들의 현재의 생명을 기꺼이 희생하는 자들이 받을 영생의 선물이 포함되어 있다.

매우 드문 한 예는 구약에 사용된 영혼-**네페쉬**가 죽음을 초월하는 생명을 의미하는 것이다. 한 예가 시편 49:15에 있다. "하나님은 나를 영접하시리니 이러므로 내 영혼[**네페쉬**]을 음부의 권세에서 구속하시리로다"(시 49:15). 죽음을 초월하는 영혼의 이러한 의미는 영혼을 잃어버리고 또 찾는 예수의 가르침으로부터 확장된다. 현세와 내세 사이의 연결성은 사람 속에 불멸하는 영혼이 내재해 있어서가 아니라 믿는 자들에게 영생을 주실 하나님의 신실하심으로 말미암아 보증되어 있다.

신체적인 생명과 영생이 다른 실체가 아닌 것은, 둘 다 하나님에 의해서 주어지기 때문이다. 영혼은 둘 다를 포함하고 있는바, 그 이유는 영생은 하나님을 위해 사는 신체적인 생명이기 때문이다. 결국 신체적인 생명은 우리가 알고 있는 실존하는 유일한 형태이다. 그러나 영혼의 양향(兩向)적 의미는 우리로 하여금 인간의 생명이 단지 건강하고 부한 것만이 아니라 하나님과의 관계에서 살게 되는 생명이라는 것을 기억하게 한다.

영혼을 신체적인 생명과 영적인 생명으로 보는 성경의 이중적인 의미는 몸과 혼, 지상에서의 몸의 생명과 천상에서의 영혼의 생명으로 나누는 헬라인들의 구분을 부정하고 있다. 성경적 관점에서, 몸에 있는 생명은 영혼에 있는 생명인데, 그 이유는 현세의 생명을 사는 방식이 영혼의 운명이 영생인지 아니면 영멸인지를 결정하기 때문이다. 따라서 영혼은 몸이 죽을 때에 살아있는 어떤 실체가 아니며, 그것은 하나님의 은혜에 의해서 사는 생명이며, 마지막 심판 날에 하나님에 의해서 드러내지고 완성될 생명이다.

영혼과 육신

중요한 신약의 한 본문은 영혼-**프쉬케**가 육신-**싸르크스**에 분명히 반대가 된다는 것을 지지하도록 하고 있다. 그것은 베드로전서 2:11으로서, 사도는 말하기를 "사랑하는 자들아 나그네와 행인 같은 너희를 권하노니 영혼[**프쉬케**]을 거스려 싸우는 육체[**싸르크스**]의 정욕을 제어하라"(벧전 2:11)고 한다. 에드워드 슈바이처는 제시하기를 이 구절은 신약에서 영혼에 대한 용례 가운데서 인간의 본질을 영혼-**프쉬케**와 육체-**싸르크스** 사이에 있는 대조를 이원론적인 합성체로 제시할 수 있는 가장 헬라적인 구절이라고 제시한다.[13]

좀 더 가까이서 보면 이 본문은 베드로가 헬라의 이원론에 영향을 받은 것이 아니라 영혼-**네페쉬**에 대한 구약적인 이해에 영향을 받았다는 것을 보여준다. 구약에서 우리는 영혼-**네페쉬**가 지속적으로 위기에 처하여 왔으며 또한 보호를 받아야할 필요가 있다는 것을 발견했다. 동일하게 베드로의 권면에서도 이것은 진리이다. 차이가 있다면 베드로는 내부로부터 영혼을 공격하는 "내면적인" 원수에 대해서 언급하고 있다. 그 원수는 사람들로 하여금 신체적인 욕구를 충족시키기 위해서만 살도록 영혼을 대적하여 전쟁을 하도록 하는 육신의 정욕이다.

베드로는 영혼을 몸이 죽은 후에도 살아있는 비물질적인 실체로 보지 않고, 하나님께서 나타내 보이신 진리에 순종하므로 거룩하게 하는 믿음의 생애로 본다. 그는 이러한 견해를 같은 서신에서 "믿음의 결국 곧 영혼[**프쉬케**]의 구원을 받음이라"(벧전 1:9), "너희가 진리를 순종함으로 너희 영혼[**프쉬케**]을 깨끗하게 하여"(벧전 1:22)라고 말하여 표현하고 있다. 영혼의 구원(영생)이 진리에 순종하는 생애의 결과인 이상, 육신의 정욕은 영혼(영생)을 위협하는데 그 이유는 사람들이 진리에 불성실하고 불순종하는 생애를 살도록 만들기 때문이다. 따라서 육신과 영혼 사이에는 윤리적인 대조가 있으며 결코 존재론적인 대조는 없다. 즉 불순종의 생애(육신)와 순종의 생애(영혼) 사이에는 윤리적인 대조만 있다는 것이다. 우리는 곧 바울이 육신과 영을 대조하므로 동일한 대조를 표현하고 있는 것을 보게 될 것이다.

하나님께서 영혼을 파하실 권세를 가지고 있음

영혼-**프쉬케**에 대한 이러한 확장된 의미는 "몸은 죽여도 영혼은 능히 죽이지 못하는 자들을 두려워하지 말고 오직 몸과 영혼을 능히 지옥에 멸하시는 자를 두려워하라"(마 10:28; 눅 12:4 참조)는 그리스도의 말씀에 대해서 잘 알고 있으면서도 여전히 많은 오해를 가지고 있는 우리에게 도움을 준다. 이원론자들은 영혼이 비물질적인 실체로서 몸이 죽은 후에도 안전하게 보존되며 또 살아있다는 개념을 지지하는 것을 이 구절에서 찾고 있다. 예컨대, 로버트 머레이 같은 학자는 "그리스도께서는 여기[마 10:28]서 우리가 몸에 있는 육체적인 생명을 죽이거나 잘라버릴 수 있는 반면에 비물질적으로 초월해 있는 자아, 마음, 또는 에고는 죽이거나 해할 수 없다는 것을 분명히 말씀하고 있다. 그분께서는 몸/영혼의 이분법을 성경 전반에 걸쳐서 차용하고 있다."라고 주장한다.

이러한 해석은 인간의 본질에 대해 성경의 전인적인 견해라기보다는 헬라의 이원론적 견해를 반영하고 있다. 영혼과 육체를 지옥에서 모두 파하시는 하나님의 능력에 대한 언급은 영혼[**프쉬케**]이 비물질적이고 불멸하는 존재라는 개념을 부정하고 있다. 만약 하나님께서 회개하지 않은 죄인의 경우에 몸과 함께 영혼도 파괴하신다면 어찌 그 영혼이 불멸할 수 있겠는가? 오스카 쿨만은 적절하게 주목하기를 "우리는 마태복음 10:28에서 영혼은 죽임을 당할 수 있다는 예수의 말씀을 듣고 있다. 영혼은 불멸하는 것이 아니다."[14]

우리는 앞에서 한 논의에서 그리스도께서는 영혼-**프쉬케**의 뜻을 신체적인 생명뿐만 아니라 그분께 희생과 헌신을 기꺼이 드리는 자들이 받게 될 영원한 생명을 의미하는 것으로 확장하고 있다는 것을 알게 되었다. 만일 이 구절을 영혼에 대한 그리스도의 확장된 의미의 빛에서 읽는다면, 그 말씀의 의미는 다음과 같다. "너희는 땅에서 존재를 끝내게 할 수 있으나 하나님 안에 있는 너의 영원한 생명을 멸절시킬 수 없는 자를 두려워하지 말고, 너의 전 존재를 영원히 파멸시킬 수 있는 하나님을 두려워하라."[15]

영혼의 죽음은 영원한 죽음임

그리스도의 경고는 영혼의 불멸성을 거의 가르치지 않는다. 오히려 하나님께서는 몸과 함께 영혼도 파하실 수 있다고 가르친다. 에드워드 후지는 적절하게 다음과 같이 주목하고 있다. "예수께서 불필요한 위협을 하지 않으시는 한 바로 그 경고는 하나님께서 자신의 권위를 완강하게 저항하고 또 모든 자비의 제안을 반대하는 자들에게 그러한 심판을 집행하실 수 있다는 것을 함축하고 있다."[16] 후지는 계속해서 말하기를 "우리의 주님의 경고는 분명하다. 사람의 죽이는 권세는 몸과 금세의 시계를 정지시킨다. 사람이 당하는 죽음은 최종적이지 않은데 그 이유는 하나님께서 땅으로부터 죽은 자들을 불러오실 것이며 의로운 자들에게 불멸을 주실 것이기 때문이다. 하나님의 죽이시고 파멸시키시는 권세는 제한이 없다. 그 권세는 신체적인 것보다 더 깊고 현재보다 더 멀리까지 미친다. 하나님께서는 몸과 혼을 이제와 이후로도 죽이실 수 있다.[17]

누가는 영혼에 대한 언급을 생략하고 있는 그리스도의 말씀을 다음과 같이 보고한다. "내가 내 친구 너희에게 말하노니 몸을 죽이고 그 후에는 능히 더 못하는 자들을 두려워하지 말라. 마땅히 두려워할 자를 내가 너희에게 보이리니 곧 죽인 후에 또한 지옥에 던져넣는 권세 있는 그를 두려워하라 내가 참으로 너희에게 이르노니 그를 두려워하라"(눅 12:4, 5). 누가는 하나님께서 지옥에서 멸절시킬 수 있는 전인을 언급하는 영혼-**프쉬케**라는 단어를 생략한다. "영혼-**프쉬케**"라는 용어의 생략은 사람이 죽은 후에 영혼은 독립적이며 불멸하는 요소로 생각하곤 하는 이방 독자들의 마음에 오해를 불식시키기 위해서 의도적으로 그렇게 한 것으로 생각할 수 있다. 하나님께서 영혼을 파멸케 한 후에는 아무것도 생존하지 않는 다는 것을 분명하게 하기 위해서 누가는 이방 독자들의 혼란을 야기 시킬 수 있는 "영혼-프쉬케"라는 용어의 사용을 피하고 있다.

우리는 누가복음 9:25에서 "사람이 만일 온 천하를 얻고도 자기[eauton : 에아우톤]를 잃든지 빼앗기든지 하면 무엇이 유익하리요"(눅 9:25)라는 말에서 다시 영혼-프쉬케라는 용어를 삭제하므로 이러한 해석을 분명히 하고 있다는 것을 본다. 짐작컨대, 누가는 마가복음 8:36에 사용된 것처럼, 여기서 영혼-프쉬케라는 용어를 대신하여 "자기"(himself)라는 대명사를 사용한 것은 에드워드 슈바이처가 "죽은 후에 영혼의 형벌이 있는 것처럼 이방 독자들에 의해서 오해될 수 있기 때문"[18]이라고 제안한 것처럼, 아마도 후자에 진술된 이유일 것이기 때문이다. 대신에 "자기"라는 대명사를 사용하므로, 누가는 예수께서 전인을 잃는 것을 의미한다고 가르치고 있다.

우리가 "영혼"이란 용어에 대해 그리스도께서 확장하신 의미를 마음에 두고 있다면 그분께서 말씀하신 의미는 분명해진다. 몸을 죽이는 것은 지상에서 현재의 생명을 취하는 것을 의미한다. 그러나 이것이 영혼, 즉 그리스도께서 마련하신 구원을 받아들인 자들이 받게 되는 영생을 죽이지는 못한다. 현재의 생명을 취한다는 것은 사람으로 하여금 잠에 들게 한다는 것이지만, 그러나 우리가 보게 되겠지만 성경에서 지옥으로 간주하고 있는 두 번째 죽음에 이를 때까지는 최종적으로 멸절되는 것이 아니다.

마태복음 10:28에서 그리스도께서 말씀하시고 계신 의미는 야이로의 딸이 죽지 않고 잠들었다(마 9:24)고 말씀하신 그분의 선언에서 예증되고 있다. 그녀는 실제로 죽었지만("몸을 죽임"), 그러나 그녀가 부활 때에 다시 살아날 것이기 때문에, 정확히 말하자면 그녀는 잠들어 있다고 말할 수 있었다. 그녀의 마지막 운명은 아직 결정되지 않았다. 그 같은 방법으로 모든 죽은 자들이 마지막 날에 부활할 것이기 때문에, 그들 자신들의 영혼이 자신들의 무덤에 누워 있으므로, 다시 말하자면 그리스도를 위하거나 대적했든지 간에 그들이 살아 온 생명

부활신학

은 여전히 마지막 운명을 기다리고 있다는 것이다. 후자는 예수께서 경고하신 지옥에서 몸과 영혼이 멸망하는 것을 두고 한 말이다.

그리스도의 가르침 속에 있는 영혼의 보존은 영혼 자체의 능력 안에 자동적으로 있는 것이 아니라, 자신의 영혼(현재의 생명)을 그분을 위해 기꺼이 희생하는 자들이 하나님께로부터 받게 되는 하나의 선물이다. 영혼에 대한 이러한 확장된 의미는 믿는자의 품성이나 인격과 밀접히 관련되어 있다. 악한 백성이나 세력이 몸, 곧 신체적인 생명을 죽일 수는 있으나 그들이 결코 한 신자의 영혼, 품성, 또는 인격을 파멸시킬 수는 없다. 하나님께서는 자신을 각 신자의 개성, 인격 그리고 품성을 보존하기 위해서 주셨다. 그분께서 오실 때, 그리스도께서는 그분 안에서 죽은 자들에게 영혼, 곧 그들의 구별된 품성과 인격을 그들에게 회복시켜 주시므로 부활시키실 것이다.

죽은 몸의 영혼

앞에서 논의한 빛 가운데서 우리는 또 다른 빈번한 오해가 있는 바울의 진술을 본다. 바울이 드로아에서 가진 송별 집회 중에서 강론이 길어지자 깊은 잠에 빠진 유두고란 청년이 3층 높이에서 떨어져 죽었다. 사도행전 20:10에서 우리는 "바울이 내려가서 그 위에 엎드려 그 몸을 안고 말하되 떠들지 말라 생명 [**프쉬케**]이 저에게 있다"(행 20:10)고 말하는 것을 읽는다.

이 사건은 엘리야(왕상 17:17)와 후에 엘리사(왕하 4:32~36)가 어린아이를 눕혀놓자 그의 혼[**네페쉬**]이 그에게로 되돌아갔을 때와 비교되고 있다. 이원론자들은 이 사건들을 영혼이 몸을 떠난 후에도 다시 되돌아 올 수 있는 독립적인 실체를 가리키는 것이라고 해석한다. 이러한 해석은 두 주요 고려사항들에 의해 신뢰를 받지 못한다. 첫째, 유두고의 경우에 있어서, 바울은 비록 그의 몸은 죽었을 지라도 "그 속에 그의 혼[생명]이 있다"고 말한 것이다. 이것은 바울이 혼은 죽을 때에 몸을 떠나 있는 비물질적인 실체라는 것을 믿지 않았다는 것을 의미한다. 혼이 여전히 유두고에게 있었는데, 이것은 아직 혼이 떠나지 않았기 때문이 아니라 바울이 그 청년을 품었을 때 그의 호흡이 돌아오고 있었고 그로 인해 생명이 그에게로 돌아오고 있었음을 느꼈기 때문이다. 그는 여전히 생령 (역자 주 : 살아있는 영)이었다.

둘째, 유두고의 경우에서와 엘리야와 엘리사가 살린 그 아이의 경우에 일어 났던 일을 이해하기 위해서 우리는 성경이 죽음을 창조의 역순으로 보고 있다 는 것을 기억해야할 필요가 있다. 창조 때에, 사람은 땅의 흙으로 만들어진 몸 이 생명의 호흡을 하나님께서 불어넣으신 결과로 숨을 쉬기 시작했을 때 생령 이 되었다. 죽을 때에 사람은 몸이 마지막 숨을 쉬고 흙으로 돌아갈 때 생령이 되기를 그치는 것이다. 유두고와 그 아이의 경우에 그들의 호흡이 기적적으로 되돌아왔으며 그 결과 그들은 다시 생령이 된 것이다.

바울과 영혼

구약이나 또는 복음서를 대조하여볼 때 바울 서신에서는 영혼-**프쉬케**라는 용어가 드물게 사용된다. 그는 그 용어를 신체적인 생명(롬 11:3; 빌 2:30; 살전 2:8), 사람(롬 2:9; 13:1) 그리고 감정적인 생명의 자리(빌 1:27; 골 3:23; 엡 6:6) 로 단지 13번(구약을 인용한 것을 포함하여)만 사용한다. 바울이 **프쉬케**-영혼 을 죽음 후에도 살아있는 생명을 의미하는 데 결코 사용하고 있지 않다는 것은 주목할 필요가 있다. 그 이유는 바울이 이방인 개종자들이 **프쉬케**-영혼을 내 재하는 불멸성으로 이해할 것을 두려워했을 수도 있다.

그리스도 안에 있는 새 생명은 본래부터 소유한 것이 아니라 전적으로 하나 님의 선물로 보아야 한다는 것을 확신시키기 위해 바울은 **프쉬케**-혼이라는 단 어 대신에 **프뉴마**-영이라는 용어를 사용한다. 본 장의 후미에서 우리는 "영"이 라는 용어에 대한 바울의 용례를 탐구하게 될 것이다. 사도는 현세의 생명과 부 활의 생명 사이에 어떤 연관성이 있는 것을 분명히 인정하고 있지만, 그러나 이 것이 하나님의 선물이지 결코 인간의 본질 가운데서 발견할 수 있는 것이 아니 라는 사실을 안 후, 그는 오히려 **프뉴마**-영이라는 용어를 사용한다.[19]

고린도전서 15장에 있는 부활에 관한 그의 유명한 구절에서, 바울은 그가 신체적인 생명을 구약의 의미와 조화되게 혼-4라는 단어를 사용하고 있는 것을 보여준다. 그는 첫 아담이 "생령"[**프쉬케**]이 되었으며, 마지막 아담(그리스도)께서는 "생명을 주시는 영"[**프뉴마**]이 되셨다는 것을 설명한다. 그는 그 같은 구별을 현재의 몸과 부활의 몸 사이에 어떤 차이가 있다는 것에 적용한다. 그는 기록하기를 "육의 몸[**프쉬키콘**]으로 심고 신령한 몸[**프뉴마티콘**]으로 다시 사나니 육의 몸이 있은즉 또 신령한 몸이 있느니라"(고전 15:44)고 한다. 현재의 몸은 **프쉬키콘**[*psychikon*]인데 문자적으로는 **프쉬케**-혼으로부터 온 것으로 죄와 죽음에 속해 있는 신체적인 "유기체"를 뜻한다. 미래, 곧 부활한 몸은 문자적으로 **프뉴마**-영으로부터 온 것으로 하나님의 영에 의해 통제되는 "영적인" 유기체를 뜻한다.

부활한 몸을 "영적"인 몸으로 부르는 것은 그 몸이 신체를 갖지 않기 때문이 아니라 육신의 정욕 대신에 성령에 의해 지배받기 때문이다. 이것은 우리가 바울이 자연적인 것-**프쉬키콘**(역자 주 : 한글성경은 "육과 몸"으로 번역)과 영적인 것-**프쉬키코스**[*psychikos*] 사이에 있는 동일한 차이점을 고린도전서 2:14, 15에서는 현재의 생애에 적용하고 있다는 것을 주목할 때 분명해진다. 여기서 바울은 하나님의 영에 의해서 인도받지 않는 자연적인(역자 주 : 한글은 "육에 속한") 사람-**프쉬키코스**와 하나님의 영에 의해서 인도받는 영적인 사람[**프쉬키코스**](역자 주 : 한글은 "신령한 자") 사이를 구별하고 있다.

자연적인 불멸은 없음

바울에게 있어서 현재의 몸과 미래의 몸 사이의 연결성은 우리가 복음서에서 발견했던 확장된 영혼의 의미에서 찾아지는 것이 아니라, 지금과 부활의 때에 둘 모두에서 생애를 새롭게 하시는 하나님의 영의 지배 가운데서 발견된다는 것이 분명하다. 영의 역할에 초점을 맞추므로, 바울은 영혼의 불멸성을 배척한다. 그에게 있어서 현재와 미래 둘 모두에서 신자들의 새로운 생애는 전적으로 하나님의 영의 선물이라는 것을 명확히 하고 있는 것은 매우 중요하다.

"영혼의 불멸"이라는 표현은 성경에 나타나지 않는다. 통상적으로 영어성경에 나오는 "불멸"(immortality)이라고 번역된 헬라어 단어는 **아싸나시아**(*athanasia*)이다. 이 용어는 신약에서 단 두 번 나오는데 그 첫째가 "오직 그에게만 죽지 아니함[**아싸나시아**]이 있고 가까이 가지 못할 빛에 거하시고 아무 사람도 보지 못하였고 또 볼 수 없는 자시니 그에게 존귀와 영원한 능력을 돌릴지어다 아멘"(딤전 6:16)에서 하나님과 관련시키고 있다. 분명히 여기서 불멸은 끝없이 존재하는 것 이상의 의미를 가지고 있다. 그것은 하나님은 생명의 근원이시며(요 5:26) 또 모든 다른 존재가 그로부터 영원한 생명을 받는다는 것을 의미한다.

둘째는 "불멸-**아싸나시아**"라는 단어가 다음의 고린도전서 15:53, 54에서 멸절의 특성과 관련되어 발견되며 부활 때에 있을 불멸에 놓는다. "이 썩을 것이 불가불 썩지 아니할 것을 입겠고 이 죽을 것이 죽지 아니함[**아싸나시아**]을 입으리로다. 이 썩을 것이 썩지 아니함을 입고 이 죽을 것이 죽지 아니함[**아싸나시아**]을 입을 때에는 사망이 이김의 삼킨바 되리라고 기록된 말씀이 응하리라"(고전 15:53, 54). 바울은 여기서 영혼의 본질적인 불멸에 대해서 말하지 않고 그리스도께서 재강림하실 때 믿는 자들이 경험하게 될 멸절성에서 불멸성으로의 변화에 대해서 말하고 있다. 본 구절에서 함축하고 있는 것은 인간의 본질은 어떤 본질적인 불멸의 형태로 주어진 것이 아닌바, 그 이유는 인간은 본질적으로 멸절될 수 있고 죽을 수 있기 때문이다. 불멸성은 지금 소유하는 것이 아니며, 그것은 그리스도께서 오실 때에 믿는 자들에게 주어지는 하나의 선물이다.

플라톤의 철학 가운데서, 영혼은 파멸될 수 없는 것으로 간주되고 있는데, 그 이유는 영혼은 몸이 소유하지 못하는 어떤 창조되지 않은 영원한 물질에 참여하고 있기 때문이다. 불행하게도 플라톤의 이원론은 칼뱅이 "어려운 일로써, 플라톤만이 영혼의 불멸성을 올바로 논증했다"[20]라고 말하도록 하므로 위대한 종교개혁자의 마음조차도 흐리게 만들었다. 그는 계속하기를 "실로 성경으로부터 우리는 영혼이 비육체적이라는 것을 배웠으므로, 이제 우리는 적절하게 제안할 수는 없지만 여전히 몸속에 남아 있으며, 집 안에 있는 것처럼 그 안에 거하여 그것이 모든 부분에 생명력을 불어넣고 그 기관들이 적절하고 유용하게 활동하도록 할 뿐만 아니라 사람의 생명을 지배하는 첫째 자리를 차지하고 있으므로, 그의 지상 생애의 의무들에 존경할 뿐만 아니라 동시에 그를 일으켜 세워 하나님께 영광을 돌리게 한다"[21]고 말한다. 칼뱅처럼 성경에 성실한 학도가 인간의 본질에 대한 성경의 가르침을 어떻게 그처럼 심각하게 잘못 해석할 수 있는 지는 가히 믿기가 어렵다. 이것은 우리로 하여금 인간의 마음이 성경의 진리를 식별하지 못하는 과오로 인해 얼마나 쉽게 영향을 받을 수 있는지를 생각나게 한다. 성경에서는 영혼이란 "비 육체적이고 비물질적인 요소"가 아니라 신체적으로 재생되는 생명으로서 하나님에 의해서 창조되고 유지되며, 또 존재하기 위해서는 그분을 의존해야 한다는 것이다.

인간의 본질에는 사람을 죽지 않도록 하는 고유한 속성은 없다. 그리스도인의 소망은 영혼의 불멸성에 기초하지 않고 몸의 부활에 기초하고 있다. 만약 우리가 "불멸"이라는 단어를 인간의 본질을 언급하는 것으로 사용하기를 원한다면 우리는 영혼의 불멸성에 대해서 말하는 대신에 부활이라는 방편을 통해 몸(전인)이 불멸하는 것에 대해서 말해야 한다. 몸, 곧 믿는 자의 전인에 불멸의 선물을 주는 것은 부활이다.

인간의 본질의 도덕적인 면으로서의 영혼

현재의 몸을 **프쉬키콘**—신체적인 것(문자적으로는 "혼적인"), 즉 부패하고 멸절될 수 있는 것으로 바울이 정의하는 것은 분명히 그가 영혼을 인간의 존재에 있어서 신체적으로 멸절할 수 있는 국면으로 정의하고 있다는 것을 보여준다. 이것은 영혼—**네페쉬**를 생명의 신체적이고 멸절할 수 있는 국면으로 보는 구약과 조화를 이룬다. 영혼의 불멸성에 대한 개념이 바울의 가르침과 성경 전반에 걸쳐서는 전혀 찾아 볼 수 없다는 것이 분명하다. 그러나 영혼에 대한 이러한 정의는 하나의 문제를 제기한다. 그것은 본질적으로 인간이 멸절될 수 있다는 개념을 "죄를 통해서" 이 세상에 죽음이 왔다는 로마서 5:12에 제시된 바울의 진술과 어떻게 조화시키는가? 하는 것이다.

이러한 분명한 대조에 대한 해결책은 휠러 로빈슨이 제시한 다음의 진술을 통해서 발견할 수 있다. "바울은 사람이 본질적으로는 멸절될 수 있는 존재이지만 그러나 불멸의 가능성을 가지고 있는 존재이며 그러나 그가 에덴으로부터 추방되었을 때 이것을 몰수당했고, 그 안에 영생을 조성해 온 생명나무로부터 추방되었기 때문에 결국 죄를 통해 죽음이 온 것으로 이해했다."[22]

바울은 불순종으로 인해 어떻게 영생할 수 있는 가능성을 빼앗겼는지에 대해서는 설명하지 않는다. 그의 관심은 어떻게 그리스도께서 우리를 그토록 비극적인 결과인 죽음으로부터 구원하여 내셨는지를 보여주는 데 있다. 그러나 바울의 가르침은 두 보충적인 진리, 곧 한편으로는 인간의 본질 속에 있는 실제적인 멸절성과 또한 그러한 멸절이 인간의 불순종에 대한 징벌로 주어진 공의로 볼 수도 있다는 것을 지지한다.

혼과 영

혼과 영 사이의 구별은 두 다른 중요한 신약의 구절에 나타나므로 간략히 살펴볼 필요가 있다. 그 첫째는 데살로니가전서 5:23과 두 번째는 히브리서 4:12이다. 데살로니가 인들에게 보낸 서신에서 바울은 "평강의 하나님이 친히 너희로 온전히 거룩하게 하시고 또 너희 온 영과 혼과 몸이 우리 주 예수 그리스도 강림하실 때에 흠없게 보전되기를 원하노라"(살전 5:23)고 말한다.

어떤 사람들은 본 구절을 사람이 창조 시에 세 부분, 곧 몸과 혼과 영으로 구성되어 있으며, 그 각각은 별개의 실체라는 견해를 견지하기 위해 사용한다. 가톨릭교도들은 영과 혼을 혼합시켜 셋을 둘로 축소한다. 가톨릭교회의 새 교리문답은 이 구절을 "영은 창조 때로부터 인간이 초자연적인 목적을 위해 명령을 받고 또 그 영혼은 모든 것 위에 무조건적으로 세움을 입어 하나님과 교통할 만

부활신학

한 가치가 있음을 뜻한다."[23]라고 설명한다. 가톨릭교도들에게 있어서 영과 혼은 본질적으로 하나인데, 그 이유는 각 영혼을 영적이고 도덕적인 실체로 만드는 것이 영이기 때문이다. 교리문답은 다음과 같이 놓는다. "교회는 모든 영적인 혼은 하나님에 의해 직접적으로 창조되었으며, 부모에 의해서 '생산'되지 않으며, 또한 불멸하고 멸망하지 않으며, 죽을 때에 몸으로부터 분리된다."[24]

이러한 전통적인 가톨릭의 가르침은 인간의 본질에 대한 성경의 전인적인 견해를 경솔히 여긴다. 성경에 따르면 영혼은 죽을 때에 몸으로부터 분리되는 불멸의 실체가 아니라, 신체적이고 또 멸절하는 생명체로서, 하나님의 영생의 선물을 받아들이는 자들에게 불멸이 될 것이라고 가르친다. 성령을 영혼의 본질이 "영적"이고 불멸하는 특성을 가진 것으로 추정하기 위해 사용하는 것은 하나님의 영의 중요한 기능이 우리의 멸절할 몸들에 생명을 주는 것이라는 사실을 경홀히 여긴다는 뜻이다. "예수를 죽은 자 가운데서 살리신 이의 영이 너희 안에 거하시면 그리스도 예수를 죽은 자 가운데서 살리신 이가 너희 안에 거하시는 그의 영으로 말미암아 너희 죽을 몸도 살리시리라"(롬 8:11).

우리가 주목해야하는 것은 우선 첫째로 데살로니가전서 5:23은 교리적인 진술이 아니라 하나의 기도문이라는 것이다. 바울은 데살로니가인들이 전적으로 거룩하여져서 그리스도께서 오실 때까지 흠 없이 보존되기를 기도한다. 사도가 데살로니가인들의 영과 혼과 몸이 흠 없이 보존되기를 기도하는 것은 인간의 본질을 세 부분으로 나누려는 시도에서가 아니다. 예수께서는 오히려 인간의 본질을 "네 마음을 다하고 목숨을 다하고 뜻을 다하고 힘을 다하여 주 너의 하나님을 사랑하라 하신 것이요"(막 12:30)라고 말씀하시므로 네 부분으로 나누시기까지 하셨다.

"영과 혼과 몸"
데살로니가전서 5:23에 있는 "영과 혼과 몸"에 대한 바울의 진술을 이해하는 열쇠는 사도가 믿음을 가진 그리스도인들에게 그들이 여전히 육신에 있으면서 두 본질, 곧 본래 태어날 때 얻는 아담의 본질(영혼)과 성령의 능력에 의해 그들 안에서 만들어지는 새로운 영적인 본질을 소유한다는 것을 제시하고 있다는 사실이다. 우리가 이미 본 것처럼, 아담의 본질은 "영혼-**프쉬케**"로 불려지며, 성경에 있는 영혼과 관련되는 신체적인 생명의 다양한 국면을 의미한다. 영적인 본질은 "영"으로 불려지는데 그 이유는 인간의 본질을 새롭게 변화시키는 분이 하나님의 영이시기 때문이다. 물론 몸은 외부적인 것이고 사람의 볼 수 있는 부분이다.

그리스도의 강림을 위해 "혼-**프쉬케**"를 건전하고 흠이 없게 보존하기를 데살로니가인들에게 바라는 바울의 기도는 그들이 죽음으로 위협을 받고 있는 신체적인 생명을 위할 뿐만 아니라(마 6:25; 행 20:24), 죽음을 변화시키는 더 높고 영원한 생명을 위해서이다. 이와 유사하게 데살로니가인들이 자신들의 몸을 건전하고 흠 없이 보존하기를 바라는 바울의 기도는 그들이 "육체의 욕심"(갈 5:22)을 이루거나, 아니면 "육체의 일", 곧 "음행과 더러운 것과 호색"(갈 5:19)을 만들지 않기를 바라는 것을 의미한다.

마지막으로 그들이 자신들의 영을 건전하고 흠 없이 보존하기를 바라는 기도는 그들이 성령에 의해서 인도될 것이며(갈 5:18), "성령의 열매" 곧 사랑, 희락, 화평, 인내, 자비, 양선, 충성, 온유, 절제를 생산해 내는 것을 의미한다(갈 5:22). 따라서 데살로니가인들이 몸과 영과 혼이 건강하고 흠 없이 보존하기를 바라는 바울의 기도는 인간의 본질의 구조적인 요소를 열거하려는 의도가 있는 것이 아니라 그리스도의 오심을 기다리는 자들의 전반적인 생활모습을 강조하는 데 있다. 셋 사이에 있는 차별성은 윤리적인 것이지 결코 존재론적인 것이 아니다.

두 번째 본문은 혼과 영 사이의 동일한 대조가 히브리서 4:12에서 발견된다. "하나님의 말씀은 살았고 운동력이 있어 좌우에 날선 어떤 검보다도 예리하여 혼[**프쉬케**]과 영[**프뉴마**]과 및 관절과 골수를 찔러 쪼개기까지 하며 또 마음의 생각과 뜻을 감찰하나니"(히 4:12). 여기의 주요 문제는 하나님의 말씀이 혼과

부활신학

영을 분리시키는지 아니면 그 둘 모두를 찌르는 지에 있다. 에드워드 슈바이쳐는 적절하게 관찰하기를 "뼈와 골수를 나누는 것은 상상하기 어려우므로, 본문은 아마도 말씀이 뼈들과 골수를 가진 것처럼 **프뉴마**[영]와 **프쉬케**[혼]에 침투해 들어갔다는 것을 말하고 있는 것 같다."[25]라고 하였다.

혼과 영은 각각 인간의 생명의 신체적이고도 영적인 국면을 나타내는 것임을 염두에 두고, 본문은 하나님의 말씀이 인간 전 존재, 심지어는 존재의 내면 깊숙이 침투하여 면밀히 살펴신다는 것을 말하고 있다. 성경 연구는 우리의 욕망, 소원, 감정 그리고 사상이 하나님의 영에 의해 영감을 받고 있는지, 아니면 육신의 이기적인 생각에 의해 영향을 받고 있는 지를 드러낸다. 본문은 단순히 하나님의 말씀이 우리의 존재의 가장 깊숙한 곳에 침투하여 들어가서 우리의 행동의 비밀스런 동기에 빛을 날라다 준다고 말한다.

어떤 면에서, 본문은 고린도전서 4:5에서 "그가 어두움에 감추인 것들을 드러내고 마음의 뜻을 나타내시리니"(고전 4:5)라고 한 바울의 진술과 평형을 이룬다. 따라서 아무도 히브리서 4:12이 혼과 영 사이에 인간의 본질의 구조적인 구별이 있다고 가르치는 것으로 해석할 이유가 없다.

혼과 영 사이를 구별하는 상기의 구절들은 혼의 불멸성에 대해서 전혀 말하고 있지 않다. 그 구절들은 한 쌍의 지체가 죽을 때에 다른 지체로부터 분리될 수 있거나 아니면 그 구절들이 다른 요소들을 언급하는 것이라고 제시하지 않는다. 오히려 그와는 반대로, 현세의 생명을 도덕적으로 새롭게 하고 마지막 날에 부활의 생명으로 바꾸는 대리자로서의 하나님의 영의 역할은 영혼이 불멸한다는 개념을 부정하는데 그 이유는 불멸은 마지막 날에 오로지 하나님의 영에 의해서만 주어지기 때문이다.

감정과 추론의 장소로서의 혼

앞서 한 연구는 신약에서 신체적인 생명을 뜻하기 위해서 사용되는 "혼-**프쉬케**"라는 용어는 그리스도를 위해 믿음으로 살 때 영생할 수 있다는 것을 보여주었다. 혼-**프쉬케**라는 용어가 감정의 장소와 생각과 행동의 근원으로 사용되는 곳이 몇 곳 있다. 안디옥의 그리스도인들은 "마음[혼-**프쉬케**]을 혹하게"(행 15:24)하는 사람들에게서 오는 잘못된 가르침으로 고통 받고 있었다. 여기서 사용되는 "혼-**프쉬케**"는 잘못 인도하는 교훈들에 의해서 혼란을 경험하고 있는 신자들의 마음을 언급한다.

그 용어의 유사한 용례가 유대인들이 "당신이 언제까지나 우리 마음[**프쉬케**]을 의혹케 하려나이까 그리스도여든 밝히 말하시오"(요 10:24)라고 질문한 데서 발견된다. 여기에 있는 "혼-**프쉬케**"[역자 주 : 한글개역성경은 마음으로 번역함]는 마음으로서 그리스도를 대적하거나 위하거나를 결정하는 데 사용된다. 마음으로서의 혼은 악한 쪽으로뿐만 아니라 선한 쪽으로도 영향을 미칠 수 있다. 따라서 우리는 바울과 바나바가 "제자들의 마음[**프쉬케**]을 굳게 하여 이 믿음에 거하라 권하기"(행 14:22) 위해서 안디옥에 갔다고 본다. 이 경우에서 영혼들은 사상과 감정에 영향이나 감동을 받은 사람들이었다.

누가복음 12:19에서 우리는 "영혼"이 신체적인 활동과 심리적인 활동 모두를 언급하고 있는 흥미로운 한 예문을 발견한다. 땅에서 풍성한 소출을 얻은 부자는 "내가 내 영혼[프쉬케]에게 이르되, 영혼아[**프쉬케**] 여러 해 쓸 물건을 많이 쌓아 두었으니 평안히 쉬고 먹고 마시고 즐거워하자 하리라"(눅 12:19)라고 했다. 비록 여기서 강조하는 것은 먹는 것, 마시는 것 그리고 즐기는 것 등의 생애의 실제적인 국면이지만 영혼이 자아만족을 표현하는 것은 심리적인 기능이라는 사실이다. 다음 구절에서 하나님께서는 그러한 이기적인 영혼에게 "어리석은 자여 오늘 밤에 네 영혼을 도로 찾으리니 그러면 네 예비한 것이 뉘 것이 되겠느냐"(눅 12:20)라며 심판을 선언하신다. 그 본문은 영혼의 생명과 사망이 궁극적으로는 하나님의 선물이거나 아니면 심판이라는 것을 제시한다.

모든 공관복음은 그리스도의 이 유명한 말씀을 마음과 완전히 평형을 이루어 다음과 같이 사용한다. "네 마음을 다하고 목숨을 다하고 뜻을 다하고 힘을 다하여 주 너의 하나님을 사랑하라 하신 것이요"(막 12:30; 마 22:37; 눅 10:37

참조). 신명기 6:5을 인용한 이 말씀 속에서 마음, 영혼, 정성 그리고 힘은 하나님께 대한 감정적이고도 이성적인 사랑의 위탁을 표현하는 데 각각 사용된다.

결론

영혼-**프쉬케**라는 용어의 신약적 용례에 대한 조사연구는 영혼이라는 개념을 몸이 죽은 후에도 살아있는 비물질적이고도 불멸하는 어떤 실체로 결코 지지하고 있지 않다는 것을 가리킨다. **프쉬케**-영혼이라는 단어에는 몸이 죽은 후에도 살아 있을 수 있는 의식적인 실체가 조금이라도 있다고 적용하는 일 조차 결코 없다. 신약이 영혼의 불멸성의 개념을 결코 인정하지 않을 뿐만 아니라, 영혼-**프쉬케**는 신체적, 정서적 그리고 영적인 생명을 의미하는 것임을 분명하게 보여준다. 영혼은 살아있는 존재로서 인격, 식욕, 감정 그리고 사고력 등을 가지고 있는 사람이다. 영혼은 살아있으며 결코 몸과 분리할 수 없는 전인을 묘사한다.

우리는 비록 그리스도께서 영혼-**프쉬케**의 의미를 그분을 위해 지상에서의 생명을 기꺼이 희생하는 자들에게 그분께서 영생을 주시는 것을 포함시키는 데까지 확장시키고 있지만, 그분께서는 결코 영혼을 비물질적이고 또 불멸하는 실체로 제시하지 않으셨다. 오히려 그와는 반대로 예수께서는 하나님께서 회심하지 않는 죄인들의 육체뿐만 아니라 영혼까지도 파멸시킬 수 있다는 것을 가르친다(마 10:28).

바울은 "영혼-**프쉬케**"라는 용어를 죽은 후에도 살아있는 생명을 의미하기 위해 결코 사용하지 않는다. 그 반대로 그는 영혼을 죄와 죽음의 법 아래 속해있는 우리의 신체적인 유기체(**프쉬키콘**)로 간주한다(고전 15:44). 바울은 이방인 회심자들이 인간의 본질에는 물려받은 불멸성이 전혀 없다는 것을 이해시키기 위해 믿는 자들이 이제와 부활 때에 전적으로 하나님의 선물로 주어질 그리스도 안에 있는 새로운 생명을 묘사하기 위해 "영-**프뉴마**"라는 용어를 사용한다.

B. 영으로서의 인간의 본질

인간의 영혼-**프쉬케**의 신약적 견해에 대한 이전 연구는 어떻게 그리스도께서 **네페쉬**의 구약적 의미를 영생의 선물까지도 포함하고 있는 신체적인 생명으로까지 확장시키시는지를 보여주었다. 인간의 영혼은 여러 면에 있어서 인간의 영이라는 것이 사실이다. 그리스도의 강림은 인간의 구속 가운데서 구약의 영-**루아흐**의 더욱 완전한 의미와 기능을 나타내는것에 기여했다. 생명의 원리로서의 영-**프뉴마**의 의미는 그리스도의 구속을 통해서 가능하게 된 도덕적으로 회심한 사람의 새 생명의 원칙을 포함시키는 데까지 확장된다. 영-**프뉴마**는 주로 **프쉬케**와 동의어이며, 이 두 단어는 구약과 신약에서 빈번히 상호 교환적으로 사용된다. "영"은 종종 하나님을 위해 사용되지만 "혼"은 결코 그렇게 사용되지 않는다. 이 두 단어의 전반적인 용례는 "영"은 대부분 어떤 사람으로부터 하나님을 향해 사용되는 반면, "혼"은 사람에게서 동료 인간들을 향해 사용되는 것을 나타낸다. 이것을 다르게 하기 위해 혼은 일반적으로 인간 존재의 신체적인 국면을 묘사하는 반면에 영은 어떤 사람이 영원한 세계와 관련을 맺는 영적인 생명(내적 자아)을 의미한다. 인간의 본질에서 영-**프뉴마**의 신약적인 의미와 기능을 이해하기 위해서 우선적으로 그리스도의 생애와 봉사에서 영의 역할을 이해하는 것이 중요하다.

그리스도, 영의 사람

신약은 어떤 의미에서는 그리스도를 구원의 사역에서 영과 동일시한다. 둘째 아담으로서 그리스도는 "살려 주는 영"(고전 15:45)이시다. 하나님의 영이 그리스도의 영이 되신다. "너희가 아들인 고로 하나님이 그 아들의 영을 우리 마음 가운데 보내사 아바 아버지라 부르게 하셨느니라"(갈 4:6). 믿는 자들 속에 거하시는 "하나님의 영"은 로마서 8:9, 10에 있는 "그리스도의 영"과 상호교환적인 것처럼 보인다. 영은 그리스도의 생애와 봉사로 간주되기 때문에 바울은 "주는 영이시라"(고후 3:17)고 말할 수 있다.

그리스도 안에 거하시는 영은 "그리스도 안에"(롬 8:2) 있는 사람 속에 거하기도 한다. "성령이 친히 우리 영으로 더불어 우리가 하나님의 자녀인 것을 증거하시나니"(롬 8:16). 구속의 즉각적인 효력은 "너희와 함께 거하심이요 또 너희 속에 계시"(요 14:17)는 영을 주시는 것이다. 믿는 자 안에 거하시는 영은 분리할 수 있는 불멸의 영이 아니라 현재의 생애를 새롭게 하여 사람을 새로운 피조물(롬 7:6; 갈 6:8)로 만드시는 하나님의 능력이다(롬 7:6; 갈 6:8).

그리스도는 탁월하신 영의 사람이다. 그는 성령(마 1:18, 20; 눅 1:35)에 의해서 잉태되신 분이시다. 그분께서 침례를 받으실 때, 성령께서 비둘기처럼 그분 위에 임하셨다(막 1:10; 행 10:38). 침례를 받으신 후에 그리스도께서는 "광야에서 40일 동안 성령의 인도를 받으셨다"(눅 4:1, 2). 그분께서는 영으로 광야에서 마귀와 맞서셨다(마 4:1). 후에 예수께서는 "성령의 권능으로 갈릴리에 돌아가셨다"(눅 4:14). 나사렛 회당에서 행한 첫 연설에서 그리스도께서는 성령에 의해 메시야로 기름 부음을 받는 이사야의 예언을 자신에게 적용하셨다. "이는 가난한 자에게 복음을 전하게 하시려고 내게 기름을 부으시고…이 글이 오늘날 너희 귀에 응하였느니라 하시니"라(눅 4:18, 22). 성령에 의해서 권능이 주어졌으므로, "저가 두루 다니시며 착한 일을 행하시고 마귀에게 눌린 모든 자를 고치셨다"(행 10:38).

하나님의 영과 인간의 영

그리스도의 중재를 통해 주어진 하나님의 영이 어떻게 인간의 영과 관련을 맺고 있는가? 모든 살아있는 사람에게 있는 생명을 불러일으키는 원리로서의 영과 믿는 자들 속에서 역사하는 변화시키는 도덕적 생명으로서의 영 사이에는 어떤 관계가 있는가? 이러한 질문들에 대한 답은 그들의 존재를 위해 영을 필요로 하는 생애의 신체적인 국면과 도덕적이고도 영적인 국면 모두를 이해하므로 찾아야 한다. 그 이유는 성령을 받아들일 수 있는 사람은 하나님의 영의 호흡에 의해 생명력을 얻게 되는 살아있는 존재이기 때문이다.

구약에서, 우리는 많은 구절들이 영-루아흐가 인간의 생명을 주고 지탱시키는 하나님의 호흡이라는 것을 제시하는 것을 발견한다. 그 동일한 영-프뉴마의 기능이 신약에서도 표현된다. 예컨대 야고보는 "영혼 없는 몸이 죽은 것 같이 행함이 없는 믿음은 죽은 것이니라"(약 2:26)고 말하는 것이다. 유사하게, 요한계시록 11:11은 생명의 영-프뉴마가 죽은 몸들 속에 들어가자 그들이 살아서 일어섰다고 말한다. 따라서 모든 인간은 그 자신 속에 생명을 주시는 하나님의 영을 가지고 있다. 예수께서 야이로의 딸을 살리실 때, "그 영이 돌아와 아이가 곧 일어"(눅 8:55) 나게 되었다. 우리는 이미 돌아온 영이 그 소녀를 살아있는 사람으로 다시 만든 하나님의 생명의 호흡이라는 것을 주목하여 보았다.

결과적으로 돌아 온 육체적인 생명의 원리로서의 영은 심적이고도 이성적인 생명의 근원을 의미한다. 따라서 영은 통찰력, 감정 그리고 이성의 자리로서 믿는 자의 내적 성격 또는 품성을 나타내는 데 사용된다. 구약과 신약에서는 이와 같이 "영"이라는 용어의 많은 용례가 있다. "그 신이 일으켜 세우심(겔 2:2), 또는 마음이 번민함(창 41:8), 기뻐함(눅 1:47) 또는 마음이 상함(출 6:9), 마음이 원함(마 26:41) 또는 마음이 강퍅해짐(신 2:30), 참는 마음 또는 교만한 마음(전 7:8), 심령이 교만하거나 심령이 가난한자(마 5:3), 마음을 제어할 필요성이 있음(잠 25:28) 그리고 사람의 영은 증거 하시는 하나님의 영이심(롬 8:16) 등이다."[26]

인간성 안에서의 영의 활동

영-프뉴마가 사람의 참 내적 자아인 이상, 믿는 자가 하나님을 섬기는 것은 영과 더불어 하는 것이다(롬 1:9). 영으로서의 사람은 하나님과 함께 교제하므로 기뻐할 수 있다(고전 6:17). 기도와 예언은 인간의 영의 활동들이다(고전 14:32). 하나님의 은혜는 영과 함께 있는 믿는 자에게 주어진다(갈 6:18). 새로운 갱신은 영 안에서 경험된다(엡 4:23). 영을 통해서 하나님께서는 그들이 하나님의 자녀들이라는 것을 믿는 자들의 영에게 증거하신다(롬 8:16).

생명의 육체적 심리적 국면 둘 다는 그들이 존재하기 위해 영을 필요로 하며, 따라서 그 용어는 합리적으로 신체적인 생명의 일반적인 원리와 도덕적인 생애의 재생시키는 원리 둘 다에 적용될 수 있다. 새로운 본질은 분명히 새로운 생명의 원리이지만, 그러나 그것은 근본적으로 거룩한 성격 또는 품성 안에서 나타나는 도덕적인 생애의 원리이다.

예컨대, 로마서 8장에 있는 어떤 구절들은 "영"(Spirit)이라는 용어가 성령을 나타내기 위해 대문자("S")로 기록되어져야 하는지, 아니면 구속받아 새롭게 된 인간의 영을 언급하기 위해 소문자("s")로 기록해야하는 지를 결정하는데 어려움을 준다. 아마도 바울은 우리가 그의 글을 어느 쪽으로 읽든지 허락하려는 의도인 것처럼 보인다. 5절과 9절은 비록 상호 교환적으로 허용되지만 이러한 심오한 의미를 놓치지 않고 있다. "육신을 좇는 자는 육신의 일을, 영을 좇는 자는 영의 일을 생각하나니"(롬 8:5). "만일 너희 속에 하나님의 영이 거하시면 너희가 육신에 있지 아니하고 영에 있나니"(롬 8:9).

이 둘 사이의 관계는 모든 사람이 생명의 원리로 소유하고 있는 영이 신자들로 하여금 그들이 생애 속에서 성령의 역사에 대해 수용적으로 반응하도록 만들 수 있다는 사실에서 발견되므로 나타난다. 다른 말로, 하나님께서 모든 사람들에게 주신 심리적이고 이성적인 생애의 자리인 영이 인간의 마음속에 하나님의 영이 거하실 수 있도록 만든다는 것이다. W. C. 스테시는 이 점을 다음과 같이 말한다. "모든 사람들은 태어날 때부터 **프뉴마**[영]를 가지고 있으나, 그러나 하나님의 영과 교제하는 그리스도인들의 **프뉴마**[영]는 새로운 품성과 새로운 존엄성을 가지게 된다(롬 8:10)."[27]

하나님의 영을 받아들일 수 있는 인간의 영

인간의 영은 그 스스로가 새롭게 되는 능력을 가지고 있지 않다. 격정을 북돋우는 것은 하나님의 불꽃이 아니다. 오히려 그것은 당신의 성령의 새롭게 하시는 능력을 경험하도록 하기 위해 하나님께서 각자에게 주신 일종의 능력이다. 어떤 사람이 하나님의 영에 의해서 다시 태어나게 될 때 그의 "자연적인"(**프쉬키코스**) 본질은 "영적인"(**프뉴마티코스**) 본질이 된다(고전 2:14, 15).

하나님에게 순종하는 인간의 영은 하나님의 영의 인도하심과 변화시키시는 능력을 경험한다. 하나님과의 교제는 하나님의 영을 통해 인간의 영에 의해 성취된다. 클라우드 트레스몬텐드는 영—**프뉴마**의 이러한 기능을 다음과 같이 묘사하고 있다. "사람의 영, 곧 그의 **프뉴마**는 하나님의 영[**프뉴마**]과 만나는 것을 허락하시는 그분 속에 있다. 외인으로서가 아니라 한 자녀로서 하나님의 영과 대화할 수 있도록 하는 것은 사람의 한 부분이다. "성령이 친히 우리 영으로 더불어 우리가 하나님의 자녀인 것을 증거하시나니"(롬 8:16)."[28]

인간의 영은 하나님을 섬길 수 있게 한다. "내 심령[**프뉴마**]으로 섬기는 하나님이 나의 증인이 되시거니와"(롬 1:9), "내 심령으로 섬긴다"는 구절은 어떤 사람이 하나님을 섬길 수 있는 정신적이고도 이지적인 결단력이라는 것을 암시한다. 우리는 인간의 영이 성령과 결합하는 것은 하나님에 의해서 의도된 것이라고 말할 수 있다. 그 이유는 사람은 하나님의 영(**루아흐—프뉴마**)의 호흡에 의해 발생된 살아있는 존재를 의미하는 영—**프뉴마**이기 때문이며, 그는 그 성령—**프뉴마**를 받아들일 수 있으므로 따라서 하나님께 밀접한 산 교제 속으로 들어갈 수 있기 때문이다.

헨리 바클레이 스웨터는 인간이 성령을 향할 수 있다는 것을 다음과 같이 설명한다. "성령은 사람 속에 '영'을 창조하지 아니한다. 비록 계발되지 않은 상태이지만 그것은 인간 각자에게 잠재적으로 주어져 있다. 모든 인간은 영적이고 영원한 사물과 인접해 있다. 인류 각자에는 인간의 영이 있어(고전 2:11) 하나님의 영께 응답하며, 무한한 것이 유한한 것과 교통할 수 있다. …그러나 하나님의 영을 통해서만이 사람 안에서 역사할 수 있는 영적 본질을 발견한다. 인간의 영은 너무나도 불완전하며 또한 완전한 개혁의 환경을 빼앗겨 버렸으므로, 재창조가 필요하다(고후 5:17)."[29]

부활신학

우리의 생애를 새롭게 하고 변화시키도록 허용하는 것은 우리 자신의 인격을 포기하는 것이 아니며 오히려 그것을 복종하도록 인도하는 것이다. 구약과 일치되게 신약은 인간의 본질을 전인적이며, 한 사람 속에는 몸과 혼과 영이 중요한 요소들로 들어있다고 본다. 영은 호흡과 생명으로부터 분리할 수 없는 일종의 힘으로서(눅 8:55; 23:46) 마음을 새롭게 하고(엡 4:23), "하나님을 따라 의와 진리의 거룩함으로 지으심을 받은 새 사람"(엡 4:24), 곧 새로운 피조물로 만들 수 있다.

영적인 중생으로서의 영

하나님의 영은 창조와 재창조의 실제적인 대리자이시다. 우리는 구약에서 사람의 창조가 하나님의 영에 기인된다는 것을 보았다. 사람은 하나님의 호흡 때문에 생령으로 존재한다(창 2:7). 도덕적 질서 가운데서의 재창조 역시 하나님의 영의 역사이다. 우리는 에스겔의 이상에서 하나님의 영을 통해 생명이 돌아온 마른 뼈에 대한 이상을 생각하게 된다. 그 마른 뼈들은 배도한 상태에 있는 "이스라엘의 전 집"(겔 37:11)을 대표하는 것으로 생명이 되돌아 왔는바, 곧 하나님의 영에 의해서 영적인 중생을 하게 되었다. "내가 또 내 신을 너희 속에 두어 너희로 살게 하고"(겔 37:14).

구약에 완전하게 기술되어 있는 도덕적인 변화에 대해 신약에서는 특히 사도 요한과 바울의 저서에서 더욱 완전하게 기술되어 있다. 두 사도들은 변화의 이 과정을 다루지만 상호보완적으로 기술한다. 요한은 내적인 도덕적 변화를 중생으로 이해하고 있는 반면에 바울은 새로운 창조로 이해하고 있다. 우리가 보게 되겠지만, 이 은유는 각각 우리가 성령에 의해서 이루어지는 새 생명을 이해하는 데 도움을 얻게 하기 위해 고안되었다.

요한복음에서 예수께서는 성령에 의해서 이루어진 도덕적인 변화를 일종의 중생으로 비교한다. 니고데모에게 말씀하시면서, 예수께서는 "진실로 진실로 네게 이르노니 사람이 물과 성령으로 나지 아니하면 하나님 나라에 들어갈 수 없느니라"(요 3:5)고 말씀하신다. 영으로 태어나는 것은 육으로 태어나는 것과 대조된다. "육으로 난 것은 육이요 성령으로 난 것은 영이니"(요 3:6). 신체적인 탄생은 육체를 따라 일어나는 것으로(카타 싸르카) 사람을 자연적인 존재의 평형 수준에 놓고 있다. 영적인 탄생은 성령에 의해 "위로부터"(요 3:3) 오는 것으로 사람을 성령의 능력에 의해 살아 있는 수직적인 관계에 놓는다.

예수께서는 자신이 부활한 저녁에 제자들에게 숨을 불어넣으시면서 "성령을 받으라"(요 20:22)고 말씀하셨다. 제자들의 재창조를 나타내는 이러한 행동은 하나님께서 생명의 호흡을 불어넣으신 인간의 첫 창조와 평형을 이룬다. 창조와 재창조, 출생과 중생은 모두 영의 행동인데 그 이유는 예수께서는 "생명을 주는 것은 영"(요 6:63)이라고 말씀하셨기 때문이다. 이것은 신체적인 생명과 영적인 생명 둘 다에 있어서도 진리이다.

영은 생명의 직접적인 근원으로써 그리스도를 통해서 중재된다. "누구든지 목마르거든 내게로 와서 마시라 나를 믿는 자는 성경에 이름과 같이 그 배에서 생수의 강이 흘러나리라 하시니 이는 그를 믿는 자의 받을 성령을 가리켜 말씀하신 것이라(예수께서 아직 영광을 받지 못하신 고로 성령이 아직 저희에게 계시지 아니하시더라)"(요 7:37~39). 그리스도는 영의 공덕의 근원인바, 그 이유는 그분의 속죄의 희생을 통하여 그 자신의 생명을 주시는 영을 믿는 자에게 주실 수 있기 때문이다. 바로 이것이 바울이 "그리스도 예수 안에 있는 생명의 영"(롬 8:2)에 대해서 말하는 이유이다.

요약하자면 우리는 비록 요한이 그와 같이 사람의 영에 대해서 언급하고 있지는 않지만 그는 그리스도께서 주시는 영에 의해서 새 생명, 곧 영적인 중생이 완성되고 실현될 수 있다는 것을 마음속에 그려보고 있다. 어떤 면에 있어서 신체적인 생명의 근원으로서의 하나님의 호흡의 궁극적인 의미는 "예수 그리스도 안에 있는 생명의 영"(롬 8:2)에 의해서 가능한 새 생명 가운데서 보여지고 성취되는 것이다. 그 어떤 곳에서도 요한은 생명을 주시는 영을 몸으로부터 떨어질 수 있는 비물질적이고 불멸하는 영혼으로 여기지 않는다. 영의 기능은 단순히 영적인 중생, 곧 믿는 자의 전인 가운데에 도덕적인 변화를 가져오는 것이다. 거기에는 물질적이고 죽을 수밖에 없는 몸과 영적이고 비물질적인 영혼 사이에 그 어떤 이원론적인 것이 없는 것은 영이 전인에 새 생명을 가져다주기 때문이다.

새로운 창조로서의 영

바울은 성령에 의해서 성취되는 도덕적인 변화를 중생으로 기술하지 아니하고 "새로운 피조물"(고후 5:17; 고전 6:11; 갈 3:27; 6:15; 엡 4:24 참조)로 서술한다. 두 은유는 근본적으로 동일한 사상을 담고 있다. 바울은 믿는 자의 새 생명 가운데 있는 영의 역할에 대단한 중요성을 부여한다. 이것은 146회나 영에 대해서 언급하고 있는 자신의 서신에서 영혼에 관해서는 단지 13회만 언급하고 있다는 사실에서 지적된다. 휠러 로빈슨은 **프뉴마**—영은 "바울의 심리학적인 용어에서 전반적으로 사용하는 어휘 가운데서 아마도 가장 중요한 단어인 것 같다"[30]라고 바르게 주장한다. 바울이 구원은 전적으로 "예수 그리스도 안에 있는 생명의 영"(롬 8:2)에 의해서 중재되는 하나님의 은혜로운 선물이며 불멸하는 영혼이 본래 소유하고 있는 것이 아니라는 것을 보여주는데 관심이 있다는 것이 바로 그 이유이다.

구원은 몸으로부터, 또는 몸이 살고 있는 세상으로부터 영혼이나 영을 탈출시키는 것이 아니고, 오히려 능력을 부여하시는 성령의 힘을 통해 몸을 재생시키는 것이다. 따라서 그리스도인의 생애에 대한 바울의 서술은 신자들이 주로 하나님의 계시된 뜻에 따라 살도록 하기 위해 성령의 부여하시는 능력에 관한 것이다. 사도는 그리스도께서 "육신을 좇지 않고 그 영을 좇아 행하는 우리에게 율법의 요구를 이루어지게 하려고"(롬 8:4) 오셨다고 설명한다.

성령에 따라 행한다는 것은 마음을 "영의 사물에"(롬 8:5) 고정시키는 것, 곧 육신의 정욕을 따라 살지 않고 하나님께서 계시하신 생명의 원리에 조화되게 사는 것을 의미한다. "내가 이르노니 너희는 성령을 좇아 행하라 그리하면 육체의 욕심을 이루지 아니하리라"(갈 5:16). 육체를 따라(카타 싸르카) 산다는 것은 "육신의 일" 즉 "음행과 더러운 것과 호색과 우상 숭배와 술수와 원수를 맺는 것과 분쟁과 시기와 분냄과 당 짓는 것과 분리함과 이단과 투기와 술 취함과 방탕함"(갈 5:19~21) 같은 것이다. 반대로 영에 따라 행하는 것(카타 프뉴마)은 "성령의 열매" 곧 "사랑과 희락과 화평과 오래 참음과 자비와 양선과 충성과 온유와 절제"(갈 5:22, 23)와 같은 열매를 생산하는 것을 뜻하는 것이다.

신자의 생애 속에서 성령에 의해서 성취되는 새 창조의 영향력은 특별히 아들의 관계 속에서, 흔들림 없는 믿음과 소망 가운데서, 형제들을 향한 열정적인 사랑에서 그리고 그리스도를 위한 담대한 증거에서 나타난다. 영을 통해서 우리는 하나님의 가족의 일원이 된다. "너희가 아들인 고로 하나님이 그 아들의 영을 우리 마음 가운데 보내사 아바 아버지라 부르게 하셨느니라"(갈 4:6).

영은 믿는 자들 속에 그리스도에 대한 믿음과 소망을 스며들게 한다. "소망의 하나님이 모든 기쁨과 평강을 믿음 안에서 너희에게 충만케 하사 성령의 능력으로 소망이 넘치게 하시기를 원하노라"(롬 15:13; 갈 3:14; 5:5 참조). 영으로 인한 새로운 생애는 특별히 그리스도에게서 믿는 자의 생애 속으로 흘러내리는 형제와 같은 사랑의 정신 속에서 나타난다. "소망이 우리를 부끄럽게하지 아니함은 우리에게 주신 성령으로 말미암아 하나님의 사랑이 우리 마음에 부은바 됨이니"(롬 5:5; 15:30; 골 1:8; 고후 6:6 참조). 영은 그리스도를 위해 고난을 당하도록 힘을 나누어 주신다. "너희가 그리스도의 이름으로 욕을 받으면 복 있는 자로다 영광의 영 곧 하나님의 영이 너희 위에 계심이라"(벧전 4:14).

최종적으로 영은 몸의 부활을 가져다주실 생명을 주시는 하나님의 세 번째 위(位)의 기적적인 능력이다. "예수를 죽은 자 가운데서 살리신 이의 영이 너희 안에 거하시면 그리스도 예수를 죽은 자 가운데서 살리신 이가 너희 안에 거하시는 그의 영으로 말미암아 너희 죽을 몸도 살리시리라"(롬 8:11; 고전 6:14; 고후 3:6; 갈 6:8 참조). 영이 첫 창조(창 2:7)에서 역사하신 것처럼, 그분께서는 마지막 부활 시에 역사하실 것이다. 제4장에서 우리는 성경 어느 곳에서도 부활

부활신학

한 몸이 분리된 영혼에 재결합하게 될 것이라고 말하지 않고 있다는 것을 보게 된다. 오히려 그 대신에 성경은 이 지상의 몸이 "영적인—**프뉴마티코스** 몸"(고전 15:44), 곧 생명력을 주시는 하나님의 영에 의해 전적으로 지배를 받는 사람으로 부활할 것이라고 가르친다.

육체와 영

바울이 육체와 영 사이를 대조하므로 많은 사람들은 사도가 물질적인 죽을 몸과 영적인 불멸의 몸 사이를 구별하고 있다고 믿도록 인도했다.[31] 이러한 해석은 육과 영 사이에 있는 바울서신의 대조법이 형이상학적인 실체에 대한 어떤 이분법적인 대조가 아니라, 오히려 윤리적 출발에서 온 대조라는 사실을 간과하고 있다.

육과 영 사이에 대한 가장 분명한 대조는 로마서 8장의 전반 부분에서 발견된다. 여기서 바울은 "육체를 따라 사는 것"과 "영에 따라 사는 것" 사이를 다음에서 예리하게 대조한다. "육신을 좇는 자는 육신의 일을, 영을 좇는 자는 영의 일을 생각하나니 육신의 생각은 사망이요 영의 생각은 생명과 평안이니라"(롬 8:5, 6).

이와 유사한 구절(갈 5:16~26)에서 먼저 지적하고 하는 것은 바울이 "몸"과 "혼"(소마와 프쉬케)을 위한 헬라어 단어를 전혀 사용하고 있지 않다는 것이다. 그 대신에 그는 언제나 다른 용어, 곧 육과 영으로 번역되는 **싸르크스**와 **프뉴마**라는 용어를 채용하고 있다. 만일 바울이 죽을 몸과 불멸의 혼 사이에 있는 차이점을 강조하려고 했으면, 그는 헬라의 이원론적인 교리에 표준이 되는 **소마**(몸)와 **프쉬케**(혼)라는 헬라 단어를 사용했을 것이다. 그러나 바울이 마음에 둔 것은 전혀 다른 것이었으므로, 결과적으로 그는 그것을 표현하기 위해서 다른 배경의 단어를 사용하고 있다.

두말할 필요도 없이 바울에게 있어서 "육신"과 "영"이 견지하고 있는 것은 인간의 본질에 있어서 분리되고 상반되는 것을 다루는 것이 아니라 두 다른 윤리적인 출발점을 다루고 있다. 이 사실은 그가 "육신의 일"(갈 5:19, 20)을 "성령의 열매"(갈 5:22, 23)와 비교하는 도표에서 분명해진다. 여기서 다시 두 도표는 "육"과 "영"이 분리되는 인간의 본질의 두 다른 부분이 아니라, 다른 두 종류의 생활 모습을 나타내고 있다는 것을 보여준다. "음행과 더러운 것과 호색과 우상숭배와 술수와 원수를 맺는 것과 분쟁과 시기와 분냄과 당짓는 것과 분리함과 이단과 투기와 술 취함과 방탕함"(갈 5:19~21)과 같은 죄들은 육신에 기인된 것들로써 신체적인 충동으로 된 것은 아무것도 없다. "그것들은 실체가 없는 영에 의해서 잘 행해질 수 있는 것들이다."[32]

찰스 데이비스는 육신과 영에 대한 성경적인 의미를 다음과 같이 분명하게 진술하고 있다.

"그[바울]는 외형적인 모습에 있어서 철저히 히브리인으로서 사람을 단순히 하나의 통일체로 보았다. 따라서 결과적으로 육(싸르크스)과 영(프뉴마) 사이를 대조하는 것은 물질과 영, 몸과 혼 사이의 어떤 대립이 아니다. '육'은 사람의 한 부분이 아니며 연약성과 도덕성에 있어서 하나님과 거리를 두고 있고, 사악하고 더러운 피조물로서 고립되어 있는 전인의 일부이다. '영'은 거룩한 생애에 열려져 있으면서 하나님 주변에 속해 있는 사람으로서, 영의 영향력과 활동 아래 있는 사람이다. 육과 영은 사람에게 영향을 미치며 그 속에서 투쟁하는 두 활동적인 원리들이다."[33]

육과 영은 각각 사람 속에서 활동할 수 있는 사망의 힘과 생명의 힘을 나타낸다. 오스카 쿨만은 둘 사이에 있는 통찰력 있는 대조를 다음과 같이 제시한다. "'육'은 죄, 또는 사망의 세력이다. 그것은 사람의 외부[겉]와 내부[속]를 함께(together) 잡고 있다. 영(프뉴마)은 그것의 가장 큰 적대자이며, 창조의 능력이다. 그 또한 사람의 내부와 외부를 함께 쥐고 있다. 육과 영은 활동적인 세력들로서 그들 모두는 우리 안에서 역사한다. 사망의 세력인 육이 아담의 죄와 함께 사람에게 들어왔다. 그것은 전인에게 들어 왔으며, 내부와 외부에서 그것은 몸과 매우 밀접하게 연결되어 있다. 내적인 사람은 그 자체가 육과 덜 밀접하게 관

부활신학

련되어 있다는 것을 발견한다. 비록 범죄를 통해서 이 사망의 세력이 내적인 사람을 더 많이 소유해왔지만 말이다. 다른 한편, 영은 생명의 가장 큰 힘, 곧 부활의 요소이다. 하나님의 창조의 능력이 성령을 통해서 우리에게 주어진다."[34] 성령의 깨우쳐 주시는 능력은 현재 "날로 새로워지는 속사람[본질] 가운데서" (고후 4:16) 영의 변화시키는 능력에 의해서(엡 4:23, 24) 주어진다.

죄악적인 인간의 본질로서의 육

육-싸르크스는 개심하지 않은 죄악적인 인간의 본질을 나타내는데, 죄가 몸의 육신적인 본성에 거하기 때문이 아니라 오히려 혼의 "영적인" 본질 가운데 거하기 때문이다. 결국, 육신의 몸은 성령의 전(고전 6:19), 그리스도의 한 지체(고전 6:15) 그리고 하나님께 영광을 돌리는 하나의 도구(고전 6:20)이다. 육신-싸르크스가 타락한 인간을 나타내는 이유는 죄악적인 인간의 본질이 죄의 도구가 될 수 있는 인간의 연약성을 나타내는 데 있다.

"육신"의 의미는 "세상"의 의미와 같이 일반적으로 성경에서처럼 바울에게 있어서 양향(兩向)적이다. 육신과 세상은 인류의 합당한 즐거움을 위해 하나님에 의해 창조된 것으로 선하다(창 1:18, 21, 25, 31). 그러나 육신과 세상이 그들의 창조된 피조물로서의 자격을 부정하고 독립적이고 자아 만족함을 주장하므로 하나님을 대적할 때, 그것은 곧 나쁜 것이 된다. 육신(육신적인 본질)과 세속적인 것이 죄악적인 것과 동의어가 되는 것은 바로 이런 뜻에서이다. 우리는 세상에서 살아있는 사람을 언급할 때 "육신-싸르크"를 중립적인 것이라고 말할 수 있으나, 그러나 그것이 세상에서 살아 있는 사람이 세상으로 하여금 전 생애와 행위를 지배하도록 허용하는 것을 묘사할 때는 죄악적인 것을 의미한다.

"육신"과 "영" 사이의 상반된 대조가 몸-혼의 이원론에 아무런 영향도 미치지 않는다는 것은 명백하다. 육신 그 자체로는 인간의 본질의 육체의 부분은 대체적으로 나쁘다는 것을 지지하지 않으며, 또한 영은 인간의 본질에서 선한 부분을 나타내는 것으로 제시하지 않는다. 그것이 부정적인 방법으로 사용될 때,

"육체"는 전 생애, 곧 육신적인 생애와 심리적인 생애에서 하나님보다는 자아 중심적인 삶을 살도록 잘못 인도되는 그런 사람들을 나타낸다. "육신"과 "영" 사이의 대조는 윤리적이지 결코 존재론적인 대조가 아니다.

많은 사람들이 이 점에 있어서 바울 서신을 잘못 읽고 있는 것은 불행한 일이다. 이러한 실패의 이유는 바울과 또 성경을 전체로 보지 못하고, 또 사람을 부패하게 만드는 것은 몸이나 육체가 아니라 죄라는 사실을 이해하지 못하기 때문이다. 육신은 죄의 도구가 될 수 있으며, 그렇게 되므로 몸과 영혼에 영향을 미치며, 그 반대로 영은 몸과 영혼을 변화시키는 데 영향을 미친다.[35] "하나님의 영의 궁극적인 원수는 육체가 아니라 죄이며, 그로 인해 육체가 약하고 부패한 도구가 되어왔다."[36]

결론

신약에서 "영-프뉴마"란 용어를 사용하고 있는 용례에 대한 연구는 혼과 마찬가지로 영은 몸을 떠나 활동하는 인간의 본질의 독립된 영적인 요소가 아니라는 것을 보여주었다. 오히려 그와는 대조적으로 영은 육체적인 몸에 활력을 주고 전인을 재생시키는 생명의 원리이다.

우리는 영의 의미와 기능이 구원의 사역에서 영과 동일시되는 그리스도의 강림으로 확대된다는 것을 발견했다. 생명의 원리로서의 영-프뉴마의 의미는 그리스도의 구속을 통해서 가능하게 된 도덕적인 재생인 새 생명의 원리를 포함하는 것으로 확대된다. 영은 생애의 신체적인 국면과 도덕적, 영적인 국면 모두를 유지한다.

성령에 의해 완성되는 도덕적인 변화는 구약에서보다는 신약에서 더욱 완전하게 묘사되고 있다. 요한과 바울은 이러한 두 다른 과정을 여전히 보충적인 은유로 기술한다. 요한은 내적인 도덕적 변화를 중생(rebirth)으로 이해하며, 바울은 그것을 새로운 창조(new creation)로 인식한다.

"영-프뉴마"는 바울이 사용하는 어휘 가운데 가장 중요한 단어인데, 그 이유는 그 단어가 구원은 절대적으로 "예수 그리스도 안에 있는 생명의 영"(롬 8:2)에 의해서만 중재되는 하나님의 은혜의 선물이지 결코 어떤 불멸의 영혼이 본래부터 소유하고 있는 것이 아니라는 것을 보여주는 데 도움을 주기 때문이다.

영의 기능은 영적이고 도덕적인 어떤 영혼을 유지하도록 하는 것이 아니고 우리의 육체적, 영적 생애 둘 다를 지원한다. 창조와 재창조, 출생과 중생 모두는 영의 활동들인데, 그 이유는 예수께서 설명하신 것처럼 "생명을 주는 것이 영"(요 6:63)이기 때문이다.

"육체"와 "영" 사이에 있는 바울서신의 대조는 몸-영혼의 이원론과는 아무런 상관이 없다. 이 둘은 인간의 본질의 분리되고 상반된 두 부분들이 아니고 한 사람의 두 다른 윤리적인 출발, 곧 자기중심적인 생애를 사는 것 대(對) 하나님 중심적인 삶을 사는 것을 말한다. 요약하자면 우리는 영혼과 마찬가지로 영도 인간의 본질의 분리된 실체가 아니라 인간의 본질의 전체적인 국면을 묘사하는 것이라고 말할 수 있다.

C. 몸으로서의 인간의 본질

신약에 있는 몸-**소마** 또는 육체-**싸르크스**의 의미는 구약에 있는 단어들(몸-**게비야**와 육체-**바살**)과 일치한다는 것을 이 전 장에서 살펴보았다. 그것의 문자적인 용례에서 "몸"이라는 용어는 육체와 살로 구성되어 있는 인간의 생명의 분명한 실체를 묘사한다. 그러나 신약에서 "몸-**소마**"는 대부분 사람을 전인으로(롬 6:12; 히 10:5), 부패한 인간의 본질(롬 6:12; 8:11; 고후 4:11), 그리스도의 몸으로서의 교회(엡 1:23; 골 1:24), 구속받은 자의 부활한 몸(고전 15:44) 그리고 떡과 포도즙으로 상징된 그리스도의 영적인 임재(고전 11:27) 등으로 상징적인 방법으로 정의하는 데 사용된다. 이러한 것들을 연구한 목적은 인간의 본질이 전인과 관계를 맺고 있다는 것에 대한 신약의 견해에 주로 초점을 맞추고 있다.

그리스도와 인간의 몸

인간의 몸에 대한 신약의 긍정적인 평가를 조사하기 위해, 우리는 성육신의 중심교리를 생각해 볼 필요가 있다. 예컨대 요한복음은 처음부터 영원하신 하나님의 아들은 "육신이 되셔서 우리 가운데 거하셨다"(요 1:14)고 선언하는 것이다. 영원하신 하나님의 아들이 인간의 시간과 공간으로 들어오셔서 육체를 포함하여 완전한 인간의 본질을 취하셨다는 바로 그 사상은 헬라 사람들의 마음으로는 도무지 이해될 수 없었다. 사실, 그리스도교회의 영향력 있는 한 분파인 영지주의는 대부분 헬라의 이원론에 영향을 받았으며, 공개적으로 그리스도의 성육신을 거절했다. 이것은 인간의 본질에 대한 성경의 전인적인 견해 사이에는 차이가 있다는 것을 강하게 예증하는 것으로, 그것은 몸에 가치를 두고 있는 반면에, 헬라의 이원론적인 견해는 몸을 죽을 때에 없어져야할 영혼의 감옥으로 간주한다.

성육신에 대한 신약의 견해를 완전히 받아들이는 사람은 누구나 신약의 저자들이 인간의 몸이나 신체적인 질서를 무시하고 있다고 결코 참소할 수 없을 것이다. 하나님의 아들이 이 지상에서 살기 위해 인간의 몸을 취하셨다는 사실은 몸과 신체의 전인적인 실체에 존엄성과 중요성을 더한다.

창조 시에 그 동일하신 영원한 말씀을 통해 "만물이 만들어"(요 1:3) 졌으며, 그 말씀은 이 세상, 곧 단지 "영혼"만을 위해서가 아니라 인간 전체와 세상 전체를 구속하고 회복시키시기 위해서 오셨다. "몸이 부활한다는 이 이상한 교리가 의미심장했던 것은 그 어떤 것보다도 헬라 세계를 두렵게 만들고 대항했던 것이었다. 이 교리는 하나님의 목적 가운데 자리하고 있는 것은 사고하는 영혼이 아니라 전인이라는 신약의 견해를 가장 강력한 방법으로 강조했다."[37]

제7장에서 점검하게 되는 몸이 부활한다는 교리는 우리의 신체적인 본질과 지상의 존재를 꼴 짓는 중요한 부분의 역할을 하는 물질적인 세계는 사물에 대한 하나님의 계획에 영원한 의미를 가지고 있다는 것을 가르친다. 이것은 우리에게 로날드 홀이 적절하게 제시하고 있는 것처럼 "사후에서 조차도, 몸은 영의

부활신학

단순한 장식품이 아니라 사람의 존재에 근본적인 요소라는 것을 우리에게 가르쳐준다. 만약 그가 달리 생각했다면 왜 굳이 바울이 부활 신앙에 믿음을 걸어야만 했는지를 이해하는 것은 쉽지 않다. 예컨대 만약 바울이 구원은 단지 몸으로부터 해방된 영혼으로 된다고 했다면 그는 분명히 그토록 강하게 몸의 부활을 강조하지 않았을 것이며, 그는 불멸하는 영혼에 대한 헬라 개념에 만족했어야 할 것이다."[38]

몸의 부활신앙은 그리스도께서 육체로 부활하신 것에 기초한다. "그리스도께서 다시 사신 것이 없으면 너희의 믿음도 헛되고 너희가 여전히 죄 가운데 있을 것이요"(고전 15:17). 인간의 몸으로 그리스도께서 성육신하신 것과 영광스런 몸으로 부활하신 것은 그 몸이 이 세상에서 하나님의 목적 가운데 영원한 의미를 가진다는 것을 우리에게 말해준다. 몸은 일시적인 감옥이나 또는 영원한 멸절을 위해 운명지어진 "영혼들"을 위한 시험장이 아니라는 것을 우리에게 말한다. 오히려 그 몸은 하나님께서 부활의 날에 생명을 보존하셔서 되돌려주기 위해 위탁된 우리의 전체적인 인격이라는 것을 말한다.

몸의 부활은 오는 세상의 생명을 위해 필요한데 그 이유는 신약이 영혼의 불멸 신앙을 결코 받아들이고 있지 않기 때문이다. 몸 없는 생명은 상상할 수 없다. 몸이 인간의 유형적인 존재인 이상 그것의 부활은 새 땅에서의 완전한 인격과 생활을 확실하게 하는 데 불가피한 것이다.

그리스도인 신앙은 "물질적임"

이 점에 있어서 오는 세상에 대한 구약의 소망은 철저하게 "물질적"이다. 헬라인들은 영혼이 이 지상으로부터 천상으로 불가피하게 탈출하는 것을 내다보고 있는 반면에, 구약의 믿는 자들은 이 지상에 하나님의 왕국이 설립되는 것을 기다리고 있었다(단 2:44; 7:27). 메시야의 왕국은 하나님의 창의적인 목적과 조화되게 이 지구에서 인간의 역사를 완성하게 될 것이다.

동일한 신앙이 신약에서 두드러진다. 그리스도께서 인간과 피조물 둘 다를 구원하시기 위해서 이 지상으로 오셨으며(롬 8:22, 23), 그분께서는 새로운 물질계의 질서를 세우시기 위해서 이 지구로 다시 오실 것이다. "내가 새 하늘과 새 땅을 보니"(계 21:1). 인간의 몸을 포함하는 전 지구는 멸절되는 것이 아니라 완전하게 된다. "모든 눈물을 그 눈에서 씻기시매 다시 사망이 없고 애통하는 것이나 곡하는 것이나 아픈 것이 다시 있지 아니하리니 처음 것들이 다 지나갔음이러라"(계 21:4). "또 내가 보매 거룩한 성 새 예루살렘이 하나님께로부터 하늘에서 내려오니 그 예비한 것이 신부가 남편을 위하여 단장한 것 같더라"(계 21:2).

이 지구가 궁극적으로 새롭게 창조된다는 것은 몸이 부활한다는 교리에 대한 우주적인 부본(副本)이다. 마지막 때에 신자 개개인이 몸으로부터 도피하지 않고 썩지 아니할 몸을 받게 될 것이다(고전 15:53). 따라서 구속받은 자는 이 지상으로부터 하늘로 영원히 휴거되지 않을 것이며, 오히려 이 지구에 하나님의 영광스럽고도 영원한 왕국의 본래의 완전함으로 회복하게 될 것이다. 오웬은 다음과 같이 기록한다. "몸을 떠난 영혼이 고통스럽게 하늘로 올라가서 순결한 '영'으로 그곳에 거한다는 것에 대해서 그 어떤 암시도 없다. 오히려 그와는 반대로 하나님께서 내려오시며 말씀이 육신이 되어 하늘은 땅으로 내려오며 거룩한 도성이 하늘을 벗어나 하나님께로부터 내려온다. …따라서 성경의 마지막에, 마지막 사물에 관한 교리에서는 태초에 첫 사물에 관한 교리에서처럼 전체적인 물질계의 영원한 중요성이 명백하게 옹호된다."[39]

오웬은 다음과 같이 주목하므로 결론을 맺는다. "이러한 성서적인 인류학에 대한 성경적인 물질주의가 함축하고 있는 것은 분리된 영혼이 불멸한다는 교리에 반대하는 것처럼, 몸이 부활한다는 교리에 의해 다음과 같은 강조를 함축하고 있는바, 그 첫째는 '몸'은 인간의 인격의 중요한 국면으로 불가불 없어져야하는 부분이 아니며, 두 번째는 영원한 생명을 위해 운명지어진 것은 몸을 떠난 '영혼'이 아니라 전인인 것이다."[40]

부활신학

전인으로서의 몸

신약에서 몸-소마는 한 사람(영혼)의 실제적인 자아에 기대어있는 외형적인 어떤 것이 아니라 전인을 의미한다. 루돌프 불투만은 이것에 대해서 "사람은 **소마**[몸]를 가지고 있지 않으며 그가 곧 하나의 **소마**[몸]이다."[41]라고 확증한다. 몸과 육체를 영혼이나 또는 영으로 대조하는 구절은 얼마 되지 않는 반면에, 그러한 대조는 인간의 본질을 다른 실체들로 나누려는 의도를 하지 않는다. 오히려 그것들은 전인에 대한 다른 국면들을 서술하고 있다.

몸-**소마**는 전인을 의미할 수 있다. 예컨대, 바울이 "내가 내게 있는 모든 것으로 구제하고 또 내 몸을 불사르게 내어 줄지라도"(고전 13:3)라고 말하고 있는 것은 분명히 그가 전인을 언급하고 있는 것이다. 이와 유사하게 그가 "내가 내 몸을 쳐 복종하게 함은"(고전 9:27) 이라고 말하는 것은 그가 자기 자신을 통제하에 두려는 것을 의미하는 것이다. 몸을 산제사로 드리는 것은(롬 12:1) 자기 자신을 하나님께 복종시키는 것을 의미한다. "내 몸에서 그리스도가 존귀히 되게 하려 하나니"(빌 1:20)라는 바울의 소망은 전인 가운데서 그리스도가 존귀히 여김을 받는 것을 의미한다. 이와 같은 구절들에서 몸은 어떤 행동을 위한 책임을 가지고 있는 전인을 지지하는 것이다.

몸으로 존재하는 것은 정상적이고도 적절한 존재의 형태이다. 따라서 몸은 인간이 존재하는 데 있어서 하나의 중요한 요소이다. 마치 몸이 영혼이나 또는 영의 더 높은 생명을 완전히 실현하는 데 하나의 장애물인 것처럼 하기 위해서, 몸의 생명이 영혼이나 또는 영의 생명과 대조하고 있지 않다. 몸은 죄의 도구로서 사용될 때 하나의 장애물이 될 수 있으나, 그러나 그것은 그 자체가 거추장스러운 물건이 아니다. 몸은 필연적으로 악한 것이 아닌 것은 그것이 하나님의 선한 창조의 한 부분이기 때문이다. 이것은 비록 그분께서는 우리의 인간의 몸에 동참하셨지만 한편 그리스도에게는 악이 존재하지 않았다는 사실에 의해서도 지적된다.

죄의 도구로서의 몸

부패할 수 있고 멸절될 수 있는 존재로서(롬 6:12; 8:11; 고후 4:11) 몸은 죄의 하나의 도구가 될 수 있다. 이것은 바울이 왜 "사망의 몸"이라고 말했는지를 설명한다. "오호라 나는 불쌍한 사람이로다!" "누가 이 사망의 몸에서 나를 건져낼 것인가?"(롬 7:24)라고 한다. 여기서 사도가 마음속으로 구상하고 있는 것은 신체적인 것이 아니고 윤리적인 것이다. 사망은 신체적인 생명 가운데 나타난 죄의 지배로서, 사람은 그리스도를 믿음으로 말미암아 재생을 통해서 그것으로부터 구원을 받을 수 있다. 죄가 우리의 죽을 몸을 지배할 수 있게 된 이 후(롬 6:12), 죄의 도구로 보여진 몸은 "죄의 몸"(롬 6:6)과 "사망의 몸"(롬 7:24)이라고 불려질 수 있을 것이다. 따라서 믿는 자는 영에 따라 살므로 "몸의 행실을 죽일"(롬 8:13) 필요가 있다. 이것은 몸 자체의 고행이 아니라 죄악적인 행위를 단념하는 것이다.

몸이 죄의 도구가 될 수 있는 이상, 그리스도인 생애의 목적은 자신의 영적인 생애를 지배하지 않도록 그것에 대해서 자제력을 연습해야 한다. 바울은 이러한 진리를 고린도전서 9장에서 명확하게 제시하고 있는바, 곧 그 자신을 영적인 생애에 넘겨주므로 상을 얻기 위해 자신의 몸을 엄격하게 자제하는 훈련을 하는 운동경기에 자신을 비교한다. "내가 내 몸을 쳐 복종하게 함은 내가 남에게 전파한 후에 자기가 도리어 버림이 될까 두려워함이로라"(고전 9:27).

몸에 대한 자제는 특별히 그 몸을 하나님께 산제사로 드리므로 얻게 된다(롬 12:1). 이것은 금욕적인 훈련이나 몸 자체를 단련시키므로 성취되는 것이 아니라, 오히려 하나님의 말씀의 지시에 예민하게 만들므로 성취할 수 있다. 그리스도인은 자신의 몸이 성령의 거하시는 곳이라는 것을 이해해야한다(고전 6:19). 자신의 몸에 성령의 임재를 촉진시킬 수 있도록 하는 것은 우리의 모든 신체적인 즐거움과 활동을 영적인 목적에 바치도록 하는 것을 뜻한다.

결론

신약에서 몸은 전인, 곧 문자적으로 인간의 존재의 유형적인 실체를 뜻하며, 상징적으로는 죄의 영향력에나 또는 성령의 능력에 자신을 복종시키는 것을 뜻한다. 신약은 몸을 영혼으로부터 분리시킬 수 있거나 또는 벗어 던져버릴 수 있는 것이 아니라 전인의 필수적인 부분으로 본다.

신약에서 몸이 의미하는 바는 이 지상에서 자신의 구속적인 선교사명을 성취하기 위해 인간의 몸을 취하신 그리스도의 성육신에 의해 높아진다. 인간의 몸으로 그리스도께서 성육신 하시고 영화로운 몸으로 부활하신 것은(요 20:27) 그 몸이 하나님의 창조와 구속의 목적에 영원한 의미를 가지고 있다는 것을 우리에게 말해준다. 이것은 몸의 부활에 의해 확증되었으며, 또한 새 땅에서 조차 몸이 인간이 존재하는 데 기본적인 부분이 될 것이라는 것을 우리에게 말해준다.

상징적으로, 몸은 신약에서 양방향으로 사용된다. 한편으로 그것은 "죄악의 몸"(롬 6:6)과 "사망의 몸"(롬 7:24)으로 죄의 한 도구가 될 수 있다. 그러나 다른 한편으로 그 몸은 그리스도를 섬기는 데 한 도구가 될 때 성령의 전(고전 6:19)과 하나님께 영광을 돌릴 수 있는 도구가(고전 6:20) 될 수 있다. 구속은 몸으로부터 영혼을 벗어나게 하는 것을 뜻하는 것이 아니고 이 현세의 생애에서 몸을 새롭게 하는 것과 내세에서 몸의 부활을 뜻한다.

D. 인간의 본질로서의 마음

신약에서 마음-**카르디아**(*kardia*)는 우리가 구약에서(*lēb*와 *lēbāb*) 발견한 넓은 의미와 대동소이하게 사용된다. 우리는 신약에서 마음의 용례와 의미에 대해 너무 길고 지루하게 연구할 필요는 없다. 근본적으로, 마음-**카르디아**는 다양한 국면 속에서 사람의 전반적인 내적 생애를 지지한다. 그것은 영과 같이 사람의 감정적, 지적 그리고 영적 중심부이다. "마음"과 "영"이 인간의 본질에 대한 성경의 전인적인 견해를 유사한 방법으로 다시 보여주는 것에 사용된다는 사실은 인간의 본질의 한 부분이 전체의 사람을 언급하는 데도 사용될 수 있다는 것이다.

감정의 자리로서의 마음

선한 감정과 나쁜 감정은 둘 다 마음으로부터 솟아난다. 마음을 기쁨(요 16:22; 행 2:26; 14:17), 두려움(요 14:1), 슬픔(요 16:6; 고후 2:4), 사랑(고후 7:3; 6:11; 빌 1:7), 정욕(롬 1:24), 원하는바(롬 10:1; 눅 24:32) 그리고 마음의 정욕(롬 1:24; 마 5:28; 약 3:14)을 느끼는 것이다. 바울은 동료 유대인들이 회심하기를 바라는 자신의 마음의 소원을 표현했다(롬 10:1). 그는 고린도인들이 자신의 마음을 열고 그와 그의 동료들을 받아들이기를 강권했다(고후 7:2).

지적인 활동을 하는 자리로서의 마음

예수께서는 "사람의 마음에서 나오는 것은 악한 생각"(막 7:21)이며, "마음에 가득한 것을 입으로 말"(마 12:34)한다고 말씀하셨다. 바울은 모든 사람이 자유롭게 "그 마음에 정한 대로 할 것"(고후 9:7)이라고 권하고 있다. "마음의 눈"(엡 1:18)이 그리스도인의 소망을 이해하기 위해 조명을 받아야 한다(엡 1:18). 결심들은 마음으로부터 시작된다(눅 21:14; 행 11:23).

마음의 결심에 영향을 주는 분은 하나님이시다. "하나님이 자기 뜻대로 할 마음을 저희에게 주사 한 뜻을 이루게 하시고"(계 17:17). 종종 행하는 장본인이 마귀일 때도 있다. "마귀가 벌써 시몬의 아들 가룟 유다의 마음에 예수를 팔려는 생각을 넣었더니"(요 13:2). 빈번히 마음은 양심과 동의어로 사용된다. "사랑하는 자들아 만일 우리 마음이 우리를 책망할 것이 없으면 하나님 앞에서 담대함을 얻고"(요일 3:21). 이방인들은 그들로 하여금 선과 악을 구별할 수 있도록 하기 위해서 자신들의 마음에 기록된 하나의 법을 가지고 있다(롬 2:14, 15).

종교를 경험하는 자리로서의 마음

하나님께서는 사람을 마음으로 접근하신다. 그분께서는 인간의 마음을 살피시며 그것을 시험하신다(눅 16:15; 롬 8:27; 살전 2:4). 그분께서는 인간의 마음을 여신다(눅 24:45; 행 16:4). 그분께서는 예수 그리스도에 대한 지식의 빛을 우리에게 주시기 위해서 우리의 마음을 비추신다(고후 4:6). 하나님의 평화는 우리의 마음과 그리스도의 마음을 지키신다(빌 4:7). 하나님의 영은 우리의 마음속으로 침투하신다(롬 5:5; 고후 1:22).

그리스도께서 우리의 마음에 거하시며, 믿음이라는 도구를 통해 그 속에서 활동하신다(엡 4:17, 18). 그리스도의 마음은 믿음과 침례를 통해서 정결해지고 거룩해진다(행 15:9; 히 10:22). 마음은 하나님에 의해서 깨끗해지고(마 5:8), 강해진다(살전 3:13). 순종은 마음과 연결되어 있다(롬 6:17; 골 3:22). 용서는 마음으로부터 온다(마 18:35). 감사는 마음에 머문다(골 3:16). 하나님의 평화는 마음에 거한다(빌 4:7). 모든 것보다, 하나님과 이웃을 위한 사랑은 마음으로부터 온다(막 12:30, 31; 눅 10:27; 마 22:37~39).

방금 언급한 예문들은 "마음"이라는 단어가 전인의 내적 생명을 언급하기 위해서 사용된다는 것을 분명하게 지적하고 있다. 이것은 칼 바르트로 하여금 "마음은 단순히 사람의 **어떤**(a) 부분이 아니고 사람의 실체이며 전 영혼과 전 육체를 포함하고 있는 사람의 바로 그(*the*) 실체이다."라고 결론짓게 인도한다."[42] 마음이 어떤 사람의 전체의 내적 생명을 나타낸다는 사실은 동일한 방법으로 영에 있어서도 인간 본질에 대한 성경의 전인적인 견해를 나타낸다.

인간의 본질에 대한 영적, 도덕적인 견해가 영혼에 영향을 미친다는 이원론적 입장은 그러한 기능들이 동일하게 마음과 영에도 미친다는 사실로 인해 신뢰를 받지 못하고 있다.

이러한 결론이 가능한 것은 우리가 보아온 것처럼 성경에서 인간의 본질은 하나의 분해할 수 없는 통일체이지 결코 다른 "분리된 것들"로 구성된 것이 아니기 때문이다. 인간의 본질에 대한 전인적인 견해는 영혼이 몸으로부터 분리된 비물질적인 실체로서 존재하고 또 기능을 할 수 있는 가능성에 대해서 부정한다.

전인적 견해에 대한 학자들의 지지

인간의 본질에 대한 성경적인 견해에 대한 연구와 관련된 간략한 부록에서 본인은 하나의 예로, 각기 다른 종파의 다수의 학자들 중 몇 사람들이 인간의 본질을 불멸하는 영혼이라고 신앙하는 것에 대해 반대하고 있다는 것을 제시한다.[43]

캔터베리의 대 주교인 윌리엄 템플은 자신의 여러 권의 책들에서 인간의 본질에 대한 성경의 전인적인 견해를 확증하면서 "개인의 영혼의 자연적인 불소멸성에 대한 개념이 비 성서적"[44]이라고 선언한다. 그는 "사람은 본래 또는 권리 상으로 불멸의 존재가 아니며 오히려 불멸할 수 있는 존재로서, 만약 그가 하나님으로부터 그리고 하나님의 협약에 따라 죽음으로부터 부활과 영생이 주어진다."[45]라고 기록한다.

1955년에 "사람의 불멸성에 대한 잉거솔의 강의"가 하버드 대학교의 앤도버 채플에서 열렸을 때 스위스의 신학자인 오스카 쿨만은 부활에 대한 기독교의 교리와 영혼의 불멸에 대한 헬라 개념 사이에 근원적인 차이가 있다는 것을 강조했다. 그는 말하기를 "영혼은 불멸의 존재가 아니다. 홍수 이후에 '전 인이 썩어질 씨로 뿌려졌으므로' 거기에는 몸과 영혼 둘 다에 부활이 있어야 한다."[46]라고 하였다. 이 유명한 강의는 **영혼의 불멸이냐 죽은자의 부활이냐?**(*Immortality of the Soul or Resurrection of the Dead?*)라는 단행본으로 출판되었으며, 이로 인해 쿨만에 맹렬한 적개심을 가진 자들은 그를 "영적인 혼란을 조장하기를 기뻐하는 괴물"[47]이라고 분노했다. 한 저자는 말하기를 "생명의 떡이 없어서 죽어가는 불란서 인들에게 떡 대신 뱀도 아닌 돌들이 주어졌다."[48]라고 했다. 이런 거센 반작용들은 그들이 오랫동안 간직해 온 신앙을 재점

부활신학

검하는 것이 얼마나 어려운 것인지를 보여준다.

루터교회의 신학자인 마틴 하이네켄은 자신의 책 **기본적인 기독교의 가르침들**(*Basic Christian Teachings*)에서 "창조 때에 하나님께서 실제로 사람인 영혼을 만드셨으며, 그 후 그분께서는 이 영혼에 일시적인 집인 지상의 흙으로 만든 몸을 주셨다. … 사람은 하나의 단일체로 간주되어야 한다. … 기독교 이원론은 영혼과 몸, 영원한 마음과 지나가는 사물과 같은 그런 것이 아니고, 창조주와 피조물의 이원론이다. 사람은 하나의 인격체로서, 자신의 창조주와 심판자를 대적하여 서 있으며, 책임의 중심부에 자리하고 있는 통합적인 존재이다. 그 자신 속에는 생명도 불멸도 전혀 가지고 있지 않다."[49]라는 개념을 잘못된 이원론으로 배척하고 있다.

캠브리지 대학교의 도서관장인 바실 아트킨슨은 **휴대용성경주석**(*The Pocket Commentary of the Bible*)에서 창세기 2:7에 관련된 기록을 하면서 다음과 같이 말했다. "생명의 원리를 나누어주는 것은 본 구절에서 우리에게 전달된 것처럼 영과 혼의 불멸성을 수반하고 있는 것처럼 종종 생각되어 왔다. 하나님의 형상으로 창조되었다는 것이 불멸성을 포함하고 있는 것처럼 말해왔다. 그러나 성경은 결코 그렇게 말하지 않았다. 만일 불멸성을 담고 있다면 왜 전능성과 전지성, 또는 무한하신 자의 속성이나 자질들은 포함하고 있지 않는가? 하는 것이다. … 성경 전반에 걸쳐 그리스도와는 달리 사람은 티끌과 먼지 그리고 몸을 가진 피조물로 창조되었으며, 그에게는 하나님으로부터 빌려온 생명의 원리를 가지고 있는 것으로 인식되고 있다. 헬라의 사상가들은 인간을 몸에 갇혀 있는 불멸의 영혼으로 만들려는 의도를 가지고 있다. 그들이 강조하는 것은 성경에서 주장하는 것과는 반대가 되지만, 기독교 사상에서 넓게 자리잡아왔다."[50]

일단의 가톨릭 학자들 역시 영혼은 자연적으로 불멸한다는 전통적인 견해가 성서적인 개념이 아님을 이해하고 있다. 불란서의 도미니카파의 가톨릭 학자인 클라우드 트레스몬탄트는 전통적인 이원론적 견해를 성경적인 전인의 "부활"과 대조시켰다. 그는 "그러나 부활에 대한 유대 기독교도의 가르침은 분명히 차별되는 문제이다. 그것은 **사람의 일부인 자신의 영혼을 자신의 물질적인 몸의 다른 부분을 없이하므로 해방될 것을 뜻하는 것이 아니며** 성서적인 가르침은 전인이 구원받을 것이라는 것을 함축하고 있다."[51]라고 기록한다.

사람의 성서적인 의미에 대해서 덤 울스탄 몰크는 전통적인 인간의 본질에 대한 이원론적인 견해에 도전하며, 독자들이 성경의 전인적인 견해를 회복하도록 권고하고 있다. 그는 "성경에서 말하는 사람에 대해서 나타난 바에 따르면 육신, 혼 그리고 영으로 된 하나의 단일체로서 세 부분이나 또는 몸과 영 두 부분으로 되어 있지 않다."라고 기록한다. 그는 더 나아가 성경이 "사람을 전인으로 봄으로 건전하게 균형을 유지하고 있으며, 영과 몸 둘 모두가 하나님과 전적인 관계를 맺고 있는 중요한 살아있는 존재로 보고 있다."라는 것에 주목한다.

우리에게 이러한 관점이 필요한 것은 여전히 잠복해 있는 플라톤적 자세에 대처하고, 또 너무나도 본성적이고 세속적인 인간의 입장을 수용하는 것을 바로잡기 위해서이다."[52] 몰크는 인간의 본질에 대한 성경적인 견해를 회복하는 것은 "인간에 대한 더욱 건전한 자세를 가지며 실제로 그 문제를 일반적으로 보도록 하는 데 기여할 것"[53]으로 믿는다.

미국의 대표적인 신학자요 유니언 신학대학에서 오랫동안 교수로 있었던 라인홀드 니버는 인간의 본질에 대한 성경적인 견해를 전통적인 이원론적 견해와 대조하고 있다. 그는 결론짓기를 "영혼의 불멸성에 대한 그럴듯한 입증이든 그렇지 아니한 것이든 모든 것은 생명의 종국을 지배하려는 인간의 마음의 한 부분에 있는 노력들이다. 그 모든 것들은 한 편으로든 다른 편으로든 인간의 본질 속에 있는 영원한 요소가 가치 있으며 또 죽음 저편에서 생존할 수 있다는 것을 증명하려고 노력하는 것들이다. 그러나 모든 신비롭고 이성적 노력들은 역사적으로 **몸과 혼이 단일체**라는 의미를 부정하고 오히려 영원한 요소라는 것을 찾아내려고 했다."[54]라고 하였다.

루터교회의 신학자인 캔토넌은 자신의 책 **그리스도인의 소망**(*The Christian Hope*)에서 다음과 같이 주목하고 있다. "플라톤이 영혼과 몸을 예리하게 구별

부활신학

한 이 후 그것은 서구 사상의 특징이 되어왔다. 몸은 물질로 구성되어 있고 영혼은 영으로 구성되어 있는 것으로 생각하고 있다. 몸은 하나의 감옥으로서 영혼은 죽을 때에 마땅히 행해야할 자신의 비신체적인 존재의 일을 수행하기 위해서 몸으로부터 해방된다. 그후로부터 사후의 생명에 관한 질문은 영혼의 불멸성, 곧 죽음을 극복하는 능력에 관한 문제가 되어 왔다. 몸은 결론적으로 아무것도 아니다. 이러한 사고방식은 성경과는 전혀 동떨어진 것이다. 성경에 충실하고 헬라의 견해를 철저하게 배척하는 기독교 신조는 '나는 영혼의 불멸성을 믿지 아니하며' 도리어 '나는 몸의 부활을 믿는다.'고 말한다."[55]

토론토 대학교의 트리니티 대학의 전 주임 사제였던 오웬은 인간의 본질에 대한 성경적 견해에 대한 인상적인 연구인 자신의 책 **몸과 혼**(*Body and Soul*)에서 인간의 본질에 대한 헬라의 이원론적인 입장과 성경의 전인적인 견해 사이에 있는 대조적인 예리한 분석을 제시하고 있다. 오웬은 성경에서 사람은 "단일체로서의 정신과 신체의 전부"이며 "거기에는 신체적인 죽음에서도 살아있는, 인간으로부터 분리될 수 있는 그 어떤 부분도 있을 수 없다."[56]라는 것을 발견한다. 그는 "성경은 인간의 본질은 하나의 단일체로서 신약에서는 인간의 궁극적인 운명은 '몸의 부활'에 포함되는 것이라고 가르친다"고 기록하고 있다."[57] 오웬은 "분리된 영혼이 불멸한다는 낡은 교리는 이제 떠나버린 영들이 있는 자리로 조용히 안내되어야 한다."[58]라고 제기한다.

유명한 스위스의 신학자인 에밀 부룬너는 인간의 본질에 대한 이원론적인 견해가 성경의 전인적인 견해와 조화를 이룰 수 없다는 것을 발견하고 다음과 같이 말한다. "기독교 신앙 속 어딘가에 이질적인 교리가 침투하여 들어올 수 있는 무엇인가가 열려져 있었다. 확신하기로는 성경적인 입장에서 하나님만이 불멸을 소유하고 계신다. 영혼은 멸절될 수 없으며 또 전적으로 신적인 요소이기 때문에 우리 인간이 불멸의 존재라는 견해는 **하나님과 인간에 대한 성경적 견해와 조화를 이룰 수 없다.**"[59]

부룬너는 인간의 본질에 대해 이원론적인 견해가 가지고 있는 많은 부정적인 의미들에 대해 논하고 있다. 첫째, 그는 이원론의 영향은 "단순히 죽음을 무해한 것으로 만들 뿐만 아니라 그것이 쏘는 것이 악하다는 것을 빼앗아간다. 죽음은 단순히 사람의 열등한 부분에만 영향을 주며, 악 역시 그러하다. 후자는 육욕적이고 충동적인 것으로 구성된다. 내 자신은 실제로 악에 책임이 없으며 단지 그 책임은 나의 낮은 부분에 있고, 그것은 나를 더 선하고 진실된 존재가 되도록 촉진시킨다. 따라서 악은 영의 행동이 아니고 창조주를 대적하는 자아의 반역적인 배반도 아니다. 오히려 단지 마음으로 길들여지지 않은 육욕적이고 충동적인 본성이다. 요약하자면, 악은 마음속에 없으며, 그것은 죄가 아니다."[60] 에 있다고 지적한다.

두 번째 함축하고 있는 의미는 "영적이고 더 높은 존재로서의 사람은 피조물이 아니고 신이다. 하나님은 그의 창조주가 아니며, 하나님은 모든 것이 되시며 인간의 영은 그의 한 부분이다. 사람은 가장 직접적이고도 문자적인 의미에서 신성에 동참하는 자이다. 따라서 그것이 쏘는 것을 빼앗아가는 것이 악이라는 양태는 불멸성에 대한 가르침을 통해 죽음을 무해한 것으로 묘사하는 것과 필연적으로 평행선을 달리므로, 죽음의 문제에 대한 해결책은 기독교 사상과 양립할 수 없고 오히려 그 반대에 칙면한다."라는 것이다.[61]

존경받는 영국의 신학자인 스티픈 트라비스는 자신의 책 **나는 재림을 믿는다** (*I Belive in the Second Advent*)에서 만약 그가 "영원한 형벌"과 "조건적인 불멸" 사이에서 선택하도록 압력을 받는다면 후자를 선택할 것이라고 시인했다. 그가 제시하는 첫 이유는 "영혼의 불멸성은 헬라의 철학으로부터 나온 비 성서적인 교리라는 것이다. 성경의 가르침에서 사람은 '조건적인 불멸, 곧 만약 그가 하나님으로부터 선물로 부활이나 또는 불멸을 받아들인다면 불멸할 가능성을 가지게 되는 것이다. 이것은 하나님께서 그분을 사랑하는 자들에게 부활을 주시며, 또한 그분을 거절하는 자들에게는 존재하는 것 자체를 빼앗아 버린다는 것을 함축하는 것이다."[62]

트라비스는 "현세에서 내세로 사람이 계속해서 살 수 있다는 안전장치로 사용된 영혼에 대한 옛 개념은 대부분 근대사상에서 버려졌다. 인간의 본질은 하나의 단일체로 보고 있으며, 결코 두 부분, 곧 죽는 신체적인 부분과 영원히 살아 있는 영혼으로 구성되어 있지 않다. 자신의 '영혼' 혹은 '자아' 또는 '인격'은 단순히 두뇌의 기능이다. 따라서 두뇌가 죽으면 사람이 죽게 되고, 거기에는 다른 생명으로 들어가는 그 어떤 것도 남아 있지 않다"는 것에 주목한다.[63]

미국의 철학자인 부루스 라이첸바흐는 자신의 책 **인간은 불사조인가?**(*Is Man the Phoenix?*)에서 인간의 본질을 다음과 같이 탐구한다. "영혼으로서의 사람이 죽지 않는다는 교리는 기독교 이원론자들에게 있어서는 독특한 차별성을 가지게 한다. 한 가지 예에서 그것은 분명히 성경의 가르침과는 반대가 된다. …[그가 여러 구절들을 인용함] 이 구절들과 또 다른 많은 구절들은 그 각 구절들이 인격자로서 사람은 죽어야 한다고 가르친다. 신체적인 유기체는 파멸하고 진정한 사람인 영혼은 죽지 않고 살아있다는 것에 대해서 말하는 언급은 전혀 없다."[64]

지도적인 복음주의 학자인 도날드 블로쉬는 다음과 같이 말하므로 동일한 결론으로 그 사실을 강조한다. "영혼은 선천적으로 불멸의 존재가 아니다. 죽는 사람, 곧 그리스도 안에서 죽는 사람조차도 몸과 영혼의 죽음 아래 있다."[65] 칼뱅 신학자인 안토니 훼케마도 "우리는 사람 안에 그 어떤 고유한 속성도 그로 하여금 죽지 않게 할 수 있다고 지적할 수 없다는 것"[66]에 동의한다. 존경받는 영국의 신약학자인 부루스는 "그리스 로마의 유산에 너무나도 많이 빚진 '영혼은 결코 죽지 않는다'는 우리의 전통적인 사고는 우리로 하여금 바울의 통전적인 견해를 이해하는 데 어려움을 겪도록 만들고 있다"고 경고한다.[67]

미국의 성서학자인 머레이 하리스는 "부활과 불멸"(Resurrection and Immortality)이라는 자신의 기고문에서 "사람은 불멸의 존재가 아닌바, 그 이유는 그가 영혼을 소유하고 있거나 혹은 영혼이 아니기 때문이다. 그는 하나님께서 그를 죽음으로부터 부활시키시므로 변화시킬 수 있기 때문에 불멸하게 된다."[68]라고 말하고 있다. 그는 플라톤의 사상은 불멸을 "분리될 수 없는 영혼의 속성으로 만든 반면에…성경은 영혼의 정체를 파괴할 수 없는 특성을 함축하고 있는 것으로 전달하지 않고 있다."[69]라고 설명한다.

랄프 왈터는 "구약에 있는 **스올**"(Sheol in the Old Testament)이라는 자신의 논문에 인간의 본질에 대한 분석을 다음과 같이 말하면서 결론을 내린다. "인간을 신체적이고도 정신적인 단일체로 보는 히브리인의 견해로부터 '영혼의 불멸성'에 대한 신앙의 여지는 거의 없다는 것이 분명하다. 전인이 살아있든지, 아니면 전인이 죽음으로 내려갔든지 간에…몸을 떠난 **루아흐**[영]나 **네페쉬**[혼]는 독립적으로 존재하지 않는다. 몸의 죽음과 함께 비인격적인 **루아흐**[영]은 '그것을 주신 하나님께로 돌아가며'(전 12:7) 또한 **네페쉬**[혼]은 파괴되며, 혹시 잔류할 지라도 **뼈**나 피에 매우 미약한 상태로 남아있다."[70]

화란의 칼뱅주의 철학자인 두이워드는 인간의 본질에 대한 이원론적인 견해를 날카롭게 비평한다. 그가 그러한 견해를 거절하는 것은 "인간의 이성(영혼)의 중앙에 있는 하나의 실체라는 사상은 인간의 속성의 완전한 부패에 대한 고백에 모순이 되기 때문일 뿐만 아니라, 또한 몸으로부터 영혼이 분리된다는 것은 다양한 문제를 발생시키기 때문이다." 그가 언급하고 있는 문제 가운데 하나는 "영혼"이 몸으로부터 분리되면 즉시 활동을 수행하는 것이 불가능하다는 것인데, 그 이유는 심적인 기능들은 불가불 몸의 현세적인 관계와 기능과 전적으로 연결되어 있기 때문이다.[71]

결론

우리는 신약에서 인간의 본질을 기술하는 데 사용되고 있는 중요한 네 단어들 곧 혼, 영, 몸 그리고 마음에 대한 연구를 종결지을 시간이 이르렀다. 우리는 신약이 이러한 용어들을 그리스도의 가르침과 구속의 봉사의 빛 가운데서 이러한 용어들에 대한 구약의 의미를 확장하고 있는 것을 발견했다.

신약에서, "혼-**프쉬케**"는 몸이 죽은 후에도 살아있는 비물질적이고 영원히 사는 실체가 아니며, 오히려 인격, 식욕, 감정 그리고 사고하는 능력을 가지고 있는 살아있는 몸인 전인을 말한다. 혼-**프쉬케**는 신체적, 감정적 그리고 영적인 생명을 의미한다.

그리스도께서는 영혼-**프쉬케**의 의미를 그분을 위해 자신들의 지상 생애를 기꺼이 희생하는 자들에게 주어질 영생의 선물을 포함하는 데로 확장하셨으나, 결코 영혼이 비물질적이고 영원히 사는 실체로 언급하지 않으셨다. 오히려 그와는 반대로, 예수께서는 하나님께서 회개하지 않은 죄인들의 몸과 함께 영혼도 멸망시킬 수 있다는 것을 가르치셨다.

바울은 "영혼-**프쉬케**"라는 용어를 죽음 후에도 살아있는 생명을 뜻하는 것으로 결코 사용하지 않는다. 그 대신에 그는 영혼을 죄와 사망의 법에 종속되어 있는 신체적인 본질(**프쉬키콘**)로 간주한다(고전 15:44). 이방 회심자들이 인간의 본질에는 영생하는 것이 아무것도 없다는 것을 이해시키기 위해서, 바울은 "영-**프뉴마**"라는 용어를 그리스도 안에 있는 새로운 생명, 곧 믿는 자가 그것을 이제와 부활 때에 하나님의 영의 선물로 전적으로 받아들이는 것을 서술하기 위해서 사용했다.

영혼과 마찬가지로 "영-**프뉴마**"는 몸을 떠나서도 독립적으로 운행하는 인간의 본질의 영적인 요소가 아니라, 신체적인 몸에 생기를 불어넣고 전인을 새롭게 하는 생명의 원리이다. 우리는 영의 의미와 기능이 구원의 사역에서 영과 동일한 분으로 간주되는 그리스도의 오심으로 확대된다는 것을 발견했다. 영-**프뉴마**의 의미는 그리스도의 구속을 통해서 가능하게 된 도덕적으로 개심(改心)하게하는 새 생명의 원리를 포함하는 것으로 확대된다.

영은 생명의 신체적인 면과 도덕적이면서도 영적인 국면 둘 다를 유지한다. 성령에 의해서 이루어지는 도덕적인 변화는 구약보다 신약이 더욱 완전하게 기술했다. 요한과 바울은 이러한 과정을 두 개의 다른 것으로 묘사하나 여전히 중생과 새 창조의 보충적인 은유를 사용하고 있다.

영-**프뉴마**는 이 주제와 관련하여 바울이 사용하는 어휘 중에서 가장 중요한 단어인데, 그 이유는 그 단어가 구원은 전적으로 "그리스도 예수 안에 있는 생명의 성령"(롬 8:2)에 의해서 중재되는 하나님의 은혜의 선물이지 결코 불멸의 영혼이 본래 소유하고 있는 것이 아니라는 것을 보여주는 데 사용되고 있기 때문이다. 신약은 그 어떤 곳에서도 생명을 주는 영을 몸으로부터 그 자체가 떨어져 나와 있는 비물질적이고 영생하는 영으로 간주하지 않는다.

영의 기능은 영적이고 불멸하는 영혼을 유지하는 것이 아니라 우리의 신체적이고 영적인 생명 둘 다를 지지하는 것이다. 창조와 재창조, 출생과 중생이 영의 활동들인 것은 "생명을 주는 것은 영"(요 6:63)이라고 말씀하셨기 때문이다. 혼과 같이 영은 인간의 본질의 어떤 분리된 실체가 아니라 하나님의 영에 의해서 지탱되고 변화되는 전인을 묘사한다.

신약에서 몸은 문자적으로는 전인, 곧 인간의 존재의 유형적인 실체와, 또 상징적으로는 자신을 죄의 영향에나 아니면 성령의 능력에 자신을 복종시키는 것 둘 모두를 의미한다. 신약에서 인간의 몸이 갖는 의미는 인간의 몸을 지닌 그리스도의 성육신과 영광의 몸을 가지고 부활하신 것에 의해 증진된다(요 20:27).

몸은 하나님의 창조와 구속의 목적 안에서 영원한 의미를 가진다. 구속은 몸으로부터 영혼을 떠나게 하는 것이 아니라 이 세상에서는 전인으로 몸의 갱신(更新)을 이루고, 오는 세상에서는 전인으로 몸의 부활을 이루는 것을 뜻한다. "몸은 영혼의 무덤이 아니라, 오히려 성령의 전이다. 사람은 몸을 떠나서는 완전하지 않다."[72] 따라서, 새 하늘에서 조차도 몸은 인간이 존재하는 데 근원적인 부분이 될 것인데, 그 이유는 구속받은 자는 몸이 없는 영혼들로 존재하는 것이 아니라 육신을 가진 부활한 몸으로 존재할 것이기 때문이다.

신약에서, 마음은 사람의 내적 생명 전체를 나타낸다. 그것은 영과 마찬가지로 사람의 정서적, 지적 그리고 영적인 기능들을 의미한다. 그러한 기능들이 마음과 영과 동등하게 묘사된다는 사실은 구약과 마찬가지로 신약도 인간의 본질을 분리될 수 없는 하나의 단일체이며 다른 "부분들"로 구성된 하나의 복합체가 아니라는 것을 보여준다.

인간의 본질에 대한 구약과 신약의 견해를 요약하자면, 우리는 성경이 일관되게 인간의 본질은 분리될 수 없는 단일체이며, 몸과 혼과 영은 동일한 한 사람의 다른 국면들을 나타내는 것이지 결코 독립적으로 기능을 하는 다른 어떤 본질이나 실체가 아님을 제시한다고 말할 수 있다. 인간의 본질에 대한 전인적인 견해는 몸이 죽을 때에 영혼은 살아있다는 신앙의 기초를 허물어 버린다.

우리가 성경에서 발견한 인간의 본질에 대한 전인적인 견해는 다음과 같은 매우 중요한 몇 가지 질문을 던진다. 사람이 죽을 때 무슨 일이 일어나는가? 죽을 때에 전인, 곧 몸과 혼과 영이 썩어 없어진다면 결국 아무것도 존재하지 않는다는 것인지? 만약 그렇다면 왜 성경은 죽은 자의 부활에 대해서 말하고 있는가? 일명 중간상태의 기간으로 알려진 죽음과 부활 사이에 죽은 자는 어떤 상태 가운데 있는가? 부활한 몸의 본질은 무엇인가? 현재의 몸과 비슷할 것인가 아니면 다를 것인가? 계속되는 다음 장들에서 이러한 질문들에 대해서 제시하고자 한다.

제 4 장

죽음에 대한
성경적 입장

제4장

죽음에 대한 성경적 입장

인류 역사를 통해, 사람들은 생명에 이르는 죽음의 종말론을 받아들이기를 거절해 왔다. 죽음은 사람의 사업, 계획들 그리고 관계에 받아들이기 어려운 졸지의 중단을 가져온다. 비록 많은 무덤의 돌 비명들에서 종종 "평화 중에 쉼"이라는 글을 읽지만, 사실상의 진리는 대부분의 사람들이 무덤에서 평화롭게 쉬기를 원치 않는다는 것이다. 그들은 차라리 살아서 생산적인 삶을 살기를 원한다. 따라서 죽음과 사후에 대한 주제는 언제나 열렬한 관심과 추측을 낳는 문제이다. 결국, 죽음의 정도는 여전히 개개인에 달려있다.

오늘날 우리는 죽음을 부정하는 문화에 살고 있다. 사람들은 마치 죽음이 존재하지 않는 것처럼 살고 있다. 의사들과 병원의 인력들은 일반적으로 죽음이 일어나지 말아야할 어떤 것으로 생각한다. 사람들이 어떤 불행을 느끼고 있든지 간에, 그들은 통상적으로 모조의 미소를 띠고 "안녕하십니까?"라고 인사하면, "잘 있습니다"라고 반응한다. 그러나 "나에게 무슨 일이 지금 일어나고 있는지?"에 대해서 의아해 하기 시작하면 우리는 더 이상 겉치레만을 유지할 수는 없을 것이다.

생의 마지막에서 조차도, 우리는 시체를 미라로 만들고 송장(送葬)을 자연스럽고 건강하게 보이도록 화장(化粧) 하므로 죽음의 실체를 부정하려고 한다. 우리는 죽은 자에게 양복이나 가운을 입혀 마치 그들이 먼지로 되돌아가는 대신에 연회장에 가려고 하는 것처럼 만든다. 대부분의 나라에서 특별한 애도를 표하는 색깔로 흰색이나 검정색을 택해왔으나 점차 사라지고 있는 이유는 사람들이 죽음을 더 이상 그들의 생명을 종식시키는 방해꾼으로 믿기를 원치 않기 때문이다.

근년에 이르러, 죽음에 관한 학과목들이 많은 대학들과 고등학교들에 소개되었다. 어떤 대학들은 불가사의한 일과 또 죽음 이 후에 생명이 있다는 것을 입증하기 위해 진의가 의심스러운 거의 죽음에 가까운 경험들과 같은 현상에 관한 과정들을 제공한다. 이 모든 경향들은 오늘날 죽음의 신비를 해결하고 또 죽음 후에 어떤 형태로든 생명이 있다는 것에 관한 확신을 얻기 위해 새롭게 제기된 관심들이다.

본장의 목적

본장은 두 가지의 중요한 목적을 가지고 있다. 첫째 우리는 근래에 죽음 후에도 의식이 존재한다는 개념을 부활시켜온 발전과정에 초점을 맞추어 간략하게 영혼의 존재에 대한 신앙의 역사를 살펴본다. 우리는 죽음에 가까운 경험을 한 사람들에 관한 연구인 강신술과 주술행하기(뉴 에이지 운동에 의해 장려된 것으로 특히 여배우 셜리 맥클레인의 영향) 등은 죽음이 생명의 단절이 아니며 오히려 다른 형태의 존재로 전환하는 것이라는 견해에 도움을 주는 데 기여해왔다는 것을 보게 될 것이다.

둘째, 우리는 죽음의 본질에 대한 성경적인 이해를 점검한다. 성경은 죽음이 죽을 몸으로부터 불멸의 영혼이 분리되는 것이라고 가르치고 있는가? 아니면, 성경은 죽음이 전인, 곧 몸과 혼을 위한 생명의 끝이라고 가르치고 있는가? 다시 말하자면, 성경에 의하면 죽음은 전인이 가지고 있는 생명의 끝인가, 아니면 우리의 존재의 불멸하는 요소를 위한 생명의 새로운 형태로의 전환인가?

이러한 질문들에 대한 해답을 찾기 위해, 우리는 성경에서 관련된 모든 구절

부활신학

들을 찾아 점검하게 될 것이다. 우리는 이미 인간의 본질에 대한 성경적인 입장을 연구할 때 이 전 장들에서 이러한 과정을 밟았다. 어떤 문제를 가지고 있는 구절들은 명확한 구절들의 빛에서 해석되어져야한다. 신앙의 유비(類比)로 알려진 이러한 원리에 따라, 우리는 성경에서 발견하는 분명한 모순들을 해결할 것이다.

A. 영혼의 생존 신앙에 관한 역사적인 개괄

"너희가 결코 죽지 아니하리라"

본장에서 죽음과 뒤에 나오게 되는 죽은 자의 상태에 관한 성경적 입장에 대한 연구에 가교를 놓기 위해서 죽음 후에 영혼이 살아있다는 신앙에 대한 역사를 간략하게 살펴보는 것이 도움이 될 것이다. "너희가 결코 죽지 아니하리라"(창 3:4)는 뱀의 거짓말은 인간의 역사를 통해 오늘날까지 이르러왔다. 죽음 후에도 어떤 형태로든 생명이 있다는 신앙은 실제적으로 모든 사회에 있어왔다. 죽음이 생명에 취하는 입장은 사람들로 하여금 사후에 어떤 형태로든 생명이 남아있다는 신앙을 모든 문화에서 형성하도록 인도해왔다는 도전의 빛 속에서 확신할 필요가 있다.

기독교의 역사에서 죽음은 일반적으로 죽을 몸으로부터 불멸하는 영혼이 분리되는 것으로 정의해왔다. 몸이 죽은 후에 영혼은 살아있다는 신앙은 다양한 방법으로 표현되어왔으며 그러한 추론은 죽은 자를 위한 기도, 면죄부, 연옥, 성도의 중보기도, 지옥에서의 영원한 고통 등등의 추론적인 교리들을 발생시켰다. 아우구스티누스(A.D. 354~430)의 시기 이후로부터 그리스도인들은 죽음과 부활 사이, 곧 "중간 단계의 상태"로 알려진 기간 사이에 죽은 자의 영혼은 낙원의 축복을 누리든지 아니면 연옥이나 지옥에서 고통을 당하게 된다고 배웠다. 몸을 떠난 영혼의 상태는 성도들에게는 구원을 이루고 악한 자는 정죄하는 몸의 부활 때까지 계속된다는 것이다.

　중세기 동안에 죽음에 대한 두려움과 사후의 영혼에게 일어날 일들에 대한 추측이 백성들의 상상력을 사로잡았으며 또한 문학적인 작품과 신학적인 작품들에 영감을 불어넣었다. 단테의 신곡(神曲)은 죄인들의 영혼들이 연옥이나 지옥에서 고통을 당하고 또 성도들의 영혼들이 낙원에서 복을 받는다는 것을 실제적인 것으로 묘사하는 무수한 문학과 예술적인 작품들 가운데서 극히 작은 한 부분에 불과하다.

　영혼의 생존에 관한 신앙심은 죽은 자들의 영혼이 낙원으로 승천하기 전에 그들의 죄에 대한 일시적인 형벌로 고통을 받으므로 정결하게 되는 장소라는 연옥의 교리를 발전시키는 데 기여했다. 광범위하게 신봉된 이 신앙은 살아있는 사람들에게 정서적이고 재정적인 압박을 가했다. 레이 앤더슨은 "살기 위해서 충분한 돈을 벌어야했을 뿐만 아니라 죽은 자들을 위한 '영적 저당권'을 갚기 위해서 돈을 지불해야 한다."[1]라고 했다.

개혁자들은 연옥설을 반대함

　개신교의 종교개혁은 주로 연옥에서 사후의 생애를 산다는 중세의 미신적인 신앙에 대한 반작용으로부터 출발했다. 개혁자들은 죽은 가족들이 연옥에서 머무는 기간을 단축시키기 위해서 면죄부를 사고파는 행위를 비성서적이며 비이성적인 일이라고 거절했다. 그러함에도 불구하고 그들은 중간기 상태 동안에 낙원에서든지 아니면 지옥에서든지 영혼이 의식적으로 존재한다는 것을 계속해서 믿었다. 칼뱅은 이러한 신앙을 루터보다 더욱 적극적으로 표현했다.[2] 자신의 논문(Psychopannychia)[3]에서 영혼은 죽음과 부활 사이에 단지 잠을 자는 것이라고 가르쳤던 재 침례교도들을 대항하는 기록을 하면서, 칼뱅은 중간기 동안에 믿는 자들의 영혼들은 하늘의 축복을 즐기며, 불신자들은 지옥의 고통을 감수한다고 주장한다. 부활 시에 몸은 영혼과 재결합하므로 낙원의 기쁨이나 또는 지옥에서의 고통이 더욱 격해진다고 가르쳤다. 그때로부터 이 중간기

의 교리는 대부분의 개신교회들에서 받아들어져 왔으며 다양한 고백문들에 반영되었다.[4]

영어를 말하는 세계에 있는 장로교도들의 신앙에 대한 분명한 진술서로 알려진 웨스트민스터 고백문(1646)은 다음과 같이 진술한다. "사후의 사람의 몸은 흙으로 돌아가며, 부패하는 것을 보지만, 그러나 불멸의 존재를 가지고 있는 그들의 영혼은(죽거나 잠자지 않음) 즉각적으로 그것들을 주신 하나님께로 돌아간다. 거룩한 중에 완전하게 된 존재인 의인들의 영혼은 지극히 높은 하늘에 받아들여져서, 그곳에서 그들은 빛나고 영광스런 하나님의 얼굴을 바라보며, 그들의 몸의 완전한 구속을 기다린다. 그리고 악한 자들의 영혼들은 큰 날에 심판을 받기 위해서 지옥으로 추방되어, 그곳에서 그들은 극한 고통과 어두움 가운데 머문다."[5] 이 고백서는 연옥에 대한 신앙은 비 성서적인 것으로 선언하고 있다.

연옥에서 영혼이 고통을 받는다는 교리를 비성서적이고 대중적인 미신들로 배척하므로, 개혁자들은 인간의 본질을 계몽주의 시대의 이성주의 철학자들로 인간의 본질에 대한 재평가의 길을 열어놓았다. 이런 철학자들은 영혼의 불멸성에 대한 개념을 즉각적으로 포기하지는 않았다. 사후에 생명이 남아있다는 신앙에 대한 첫 번째의 의미심장한 공격은 영국의 철학자요 역사가인 데이빗 흄(A.D. 1711~1776)으로부터 왔다. 그는 영혼의 불멸성에 대해서 의문을 가졌는데, 그 이유는 그는 모든 지식이 신체의 감각기관의 지각력으로부터 온다는 것을 믿었기 때문이다.[6] 몸의 죽음이 모든 신체적인 감각기관의 정지로 나타나는 이상 영혼이 신체가 죽은 후에도 의식을 가지고 존재한다는 것은 불가능하다는 것이었다.

사후에 대한 신앙이 하강곡선을 그리게 된 것은 18세기 중엽에 불란서, 영국, 미국 등지에서 무신론, 회의주의 그리고 계몽주의로 말미암아 그 절정에 달하게 되었다. 다윈의 **종의 기원**(*Origin of Species*, 1859)의 출판은 미신주의, 특히 영혼의 불멸성에 대한 또 다른 타격을 가했다. 만약 인간의 생명이 자연적인 생산의 결과라면 인간이란 존재는 그들 속에 그 어떤 신적인 영이나 또는 불멸성의 혼은 없다는 것이다. 다윈의 이론들은 사람들로 하여금 영혼의 생존과 같은 초자연적인 현상에 대해 "과학적인" 증거를 발견하도록 도전했다.

강신술과 영혼에 대한 흥미의 살아남

사후의 생명에 대한 공식적인 관심은 불머 리튼이 쓴 차세대 **인종**(*The Coming Race*)이란 단행본의 출판으로 인하여 곧 되살아나게 되었다. 이 책은 영국 사회에서 불가사의한 의식들을 만드는 데 기여한 많은 저술가들에게 영향을 끼쳤다. 미국에서는 죽은 자의 영혼과 대화하는 것에 대한 공공연한 흥미가 뉴욕의 하이데스델에서 살았던 폭스 자매들에 의해서 거행된 교령회(交靈會)에 의해서 불붙게 되었다. 1848년 3월 31일에 그들은 교령회를 인도했으며, 그 집회 중에 자신을 윌리엄 더슬러라고 불리는 살해된 한 사람의 의심스러운 영이 그들에게 만약 지하를 파면 그 사람의 시체를 발견하게 될 것이라는 정보를 주었다. 한 구의 시체가 발견되므로 이것은 사실로 입증되었다.

폭스의 집에서 죽은 자의 영들이 탁자를 두들기는 소리를 내므로 교통하게 된 이 후, "탁자를 두드리는" 교령회는 미국과 영국에서 죽은자의 영과 교통하는 한 방편으로 유명해졌다. 이런 현상은 많은 지식인들의 주의를 집중시켰으며, 그들은 1882년에 심령연구를 위한 협회(SPR)를 조직했다. 케임브리지의 저명한 철학자인 헨리 세드위치는 그 당시에 전 영국의 총리였던 윌리엄 글레드스톤과 그 다음 총리였던 아더 벨포어 같이 저명한 사람들을 그 협회에 가담하도록 하는 데 통로가 되었다.

심령연구회의 중요한 부산물은 조셉 뱅크즈 라인의 작품으로 대표되는 것으로, 그는 1930년에 사후의 의식에 대한 연구를 시작한 것이다. 라인은 시카고 대학의 생물학자로 훈련을 받았으며 후에 하버드 대학에서 강의하는 동안에 심령연구협회에 가담하게 되었다. 그는 심령연구협회가 수년 동안 연구한 주제들을 "초감각적 인식" 곧 "신지학"(ESP) 또는 "초심리학"이라는 새로운 표현들을

부활신학

만들어냄으로 새롭게 정립했다. 이것은 사후의 연구에 대한 과학적인 신뢰도를 높이기 위해 계획된 것이었다. 후에 라인은 미국과 영국의 두 심령연구협회에 의장으로 수고했던 윌리엄 맥두겔과 함께 듀크 대학교에 심령연구를 위한 한 학과를 설립했다. 러시아인들은 자신들의 영매경험을 소개했다. 그들이 발견한 것들은 쉐일라 오스트랜드와 린 스크로더(1970)에 의해 공동 집필된 철의 장막 뒤에 있는 **심령현상의 발견**(*Psychic Discoveries Behind the Iron*)이라는 대중화된 형태로 출판되었다.

1960년대 후반에 성공회의 감독이었던 제임스 파이크는 자신의 죽은 아들과 규칙적으로 대화하므로 죽은자의 영과 교통하는 것에 대한 문제에 새로운 주의를 끌었다. 오늘날 우리사회는 자신들의 봉사활동을 TV, 잡지, 라디오 그리고 신문을 통해 홍보하는 영매들과 심령술사들로 홍수를 이루고 있다. 오시스와 헤럴드슨은 그들의 책 **임종의 때에**(*At the Hour of Death*)에서 다음과 같이 기록하고 있다. "죽은 자들과 접촉하는 것에 대한 자연스런 경험은 놀라우리만큼 널리 퍼지고 있다. 나라의 한 통계에 의하면 미국 인구의 27%가 그들이 죽은 친족들과 만남을 가졌다고 말했으며, 과부들과 홀아비들은 자신들의 죽은 배우자들과 만났으며, 그중 51%는 빈번히 만났다고 보고했다."[7] 죽은자의 영들과의 교통은 단지 미국의 현상만은 아니다. 다른 나라들의 연구보고서는 병들어 죽은 자신들의 애인들의 영과 교통하기 위해 영매들의 활동에 가담하는 사람들의 비율이 거의 비슷하게 높은 것을 보여준다.[8]

웨일즈의 성 데이빗 대학교의 교수들인 폴과 린다 베드함은 자신들의 책 **불멸인가 아니면 사멸인가?**(*Immortality or Extinction?*)에서 사후에 의식적인 생명이 있다는 자신들의 신앙을 지지하기 위해 "심령연구로부터의 입증"에 한 장을 할애하고 있다. 그들은 기록하기를 "어떤 사람들은 죽은 자들과의 직접적인 접촉은 진의가 의심스러운 능력을 가지고 있는 영매들을 통해서 성취될 수 있다고 믿고 있으며, 한편으로 황홀상태에서 죽은자와 살아있는 사람과의 사이에 기별을 전달할 수 있다고 믿는다. 이러한 교통의 실상을 믿는 신앙은 신령주의 교회들의 원동력이 되며, 또한 영매들과 상의하는 애도자들은 빈번히 영매들이 주는 임종한 사랑하는 자들에 대한 설명들을 확신하므로 감명을 받는다. 종종 영매는 고인의 지난날의 생애에 대한 지식을 보여주기도 한다."[9]

베드함은 많은 경우에 있어서 영매들은 그들이 교통하는 것을 "정확한 관찰과 지적인 추측"[10]에 놓는 협잡꾼들이라는 것을 시인한다. 그럼에도 불구하고 그들은 거기에는 "신체적으로 죽은 사람의 인격이 살아있다는 것에 대한 진정한 입증"[11]이 있다고 믿고 있다. 그들은 자신들의 신앙을 그들이 죽은 이후에 심령연구협회의 살아있는 회원들에게 그들이 죽었음에서도 살아있다는 것을 입증하기 위해 기별들을 보내기 시작한 심령연구협회의 여러 회원들의 경우들을 보고하므로 지원하고 있다.[12]

우리가 의도하는 것은 영들로부터 기별을 받아 전달하는 일단의 영매들의 능력을 반박하려는 것이 아니다. 문제는 그러한 기별들이 죽은자의 영으로부터 오는지 아니면 사단의 영으로부터 오는지에 있는 것이다. 우리는 이러한 질문을 본 장의 후미에서 엔돌의 무당과 사울왕이 함께 모의한 것(삼상 28:7~25)에 대한 연구와 관련하여 제시한다. 이 중대한 때에, 강신술이 사후에도 영혼이 살아있다는 신앙을 증폭시키는 데 여전히 오늘날에도 주요한 역할을 감당하고 있다는 것을 주목하도록 하는 데 도움이 된다. 영매들을 통해서 사람들은 사랑하는 고인들의 영으로 추정되는 것과 교통해 볼 수 있었다는 것을 영혼의 불멸성을 믿는 이유로 들고 있다.

임상사망의 경험

영혼이 살아있다는 신앙을 증진시키는 데 기여한 오늘날 또 다른 의미심장한 발전은 "죽음 직전의 경험", 곧 임상사망(near-death)에 대한 연구이다. 그러한 연구들은 거반 죽음 직전에 이르렀다가 소생한 경험을 한 사람들과 또한 어떤 환자들의 임종 경험을 기록한 의사들과 간호사들로부터 온 보고들에 기초하고 있다.

부활신학

죽음 직전까지 간 사람들에 의해 보고된 경험들은 종종 많은 사람들이 살아 있는 영혼이 낙원에 있는 것이 틀림없다고 믿는 신앙과 평행을 이루기도 한다. 비록 두 보고들이 동일한 것은 아니지만 어떤 보편적인 특성들이 있는데, 곧 평화롭게 보이고, 어떤 어두운 공간을 통해서 매우 신속하게 끌려가는 느낌을 가지며, 가볍게 떠있는 것 같고, 영적인 몸 같으며, 어떤 영적인 존재의 임재 속에 있는 것을 느끼고, 어떤 밝은 빛을 만나며, 종종 예수 그리스도나 또는 어떤 천사로 인식되기도 하며 그리고 한줄기의 빛에 둘러싸인 도성에 대한 이상 같은 것들이다.[13] 그러한 경험들은 죽을 때에 혼이 몸을 떠나 몸 없는 상태에서 산다는 것을 입증하는 것으로 해석된다.

죽음 직전의 경험들은 새로운 것이 아니다. 그러한 경험들은 에드워드 버넷 테일러에 의해 기록된 **영국 교회와 백성들의 역사**(*History of the English Church and People*)와 플라톤의 **공화국**(*Republic*) 같은 고전 문학들에서 발견할 수 있다.[14] 공화국에서 플라톤은 죽음 직전의 경험에 관한 중요한 이야기를 하고 있으며, 그곳에서 그는 영혼의 불멸성에 대한 신앙을 구체화하기 위해서 그 이야기를 다루고 있다.

그는 다음과 같이 기록하고 있다. "아르메니우스의 아들인 에르(Er)는 인종으로는 밤빌리아인이다. 그는 옛날에 전쟁에서 살해되었으며, 그로부터 10일이나 되어 완전히 부패되었으나 완전한 채로 발견되었기에 장례를 치르기 위해 집으로 운구해왔다. 12일째 되는 날에 그가 화장용 장작더미에 놓여있을 때 다시 살아났으며, 생명이 돌아왔을 때 그는 저 너머의 세상을 보았다고 말했다. 그는 자신의 영혼이 그의 몸으로 돌아왔을 때 그는 큰 무리들과 여행을 했으며, 그들은 땅에 나란히 열려진 두 곳의 한 신비로운 지역으로 왔으며, 하늘에는 그들 맞은 편 앞과 위에 두 다른 사람들이 있으며, 재판관들은 이들 사이에 앉아 있었고, 모든 심판이 끝난 후에 심판대 앞에서 그들에게 증표를 붙여주면서 의로운 사람들에게는 하늘을 통과하여 오른쪽과 위쪽으로 가도록 명령했다. 불의한 자들은 왼쪽 아래로 내려가는 길로 가 그들도 역시 뒤에 자신들에게 떨어진 모든 표징들을 가지고 있었으며, 그 자신이 가까이 오자 그들은 그에게 다른 세계에서 온 그들에게 선포하기 위해 인류를 위한 기별자가 되어야 한다고 말했으며, 그들은 그에게 귀를 주고 또 그 곳에 있는 모든 것을 관찰하도록 책임을 부과했다. …그러나 그는 어떻게 무슨 방법으로 몸으로 돌아왔는지 그는 알지 못한다고 말하지만, 갑자기 그의 시야가 회복되면서 그는 화장용 장작더미에 누워있는 그 자신을 보게 되었다."[15]

플라톤은 자신의 이야기를 다음과 같은 의미 깊은 조언으로 끝마치고 있다. "따라서 이야기는 구원을 받은 것으로 되었다. …그리고 만일 우리가 영혼은 불멸하며 선과 악의 모든 극단을 참을 수 있다는 것을 믿기만 한다면 그 이야기가 우리를 구원할 것이다."[16] 사람은 영혼의 불멸성을 믿는 신앙이 어떤 종류의 구원을 가져다줄 것인지에 대해서 의아해 한다. 천상에서 몸을 떠난 영혼이나 또는 영의 생존은 본래의 완전함으로 새롭게 된 이 유성 지구에서의 한 실제적인 생명을 가진 전인의 부활에 관한 성경적인 소망과는 거의 비교가 되지 않는다. 이 질문에 대해서 우리는 마지막 장으로 돌아가서 앞으로 올 세상에 대한 성경적인 이상을 점검한다.

죽음 직전의 경험에 대한 연구

우리의 시대에, 죽음직전의 경험에 대한 연구는 주로 미국의 정신분석학자인 레이몬드 무디에 의해서 처음으로 시작되었다. 그의 두 독창적인 작품들인 **생명 저 너머의 삶**(*Life after Life*, 1975)과 **생명 저 너머의 삶에 대한 회상** (*Reflections on Life after*, 1977)은 신체를 벗어난 경험들을 제시하는 무수히 많은 책들과 원고들 그리고 논쟁들을 촉발시켰다.[17] "더 나아가 최근에는 죽음 직전의 경험들에 대한 책들과 기고문들을 담고 있는 한 참고문헌이 2,500여 제목들을 열거하고 있다."[18]

무디는 죽기 직전의 경험을 한 150여명의 사람들을 연구했는데, 그들 중 어떤 사람들은 의학적으로 죽은 자들이었다. 문제는 그러한 자료들을 어떻게 해

부활신학

석했는가 하는 것이다. 무디의 책을 출판한 사람은 그 보고들은 "실제의 경우들에 관한 역사는 사후에 생명이 있다는 것을 나타내는 것"[19]이라고 주장한다. 그는 자신이 비록 그러한 자료들을 그러한 신앙을 위해 "매우 의미심장한 것들"로 간주하고 있으면서도 "신체적으로 죽은 사람의 생명이 존재한다는 것을 입증하려는 논리를 세우려고" 노력했다는 것을 철저하게 부정한다.[20] 그는 죽음 직전의 경험을 생각할 수 있는 가능성을 종말에 대한 사건들의 심리적인 결과가 불멸이라는 것에 친숙해지도록 문을 열어놓고 있다.

영혼이 존재한다는 신앙을 위해 진의가 의심스러운 입증을 하고 있는 죽음직전의 경험들을 점검하는 것이 본 연구의 목적은 아니다. 인간의 본질을 정의하기 위한 우리의 표준적인 권위는 사람들의 주관적인 죽음직전의 경험들이 아니라 우리를 위해 마련된 하나님의 말씀 속에 있는 객관적인 계시이다(벧후 1:19). 따라서 죽음 직전의 경험들에 대한 세 기본적인 관찰만을 여기서 살펴본다.

첫째는 죽음을 정의하는 문제이다. 의학연구잡지인 랜셋(Lancet)의 편집장은 "죽음에 대한 진부한 정의들을 단지 의도적으로 사용하는 것은 사람들로 하여금 어떤 사람이 임상상태에서 죽음 저편에 있는 것을 우리에게 말하기 위해서 돌아왔다고 주장할 수 있도록 하는데, 그 이유는 죽음이란 그것의 정의를 생생하게 하고 또 주기적으로 개선하므로 누군가가 우리에게 무엇인가를 말해 주기 위해 돌아 올 수 있는 그 지점을 초월하기 때문이다."[21]라고 지적한다. 이와 유사하게 폴 커츠 교수는 "우리는 그 당사자들이 사실상 죽었다는 것을 입증하는 것이 어렵지 않다. 그러한 입증을 얻는 것은 불가능하지 않은데, 경직된 신체의 장부촉 이음이 그 하나의 징표이고 뇌사는 또 다른 징표이다. 실제로 이야기가 묘사되고 있는 것은 '죽음의 과정이나 또는 거의 죽음에 이르는 경험이지, 결코 죽음 그 자체는 아니다."[22]라고 조언한다.

두 번째는 폴과 린다 베드함이 관찰하고 있는 것처럼 "생명과 사망 사이에서 정지해 있는 어떤 사람은 심각한 신체적 정신적인 압박으로 고통을 당하고 있는 것이 틀림없다. 환각상태에 이르게 하는 진통제에 의해 마취되거나, 아니면 열에 의해 흥분하게 되므로 산소가 부족한 뇌는 거의 정상적인 기능을 하지 못하며, 따라서 이상은 혼란한 상태에서 올 수밖에 없다."[23]라는 것을 기억할 필요가 있다는 것이다. 어떤 조사연구는 거의 죽은 자와 환각제에 기인된 영향들 사이에 어떤 유사성이 있다는 것을 다음과 같이 말하므로 보여주었다. "현대 지각연구는 이러한 유사성이 환각상태가 지속되는 기간에 약물에 의해서 다시 만들어질 수 있다는 것을 보여주었다. 따라서 이러한 경험은 연속되는 정신적인 경험에 속해있는 것처럼 보이며, 입증된 것은 사후에 생명이 남아 있는 것이 아니라는 것이며, 오히려 의식적 자아와 신체적인 자아 사이의 관계는 이 전에 생각했던 것 보다 더 복잡하다."[24]

마지막으로 어떻게 임상사망의 경험들이 환자들 자신의 마음의 결과물들이라기보다 "실제적인 경험들"이라는 것을 정립할 수 있는가?하는 것이다. 또한 죽음직전의 경험을 한 사람들의 거의 대부분의 보고들이 행복과 하늘에서 이룬 일들에 관한 것이며 지옥불의 뜨거운 고통을 경험했다는 흔적이 없는가? 그것은 사람이 죽어갈 때 당사자들은 지옥의 고통을 생각하기 보다는 하늘에서의 행복에 대해 꿈꾸기를 선호한다는 것이 입증된 것이다. 그러나 하늘의 비전조차도 사람의 종교적인 배경에 주로 의존한다.

칼리스 오시스와 엘런더 헤럴손은 미국과 인도에서 임상사망을 경험한 자들의 1,000건이 넘는 보고들을 평가해 보았다. 그들은 힌두교도인 환자들의 비전은 전형적으로 인도인들다운 것들이었으며, 반면에 서구인들과 그리스도인들은 다분히 미국인들다운 것들이었다는 것을 발견했다. 예컨대 대학 교육을 받은 한 힌두교도 여성은 한 마리의 소에 의해 하늘로 옮겨지고 있는 경험을 했으며, 반면에 요셉 성당에서 기도하고 있었던 한 미국인 환자는 그녀의 후견인 성도를 만나는 경험을 했다.[25] 사후의 경험에 대한 이러한 보고들은 환자들 개인의 신앙을 반영한다. 그들이 죽어가는 과정에서 경험한 것은 대부분 자신들의 개인적인 신앙에 의해서 조성된 경험들과 매우 흡사했다. 우리가 항시 기억해야하는 것은 임종이나 또는 거의 죽을 뻔한 경험들은 여전히 살아있거나 아니면 의식

부활신학

이 되돌아 온 사람들이 한 경험들이라는 것이다. 그런 상황에서 이들이 어떤 경험을 했든지 간에 그들은 여전히 현재에 부분적으로 살아있으며 죽은 후에 생명을 가진 것이 아니다. 성경은 죽음으로부터 살아난 일곱 건의 경우들을 보고하고 있으나(왕상 17:17~24; 왕하 4:25~37; 눅 7:11~15; 8:41~56; 행 9:36~41; 20:9~11), 그 보고 가운데 단 하나도 사후의 생명을 다루고 있지 않다.

나사로는 실제로 나흘 동안 죽어 있었다가 생명이 되돌아 왔지만 몸 밖의 경험에 관한 어떤 흥분된 보고도 하지 않고 있다. 그 이유는 매우 단순하다. 성경에 따르면 죽음은 전인의 생명의 중단이기 때문이다. 죽음과 부활 사이에는 그어떤 형태의 의식도 존재하지 않는다. 죽음이란 그리스도께서 영광스러운 재림의 날에 그들을 부르실 때까지 자신들의 무덤에서 무의식 상태로 쉬고 있는 것이다.

뉴 에이지 운동

사후에 의식이 있다는 것에 대한 신앙은 특히 뉴 에이지 운동에서 보편화되어 있다.[26] 이러한 대중적인 운동을 정의하는 것은 쉽지 않은데, 그 이유는 이 운동은 어떤 공통적인 가치관과 이상을 나누는 조직과 개인들의 연결망을 나타내기 때문이다. 이러한 자들의 가치관은 모든 사람은 다 하나님이라는 견해에 따른 범신론적인 세계와 동방의 신비주의로부터 왔다. 그들은 "물병자리의 시대"로 알려진 평화의 "새 세대"와 대중적인 계몽의 시기가 오고 있음을 마음속에 그려보고 있는 자들이다.

뉴 에이지 세대의 사람들은 뉴 에이지가 언제 어떻게 시작되는 지에 관해서는 각기 다를 수 있으나, 그들은 모두 그들 자신이 정치, 경제, 사회 그리고 영적인 생애에 가담하므로 새로운 질서를 촉진시킬 수 있다는 것에는 동의한다. 어떤 사회적인 분석들에 따르면 뉴 에이지 운동은 오늘날의 시대에 중요한 문화적인 운동이 되었다. 엘리옷 밀러는 뉴 에이지 운동을 정의하기를 "전통적인 유대-기독교 종교와 문화적인 우위를 점하고 있는 세속적인 인본주의와 경쟁하는 중요한 제3의 사회적인 힘"27이라고 한다.

뉴 에이지 운동가들에게는 궁극적인 실체란 비인격적이고, 무한한 의식이며, 또한 힘으로 나타나는 범신론적인 하나님이다. 인간은 신의식의 일부분이며 그들 자신의 의식 속에서 유일하게 하나님으로부터 분리되어 있다. 명상, 주술, 황홀경 연무 그리고 무아지경 같은 특별한 수단에 의해 뉴 에이지 운동가들은 하나님과 하나가 되는 경험을 하기를 찾고 있다. 따라서 뉴 에이지 운동가들에게 있어서 구원은 특별한 영적 기술을 통해 자아를 실현하는 것과 동일한 것으로 간주한다.

매개(媒介)하는 광기

뉴 에이지 운동의 중요한 국면은 죽은 인간과 과외의 인간의 지성들과 진의가 의심스러운 교통을 하는 것이다. 이러한 현상은 채널링(channeling)으로 알려지고 있으나, 보다 바르게는 "신령주의 뉴에이지 형태"28로 불려져 왔다. 밀러는 바르게 주목하기를 "신령주의는 역사에서 실제로 모든 종류의 범신주의 형태의 한 부분의 역할을 감당해 왔다. 영이 자신의 몸을 이런 방식으로 사용하기를 허락한 사람들을 다양한 이름, 곧 '무당' '마법사' '약제사' '점쟁이' 그리고 '예언가'들로 불려져 왔다. 우리의 문화에서 보편적인 용어는 '영매'(靈媒)였으나 최근에는 수 년 동안 영매와 관련을 맺어 왔던 부정적인 스테레오 타입의 획일적인 형태부터 해방되기를 바라는 의도를 반영하는 '매개' 또는 '매개자'를 더 선호한다.29

'매개자'는 본래 과거의 위대한 영들로부터 가르침과 지혜를 전수 받은 자라고 주장하는 사람이다. 매개사업은 미국의 주요 도시들에서 붐이 일고 있다. **로스 앤젤레스 타임즈**에 따르면 10년 동안에 전문 매개자들은 두 명에서 일천 명으로 증가했다.30 이것은 매개자들로 하여금 그들의 봉사를 거래하기 위해서 매디슨 가의 심리학을 사용하도록 강요하고 있다.

유명한 매개자인 타린 클라이브에 의한 한 광고는 그들이 마련하고 있는 봉사에 대해 호감을 얻기 위해 다음과 같이 광고하고 있다. "타린을 통해 수많은 영적인 안내자들이 자신들의 가르침과 기별들을 제시해준다. 그들은 금생과 다른 생애에 관한 여러분들의 질문들에 해답을 줄 것이다. 그들은 여러분들의 생명의 과제들을 확인하는 데 도움을 줄 것이며 생애하고 사랑하기 위해 가장 높은 힘을 내도록 할 것이다. …여러분의 신령한 안내자를 만나시오. 여러분의 과거의 생애를 회고하고 현재로부터 그것들의 영향력을 방출하는 것을 배우시오. 여러분의 매개활동력(의식적 또는 자동적, 몽환 중 하는 매개활동)을 개발하시오."[31]

뉴 에이지 운동, 특히 매개활동을 장려하는 지도적인 역할을 해 온 사람으로 유명한 여배우 셜리 맥클레인이 있다. 그녀의 책들은 500만부 이상이나 팔렸다. **심각한 위험**(*Out on a Limb*)이란 책의 미니 시리즈는 매개활동에 대해 전대미문의 흥미를 갖도록 불을 댕겼다. 맥클레인은 자신을 뉴 에이지운동의 최고 전도자로 여기고 있다. 자신의 TV 미니 시리즈에 따르면 그녀는 이틀 동안에 "더 높은 자아와의 연결"이라고 부르는 전국적인 세미나를 가졌다. 후에 그녀는 세미나들로부터 나온 수익금을 콜로라도 프에블로 근처에 300에이크나 되는 영적훈련 센터를 세우는 데 사용했다. 이 센터의 목적은 사람들이 더 높은 영들과 교통할 수 있는 신뢰할 만한 장소를 마련하는 것이었다.[32]

뉴 에이지 운동의 성공에 공헌해온 중요한 요인은 사람들을 그들의 죽은 사랑하는 사람들뿐만 아니라 과거의 위대한 영들과 연결시켜 준다고 주장하는 것이다. 초심리학자이면서 매개자의 일을 하는 알렌 보그한은 지적하기를 "다른 의식과 접촉하는 것에 대한 스릴과 인접성은 매개활동의 경이적인 성장 배후에 있는 몰아가는 힘일 수 있다."[33]라고 한다.

더 높은 존재로 이동하는 것으로서의 죽음

죽은 자의 영들과 교통하는 것은 죽음이 생명의 종말이 아니라 존재의 더 높은 평원으로 단지 이동하므로 지구에서나 아니면 다른 곳에서 환생하는 것을 가능하도록 만드는 것으로 보는 신앙에 기초하고 있다. "예수"를 위한 하나의 통로로서 말한다고 주장하는 버지니아 에센스는 "죽음은 하나의 자동적인 것이며 즉각적으로 배움, 성장 그리고 봉사의 더 큰 지경에 들어가는 것으로써 이미 여러분들은 그것에 거의 익숙해 있다. 여러분들은 더 높은 단계의 목적과 기쁨 그리고 이해에서 살고 있다."[34]라고 진술한다.

여러 면에서 죽음에 대해 더 높은 지경의 삶 속으로 즉각적으로 들어가는 것으로 보는 뉴 에이지의 견해는 죽을 때에 영혼은 의식을 가지고 살아있는 것으로 보는 전통적인 그리스도인들의 신앙을 반영하고 있다. 이 두 신앙은 에덴동산에서 "네가 죽지 아니하리라"(창 3:4)고 말한 뱀의 첫 거짓말로 거슬러 올라갈 수 있다. 이 거짓말은 수 세기 동안에 기독교와 비기독교 종교를 황폐화시키면서 존재해 왔다.

엘리옷 밀러는 뉴 에이지 운동에 대한 심층적 연구에서 "많은 그리스도인들의 관찰에서 올바로 주목해 온 바, 뉴 에이지의 매개 교리의 핵심은 뱀에 의해서 에덴동산에서 처음으로 발설된 '네가 하나님처럼 될 수 있다', '너는 죽지 않을 것이다'(창 3:4, 5)이다. 그 후 이 '복음'은 세상의 온갖 불행을 만들어내었다. 그러나 이제야 알아차린 것은 하나님께서 그리스도 안에서 인간이 해결할 수 없는 상황을 치료하시기 위해서 모든 일을 행하실 것이라는 것이다."[35]라고 예리하게 관찰하고 있다.

밀러는 오늘날 뉴 에이지 운동에 의해서 권장되고 있는 즉각적인 불멸에 대한 신앙은 사람들이 자신들이 죽은 후에는 더 높은 존재의 차원으로 들어가는 방책을 가지고 있다고 주장한 이 후, 그리스도께서 마련하시는 구원은 더 이상 아무 쓸모가 없게 된다는 것을 올바로 주목하고 있다. 불행하게도, 밀러는 그러한 운동을 권장하는 뉴 에이지 운동이 성공하고 있는 것은 주로 인간의 본질에 대한 전통적인 이원론적 견해에 기인하고 있다는 것을 이해하지 못하고 있다. 몸은 죽지만 영혼은 불멸한다고 믿고 있는 그리스도인들은 죽음을 더 높은 삶의 경지 안으로 옮겨간다는 뉴 에이지의 견해를 받아들이는 데 큰 어려움이 없다. 결국, 후자는 주로 성도들의 영혼이 복스런 낙원에서 의식을 가진 존재로 살아있다는 신앙과 일치한다.

결론

앞의 연구는 "너희가 죽지 아니하리라"(창 3:4)는 사단의 거짓말이 인간의 전 역사를 통해서 오늘날까지 다양한 형태로 존재해왔다는 것을 보여준다. 중세기 동안에 사후의 삶에 대한 신앙은 문헌, 예술, 성도들의 축복과 죄인들의 형벌에 대한 미신적인 진술들을 통해서 증가되어 왔으며, 오늘날 그러한 신앙은 매개 자, 정신분석가들, 죽음에 근접한 자들에 대한 과학적인 조사 연구 그리고 과거 의 죽은 자들의 영들과의 뉴 에이지 교통 등을 통해 장려되어 왔다. 사단의 방 법은 변화되어 왔으나 그의 목표는 여전히 동일한데, 그것은 신과 같이 되어 영 원히 산다는 것이다. 이러한 기만을 대항하는 우리의 유일한 방어책은 성경이 죽음의 본질과 죽은 자의 상태에 대해서 가르치고 있는 것을 분명하게 이해하 는 것이다.

B. 죽음의 본질

소크라테스와 그리스도의 죽음

죽음에 대한 성경적인 견해를 조명하기 위해서 오스카 쿨만은 소크라테스의 죽음을 예수의 죽음과 대조하고 있다.[36] 자신의 책 **파에돈**(*Phaedo*)에서 소트 라테스의 죽음에 대한 인상적인 기술을 하고 있다. 그의 운명의 날에 소크라테 스는 자신의 제자들에게 영혼의 불멸성에 대한 교리를 가르쳤으며 그들에게 죽 으면서 어떻게 그런 신앙을 실천하는지를 보여주었다. 그는 자신의 제자들에게 어떻게 영혼의 감옥인 몸으로부터 철학의 영원한 진리에 몰두하므로 해방될 수 있는지를 설명했다. 플라톤은 우리에게 소크라테스가 완전한 평화와 침착성을 가지고 사약을 마시므로 죽음 속으로 들어갔다는 것을 말하고 있다. 왜냐하면 소크라테에게 있어서 죽음이란 몸의 족쇄로부터 영혼을 해방시키는 것이 되기 때문에 영혼의 가장 훌륭한 친구였기 때문이다.

죽음에 대한 그리스도의 자세와 얼마나 다른가! 겟세마네에서 죽음의 밤에, 예수께서는 "큰 번민과 고뇌"(막 14:33)에 처해 있었으며, 그는 자신의 제자들에게 "내 마음이 심히 고민하여 죽게 되었다"(막 14:34)고 말씀하셨다. 왜냐하면 예수에게 있어서 죽음이란 위대한 친구가 아니라 두려운 원수였으며 그 죽음이 자신의 아버지로부터 자신을 분리시키게 될 것이었기 때문이다. 그분께서는 죽음을 친구로 생각했던 소크라테스의 평온함을 가지지 아니하셨다. 죽음의 현실에 직면했을 때 예수께서는 큰 소리로 "아바 아버지여 아버지께는 모든 것이 가능하오니 이 잔을 내게서 옮기시옵소서 그러나 나의 원대로 마옵시고 아버지의 원대로 하옵소서"(막 14:36)라고 부르짖으셨다. 예수께서는 죽는다는 것은 곧 하나님께로부터 분리되어 나오는 것임을 뜻한다고 이해하셨다.

따라서 그분께서는 아버지와 더 나아가서는 자신의 제자들로부터 잊혀지는 것을 원치 않았기 때문에 하나님께 부르짖으셨다. 이 얼마나 소트라테스와 예수 사이의 죽음에 대한 이해와 경험에 대한 차이인가! 쿨만은 "히브리인들에게 보내는 편지서의 저자는 예수께서 '자기를 죽음에서 능히 구원하실 이에게 심한 통곡과 눈물로 간구와 소원을 올렸다'(히 5:7). 따라서 히브리서에 따르면 예수께서는 죽음에 직면하셨을 때 우셨고 또한 울부짖으셨다. 우리는 여기서 평온하고 태연하게 영혼의 불멸성에 대해서 말하는 소크라테스가 있고, 또 울면서 부르짖으시는 예수가 여기에 계신다"[37]는 것에 주목한다.

분명한 대조가 있으며, 특히 죽음의 장면에서 더욱 그렇다. 소크라테스는 초유의 평온함 가운데서 사약을 마셨다. 예수께서는 "나의 하나님 나의 하나님 어찌하여 나를 버리셨나이까?"(막 15:34)라고 부르짖으셨다. 이것은 죽음을 "친구로" 보는 것이 아니라 원수로 보는 것이다. 바울은 그 죽음을 "마지막 원수"(고전 15:26)로서, 종국에는 불 못에 던져질 것으로 올바로 부르고 있다(계 20:14).

만약 죽음이 영혼을 몸으로부터 해방시켜 하나님과 즐겁게 교통하는 것을 가능하게 만드는 것이라면 그리스도에게는 죽음이 자신의 아버지와 재결합하는 기회가 되므로 그것을 환영해야 했다. 그러나 예수께서는 죽음을 생명이 되시며 또 모든 생명을 창조하신 하나님으로부터 분리되는 것으로 보았다. 그분께서는 이러한 분리를 어떤 다른 인간보다도 더욱 예민하게 인지하신 것은 그분께서 하나님과 밀접하게 연결되어 계셨고 또 현재도 그러하기 때문이다. 그분께서는 죽음을 몸뿐만 아니라 자신의 혼에 있어서도 두려운 것으로 경험하셨다. 바로 이것이 "나의 하나님 나의 하나님 어찌하여 나를 버리셨나이까?"(마 27:46)라고 부르짖으신 바로 그 이유이다.

소크라테스와 예수의 죽음에 대한 대조는 우리로 하여금 죽음에 대한 성경적 견해를 이해하는데 도움을 준다. 헬라의 사상에서는 육체의 죽음은 어떤 의미에서 진정한 생명의 파괴가 아니었다. 성경적 사상에서는 죽음이란 하나님에 의해서 창조된 **모든**(*all*) 생명의 파멸인 것이다. "따라서 부활에 의해서 정복되어져야하는 것은 몸이 아니라 죽음이다."[38] 바로 이것이 예수의 부활이 그리스도인의 신앙에 왜 그토록 기본적인 것이 되는지 바로 그 이유가 된다. 그것은 그리스도께서 마련하신 구원을 받아들이는 자들을 위해서 죽음이 정복되어졌다는 분명한 확신을 갖는다.

쿨만은 지적하기를 "영혼의 불멸성을 믿는 신앙은 획기적인 사건에 대한 신앙이 아니다. 사실 불멸성은 단지 하나의 **소극적**(*negative*)인 주장에 불과한 것으로서 영혼은 죽지 **않고**(*not*) 단지 살아있을 뿐이라는 것이다. 부활은 **적극적**(*positive*)인 주장으로서 모든 사람이 실제로 죽어왔지만 하나님의 창조의 새로운 행위로 말미암아 생명을 회복한다는 것이다. 무엇인가 일어났는데 그것은 창조의 기적이다! 왜냐하면 두려운 그 무엇인가가 이 전에 일어났는데, 곧 하나님에 의해서 조성된 생명이 파괴되어 온 것이다."[39]라고 하였다.

죄와 사망

죽음에 대한 성경적인 견해를 이해하기 위해서 우리는 죽음이 하나님에 의해서 의도적으로 마련된 하나의 자연적인 과정으로서가 아니라 하나님을 대적하는 의도적인 그 무엇이라는 것이 제시된 창조의 이야기로 돌아갈 필요가 있다. 창세기의 이야기는 죽음이 죄의 결과로 이 세상에 왔다는 것을 우리에게 가르쳐준다. 하나님께서는 아담에게 선과 악을 알게하는 나무의 실과를 먹지 말라고 명령하셨을 뿐만 아니라, "네가 먹는 날에는 정녕 죽으리라"(창 2:17)는 경고까지 부가하셨다. 아담과 하와가 그들이 범죄한 바로 그 날에 죽지 않았다는 사실이 어떤 사람들로 하여금 인간은 실제로 죽지 않는데 그 이유는 그들이 몸이 죽은 후에도 살아있는 의식이 있는 영혼을 가지고 있었기 때문이라는 결론에 도달하도록 인도했다.

이러한 상상적인 해석은 "정녕 죽으리라"고 문자적으로 번역된 본문으로부터 거의 지지를 받지 못하고 있다. 하나님께서 그날에 의도하신 것은 그들이 불순종하는 날에 죽음의 과정이 진행될 것이라는 뜻이다. 그들이 죽지 않을 수도 있는 상태로부터(조건적 불멸성) 그들에게 있어서 죽지 않는 것이란 불가능한 것(무조건적인 멸절성)이라는 하나의 상태로 이동해 들어왔다. 타락 전에는 불멸에 대한 확신이 생명나무로 인해서 허용되었다. 그러나 타락 후에는 아담과 하와는 더 이상 생명나무에 접근할 수 없었으므로(창 3:22, 23), 결과적으로는 죽음의 현실적인 과정을 경험하기 시작한 것이다. 새 땅의 예언적인 이상 가운데서 생명나무가 구속받은 자에게 영원한 생명이 선물로 주어진다는 것에 대한 하나의 상징으로 생명강 좌우에서 발견된다(계 21:2).

창세기 2:17에서 발견되는 하나님의 선언은 분명히 인간의 죽음과 하나님의 계명을 범하는 것 사이에 분명한 관계가 있음에 두고 있다. 따라서 성경에서 생명과 사망이 종교적이고 윤리적인 의미를 가지고 있는 것은 그것들이 하나님께 대한 인간의 순종과 불순종 여부에 달려있기 때문이다. 바로 이것이 성경의 기본적인 가르침이 되는데, 즉 죽음이 이 세상에 들어온 것은 인간의 불순종의 결과였다는 것이다(롬 5:12; 고전 15:21). 이것은 결코 죄에 참여하는 자들에게 있는 개인적인 책임을 축소하지 않는다. 오히려 성경은 인간이 아담의 죄의 결과로 경험하는 첫 번째 사망(롬 5:12; 고전 15:21)과 개인적으로 범한 죄의 삯(롬 6:23)으로 부활 후에 경험하게 되는(계 20:6) 둘째 사망 사이를 구별하고 있다.

몸으로부터 영혼이 분리되는 것을 사망으로 간주함

우리가 이 지점에서 제시해야할 필요가 있는 주요 질문은 죽음의 본질에 대한 성경의 견해이다. 좀 더 자세하게 질문한다면, 죽음이란 죽을 몸으로부터 불멸하는 혼이 분리되는 것으로써, 결국은 몸이 죽을 때 영혼은 살아있게 되는가? 아니면, 죽음은 전인, 곧 몸과 혼의 존재의 정지를 뜻하는가? 하는 것이다.

역사적으로, 그리스도인들은 죽음이란 불멸하는 혼이 멸망당하는 몸으로부터 분리되는 것이므로 영혼은 몸을 떠난 상태에서 살아있는 것이라고 배워왔다. 예컨대, **가톨릭교회의 새 교리문답**은 "죽음에 의해 영혼이 몸으로부터 분리되지만, 그러나 부활에서 하나님께서는 우리의 영혼과 재결하게 하므로 변화된 우리의 몸에 썩지 아니하는 생명을 주실 것이다."[40]라고 진술한다. 아우구스투스 스트롱은 죽음을 자신의 유명한 조직신학에서 다음과 같이 유사한 용어로 정의한다. "신체적인 죽음이란 몸으로부터 영혼이 분리되는 것이다. 우리는 그러한 죽음을 영적인 죽음, 곧 하나님으로부터 영혼이 분리되는 것과는 구분한다."[41]

칼뱅 신학자인 헨리 클래런스 디이슨은 자신의 **조직신학강론**(교과서로 널리 사용되고 있음)에서 "신체적인 죽음은 신체와 관련되어 있으며, 영혼은 불멸하는 것으로 그와 같이 죽지 아니한다."[42]라며 그와 유사한 방법으로 정의한다. 보수적인 루터교회의 신학자인 프렌시스 피퍼는 자신의 **기독교교리**라는 책에서 죽음에 대한 역사적인 정의를 가장 분명하게 다음과 같이 진술한다. "현세의 죽음이란 사람을 산산이 흩어버리는 것이며 몸으로부터 영혼이 분리되는 것으로써 하나님에 의해서 하나로 창조된 혼과 몸의 연합체가 비자연적으로 방해를 받는 것이다."[43] 이러한 진술과 유사한 진술들이 대부분의 조직신학 교과서들과 거의 모든 주요 고백서들에서 발견된 이래 증가될 수밖에 없었다.

인간의 죽음의 본질을 몸으로부터 영혼이 분리되는 것으로 정의하는 상기의 역사적인 견해는 많은 현대 학자들에 의해서 집중적인 공격을 받아오게 되었다. 이 점에 있어서 몇 예들은 이러한 사실들을 조명해준다. 루터교회의 신학자인 폴 알트하우스는 "죽음이란 영혼이 몸으로부터 떠나는 것 이상이다. 사람, 곧 몸과 혼은 죽음 안에 포함되어 있다. …기독교 신앙은 인격의 불멸성에 대해서 아무것도 알지 못한다. …단지 하나님의 능력을 통해서 실제적인 죽음으로부터 깨우침을 받는 것만이 알 따름이다. 전인의 부활에 대한 깨우침에 의해서만이 죽음 후에 존재하는 것이다."[44]라고 기록한다.

알트하우스는 영혼의 불멸성에 대한 교리는 영혼이 상처를 입지 않고도 죽음을 통과하기 때문에 죽음의 심각성에 대해서 올바르지 않다고 주장한다.[45] 더 나아가 한 사람이 몸 없이도 전적으로 행복하고 복된 삶을 살 수 있다는 것은 몸의 중요성을 부정하는 것이며, 또한 몸의 부활이 아무런 의미도 갖지 못하는 것이다.[46] 만일 믿는자들은 이미 하늘에서 축복을 받았고 또 악한 자들은 이미 지옥에서 고통을 당하고 있다면 왜 마지막 심판이 여전히 필요한가?[47] 존 A. T. 로빈손은 자신의 책 몸(*The Body*)에서 "영혼은 피가 빠져나가면 더 이상 존재하지 않는다."[48]라고 진술한다. 테이토 켄토넌은 자신의 논문에서 다음과 같은 중요한 진술을 하고 있다. "죽음에 대한 그리스도인의 견해는 자연과학의 입장과 완전히 일치된다. 우리가 죽을 때 우리는 이미 죽은 몸인 것이다. 우리의 희망과 욕망은 이 사실을 더 이상 변경시킬 수가 없다. 사람이 죽을 수 없는 어떤 영혼을 가지므로 창조물의 쉼에서 벗어나는 것은 아니다."[49]

자유주의적인 **성경주석사전**에서 조차도 죽음에 대한 원고들에서 다음과 같이 진술하고 있다. "**네페쉬**[영혼]가 '떠나는 것'은 하나의 비유로서 보아야 하는데, 그 이유는 몸으로부터 독립해서는 계속적으로 존재하지 못하기 때문인데 곧 그것은 몸과 함께 죽기 때문이다(민 31:19; 삿 16:30; 겔 13:19). 영혼은 죽을 때 몸으로부터 분리된다는 진술은 성경적 권위를 가지고 있지 않다. 사람으로

부활신학

하여금 살아있는 존재, 곧 생령(창 2:7 참조)으로 만들고 죽을 때 사라지는 **루아흐** '영'은, 정확히 말한다면, 인간적으로 존재하는 것이 아니라 하나님의 선물이며 죽을 때에는 그에게로 다시 돌아간다(전 12:7)."[50]

국제표준성경백과사전(*The International Standard Bible Encyclopaedia*)은 "우리는 항상 몸은 죽지만 영혼은 불멸한다는 헬라의 플라톤 사상에 상당히 영향을 받고 있다. 그런 사상은 이스라엘인들의 의식과는 정반대가 되며 구약성경 어느 곳에서도 발견되지 않는다. 전인이 죽으며, 죽을 때 영이나(시 146:4; 전 12:7), 혼은(창 35:18; 삼하 1:9; 왕상 17:21; 욘 4:3) 사람에게서 나간다. 자신의 몸뿐만 아니라 자신의 영혼도 죽은 상태로 돌아가서 지하세계에 속하게 된다. 따라서 구약은 사람의 영혼의 죽음에 대해서 말할 수 있다(창 37:21; 민 23:10; 신 22:21; 삿 16:30; 욥 36:14; 시 78:50)."[51]

죽음을 몸으로부터 영혼이 분리되는 것이라고 보는 견해에 대한 근대 학자들의 도전은 무르익어 왔다. 대부분의 역사에서 기독교가 인간의 죽음과 운명에 관해 성경의 가르침에 의해서보다는 철저하게 헬라의 사상에 의해 영향을 받아 온 것은 납득하기 어려울 정도이다. 더욱 놀라게 하는 것은 많은 성경학자들이 중간상태에 대해서 대부분의 교회들이 가지고 있는 전통적인 견해로부터 변화를 보이지 않고 있다는 것이다. 그 이유는 단순하다. 개개인 학자들은 끔찍한 고통의 결과를 맛보지 않고도 자신들의 교리적인 견해를 바꿀 수도 있고 또 바꾸게 될 것이지만, 그러한 사상에 견고히 서 있는 교회들에서는 그것이 시제적으로 불가능하기 때문이다.

교회가 역사적인 교리에 기초한 신앙에 급격한 변화를 초래하는 것은 그러한 교회의 신자들의 신앙을 허물어뜨리고, 결과적으로는 기관의 생존마저 위태롭게 할 것이다. 그렇게 된 한 경우가 있는데, 곧 하나님의 세계교회(Worldwide Church of God)로서, 1995년에 그 교회의 지도자들에 의해서 교리적인 변화가 소개되었을 때 거의 절반의 교인들을 잃어버렸다. 교단의 종교적인 신조를 개정하는데 치르는 높은 대가는 전통을 고수하기 위해 전통적인 신조를 고수하려고 하지 않기보다는 오히려 그들의 생애에 합법적인 이슈인 하나님의 말씀의 가르침을 완전히 이해하려고 끊임없이 추구하는 성경을 믿은 그리스도인들에게는 그다지 큰 영향을 끼치지 못한다.

생명의 정지로서의 죽음

죽음의 본질에 대한 한 진술을 알기 위해 성경을 연구할 때 우리는 해석이 거의 필요하지 않는 수많은 명백한 진술들을 발견한다. 성경은 첫 번째 진술을 통해 죽음을 사람이 본래 만들어진 요소로 되돌아가는 것으로 기술한다. 불순종 후에 아담에게 하나님께서는 "네가 얼굴에 땀이 흘러야 식물을 먹고 필경은 흙으로 돌아가리니 그 속에서 네가 취함을 입었음이라 너는 흙이니 흙으로 돌아갈 것이니라 하시니라"(창 3:19)고 말씀하셨다. 이 생생한 진술은 우리에게 죽음을 몸으로부터 영혼이 분리되는 것으로 말하지 않고 몸이 부패하고 분해되는 결과를 가져오는 생명의 끝이라는 것을 말해준다. "사람이 멸망할 수 있는 물질로 창조되었으므로, 그의 본래의 상태는 멸절할 수 있는 것이다(창 3:19)."[52]

히브리어와 헬라어에 있는 "죽다", "죽음" 그리고 "죽은"이란 단어의 연구는 죽음이 성경에서는 생명을 빼앗기는 것이거나 아니면 생명의 정지로 이해되고 있다는 것을 보여준다. "죽다"라는 뜻을 가진 보편적인 히브리 단어는 **무트**(*mūth*)로서 구약에 800회 이상 나타난다. 대부분의 경우에 있어 무트는 단순히 사람이나 동물의 죽음과 관련된 의미로 사용된다. 이 둘 사이의 어떤 구별된 것을 표현하기 위해 사용되고 있다는 암시가 없다. 그 분명한 한 예가 전도서 3:19에서 발견되는데, 그 구절은 "인생에게 임하는 일이 짐승에게도 임하나니 이 둘에게 임하는 일이 일반이라 다 동일한 호흡이 있어서 이의 죽음같이"(전 3:19)라고 말한다.

히브리어의 "죽다"라는 뜻을 가진 **무트**가 영어에서는 상징적인 의미로 어떤 국가(사 65:15; 호 2:3; 암 2:2), 어떤 족속(신 33:6; 호 13:1), 어떤 도시(삼하 20:19)의 멸망이나 사라짐 등을 뜻하는데 사용되고 있다. 이러한 상징적인 용

부활신학

례 가운데서 단 하나도 죽음 뒤에 개인적으로 살아있다는 사상을 지원하는 것을 발견할 수 없다. 반대로 우리는 **무트**["죽다"]라는 단어가 신명기 2:16에서 타맘, 곧 "소멸되다", 또는 "끝나다"라는 뜻을 가진 **타맘**(*tāmam*)과 나란히 사용되고 있는 것을 발견한다. 이 평형대구형은 죽음이 생명의 끝이라는 것을 보여주고 있음을 암시한다.

유사하게 "죽다"라는 뜻을 가진 헬라어는 **아포싸네인**(*apothanein*)으로 신약에서 77회나 사용되고 있다. 몇 예를 제외하고는 그 동사는 생명의 끝을 의미한다. 가장 상징적으로 상용되는 예외는 문자적인 의미에 의존하고 있다. 예컨대, 바울이 "한 사람이 모든 사람을 대신하여 죽었은즉 모든 사람이 죽은 것이라"(고후 5:14)고 한 말이다. 이것은 신체적인 죽음을 의미하는 것이 아니라 그리스도의 죽음이 하나님 앞에 있는 신자들에게 영향을 준다는 것이 분명하다. 우리는 이 말을 "그러므로 모든 사람들이 죽은 것으로 간주되었으므로" "따라서 모든 사람은 죽은 것이다"라고 번역할 수 있다. 히브리어의 **무트**나 헬라어의 **아포싸네인**이 "영혼"이나 또는 "영"이 한 사람이 죽었는데도 살아 있다는 것을 암시하는데 결코 문자적으로나 상징적으로 사용된 적이 없다는 것을 암시한다.

죽음에 대한 구약의 기술

우리는 조금 전에 "죽다"라는 것을 묘사하기 위해서 성경에 사용되는 히브리어와 헬라어 동사는 죽음의 의미와 본질을 실제로 설명하지 않고 있으며 단지 예외적으로 우리에게 사람이나 동물의 죽음이 동일하다는 것을 말해주고 있음을 보았다. 더 설명하는 것은 히브리어의 명사인 **마웨트**(*māweth*)로 150회나 사용되는데 일반적으로 "죽음"으로 번역된다. 우리는 구약에 있는 **마웨트**의 용례로부터 죽음의 본질에 대한 세 중요한 사실을 배우게 된다.

첫째, 죽음에서는 더 이상 주님을 기억하는 것이 없다는 것이다. "사망 중에서는 주를 기억함이 없사오니 음부에서 주께 감사할 자 누구리이까"(시 6:5). 죽음 중에는 기억함이 없는 이유는 단순히 뇌를 가진 육체가 죽으므로 사고하는 과정이 정지되었기 때문이다. "그 호흡이 끊어지면 흙으로 돌아가서 당일에 그 도모가 소멸하리로다"(시 146:4). 죽을 때에 "생각하는 것이 소멸하는 것"은 몸이 죽을 때에 살아있는 의식을 가진 영혼이 없다는 것이 분명하다. 만약 사고하는 과정이 일반적으로 몸은 죽지만 살아있는 영혼과 관련되어 있다면 성도들의 사고하는 과정, 곧 도모가 폐하지 말아야할 것이다. 그들은 하나님에 대해서 기억할 수 있을 것이다. 그러나 "무릇 산 자는 죽을 줄을 알되 죽은 자는 아무것도 알지 못한다"(전 9:5)는 사실이다.

둘째, 죽음 중에서나 무덤에서는 하나님을 찬양하는 것이 가능하지 않다. "내가 무덤에 내려갈 때에 나의 피가 무슨 유익이 있으리요 어찌 진토가 주를 찬송하며 주의 진리를 선포하리이까"(시 30:9). 죽음을 티끌과 비교하므로 시편 기자는 죽음 중에는 의식이 없다는 것을 분명하게 보여준 것은 먼지가 생각할 수 없기 때문이다. 동일한 사상이 시편 115:17에서 표현되고 있다. "죽은 자가 여호와를 찬양하지 못하나니 적막한 데 내려가는 아무도 못하리로다"(시 115:17). 여기서 시편기자는 죽음을 "침묵의 상태"로 기술하고 있다. 하늘에서는 성도들이 하나님을 찬양하고 지옥에서는 고통 중에 신음하는 악한 자들의 부르짖음으로 "시끄러움"이 있는 이상과는 얼마나 큰 대조가 되는가!

셋째, 죽음이 "잠"으로 기술되어 있다. "여호와 내 하나님이여 나를 생각하사 응답하시고 나의 눈을 밝히소서. 두렵건대 내가 사망의 잠을 잘까 하오며"(시 13:3). 죽음을 "잠"으로 보는 이러한 특성은 구약과 신약에 빈번히 나타나고 있는데 그 이유는 죽음을 무의식 상태로 묘사하기에 적절하기 때문이다. 줄여서 우리는 죽음의 본질을 이해하기 위해 "잠"이라는 은유의 의미를 탐구하도록 한다.

어떤 이들은 우리가 방금 인용한 구절들과 또 무의식으로 죽음을 기술하는 것은 "그가 죽을 때에 사람의 영혼이 무의식중에 있는 것을 가르치는 것"이 아니라 오히려 "죽음의 상태에서 사람은 더 이상 현 세상에서의 활동에 참여할 수 없다는 것"[53]을 의도하는 것이라고 주장한다. 다른 말로는 죽은 사람은 이 세상

부활신학

에 관한 한 무의식 상태에 있으나 그의 영혼은 영의 세상에 관한 한 의식을 가지고 있다는 것이다. 이러한 해석의 문제점은 구약에서 부정하고 있지만 영혼은 몸이 죽은 후에도 살아있다는 정당성을 갖지 못하는 추측에 근거하고 있는 것이다. 우리는 구약에서 몸이 죽는 것은 몸이 영혼의 외형적인 형태이기 때문에 영혼이 죽는 것이라는 사실을 발견한다.

여러 곳에서 **마웨트**[죽음]가 두 번째 죽음을 언급하는데 사용된다. "주 여호와의 말씀에 나의 삶을 두고 맹세하노니 나는 악인의 죽는 것을 기뻐하지 아니하고 악인이 그 길에서 돌이켜 떠나서 사는 것을 기뻐하노라 이스라엘 족속아 돌이키고 돌이키라 너희 악한 길에서 떠나라 어찌 죽고자 하느냐 하셨다 하라"(겔 33:11). 여기서 "악인이 죽는 것"은 분명히 모든 사람들이 경험하는 자연적인 사망이 아니라, 오히려 하나님께 회개하지 않는 자에 대한 마지막 날에 하나님에 의해서 주어지는 고통스러운 죽음을 의미한다. 구약에서 죽음에 대한 상징적인 언급이나 또는 문자적인 기술의 어떤 것도 몸을 떠난 영혼이나 영이 의식을 가지고 살아있다는 것을 암시하지 않는다. 죽음은 전인에게 있는 생명의 정지이다.

죽음에 대한 신약의 언급

죽음에 대한 신약의 언급은 헬라어 **싸나토스**(*thanatos*)라는 용어에 의해 정의되는데, 그것은 죽음의 본질에 관한 한 구약에서 발견되는 것과 같은 정보를 제공하지는 않는다. 그 이유는 부분적으로 구약에서 죽음에 대한 많은 언급들이 시편, 욥기 그리고 전도서 등과 같은 시문학서와 지혜문학서에서 발견되기 때문이다. 이러한 문헌이 신약에는 없다. 더 중요한 것은 죽음이 신약에서는 죽음에 대한 그리스도의 승리의 관점으로부터 보여진다는 사실이다. 이것은 죽음에 대한 그리스도인의 관점을 조성하는 신약의 우선적인 주제이다.

죽음에 대한 그분의 승리를 통해, 그리스도께서는 죽음의 쏘는 것을 무력화시키셨으며(고전 15:55), 그분께서는 죽음을 없이하셨고(딤후 1:10), 그분께서는 죽음을 가져오는 세력인 마귀를 이기셨으며(히 2:14), 그분께서는 자신의 손 안에 죽음의 왕국의 열쇠를 가지고 계시며(계 1:18), 그분께서는 죽음으로부터 처음 태어나신 분으로서 새로운 인간의 머리가 되시며(골 1:18), 그분께서는 죽음으로부터 친히 부활하시므로 믿는 자들에게 산 소망을 가진 사람으로 새롭게 하신다(벧전 1:3).

죽음을 이기신 그리스도의 승리는 신체적, 영적 그리고 영원한 죽음에 대한 신자들의 이해에 영향을 끼친다. 믿는 자는 그리스도께서 승리하시므로 죽음을 삼켜버리신 그 확신과 또한 그분이 오실 때에 잠자는 성도들을 깨우실 그 확신으로 신체적인 죽음을 맞이할 수 있다(고전 15:51~56).

영적으로 "죄와 허물로 죽은"(엡 2:1; 참조 4:17~19; 마 8:22) 신자들은 그리스도 안에서(엡 4:24) 새로운 생명으로 다시 태어났다. 영적으로 자신들의 생애에서 죽은 자로 남아있고 또 그들의 구원을 위해 그리스도께서 마련해 놓으신 것을 받아들이지 않는 불신자들은 심판의 날에 둘째 사망을 경험하게 될 것이다(계 20:6; 21:8). 이 죽음은 영원한 사망이요 결코 되돌릴 수 없는 죽음이다.

죽음-싸나토스라는 단어의 상징적인 의미는 생명의 정지를 말하는 문자적인 의미에 전적으로 의존한다. 죽음의 상징적인 의미에 기초를 두고 있는 영혼이 의식을 가지고 있다는 주장은 그것과는 거리가 먼 단어에 기인한다. 이것은 문자적으로나 문법적인 것과는 반대로 달리고 있으며 신체, 영적 그리고 영원한 죽음 사이에 있는 관련성을 파괴하고 있다.

구약에서 말하는 잠으로서의 죽음

구약과 신약 둘 모두에서 죽음은 빈번히 "잠"으로 기술된다. 죽음을 "잠"으로 보는 은유에 대한 성서적인 용례에 대한 이유를 설명하기 전에 몇 예를 보도록 하자. 구약에서는 죽음을 "잠"으로 의미하는 세 단어가 죽음을 설명하는 데 사용되고 있다.

가장 흔하게 사용되는 단어는 **샤카브**(*shāchāv*)로서 "열조와 함께 잠들다"(창

28:11; 신 31:16; 삼하 7:12; 왕상 2:10)라는 표현으로 빈번히 등장한다. 모세에게 한 첫 적용부터 시작해서("여호와께서 모세에게 이르시되 너는 너의 열조와 함께 자려니와"–신 31:16), 그 후 다윗("네 조상들과 함께 잘 때에"–삼하 7:12)에게와 욥("이제 흙에 누우리니"–욥 7:21)에게 이르기까지, 우리는 죽음에 대한 이러한 아름다운 완곡어법이 구약과 신약 전체에 끊어지지 않은 실처럼 흘러, "조상들이 잠들다"(벧후 3:4)는 베드로의 진술로 끝을 맺는다는 것을 발견한다.

이러한 언급들에 대한 조언에서 바실 아트킨슨은 다음과 같이 적절하게 관찰하고 있다. "이와 같이 잠든 왕들과 다른 사람들은 그들의 부조들과 함께 잠들었다고 말한다. 만약 그들의 영들이 다른 세상에 살아있다면 실제로 사람은 결코 잠들지 않았다는 것이다. 그러나 그 어떤 암시도 그러한 것을 말하고 있지 않은데 어떻게 지속적으로 그러한 사상을 말할 수 있겠는가?"[54]

"잠"을 나타내는 다른 히브리어 단어는 **야쉔**($y\bar{a}sh\bar{e}n$)이다. 이 단어는 "자다"라는 동사와(렘 51:39, 57; 시 13:3) "잠"이라는 명사 둘 다에서 나타난다. 후자는 잘 알려진 다니엘 12:2에 있는 "땅의 티끌 가운데서 자는 자 중에 많이 깨어 영생을 얻는 자도 있겠고 수욕을 받아서 무궁히 부끄러움을 입을 자도 있을 것이며"라는 구절에서 발견된다. 본 구절에서는 경건한 자나 불경건한 자나 모두 땅의 먼지 가운데서 잠을 잔다는 것과 또 둘 모두 마지막 날에 부활 할 것이라는데 주목한다.

셋째, 죽음을 잠으로 표현하는 데 사용되는 히브리어 단어는 **쉐나흐**($sh\bar{e}n\bar{a}h$)이다. 욥은 수사학적인 질문으로 "사람은 죽으면 소멸되나니 그 기운이 끊어진즉 그가 어디 있느뇨"(욥 14:10)라고 묻고 있다. 그의 대답은 "물이 바다에서 줄어지고 하수가 잦아서 마름같이 사람이 누우면 다시 일어나지 못하고 하늘이 없어지기까지 눈을 뜨지 못하며 잠[**쉐나흐**]을 깨지 못하느니라"(욥 14:11, 12; 참조 시 76:5; 90:5)이다. 여기에는 죽음에 대한 하나의 사실적 표사가 있다. 사람이 마지막 숨을 쉴 때 "그가 어디 있느냐?" 즉 "그에게 남은 것이 무엇이냐?" 곧 "아무것도 없다." 이다. 그는 더 이상 존재하지 않는다. 그는 물이 말라버린 호수나 강처럼 되는 것이다. 그는 무덤에서 잠을 자고 있으며 세상의 끝날까지는 "깨지 아니할 것이다."

사람들은 욥이 만약 그가 자신의 영혼이 죽은 후에도 살아있다면 왜 죽음에 대해서 이러한 부정적인 기술을 하고 있는가에 대해서 의아해 할 것이다. 만약 죽음이 욥의 영혼을 하늘에 있는 하나님의 즉각적인 임재 속으로 들어가게 하는 것이라면 왜 그가 "하늘이 없어지기까지"(욥 14:11) 그리고 "놓이는 날까지"(욥 14:14) 기다리는 것에 대해서 말하고 있겠는가? 이것은 욥기나 그 어떤 다른 구약도 죽음 후에 의식이 존재하는 것에 대해서 신자들이 알지 못하고 있다는 것이 확실하다.

신약에서 말하는 잠으로서의 죽음

신약에서는 죽음을 잠으로 묘사하는 경우가 구약에서보다 더 빈번하다. 그 이유는 그리스도의 부활에 의해서 명확하게 되고, 힘이 실린 부활의 소망이 죽음이 잠이라는 새로운 의미를 부여하므로 그리스도께서 강림하실 때에 깨어날 것이기 때문이다. 그리스도께서 부활 전에 무덤에서 잠을 잔 것처럼, 신자들도 부활을 기다리는 동안 무덤에서 잠을 잘 것이다. 신약에서 사용되는 잠을 의미하는 두 헬라어 단어가 있다. 첫째 단어는 **코이마오**(*koimaō*)로서 죽음을 잠으로 14회나 사용하고 있다. 파생된 명사는 **코이메테리온**(*koimētērion*)으로서, 여기서 무덤(씨메터리)이라는 말이 나왔다. 부언하자면, 이 단어의 어간은 집(**오이코스**−*oikos*)이라는 단어의 어간이기도 하다. 따라서 집과 무덤은 상호 연결되어 있는 것으로써 그 이유는 둘 다 잠자는 장소이기 때문이다. 둘째 헬라어 단어는 **카쑤데인**(*katheudein*)으로 통상적으로 잠에 사용된다. 신약에서는 이 단어가 14회나 죽음을 잠으로 표현하는 데 사용된다(마 9:24; 막 5:39; 눅 8:52; 엡 5:14; 살전 4:14).

그리스도께서 십자가에 달리셨을 때, "무덤들이 열리며 자던 성도의 몸이 많이 일어났다"(마 27:52). 원어로는 본문을 "잠을 자고 있는 많은 성도들의 몸이 부활하였다"로 읽는다. 부활한 것은 단지 몸만이 아니라 전인이라는 것이 분명하다. 그들의 영혼이 자신들의 몸과 재결합한 것에 대한 언급이 없는 것은 이러한 개념이 분명히 성경과는 동떨어진 것이기 때문이다.

나사로의 죽음에 대해서 상징적으로 말씀하시며 예수께서는 "우리친구 나사로가 잠들었다[케코이메타이]. 그러나 내가 깨우러 가노라"(요 11:11)고 말씀하셨다. 예수께서는 자신이 오해를 받고 있다는 것을 알아차리시고는 "그들에게 분명히 말씀하시기를 '나사로가 죽었다'고 하셨다"(요 11:14). 그 후 예수께서는 다시 마르다에게 확신을 시키기 위해서 "네 오라비가 다시 살리라"(요 11:23)고 말씀하셨다.

이 이야기가 매우 의미심장한 것은 첫째 예수께서 죽음을 잠으로 분명히 묘사하고 있고, 또 죽은 자가 그분의 음성을 들을 때에 부활할 것이기 때문이다. 나사로의 죽음의 상태는 사람이 깨어나는 잠과 흡사했다. 그리스도께서는 "우리 친구 나사로가 잠들었도다 그러나 내가 깨우러 가노라"(요 11:11)고 말씀하셨다. 주님께서는 나사로를 깨우시기 위해서 무덤으로 가셔서 "나사로야 나오너라, 그러자 죽은자가 나오므로"(요 11:43, 44) 자신의 약속을 성취하셨다.

그리스도의 음성이 죽음의 잠으로부터 나사로를 깨우는 것은 그분의 영광스러운 강림의 날에 잠자고 있던 성도들을 깨우는 것과 평행을 이룬다. 그들 역시 그리스도의 음성을 듣게 될 것이며 다시 생명으로 나오게 될 것이다. "이를 기이히 여기지 말라 무덤 속에 있는 자가 **다 그의 음성을 들을 때가 오나니**"(요 5:28; 참조 요 5:25), "주께서 호령과 천사장의 소리와 하나님의 나팔로 친히 하늘로 좇아 강림하시리니 그리스도 안에서 죽은 자들이 먼저 일어나고"(살전 4:16). 성경에서 죽은 자의 상태로 들어가고 나오는 것에 대해서 "잠을 잔다"는 것과 "깨어난다"고 표현하는 것은 조화와 유사성이 있다. 이 두 표현에서 죽음이 잠을 잠자는 것과 같이 무의식의 상태인 것과, 또한 신자들이 그리스도의 강림의 날에 깨어날 것이라는 개념에는 일치성이 있다.

나사로는 사후의 경험을 가지고 있지 않음

나사로의 경험 또한 의미심장한 것은 그가 무덤에서 사흘을 보냈기 때문이다. 이것은 임상사망을 당한 자의 경험이 아니라 실제로 완전히 죽은 자의 경험이다. 만일, 편만하게 믿고 있는 것처럼, 죽을 때에 영혼이 몸을 떠나서 하늘로 간다면, 그 후에 나사로는 천상낙원에서 보낸 4일 동안의 놀라운 경험을 가지고 있어야할 것이다. 종교지도자들과 백성들은 미지의 세계에 대해서 할 수 있는 한 많은 정보들을 이끌어내려고 갖은 노력을 다했을 것이다. 로버트 니콜이 제시한 것처럼 "그[나사로]가 만일 영적인 세계의 어떤 것을 알고 있었다면, 분명히 누설했을 것이다."[55] 그러한 정보는 사두개인들과 바리새인들 사이에 그렇게도 뜨겁게 논쟁이 되었던 사후의 문제들에 대해 귀중한 해답을 제공했을 것이다(마 22:23, 28; 막 12:18, 23; 눅 20:27~33).

그러나 나사로가 사후의 생애에 관해서 나눌 그 어떤 경험도 가지고 있지 않았던 것은 그 4일 동안에 그는 무의식 상태의 죽음의 잠을 무덤 속에서 자는데 보냈기 때문이다. 나사로에게 있었던 이러한 진실이 죽음으로부터 부활한 다른 여섯 사람들에게 있어서도 동일했는데, 곧 과부의 아들(왕상 17:17~24), 수넴여인의 아들(왕하 4:18~37), 나인성 과부의 아들(눅 7:11~15), 야이로의 딸(눅 8:41, 42, 49~56), 다비다(행 9:36~41) 그리고 유두고(행 20:9~12) 같은 사람들의 경험에서이다. 이들 개개인이 죽음으로부터 나왔을 때는 마치 깊은 잠에서 깨어난 것처럼 동일한 감정과 인격을 가지고 나왔지만, 그러나 함께 나눌만한 사후의 경험은 없었다.

죽음으로부터 부활한 나사로의 영혼이나 또는 다른 여섯 사람들의 영혼들이 하늘로 갔었다는 어떤 지적도 없다. 그들 가운데 아무도 나눌만한 "하늘에서의 경험"을 가지고 있지 않았다. 이것은 오순절 날에 자신이 행한 설교에서 다윗에 대한 다음의 베드로의 언급에서 확인된다. "형제들아 내가 조상 다윗에 대하여 담대히 말할 수 있노니 다윗이 죽어 장사되어 그 묘가 오늘까지 우리 중에 있도다"(행 2:29). 어떤 이들은 무덤에 있었던 것이 다윗의 몸이었지, 하늘로 간 그의 영혼은 아니었다고 주장할 수 있을 것이다. 그러나 이러한 해석은 "다윗은 하늘에 올라가지 못하였다"(행 2:34)라는 베드로의 분명한 말에 의해 배척된다. 녹스역 성경은 그것은 "다윗이 결코 하늘에 가지 못했다"는 것을 의미한다. 캠브리지 성경은 다음과 같이 말한다. "왜냐하면 다윗은 하늘로 승천하지 못했기 때문이다. 승천하지 않았다는 것이 더 낫다. 그는 무덤에 들어갔으며 그의 열조들과 함께 잠들어 있다." 성경에 따르면 무덤에 잠들어 있는 것은 단지 몸만이 아니라 깨어날 부활을 기다리는 전인이다.

바울과 잠자는 성도들

유명한 장(章)인 데살로니가전서 4장과 고린도전서 15장에서, 바울은 반복해서 그리스도 안에서 "잠자는" 자들에 관해서 말하고 있다(살전 4:13, 14, 15; 고전 15:6, 18, 20). 바울의 몇 진술들은 바울이 죽음을 잠으로 특징짓고자 의도하는 의미에 빛을 던져주고 있다.

그리스도의 강림을 경험하기 전에 잠에 들어간 사랑하는 자들을 생각하며 슬퍼하고 있는 데살로니가 교인들에게 보내는 글에서, 하나님께서 예수를 죽음으로부터 부활시키신 것처럼, 그분께서 그리스도를 통해서 "자는 자들을 데리고 오실 것"(살전 4:14)임을 거듭 확신시키고 있다. 어떤 사람들은 바울이 여기서 말하고 있는 것은 진의가 의심스럽게도 죽을 때에 하늘로 올라갔다가 그리스도께서 강림하실 때에 이 지상으로 내려와서 그분께로 돌아갈 몸을 떠난 영혼에 대해서 말하고 있다고 주장한다.

이러한 해석은 중요한 세 사실들에 대해서 간과하고 있다. 첫째, 우리가 한 연구는 성경이 어느 곳에서도 죽을 때에 영혼이 하늘로 승천한다고 가르치지 않고 있다는 것을 보여준 것이다. 둘째, 문맥 가운데서 바울은 불멸하는 영혼에 대해서 말하지 않고 오히려 "잠자는 자들"(살전 4:13; 참조 14절)과 "그리스도 안에서 죽은 자들"(살전 4:16)에 관해서 말하고 있다. 무덤으로부터(살전 4:16) "그리스도 안에서 죽은 자들이 먼저 **부활**(rise)할 것"이며 하늘로부터 내려오지 않을 것이다. 몸들은 무덤으로부터 **부활**(*rise*)하며 영혼들이 몸들과 재결합하기 위해서 하늘로부터 **내려온다**(*descend*)는 암시가 전혀 없다. 그러한 이원론적인 개념은 성경과는 거리가 멀다. 리온 모리스는 "바울이 부활할 것(*will raise*)이라고 하지 아니하고 데려올 것(*will bring*)"[56]이라고 말하는 것은 적절하지 않은데, 그 이유는 바울이 둘 모두에서, 그리스도께서 죽은 자를 부활시키실 것이며 그들과 함께 데려오실 것이기 때문이라고 조언한다. 따라서 문맥은 그리스도께서 먼저 부활한 자들, 곧 살아있는 믿는 자들이 변화되기 전에 부활한 죽은 자들을 그분과 함께 데리고 오실 것임을 암시한다.

셋째, 만약 바울이 "그리스도 안에서 죽은 자들"이 무덤에 실제로 죽어있지 않고 몸을 떠난 영혼으로 하늘에 살아있다고 믿었다면, 그는 데살로니가 교인들에게 그들의 슬퍼하는 것이 무의미하다는 것을 설명하기 위해서 하늘에 있는 그들의 복스런 상태를 강조했을 것이다. 만약 그들이 이미 하늘의 축복 속에서 즐거워하고 있다면 왜 그들의 사랑하는 자들을 위해서 슬퍼해야했겠는가? 바울이 그러한 것에 용기를 주지 않은 이유는 분명한데, 그 이유는 그가 잠자고 있는 성도들이 하늘에 있는 것이 아니라 자신들의 무덤 속에 있다는 것을 알았기 때문이다.

이러한 결론은 바울이 자신의 독자들에게 살아있는 그리스도인들이 그분이 강림하실 때에 잠들어 있는 자들에 앞서 그분을 만나지 않을 것이라고 확신시키므로 지지를 받고 있다. "우리가 주의 말씀으로 너희에게 이것을 말하노니 주 강림하실 때까지 우리 살아남아 있는 자도 자는 자보다 결단코 앞서지 못하리라"(살전 4:15). 그 이유는 "그리스도 안에서 죽은 자들이 먼저 일어나고 그 후에 우리 살아남은 자도 저희와 함께 구름 속으로 끌어올려 공중에서 주를 영접할"(살전 4:16, 17) 것이기 때문이다.

산성도들이 잠자는 성도들처럼 동시에 그리스도를 만날 것이라는 사실은 후자가 아직은 하늘에서 그리스도와 연합하지 않았다는 것을 가리킨다. 만일 잠자는 영혼들이 이미 하늘에서 그리스도와 함께 교제를 즐겼고, 또 그분의 재림

부활신학

때에 지상으로 그리스도와 함께 내려온다면, 분명히 그들은 산성도들보다는 엄청난 우선권을 가지게 되는 것이다. 그러나 진리는 잠자는 성도들이나 살아있는 성도들 모두가 오랫동안 그들의 구세주와 연합하기를 기다리며 모두가 다 그리스도의 강림의 날에 동시에 연합을 경험하게 될 것이라는 것이다.

고린도전서 15장에서 잠자는 성도들에 대한 바울의 논의는 우리가 이미 데살로니가전서 4장에서 발견한 것을 더욱 확실히 하고 있다. 그리스도인의 신앙과 소망에 있어서 그리스도의 부활이 근본적으로 중요하다는 것을 확증한 후에, 바울은 "또한 그리스도 안에서 잠자는 자도 망하였으리니 만일 그리스도 안에서 우리의 바라는 것이 다만 이생뿐이면 모든 사람 가운데 우리가 더욱 불쌍한 자"(고전 15:18, 19)라고 설명한다. 바울은 만일 그들의 영혼들이 불멸하며 또한 이미 낙원의 축복을 즐기고 있었다면 잠자는 성도들이 그리스도의 부활의 보증 없이는 패망하였을 것이라고 말하지 않았을 것이다. 만약 바울이 후자를 믿었다면 그는 아마도 그리스도의 부활 없이도 잠자는 성도들의 영혼은 영원토록 몸 없이도 생존할 수 있을 것이라고 말했을 것이다. 그러나 바울이 그러한 가능성을 일체 암시하지 않은 것은 그가 전인, 곧 몸과 혼이 그리스도의 부활의 보증 없이는 "패망"하였을 것임을 믿었기 때문이다.

부활의 중요성과 역동성을 전적으로 다루고 있는 전체의 장에서 바울은 부활 시에 영혼이 몸과 재결합하는 것에 대한 그 어떤 암시도 주고 있지 않은 것은 의미심장하다. 만약 바울이 그러한 믿음을 가졌다면, 그는 몸과 영혼이 재결합하는 것에 대한 어느 정도의 암시는 피하지 않았을 것이며, 특별히 그리스도의 강림 때에 죽을 몸이 죽지 않을 몸으로 신자들이 변형되는 것에 대한 논의에서 더욱 그랬을 것이다. 그러나 바울이 제시하는 "비밀"은 "우리가 다 잠잘 것이 아니요 마지막 나팔에 순식간에 홀연히 다 변화"(고전 15:51)하는 것이다. 썩어질 것이 썩지 아니할 것으로의 이러한 변화는 동시에 "마지막 나팔"(고전 15:52) 소리에 죽은 자와 산자 모두에게 일어난다. 그 변화는 그들의 부활한 몸에 속해 있는 신체가 없는 영혼에게는 전혀 일어나지 않는다. 오히려 죽을 몸이 죽지 않을 몸으로의 변화는 그리스도 안에서 산자와 죽은 자 모두에게 있는 변화로, "죽을 것이 죽지 아니함을 입"(고전 15:54)는 변화이다.

"잠"이라는 은유(隱喩)가 의미하는 것

그리스도 안에서 죽은 자의 상태를 기술하기 위해 "잠"이라는 은유를 대중적으로 사용하는 용례는 죽음의 본질이 함축하고 있는 것에 의문을 불러일으킨다. 특히, 왜 이러한 은유가 사용되며, 우리는 합법적으로 이 은유로부터 무슨 통찰력을 끌어올 수 있는가? 성경에서 "잠"이라는 은유를 사용하는 주요한 세 가지의 이유가 있다. 첫째는 죽은 자들의 "잠"과 살아있는 자들의 "잠" 사이에 유사성이 있다. 둘 모두 무의식적이며 비활동적인 상태로 특징지어지는데 이는 깨어남으로 사라진다. 따라서 "잠"이라는 은유는 죽은 자들의 무의식적인 상태를 나타내고 또 그리스도의 재강림의 날에 그들이 깨어날 것을 적절하게 나타낸다.

"잠"이라는 은유를 사용하는 둘째 이유는 소망으로 영감을 불어넣는 표상적인 언어가 죽음이라는 사실에 의해서 제시되기 때문이다. 그것은 후에 깨어난다는 확실성을 내포하고 있다. 어떤 사람이 아침에 깨어난다는 희망을 가지고 밤에 잠을 자기 위해서 잠자리로 가는 것처럼, 믿는 자는 부활의 날 아침에 그리스도에 의해서 깨어난다는 희망을 가지고 주 안에서 잠든다. 알버트 바네스는 다음과 같이 적절하게 권고하고 있다. "성경에서 잠은 죽음이 **마지막**(*final*)이 아니라, 이러한 잠으로부터 깨어나는 것, 곧 부활을 암시하기 위해서 사용된다. 그것은 죽음 속에 있는 모든 무서운 것을 제거하고, 마음을 고난의 생이 지난 후에 이르러오는 고요함으로 채우고, 증대되는 생명력과 새롭게 하는 능력 가운데서 미구의 부활을 언급하는 아름답고 부드러운 표현이다."[57]

어떤 사람이 죽었다는 얘기를 듣거나 말할 때, 우리는 당연히 다시는 생명이 돌아올 희망이 없다고 생각한다. 그러나 어떤 사람이 주안에서 잠들었다고 말할 때, 우리는 부활의 날에 생명이 회복될 것이라는 소망을 표현한다. 부루스

부활신학

라이첸바흐는 "잠"이라는 은유는 죽음에 대해서 멋진 방법으로 말하는 것이 될 뿐만 아니라 여전히 더 중요한 것이 있다는 것을 다음과 같이 주목하고 있다. "죽음이 인간의 존재의 끝이 아니라는 것을 강하게 암시하는 것이다. 마치 잠에 들어 있는 사람이 깨어날 수 있는 것과 꼭 마찬가지로 죽은 사람도 '잠들어 있으므로,' 재창조와 생명을 다시 얻을 수 있는 가능성을 가지고 있다. 이것이 아마도 예수께서 소녀가 죽지 않았고 단지 잠들어 있다고 말씀하시는 마태복음 9:24에 있는 어려운 이야기의 의미일 것이다. 사람들은 그녀의 죽음이 그녀에게 더 이상 소망이 없다고 생각했다. 그러나 예수께서는 그녀가 잠자고 있다고 말씀하신 이유는, 그는 그녀가 다시 생명을 얻게 되는 부활이 있을 것에 대한 진정한 소망이 있는 것을 보셨기 때문이다. 그는 그녀 속에서 하나님의 능력을 알지 못하는 다른 사람들이 볼 수 없는 것을 보셨다. 그러므로 '잠'이라는 은유는 죽은 자들의 존재론적인 상태[즉 잠자고 있는 상태]를 설명하는 것이 아니라, 오히려 지금은 비록 존재하지 않지만 하나님의 능력으로 말미암아 죽은자가 그들이 다시 생명으로 재창조될 수 있는 가능성을 언급한다."[58]

무의식으로서의 죽음의 잠

"잠"을 은유로 사용하는 세 번째 이유는 잠자는 동안에는 시간이 경과되는 것을 의식하지 못하기 때문이다. 은유는 죽음과 부활 사이에 있는 죽은 자의 무의식적인 상태를 적절하게 나타낸다. 그들은 시간이 지나가는 것을 알지 못한다. 루터는 자신의 초기의 글에서 이러한 사상을 다음과 같이 가장 생생한 방법으로 표현했다. "잠에 떨어져서 그에게 무슨 일이 일어났는지를 알지 못하는 가운데서 그가 일어날 때에 예상치 않았던 아침을 맞는 자처럼, 우리는 어떻게 죽음 속으로 들어왔다가 그 죽음을 통과하였는지를 알지 못하는 가운데서 마지막 날에 갑자기 부활하게 될 것이다."[59] 다시 루터는 기록하기를 "우리는 그분께서 오셔서 작은 무덤을 두드리시면서 말틴 박사, 일어나게! 라고 말씀하실 때까지 잠잘 것이다. 바로 그때 나는 한 순간에 일어날 것이며 그분과 함께 영원한 행복 속에 거하게 될 것이다"고 했다.

정확성을 위해서, 지적되어야 하는 것은 그의 생애의 후반에 루터는 주로 죽은 자가 무의식 가운데서 잠을 잔다는 개념을 거절했는데, 그 이유는 분명히 이 교리에 대한 칼뱅의 강력한 공격 때문이었다. 1537년에 기록한 자신의 **창세기 주석**(*Commentary on Genesis*)에서 그는 관찰하기를 "죽은 영혼은 이러한 방법[정기적인 잠]으로 잠자지 않는다. 더 적절하게 말한다면 그 영혼은 깨어있고, 이상을 보며, 또 천사들과 하나님과 대화를 한다."[60]라고 했다. 죽은 자에 대한 루터의 입장이 무의식적인 상태에서 의식적인 상태로 바뀌게 된 것은 비록 영향력이 있는 개혁자들이라도 그 당시의 신학적인 압력으로부터 예외가 되지 않았다는 것을 보여주는 데 도움을 준다.

루터와 같이, 대부분의 오늘날의 그리스도인들은 성경에서 사용되고 있는 "잠"이라는 은유는 죽은 자의 무의식적인 상태를 가리키는 것이 아니라 "깨어나는 부활이 있다."[61]라는 것을 가리키기 위한 것으로 믿는다. 어떤 학자들은 죽음이 잠과 비교되는 것은, "사람이 무의식적이기 때문이 아니라 죽은 자가 이 지상으로 돌아오지 않으며, 그들이 한 때 살았던 곳에서 무슨 일이 일어나고 있는지를 의식하지 못하기 때문"[62]이라고 주장한다. 다른 말로는, 죽은 자는 지상에서 일어나는 일에 관한 한 무의식적이며 하늘이나 지옥에서 살았던 그들의 생애에 관한 한 의식적이라는 것이다.

이러한 결론은 성경에 근거하고 있지 않으며, "잠"을 은유로 사용하고 있는 중간기의 문헌에 기초한다. 예컨대, 기원전 200년경에 기록된 1 에녹(1 Enoch)서는 의인들이 "긴 잠"(100:5)을 자지만, 그들의 영혼은 의식을 가지고 하늘에서 활동한다(102:4, 5; cf. 2 Baruch 36:11; 2 Esdras 7:32)고 기록하고 있다. 이 문헌을 탐구한 후에, 존 쿠퍼는 결론을 내리기를 "잠과 쉼에 대한 은유는 의식을 가지고 활동하는 중간 상태에 있는 사람들에게 사용되고 있으며, 지상에서가 아니고 신체를 가지고 있는 것도 아니다."[63]라고 했다.

"잠"을 은유로 사용하는 성경적인 의미는 중간기의 문헌들에서 사용하고 있는 용례에 기초하여 결정될 수 없는데, 그 이유는, 우리가 본 것처럼, 그 기간동안에 헬라파 유대인들이 구약성경의 가르침을 그때 당시의 헬라의 이원론적인 철학과 조화를 이루려고 노력하였기 때문이다. 그 부산물은 영혼의 불멸성과 죽은 후에 즉각적인 보상이나 형벌이 주어지는 것 그리고 죽은 자를 위한 기도 등과 같은 신앙을 받아들이는 것이었다. 그러한 신앙은 성경과는 거리가 멀다.

구약과 신약에서 "잠"을 은유로 사용하는 것에 대한 연구는 그 은유가 죽은 자가 부활 때에 깨어날 때까지 그 무의식적인 상태가 지속될 것이라는 것을 함축하고 있음을 보여주었다. 고린도전서 15장에서 바울은 문자적으로 잠으로부터 "깨우다"라는 뜻을 가지고 있는 **에게이로**(*egeirō*)라는 동사를 16회나 사용하고 있음은 주목해볼 필요가 있다.[64] 잠과 깨어나는 것 사이를 반복해서 대조하는 것이 인상적이다. 성경에서 "잠"이라는 용어를 빈번히 사용하는 것은 그 단어가 숙명적인 진리, 곧 그리스도 안에서 잠자고 있는 죽은 자는 그들이 부활할 때까지는 시간이 아무리 경과해도 그것에 대해서는 무의식적이라는 것을 밝혀주기 때문이다. 그리스도 안에서 죽은 신자는 그리스도께서 재 강림하실 때에 그를 생명으로 불러서 깨어날 때까지는 무의식중에서 잠들어 쉬고 있다.

불멸성의 의미와 기초

성경에서 말하는 불멸성은 인간이 본래 소유하고 있는 것이 아니라 어떤 신령한 속성이다. 우리는 이미 "불멸"이라는 용어가 헬라어의 **아싸나시아**(*athanasia*), 곧 "무죽음"(deathlessness)이라는 말에서 왔으므로 불멸이란 영원히 존재한다는 것임을 이미 보았다. 이 용어는 단지 두 번 나타나는데, 그 첫째는 "오직 그에게만 죽지 아니함이 있는"(딤전 6:16) 하나님과 관련시키고 있으며, 둘째는 부활의 날에 불멸을 입게 되는 인간의 불멸성과 관련시킨다(고전 15:53). 후자의 언급에서는 영혼의 자연적인 불멸에 대한 개념이 없는데, 그 이유는 불멸이란 부활한 성도들이 "입게 될" 그 어떤 것임을 말하고 있기 때문이다. 그들이 이미 소유하고 있는 어떤 것이 아니다.

번 한나(V. A. Hannah)가 제시하고 있는 것처럼 "불멸의 기초"는 "구속론적이지 결코 인간론적은 아니다."[65] 이것이 의미하는 것은 불멸이 구원받은 자에게 주어지는 하나님의 선물이지 결코 인간이 소유하고 있는 것이 아니라는 것이다. 포시트가 말한 것처럼 "불멸에 대한 확실한 신앙은 철학에 달려있는 것이 아니라 종교에 달려있다. 그것은 심령기관의 본질적인 기초에서 발견되지 않고, 타자(他者 : Another)와의 관계에서 발견된다."[66] 그 "타자"는 "사망을 폐하시고 복음으로써 생명과 썩지 아니할 것을 드러내시는"(딤후 1:10) 분인 예수 그리스도이시다.

성경 어디에서도 불멸이 인간의 본래의 속성이나 권리라고 제시하지 않는다. 에덴동산에 "생명나무"의 존재는 불멸이 그 나무의 실과에 참여하는 자에게 **조건적**(*conditional*)으로 주어지는 것임을 가리킨다. 성경은 불멸이 "구하는 것"(롬 2:7)이고 "입는 것"(고전 15:53)임을 가르친다. 그것은 "영생"이 하나님의 **선물**(롬 6:23)로써, 그리스도를 **통해서**(요 14:19; 17:2; 롬 6:23), 하나님을 **알므로**(요 17:3), **상속받는 것**(마 19:29)이다. 바울의 견해에서 불멸은 신자의 소망의 기초와 보증으로서 전적으로 예수의 부활에 묶여져 있다(고전 15장).[67] 성경에 있는 영혼의 불멸을 철학적인 사상에서 발견하려고 시도하는 자는 하나님의 계시에 무지한 자이며, 성경의 진리 안에 헬라의 이원론적인 사상을 주입하려는 자이다.

결론

죽음이 전인의 생명의 정지가 아니라 죽은 자의 몸에서 불멸하는 영혼이 분리되는 것이라는 전통적이고도 대중적인 신앙은 "네가 결코 죽지 아니하리라"(창 3:4)고 한 사단의 거짓말에게까지 추적해 갈 수 있다. 이 거짓말은 인간의 역사에서 다양한 형태로 살아와 오늘에 이르렀다. 오늘날 영혼이 낙원에나 아니면 지옥에 살아있다는 신앙은 중세의 미신적이고 공상적인 문학이나 예술적인 발표를 통해서가 아니라 영매들, 심령술사들, 임상사망의 경험에 대한 교묘한 "과학적인" 연구 그리고 과거의 영들과 함께 교통하는 대중적인 뉴 에이지의 세련된 관념들을 통해서 증가되고 있다. 사단의 방법은 변하고 있지만, 그러나 그의 목표는 여전히 동일한데, 곧 사람들로 하여금 그들이 무슨 일을 하든지 간에 그들은 죽지 않을 뿐만 아니라 신들과 같이 영원히 살게 될 것이라는 거짓 말을 믿도록 만드는 것이다.

죽음에 대한 전통적인 견해는 영혼은 계속 존재하므로 죽음의 경험을 몸에 한정시키는 데 있다. 번 한나는 "그러한 급진적인 죽음에 대한 재정립은 사실 죽음을 부정하는 것이며, 의심할 것 없이 창세기 3장의 '간교한 뱀'이 가장 호소력 있게 만든 정의이다."[68]라며 올바로 진술하고 있다. 성경은 죽음을 더욱 심각하게 취급한다. 죽음은 마지막 원수(고전 15:26)이지 불멸하는 영혼의 해방자가 아니다. 오스카 쿨만이 제시하고 있는 것처럼 "죽음은 하나님에 의해서 창조된 **모든**(all) 생명의 파괴이다. 따라서 부활에 의해서 정복되어야하는 것은 몸이 아니라 죽음 자체이다."[69]

헬무트 틸리케는 영혼의 불멸성에 대한 사상은 "실제로" 인간이 죽음을 피하도록 하려는 도피주의의 한 형태라고 예리하게 관찰한다. 그것은 죽음을 두렵지 않게 하려는 하나의 시도이다. 그는 계속해서 설명하기를 "우리는 어떤 '침범할 수 없는 자아 영역에서 이상의 유형을 견지할 수는 있지만 그러나 죽음은 '뛰어 넘을 수 있는 어떤 것'이 아니고, '통과하는 어떤 것'이며, 그것은 낭만주의나 이상주의를 위한 그 어떤 여지도 남기지 않는다. 그리스도인이 바라보는 것은 부활이지 결코 영혼의 불멸이 아니다."[70]

죽음에 대해 대중적으로 잘못된 개념을 바로잡는 유일의 방어책은 죽음의 본질에 대해서 성경이 가르치고 있는 것이 무엇인지를 분명하게 이해하는 것이다. 우리는 신약과 구약이 죽음이란 전인에 대한 생명의 소멸이라고 분명히 가르치고 있다는 것을 발견했다. 죽음에는 기억하는 것이나 또는 의식하는 것이 없다(시 8:5; 146:4; 30:9; 115:17; 전 9:5). 영이나 혼이 몸을 떠나서 독립적으로는 결코 존재할 수 없다. 죽음은 **전인**(total being)의 소실이지 단지 **복인**(福人

: *well-being*)의 소실만은 아니다. 전인은 성경에서 "잠"으로 그 특성을 묘사한 무의식 상태로 무덤에서 쉰다. "깨어나는 일"은 그분께서 다시 오셔서 잠자는 성도들에게 생명을 돌려주실 때 있게 될 것이다.

"잠"이란 은유(隱喩)는 성경에서 빈번히 죽은 자의 상태를 설명하기 위해서 사용되는데, 그 이유는 죽은 자의 무의식적인 상태와 그리스도의 강림의 날에 깨어날 것을 제시하는 데 적절하기 때문이다. 그것은 또한 죽음과 부활 사이에 경과되는 시간을 의식하지 못한다는 것을 암시한다. "잠"이란 은유는 실제로 죽음이 인간의 마지막 운명이 아니라는 것을 아름답고 부드럽게 표현하는 것인데, 그 이유는 부활의 날 아침에 죽음의 잠으로부터 놓여나 깨어날 것이기 때문이다.

성경에서 죽음이란 전인의 생명의 끝이라는 결론을 내림에 있어서 주요한 도전은 신약의 다섯 성경 구절에 대한 근거가 불확실한 해석을 통해서 오며(눅 16:19~31; 23:42, 43; 빌 1:23; 고후 5:1~10; 계 6:9~11), 또한 **스올**(*she'ōl*)과 **하데스**(*hadēs*)라는 두 단어가 죽은 자가 거하는 장소를 기술하기 위해서 사용되고 있다는 것이다. 많은 그리스도인들은 이러한 구절들과 단어들에서 죽은 후에 영혼이 의식을 가지고 존재한다고 믿는 자신의 신앙을 성서적으로 지원하려고 한다. 우리는 이러한 본문들과 단어들을 일반적으로 "중간기의 상태"라고 부르는 죽음과 부활 사이에 있는 중간기간 동안의 죽은 자의 상태에 초점을 맞추고 있는 제5장에서 계속해서 점검하게 될 것이다.

부활신학

제 5 장

죽은 자의 상태

제5장

죽은 자의 상태

죽음 이후의 삶에 대한 믿음이 무덤에서 다시 나오는 듯이 보인다. 주간 뉴스가 그것을 다룬다. 대담 프로그램의 연사들이 그것에 대해 이야기한다. 무디와 퀘블러–로스의 **삶 이후의 생명**(*Life After Life*) 그리고 머리스 롤링스의 **죽음의 문 너머**(*Beyond Death's Door*)와 같은 인기 있는 책들은 육체를 떠나는 경험들에 대한 역사적인 사건들을 살피고 있다. 심지어 어떤 목사들은 다시 그것으로 설교를 시작한다.

한때 세속적인 공동체에 의해 미신적인 과거의 유물들로 간주되었고 신자들에게는 이해하기가 너무나도 어려운 어떤 것으로 여겨졌던 죽음 이후의 삶에 대한 신념들이 인기를 다시 얻고 있다. 종교적인 신앙이 현저하게 감소되고 있음에도 불구하고, 최근 갤럽 조사에 따르면, 미국인들의 71%가 죽음 이후의 삶의 어떤 형태를 믿고 있다.[1] "심지어 아무런 종교적인 신앙이 없는 많은 사람들이 죽음 이후에 있게 될 삶을 기대하고 있다. 46%는 하늘을 믿고, 34%는 지옥을 믿는다."[2]

죽은 자의 시신을 보존하기 위한 정교한 장례 절차들은 죽음 이후의 삶에 대한 의식적 혹은 잠재적인 신앙을 반영한다. 고대 세계에서는, 죽은 자들에게 내세를 위한 음식, 음료, 기구, 의류 등을 제공했다. 때때로 심지어 내세에 필요한

편리를 제공하기 위해 종들이나 동물들이 시신과 함께 매장되었다.

오늘날, 장례 예식은 달라졌지만, 그것들은 여전히 죽음 이후의 삶에 대한 의식적 혹은 잠재적인 믿음을 드러낸다. 시신은 향료로 처리하고 썩는 것을 저지하는 도금된 금속 상자 안에 밀봉된다. 그것은 세마포로 싸여지며 비단 같이 고운 천과 부드러운 베개 위에 놓여진다. 반지와 가족사진과 같은 인생의 소중한 물품들과 함께 보내어진다. 성스럽고 조용하게 묘지에 매장되며, 그곳은 꽃과 문들과 울타리로 둘러싸여 정교하게 다듬어져 있다. 죽은 자들은 어떤 아이도 뛰놀지 않고 어떤 방문객도 방해하지 않는 전문적으로 보존되고 가꾸어지는 공동묘지에서 주님의 "영원한 돌보심"을 받게 된다.

그들의 사랑하는 고인들을 죽은 자들의 세상으로 숭고하고 고상하게 보내고자 하는 사람들의 관심은 내세에서의 그들의 안위를 보증하려는 욕망을 드러낸다. 그러나 죽음 이후의 삶이 있는가? 죽은 자들은 의식적인가 혹은 무의식적인가? 의식적이라면, 그들은 살아있는 사람들과 교통할 수 있는가? 그들은 낙원의 행복이나 지옥의 고통을 겪고 있는가?

제4장에서는, 오늘날 살아 있는 사람들이 그들의 사랑하던 죽은 자들의 영혼과 접촉할 수 있는 자리를 요청하는 영매와 심령술사들의 세련된 형상, 거의 죽게 된 경험 속에서의 교묘한 "과학적" 연구 그리고 과거의 영혼들과 교류하는 인기 있는 뉴에이지 운동가들을 통해 내세에 대한 신앙이 발전하고 있음을 살펴보았다. 내세의 의식적인 존재를 증명하기 위한 새로운 시도들에도 불구하고, 성경은 죽음을 몸과 영혼의 전인격적 삶의 중지로 분명하게 정의한다.

본장의 목적

이 장에서는 죽음과 부활 사이의 기간 동안 죽은 자들의 상태를 중심으로 죽음의 본질에 대한 우리의 연구를 계속한다. 이 기간은 흔히 "중간기 상태"로 알려져 있다. 이 장에서 우리가 추구하는 기본적인 질문들은 다음과 같다. 죽은 자들은 부활의 아침까지 무의식적인 상태로 잠을 자는가? 혹은, 구원받은 영혼이 낙원의 기쁨을 경험하고, 반면에 구원받지 못한 영혼은 지옥의 고통에 몸부림치고 있는가?

본장은 두 부분으로 나뉜다. 첫 번째 부분에서는 죽은 자의 상태에 관한 구약의 가르침을 고찰한다. 그 연구는 특히 구약에서 죽은 자들의 안식처로 사용되는 **스올**이라는 단어의 의미와 용례에 초점을 맞춘다. 편만한 신념들과는 대조적으로, 우리는 **스올**이 경건치 못한 자들에게 형벌을 주는 장소(지옥), 혹은 죽은 자들의 영과 혼을 위한 의식적 존재로써의 장소로 제안되는 그 어떤 성경 구절도 없음을 알게 될 것이다. 구약에서 **스올**은 죽은 자들의 지하 무덤이다. **스올**에는 그 어떤 비물질적이고도 불멸하는 영혼들이 없는데, 왜냐하면 분명히 영혼은 육체의 죽음 가운데서는 생존하지 않기 때문이다.

두 번째 부분에서는 죽은 자의 상태에 대한 신약의 가르침을 조사한다. 먼저 히브리어 **스올**과 동의어인 헬라어 **하데스**의 11번의 용례를 살피고자 한다. 우리는 **하데스**가 구약의 **스올**처럼 죽은 자들의 무덤 혹은 영역을 의미하며, 경건치 못한 자들의 심판의 장소가 아님을 이해하게 될 것이다.

다음으로, 우리는 일반적으로 사후에 영혼이 의식을 가지고 존재한다는 믿음을 지지하는 데 인용되는 다섯 성경구절들을 살핀다(눅 16:19~31; 23:42~43; 빌 1:23; 고후 5:1~10; 계 6:9~11). 이 구절 중 그 어느 것도 중간기 동안에 죽은 자들이 무의식적인 상태를 가지고 있다는 것에 대한 성경의 전반적인 가르침과 상충되지 않는다.

A. 구약 성경에서의 죽은 자의 상태

제4장의 결론인 성경에서 죽음이란 전 인간의 삶의 중지라는 것에 대한 주된 도전은 죽은 자의 거처를 묘사하기 위해 성경에서 사용된 두 단어에 대한 보증받지 못한 해석에서 비롯된다. 그 두 단어는 구약에서 **스올**이고 신약에서는 **하**

데스이다. 이들은 종종 육체로부터 분리된 영혼들이 죽음 이후에 존재하고 있는 장소와 경건치 못한 자들을 심판하는 장소(지옥)를 의미하는 것으로 해석된다. 그러므로 우리는 이 두 용어의 성서적 의미와 용례를 연구하는 것이 필수적이다.

스올의 번역과 해석들

히브리어 **스올**은 구약 성경에 65번 나타나며 "무덤", "지옥", "구멍", 혹은 "죽음"과 같이 다양하게 번역된다. 이런 다양한 번역들은 영어 독자들이 **스올**의 기본적인 의미를 이해하는 것을 어렵게 만든다. 예를 들어, **제임스왕역**(*The King James Version*)은 **스올**을 "무덤"으로 31번, "지옥"으로 31번, "구멍"으로 3번 번역한다. 이는 구약 성경이 악한 자들이 그들의 죄로 인해 고통받고 있는 지옥의 존재를 가르치고 있다고 제임스왕역(KJV) 독자들이 믿게 하도록 이끌고 있음을 의미한다.

예를 들어, 제임스왕역에서, 시편 16:10은 "이는 내 영혼을 지옥에 버리지 아니하시며"로 번역된다. 잘 알지 못하는 독자는 이 본문을 "이는 내 영혼이 지옥에서 고통받게 되지 아니하며"라는 의미로 이해할 것이다. 그 같은 해석은 개정표준역(RSV)에서 번역된 것처럼, "이로 인해 나를 **스올**에 포기하지 않는다." 즉 무덤으로 이해할 수 있는 본문의 명백한 오역이다. 여기서 시편 기자는 하나님께서 그를 무덤 속에 버려두지 않을 것이라는 확신을 표현한다. 사실, 이 본문은 행 2:27에서 아버지 하나님에 의해 무덤 속에 남겨지지 않았던 그리스도에게 적용된다. 본문은 지옥에 대해 어떤 것도 말하지 않는다.

그 같은 오도된 번역을 피하기 위해 **개정표준역**(*Revised Standard Version*)과 **새미국표준성경**(*The New American Standard Bible*)은 히브리어를 영어 음역으로 **스올**이라고 단순하게 번역한다. **신국제역**(*The New International Version*)은 그것을 각주로 "**스올**"이라 표기하고 "무덤"(때때로 "죽음")으로 주로 번역한다. 이 번역은 무덤 혹은 좀 더 나아가서는 죽은 자들의 공동 영역으로써의 **스올**의 기본적인 의미를 정확하게 반영한다.

상이한 번역들은 종종 번역자들의 각기 다른 신학적 확신을 반영한다. 예를 들어, 제임스왕역의 번역자들은 죽을 때 의로운 자들은 하늘로 올라가고 악한 자들은 지옥으로 간다고 믿었다. 결과적으로, 그들은 **스올**을 의로운 자들과 연관지어서는 그들의 육신이 무덤에서 쉬는 "무덤"으로, 악한 자들을 언급할 때는 그들의 영혼을 아마도 지옥에서 고통받는 "지옥"으로 번역했다. 비슷한 시도가 구약 학자인 알렉산더 하이델[3]에 의해 채택되었는데, 그는 성서 자료를 독단적으로 다루는 것으로 비평을 받아왔다.[4]

몇몇 복음주의적 저자들은 **스올**을 육체의 거주지인 무덤과 대비하여 영혼의 주거지로 정의하는 제임스왕역 번역자들의 견해에 동의한다. 로버트 모레이는 그의 책 **죽음과 내세**(*Death and the Afterlife*)에서 이렇게 말한다. "히브리어 **스올**은 구약 성경에 66번 발견된다. 구약 성경은 끊임없이 육체가 무덤으로 간다고 언급하는 반면, 인간의 영과 혼은 **스올**로 간다고 항상 언급한다."[5] 이 주장을 지지하기 위해, 모레이는 프린스턴 학자 B. B. 월필드의 말을 인용한다. "이스라엘은, 그에 대한 기록된 역사가 시작된 이래로, 죽음 이후에 영혼이 영존함에 대한 가장 확고한 확신들을 품고 있었다. …육체는 무덤 속에 놓여있고 영혼은 **스올**로 떠나간다."[6]

모레이에 의해 인용된 또 다른 학자는 **새 성경 사전**(*The New Bible Dictionary*)을 쓴 죠지 엘돈 라드(George Eldon Ladd)이다. "구약 성경에서, 사람은 죽음으로 존재하는 것을 그치지 않고, 그의 영혼은 **스올**로 내려간다."[7] 같은 견해가 J. 톰슨에 의해 표현되는데, 그는 구약 성경에서의 죽음에 대하여 저술한다. "죽음으로, 육체는 땅에 남아있다. **네페쉬**[영혼]는 **스올**로 들어간다. 그러나 호흡, 영, 혹은 **루아흐**는 **스올**이 아니라 하나님께로 돌아간다. 어둠과 고요함과 망각의 장소인 **스올**에서의 삶은 불길하고 공허하다."[8]

이와 같은 진술에 근거하여, 모레이는 다음과 같이 결론지었다. "현대 학자들은 **스올**이라는 단어를 인간의 영이나 혼이 사망 시에 가게 되는 장소를 언급하는 것으로 이해한다. 사전적 문헌의 어떤 것도 스올을 무덤이나 혹은 비존재로 들어가는 것을 의미하는 것으로 정의하지 않는다."[9] 어떤 학자들은 분명히 스올이 경건치 않은 자들의 심판의 장소이며 "현대 지옥과 동일한 의미"를 가진다고 주장함으로써 수정된 견해를 제시한다.[10]

영혼들의 거하는 장소(무덤이 육체가 안식하는 장소라면) 혹은 지옥으로 알려진, 악한 자들에 대한 심판의 장소라는 스올에 대한 이런 해석들은, 스올에 대한 성서적 용례의 견해를 대표하지 못한다. 이런 사실은 인간 본질에 대한 전통적 이원론을 반대하는 현대 학술의 거대한 공격으로부터 구하기 위한 아마도 가장 학술적인 시도를 펼쳐 온 존 W. 쿠퍼에 의해서도 인식되어진다. 쿠퍼는 진술한다. "전통적인 그리스도인들이 주장하는 가장 흥미로운 것은 아마도 그것[스올]은 사람들이 사는 동안 그들의 종교에 상관없이 죽은 자들의 안식처라는 사실이다. 스올은 악한 자들이 정죄받는 '지옥'이 아니며 그곳을 떠나 여호와의 신실한 자들이 영광 중에 사면되는 곳이 아니다. 비록 구약 성경에서 여호와께서 사망 시에 그분의 의로운 자들을 용서하고 교제한다는 몇 암시들이 있지만, 우리가 이해하듯이, 신자들과 불신자들 모두가 그들이 죽을 때 스올로 간다는 생각은 의심의 여지가 없다."[11]

자유주의적인 성경 해석 사전(The Interpreter's Dictionary of the Bible)은 "구약 성경 어디에도 죽은 자들의 거처로 심판이나 고통의 장소로써 여겨질 만한 곳은 없다. 악독한 '지옥'에 대한 개념은 오직 헬라 시대 기간 동안에 이스라엘에서 발전되었다."[12]라고 강조하여 진술한다.

모레이와 다른 학자들이 영혼의 거처로서의 스올과 육체의 안식처로서의 무덤을 구분하려는 시도는 성경과는 이질적인 인간 본질에 대한 이원론적인 사고에 근거한다. 이스라엘 : 그들의 삶과 문화(Israel: Its Life and Culture)라는 그의 대표적인 연구에서, 요하네스 페더슨은 단호하게 진술한다. "스올은 모든 무덤들의 총체이다. …무덤이 있는 곳에 스올이 있고, 스올이 있는 곳에 무덤이 있다."[13] 페더슨은 스올이 그들이 묻혔거나 그렇지 않았거나 죽은 모든 자들이

가는 죽은 자들의 총체적인 영역임을 매우 길게 설명했다.

"구약 성경에서의 **스올**"이라는 그의 박사 학위 논문에서, 랄프 월터 도에르만은 같은 결론에 이르렀다. 그는 다음과 같이 기록한다. "**스올** 안에 있는 것으로 인식되어지는 죽은 자들은 동시에 무덤 안에 있으며, 이는 다른 두 장소가 아니다. 죽은 모든 사람들은, 그들이 동일한 상태에 놓여지기 때문에, 공통의 영역에 있을 것이라 여겨진다."[14] 이러한 결론은 우리가 **스올**에 대한 용례를 살펴볼 때 자명하게 된다.

스올의 어원과 위치

스올의 어원은 분명치 않다. 가장 자주 언급되어지는 파생어들은 "요청하다", "질문하다" 그리고 "자신을 묻다"[15]와 같은 어근의 의미에서 파생된다. 도에르만은 "조용하다", "평안하다"라는 주된 의미를 가진 **실라**(shilah)라는 어근에서 파생되었다고 주장한다. 그는 "만일 **스올**과 **실라**가 관계가 있다면, 그 이름이 죽은 자들의 영역의 위치와 관련이 있는 것이라기보다는 그곳에 거주하는 자들의 상태, 주로 '평안하게' 있는 것과 관련이 있는 것처럼 보인다."[16] 이 두 단어는 어느 정도 관련이 있다. 더 중요한 것은 **스올**이 죽은 자들이 편하게 쉬는 장소를 의미한다는 사실이다.

스올은 땅 표면으로부터 깊은 지하에 위치하는데, 왜냐하면 그것이 우주의 가장 먼 경계를 의미하는 하늘과 관련하여 종종 언급되어지기 때문이다. 하늘이 우주의 가장 높은 곳인 것처럼, **스올**은 우주의 가장 깊은 곳이다. 아모스는 하나님의 피할 수 없는 진노를 이 용어로 묘사한다. "저희가 파고 음부로 들어갈지라도 내 손이 거기서 취하여 낼 것이요 하늘로 올라갈지라도 내가 거기서 취하여 내리울 것이며"(암 9:2). 시편기자도 이와 유사하게 선포한다. "내가 주의 신을 떠나 어디로 가며 주의 앞에서 어디로 피하리이까 내가 하늘에 올라갈지라도 거기 계시며 음부에 내 자리를 펼지라도 거기 계시니이다"(시 139:7, 8; 참조 욥 11:7~9).

땅 밑에 위치하고 있기 때문에, 죽은 자들이 "내려가서" 스올에 도달하는 것은 땅에 묻혔다는 것의 완곡어법이다. 그러므로 야곱이 그의 아들 요셉의 죽음을 접했을 때, 그는 "내가 슬퍼하며 음부에 내려 아들에게로 가리라"(창 37:35)고 말했다. 아마도 땅 아래 스올의 위치에 대한 가장 명확한 예는 모세의 권위에 대항하여 반역했던 고라, 다단 그리고 아비람의 심판에 대한 설명일 것이다. "그들의 밑의 땅이 갈라지니라 땅이 그 입을 열어 그들과 그 가속과 고라에게 속한 모든 사람과 그 물건을 삼키매 그들과 그 모든 소속이 산채로 음부에 빠지며 땅이 그 위에 합하니"(민 16:31~33). 이 사건은 단지 영혼이 아니라 전 인격체가 죽은 자들의 영역인 스올로 내려간다는 것을 분명히 보여준다.

스올의 특징들

스올의 특징들은 분명히 죽은 자들의 영역 혹은 무덤의 특징들이다. 많은 구절들에서, 스올은 히브리어 보르(*bor*)와 평행구절로 발견되는데, 그것은 "구멍" 혹은 무덤과 같은 지하 동굴종류를 의미한다. 예를 들어, 시편 기자는 다음과 같이 기록한다. "대저 나의 영혼에 고난이 가득하며 나의 생명은 음부[스올]에 가까웠사오니 나는 무덤[보르]에 내려가는 자와 함께 인정되고"(시 88:3, 4).[17] 여기에서 평행어법은 스올을 무덤, 즉 죽은 자들이 묻히는 장소와 동일시한다.

몇몇의 경우에는 스올이 "파멸" 혹은 "폐허"를 뜻하는 아바돈(*abaddon*)과 함께 나타난다.[18] 아바돈은 무덤과 병행구절로 나타난다. "흑암 중에서 주의 기사와 잊음의 땅[아바돈]에서 주의 의를 알 수 있으리이까"(시 88:12); 스올과 함께: "하나님 앞에는 음부도 드러나며 멸망의 웅덩이도 가리움이 없음이니라"(욥 26:6; 참조 잠 15:11); "음부와 유명도 여호와의 앞에 드러나거든"(잠 15:11; 참조 27:20). 스올이 파멸의 장소인 아바돈과 관련되어 있다는 사실은 죽은 자들의 영역이 악한 자들의 영원한 고통의 장소로서가 아니라 파멸의 장소로 이해된다는 것을 보여준다.

스올은 또한 "어둡고 죽음의 그늘진 땅"(욥 10:21)으로 묘사되며, 그곳에서 죽은 자들은 다시 빛을 보지 못한다(시 49:20; 88:13). 그곳은 "적막 중에 처하는" (시 94:17; 참조 115:17) 곳이며 다시 돌아올 수 없는 땅이다. "그는 다시 자기 집으로 돌아가지 못하겠고 자기 처소도 다시 그를 알지 못하리이다"(욥 7:10).

스올과 죽은 자들의 영역

스올에 대한 위의 모든 특징들은 죽은 자들의 영역을 정확하게 묘사한다. 구멍, 파멸의 장소, 어둠의 땅, 적막의 땅, 다시 돌아올 수 없는 땅은 죽은 자들의 영역에 대한 모든 묘사들이다. 더욱이 우리는 스올이 죽음과 무덤과 병행구절로 나타나는 몇 보기들을 발견한다. "사망이 홀연히 저희에게 임하며 산 채로 음부에 내려갈지어다"(시 55:16). 평행어법에 의하면, 여기에서 스올은 사망과 무덤과 동일시된다.

스올이 무덤과 연관되어 나오는 또 다른 예는 시편 141:7에서 발견된다. "사람이 밭 갈아 흙을 부스러뜨림같이 우리의 해골이 음부 문에 흩어졌도다." 여기서 음부[스올] 문은 뼈가 놓여지는 무덤의 입구이다.

다양한 모습들이 스올을 묘사하는데 사용되며 그 모든 것은 죽은 자들의 영혼을 위한 자리가 아니라 죽은 자들의 영역을 보여주고 있다. 칼뱅주의 학자인 앤토니 훼케마는 그의 책 **성경과 미래**(*The Bible and the Future*)에서 본질적으로 동일한 결론에 이르렀다. 그는 다음과 같이 기록한다. "스올에 적용되는 다양한 모습들은 모두 죽은 자들의 영역을 의미하는 것으로 이해되어 질 수 있다. 스올은 문이 있고(욥 17:16), 어둡고 침침하며(욥 17:13), 탐욕스러운 욕망의 괴물(잠 27:20; 30:15, 16; 사 5:14; 합 2:5)로 나타난다. 우리가 이런 방식으로 스올을 생각할 때, 우리는 경건한 자나 그렇지 못한 자 모두가 죽을 때 스올로 내려간다는 것을 기억해야만 하는데, 둘 다 죽음의 영역으로 들어가기 때문이다."[19]

한스 월터는 그의 대표적인 연구서인, **구약 성서의 인류학**(*Anthropology of the Old Testament*)에서 기록하기를, 죽은 자들이 영화롭게 되거나 심지어 신성하게 되는 고대 근동의 종교와는 대조적으로, "구약 성경에서 그와 비슷하게 생각할 일말의 여지가 없다. 주로, 죽음의 세계로서 **스올**에 내려간 자들에 대한 언급은 인생의 끝으로서 무덤에 매장되는 것을 의미할 뿐이다(창 42:38; 44:29, 31; 사 38:10, 17; 시 9:15, 17; 16:10; 49:9, 15; 88:3~6, 11; 잠 1:12)."[20] **스올**을 악한 자들의 형벌의 장소로 혹은 영혼의 거주지로 보려는 그 어떤 시도도 죽은 자들의 지하 매장지로 여기는 **스올**에 대한 성서적 특성과 분명히 상충된다.

스올에서 죽은 자들의 상태

죽음은 생명과 활력이 그치는 것이기 때문에, **스올**에서의 죽은 자들의 상태는 이 땅에서의 삶의 개념과 대조적인 용어로 묘사된다. 생명은 활력과 활동을 의미한다. 죽음은 약함과 무활동을 의미한다. 이는 의로운 자나 악한 자 모두에게 동일하다. "모든 사람에게 임하는 모든 것이 일반이라 의인과 악인이며 선하고 깨끗한 자와 깨끗지 않은 자며"(전 9:2). 그들 모두는 동일한 장소인 **스올**, 곧 죽은 자들의 영역으로 간다.

지혜자는 **스올**에서의 죽은 자들의 상황에 대한 회화적인 묘사를 제공한다. "네가 장차 들어갈 음부에는 일도 없고 계획도 없고 지식도 없고 지혜도 없음이니라"(전 9:10). 죽은 자들의 영역인 **스올**이 무의식의 비존재의 장소인 것이 분명하다. "무릇 산 자는 죽을 줄을 알되 죽은 자는 아무 것도 모르며 다시는 상도 받지 못하는 것은 그 이름이 잊어버린바 됨이라 그 사랑함과 미워함과 시기함이 없어진 지 오래니 해 아래서 행하는 모든 일에 저희가 다시는 영영히 분복이 없느니라"(전 9:5, 6). 여기서의 주된 논쟁은 죽음이 "해 아래서" 행하는 모든 일을 돌연히 멈추게 하고, 죽음을 뒤따르는 것은 지식이나 의식이 없는 무활동의 상태인 죽은 자들의 영역, **스올**이라는 것이다. 그같은 상태를 가장 잘 묘사한 것이 "잠"이다.

"그 열조와 함께 자니라"(참조 왕상 1:21; 2:10; 11:43)는 숙어는 잠이 들고, 무의식의 상태에서 죽은 자들이 **스올**에서 그들의 조상들과 연합된다는 사상을 반영한다. **스올**에서 쉬거나 잔다는 생각은 욥기에서 현저한데, 그는 고통 중에 울부짖는다. "어찌하여 내가 태에서 죽어 나오지 아니하였던가 어찌하여 내 어미가 낳을 때에 내가 숨지지 아니하였던가…그렇지 아니하였던들 이제는 내가 평안히 누워서 자고 쉬었을 것이니…거기서는 악한 자가 소요를 그치며 거기서는 곤비한 자가 평강을 얻으며"(욥 3:11, 13, 17).

스올에서의 쉼은 낙원에서 행복을 즐기거나 지옥의 고통을 겪고 있는 영혼의 쉼이 아니라, 죽은 육체가 흙과 벌레로 덮여있는 무덤에서 잠을 자고 있는 쉼이다. "내 소망이 음부[**스올**]로 내 집을 삼음에 있어서 침상을 흑암에 베풀고 무덤더러 너는 내 아비라, 구더기더러 너는 내 어미, 내 자매라 할진대 나의 소망이 어디 있으며…흙 속에서 쉴 때에는 소망이 음부 문으로 내려갈 뿐이니라"(욥 17:13~16).

죽은 자들은 **스올**에서 마지막까지 잠잔다. "사람이 누우면 다시 일어나지 못하고 하늘이 없어지기까지 눈을 뜨지 못하며 잠을 깨지 못하느니라"(욥 14:12). "하늘이 없어지기까지"는 아마도 성도들을 부활시키시려고 마지막 때에 주께서 오시는 것에 대한 암시일 것이다. 그의 모든 시련 중에서, 욥은 그의 몸이 썩은 후에라도 주의 오심에 대한 그의 소망을 결코 포기하지 않았다. "내가 알기에는 나의 구속자가 살아 계시니 후일에 그가 땅 위에 서실 것이라 나의 이 가죽, 이것이 썩은 후에 내가 육체 밖에서(역자 주 : 원문은 "육체로부터"인데 시각동사와 함께 사용될 때에는 "육체 안에서 본다"는 뜻임) 하나님을 보리라 내가 친히 그를 보리니 내 눈으로 그를 보기를 외인처럼 하지 않을 것이라 내 마음이 조급하구나"(욥 19:25~27).

요약하면, 죽은 자들의 영역인 **스올**에서의 죽은 자의 상태는 무의식적이며 무활동적이고, 부활의 날까지 쉼과 잠이 계속될 것이다. 우리가 살펴본 성경 구절 어디에서도 **스올**이 경건치 못한 자들을 벌주는 장소(지옥)이거나 죽은 자들의 혼과 영을 위한 의식적 존재의 장소로 제안할 수 없다. 분명히 구약 성경에서 영혼은 몸의 죽음으로 생존할 수 없기 때문에 **스올**에서는 어떤 영혼들도 없다. N. H. 스나이드가 그것에 대해 다음과 같이 분명하게 진술한다. "죽은 육체는, 인간이건 새이건 짐승이건, **네페쉬**[영혼] 없이 존재한다. **스올**, 곧 죽은 자들의 거처에는 그 어떤 **네페쉬**[영혼]도 없다."[21]

바벨론 왕에 대한 경멸시

죽은 자들의 무의식적인 영역으로 **스올**을 간주하기로 한 우리의 결론은 이른바 **스올**에서 의식적인 존재의 개념을 지지하는 두 개의 주요 구절을 지지하는 사람들에 의해 도전받는다. 첫 번째 구절은 이사야 14:4~11인데, 거기에는 바벨론 왕에 대한 경멸시가 있다. 두 번째는 에스겔 31장과 32장인데, 애굽의 바로에 대한 비유적인 애가가 포함된다. 이 성경구절들을 근거로, 로버트 모레이는 결론맺는다. "**스올**에서 그 사람들은 서로 간에 대화를 나누고 심지어는 새로 들어온 사람들의 삶의 모습에 대한 도덕적 심판을 행하는 것으로 묘사된다(사 14:9~20; 44:23; 겔 32:21). 이러므로 그들은 **스올**에 있는 동안 의식적인 실재들이다."[22] 이들 구절들이 **스올**에서의 의식적인 존재에 대한 증거를 제시한다는 관점에서, 우리는 그 구절들을 하나씩 간단하게 살펴볼 필요가 있다.

이사야 14장의 신탁은 바벨론 왕에 대한 경멸의 노래이며, 그 안에 죽은 자들의 "그림자들"은, 대부분의 왕들이 느부갓네살의 정복하는 군대에 의해 복종되고, 포학한 왕에 대한 하나님의 운명을 선포하기 위해 인격화된다. 왕이 **스올**에서 그들과 만날 때, 죽은 이 군주들은 떨어진 폭군을 조롱하기 위해 어둠의 보좌로부터 일어선 "어둠의 **르바임**(*shades-rephaim*)"(간단히 살펴볼 용어)으로 묘사되며, 말하기를 "너도 우리 같이 연약하게 되었느냐 너도 우리 같이 되었느냐 하리로다 네 영화가 음부에 떨어졌음이여 너의 비파 소리까지로다 구더기가 네 아래 깔림이여 지렁이가 너를 덮었도다"(사 14:10, 11).

여기서 우리는 영혼이 하늘의 기쁨을 누리거나 지옥의 고통을 겪는 것이 아니라, 무덤 속에서 구더기와 지렁이에 의해 먹혀지는 왕의 시체에 대한 회화적 묘사를 발견한다. 그 구절의 언어는 "죽은 영들"에 대한 심상이 아니라 묻혀진

시신에 대한 묘사이다. 만일 왕들이 "죽은 영혼"이라면 **스올**에서 그들은 보좌에 앉아 있지 않았을 것이 분명하다.

이 인상적인 비유에서는, 심지어 향나무와 레바논 백향목도 의인화되어(사 14:8) 떨어진 폭군에 대한 비웃음을 촉구한다. 이 비유의 모든 특징들이, 의인화된 나무들과 떨어진 왕들, 모두가 허구적임이 분명하다. 그들은 **스올**에서 영혼들의 의식적인 존재를 드러내는 것이 아니라, 지렁이에게 먹히는 흙무덤에서 그의 마지막 수치스러운 운명인 이스라엘의 압제자들에 대한 하나님의 심판을 회화적인 언어로 표현하기 위한 전조이다. 내세에 대한 문자적인 묘사로 이 비유를 해석하기 위해서는 단순히 자기 경배의 폭군에 대한 운명을 묘사하기 위해 설정된 이 구절의 매우 회화적이고 비유적인 특징을 무시하는 것을 의미한다. 이 연구 과정의 시간 속에서, 나는 심지어 훌륭한 학자들도 종종 상징적, 비유적인 언어는 문자적으로 해석할 수도 없고, 또 해서도 안된다는 기본적인 해석 원칙에 무지하다는 사실에 놀랐다.

애굽의 바로에 대한 애가

에스겔 31장과 32장에서, 우리는 바벨론 왕에 대한 이사야서에서의 것과 매우 비슷한, 애굽의 바로에 대한 비유적인 애가를 발견한다. 천연계의 동일한 의인화가 바벨론 왕에 의해 바로가 내던져진 것을 묘사하기 위해 사용된다. "그가 음부에 내려가던 날에 내가 그를 위하여 애곡하게 하며 깊은 바다를 덮으며 모든 강을 쉬게 하며 큰 물을 그치게 하고 레바논으로 그를 위하여 애곡하게 하며 들의 모든 나무로 그로 인하여 쇠잔하게 하였느니라"(겔 31:15).

그 묘사가 매우 회화적이다. 이생에서 큰 위협을 야기시켰던 여러 통치자들은, 이제 **스올**에 있으며, "그 여러 무덤은 사면에 있다"(겔 32:26). "그들이 할례 받지 못한 자 중에 이미 엎드러진 용사와 함께 누운 것이 마땅치 아니하냐 이 용사들은 다 병기를 가지고 음부에 내려 자기의 칼을 베게 하였으니 그 백골이 자기 죄악을 졌음이여"(겔 32:27). 이 회화적인 언어로, 용사들은 그들의 칼로

부활신학

그들의 머리에 베개로 삼고 그들의 방패는 그들의 뼈를 덮는 담요로 삼아 **스올**에 묻혀진 것으로 묘사된다. 이것을 낙원의 기쁨이나 지옥의 고통을 겪는 영혼에 대한 기술로 보기는 어렵다. 오히려 이것은 이생에서 그들의 능력을 남용한 자들을 기다리는 무덤의 비천함에 대한 회화적인 표현이다.

장로교 학자인 로버트 A. 피터슨은 그의 책 **심판 중인 지옥 : 영원한 형벌에 대한 사건**(*Hell on Trial: The Case for Eternal Punishment*)에서, "이사야 14장과 에스겔 31, 32장은 전통적으로 지옥을 언급하는 것으로 이해되어 왔으며, 만일 우리가 그것을 무덤에 대한 언급이라 여긴다면 더 적절하다. 구더기와 지렁이가 그를 덮고 있는 바벨론 왕의 모습과(사 14:11) 머리에 칼을 베고 있는 죽은 용사들 사이에 누워 있는 바로의 모습은(겔 32:27) 지옥의 모습이 아니라 무덤의 비천함을 이야기한다."[23]라고 인정한다.

우리는 **스올**이 경건치 못한 자의 형벌의 장소이거나 영혼의 거주지가 아니라 죽은 자들의 영역—하나님께서 아담에게 그와 그의 후손들이 가게 될 것이라 말씀하신 조용하고, 흙으로 덮여있고 어두운 장소라고 결론짓는다. "너는 흙이니 흙으로 돌아갈 것이니라"(창 3:19).

스올의 거주자들

구약 성경에서 여덟 구절들이 **스올**의 거주자를 주로 "유혼(shades)"으로 번역되어지는 **르바임**(*rephaim*)을 언급한다.[24] 이 번역은 오역된 것인데, 죽은 자들의 영역인 **스올**의 거주자들이 유령이나 몸에서 떠난 영혼이라는 인상을 주기 때문이다. 사실, 이원론자들은 **스올**에 몸에서 떠난 혼이나 영의 존재가 있다고 주장하기 위해 이 오역된 번역을 이용한다. 예를 들어, 로버트 모레이는 강력히 다음과 같이 주장한다. "욥 26:5; 시 88:10; 잠 2:18; 9:18; 21:16; 사 14:9; 26:14, 19에 의하면 사람이 죽을 때 **르바임** 즉 '유령', '유혼' 혹은 '몸을 떠난 영'이 된다. 인간이 비존재의 상태가 되는 것을 기술하는 대신에, 구약 성경은 인간이 몸에서 떠난 영이 된다고 진술한다. **르바임**이라는 단어의 용례는 이 진리를 확실히 수립한다."[25] 이같은 대담한 주장은 인용된 본문의 **르바임**의 용례에 의해 전혀 지지를 받을 수 없는 근거 없는 추정에 기초한다.

르바임의 어원은 명확치 않다. 그것은 일반적으로 "가라앉다", "느슨해지다" 라는 어근에서 파생하여 "약한", "이완된"이라는 의미이다. **셈 언어와 문학에 대한 아메리카 저널**(*American Journal of Semitic Language and Literature*) 에 실린 **르바임**의 파생과 의미에 대한 학문적 논고에서, 폴 헙트(Paul Haupt) 는 진술한다. "히브리어 **르바임**은, 태양이 서쪽으로 맹렬한 죽음으로 내려가듯이, **하데스**로 내려가서, 보이지 않는 거주지로 '가라앉는' 사람들을 의미한다. **르바임**들은 '가라앉고,' 사라지고, 없어지고, 지나가 버린, 죽은 자들이다. 가장 좋은 번역은 '죽은 자들'일 것이다."[26]

르바임의 번역을 "떠난 자들" 혹은 "죽은 자들"로 제안한 헙트의 주장은 그 단어가 나타나는 여덟 구절에서의 용어의 용례와 잘 어울린다. 그 각각을 간단하게 살펴보자. 이사야 14:9에서, 우리는 바벨론 왕에 의해 **스올**로 내려간 자들이 소동을 야기시킨 것을 읽게 된다. "아래의 음부가 너로 인하여 소동하여 [**르바임**]이 너의 옴을 영접하되." 여기서 **르바임**은 왕께 인사하기 위해 "일어난" 자들로 나타나기 때문에 "떠난 자들" 혹은 "죽은 자들"로 잘 번역되어졌다. 그들은 성경에서 죽음에 대한 일반적인 완곡어법인 잠들어 있었음을 암시한다. 몸을 떠난 영혼들은 잠에서 "일어날" 필요가 없다. "너도 우리 같이 연약하게 되었느냐"(사 14:10)는 조롱은 "너도 우리 같이 몸에서 떠난 영혼이 되었느냐"를 의미하지는 않는다. 그것은 "너도 우리 같이 죽었구나"라는 것이 더 적절하다.

이 구절은 **르바임**의 의미를 그들이 단지 몸에서 떠난 영혼들로 여겨지기 때문에 연약한 "유혼"으로 정의하는데 일반적으로 사용된다. 그러나 그들의 연약성은 그들이 몸에서 떠났기 때문이 아니라, 죽었다는 사실에서 기인된 것이다. 구약 성경에서, 죽은 자들은 그들의 영혼이나 활력이 사라졌기 때문에 연약하다. 요하네스 페더슨은 "죽은 자는 힘을 상실한 영혼이다. 그러므로 죽은 자들은 '연약한 자들'—**르바임**(사 14:10)이라 불린다."[27]라고 말한다.

부활신학

르바임과 죽은 자들

죽은 자들과 **르바임**과의 연관성은 이사야 26:14에서 명백해지는데, 선지자는 영원한 하나님과 지상의 통치자를 대조시키며, 후자에 대해 말하기를 "그들은 죽었은즉 다시 살지 못하겠고 사망[**르바임**]하였은즉 일어나지 못할 것이다"라고 말한다. 평행어법은 **르바임**과 죽은 자들이 동일한 것으로 제기한다. 더욱이, **르바임**은 "일어나지 못할 것"이라고 말한다. 이것은 이 **르바임**들이, 즉 죽은 사악한 통치자들이 생명으로 부활하지 못할 것임을 암시한다.

르바임들은 19절에 다시 언급되는데, 선지자는 하나님의 백성들의 부활에 대해 말한다. "주의 죽은 자들은 살아나고 우리의 시체들은 일어나리이다 티끌에 거하는 자들아 너희는 깨어 노래하라 주의 이슬은 빛난 이슬이니 땅이 죽은 자[**르바임**]를 내어 놓으리로다"(사 26:19). 존 쿠퍼는 **르바임**들은 죽은 자들의 영혼이며 부활 때에 그들의 육체와 재결합할 것이라고 주장하기 위해 이 본문을 사용한다.[28] 쿠퍼는 저술한다. "우리의 연구의 가장 중요한 부분은 14절과 19절에 죽은 자들을 가리키는 용어가 이사야 14장과 구약 성경 전체를 통해 **스올**에 거주자를 가리키는 단어인 **르바임**이라는 사실이다. 여기서 우리는 미래의 육체적 부활과 죽은 자들의 지하 세계의 거주자들 사이의 확고한 연관성을 갖게 된다. 여호와의 큰 날에, **르바임**들은 그들의 육체와 재결합할 것이며, 흙으로부터 재구성되어질 것이며, 그들은 다시 여호와의 백성으로 살 것이다."[29]

이 범주에 속하는 해석은 세 가지 주요 문제점이 있다. 첫째로, 그것은 히브리 본문이 논쟁의 번역들에 의해 알 수 있는 것처럼 문제의 여지가 있음을 간과하는 것이다. 쿠퍼는 신국제어역본을 사용하여 해석하기를 "땅이 죽은 자들[**르바임**]을 출생시킬 것이다." (말하자면, **르바임**이 "출생하는" 것은 이들이 살아 있고, 의식적이며, 몸을 떠난 영혼들이라는 주장을 지지한다.) 더욱이, 다른 역본들은 이 구절을 다르게 해석한다. 예를 들어, 제임스왕역은 다음과 같이 번역한다. "땅이 죽은 자들[**르바임**]을 내던질 것이다." 땅으로부터 죽은 자들이 던져진다는 것은 몸에서 불리된 영혼이 그들의 부활한 육체와 재결합한다는 것으로 결코 주장할 수 없다. 개정표준역은 다음과 같이 번역한다. "죽은 자들[르바임]의 땅 위로 너희는 그것을 떨어뜨릴 것이다." 르바임 위로 이슬이 떨어지는 것은 영혼이 그들의 육체와 재연합하는 것을 의미한다고 결코 해석될 수 없다.

둘째로, 심지어 만일 이 구절이 죽은 자들이 "일어날 것"이라는 평행어법에 의해 르바임의 부활을 언급한다 해도, 전체 문맥에서 부활 때 르바임이 그의 육체와 재결합될 몸에서 떠난 영혼이라는 암시는 전혀 없다. 성경 어디에도 부활을 몸과 영 혹은 혼의 재결합으로 말하지 않는다. 이런 시나리오는 성서적 전인주의가 아닌 플라톤의 이원론에서 파생된다. 성경에서 부활은, 제7장에서 다루는 것처럼, 육체와 영혼의 전 인격적인 생명의 회복이다.

셋째로, "죽은 자들", "티끌에 거하는 자들" 그리고 르바임이 동의어로 사용되고 있는 이 구절의 문법적인 평행구조는 이 세 단어가 본질적으로 동일하며 죽은 자들이라고 제기한다. 이러므로, 르바임은 지하 세계를 떠돌아다니는 몸에서 떠난 영혼들이 아니라 흙 속에 거하는 죽은 자들이다.

죽음과 르바임 사이의 동일한 평행어법이 시편 88:10에서 나타난다: "주께서 사망한 자에게 기사를 보이시겠나이까 유혼[르바임]이 일어나 주를 찬송하리이까." 여기서 르바임은 죽은 자들과 평행어법이며 하나님을 찬양할 수 없다고 선포된다. 왜 그럴까? 그것은 "죽은 자가 여호와를 찬양하지 못하나니 적막한 데 내려가는 아무도 못하"(시 115:17)기 때문이다. 죽음과 르바임 사이의 평행어법은 잠언 2:18과 9:18에서 또다시 나타난다. 음녀에 대해 말하면서, 지혜자는 말한다: "그 집은 사망으로, 그 길은 음부[르바임]로 기울어졌나니"(잠 2:18). 음녀의 집은 영혼의 세상으로 인도하는 것이 아니라, 평행어법에서 나타나는 것처럼, 사망으로 인도하는 것이다.

마지막으로, 욥기 26:5에는 르바임이 하나님 앞에서 말을 하면서 의인화된다: "음령들[르바임]이 큰 물과 수족 밑에서 떠나니." 여기서 우리는 산 자와 죽은 자가 하나님 앞에서 떨고 있는 매우 회화적인 말을 다루게 된다. 이것은 또한 뒤이은 구절이 말하는 것으로 더 명확해진다. "하나님 앞에는 음부도 드러나며 멸망의 웅덩이도 가리움이 없음이니라." 이 모든 심상들의 목적은 살았거나 죽은 모든 피조물들이 편재하시고 전능하신 하나님 앞에서 피할 수 없다는 사상을 분명하게 전달하고자 한다.

앞에서 살펴본 분석에 근거하여 바실 아킨슨의 말로 결론을 맺고자 한다: "그 단어[르바임]가 '유혼'의 의미라고 단정할 만한 어떤 구절도 나타나지 않으며, 다른 성경의 종합적이고 계속적인 증언에 비추어 그것을 그것으로 여기는 것은 비이성적인 것처럼 보인다."[30]

엔돌의 무당

스올에 대한 이전의 연구는 성경에서 **스올**에 있는 영혼과 교통하는 유일한 기록에 대한 논쟁에 적절한 근거를 제공한다. 간단히 말해, 그것은 이야기이다. 사울이 꿈, 우림, 선지자들을 통하여 하나님으로부터 미래에 대한 보장을 받기를 실패했을 때(삼상 28:6), 그는 절망 중에 엔돌에 있는 무당 여인을 찾았고, 그를 위해 죽은 사무엘의 영혼을 부르도록 요청했다(삼상 28:7).

자신의 신분이 드러나는 것을 피하려고 변장을 하고, 사울은 밤에 그 여인에게 왔고, 죽은 선지자를 불러와서 그를 위한 정보를 얻어내도록 그녀에게 요청했다(삼상 28:8). 신접하는 것에 반대하는 왕의 금령에 근거하여 그녀가 거부했을 때(삼상 28:3), 사울은 그녀에게 어떤 해도 없을 것이라 맹세했고 그녀가 사무엘을 불러오도록 요청했다(삼상 28:9, 10). 그녀는 순종했고 사울에게 말했다: "내가 신[엘로힘]이 땅에서 올라오는 것을 보았나이다"(삼상 28:13). 그녀는 자신이 본 것, 즉, "겉옷을 입은" 노인을 보았다고 사울에게 설명했다(삼상 28:14).

무당의 설명으로, 사울은 그것이 사무엘이라 결론짓고 블레셋에 의한 임박한 패배에 직면하여 그가 무엇을 해야 하는지 그에게 물어보고자 했다. 사무엘로 분장한 그 영은 먼저 여호와께서 왕으로부터 떠나셨을 때 그가 동요한 것에 대해 사울을 꾸짖었다. 그 후에 여호와로부터 온 것처럼 사울에 대한 예언을 했다. 잔인하게, 그 영은 사울의 운명을 예고했다. "내일 너와 네 아들들이 나와 함께 있으리라"(삼상 28:19; 대상 10:13, 14). 그 후 그 영은 나왔던 곳으로 돌아 갔다.

이 이야기의 중요성

이원론자들은 이 이야기에서 사망 시에 영혼이 생존한다는 가장 명확한 성 서적 근거 중 하나를 발견한다. 예를 들어 죤 쿠퍼는 이 이야기에서 죽은 자의 상태에 대한 구약 성경의 견해에 대하여 네 가지 주요한 결론을 이끌어낸다. 그 는 기록한다. "첫째, 산 자와 죽은 자 사이에 인격적 동질성에 대한 항구성이 있음이 명백하다. 바꾸어 말하면, 죽은 사무엘은 여전히 사무엘이며, 어떤 사 람 혹은 어떤 것이 아니다. …둘째, 비록 이것이 매우 특별한 경우이지만, 그럼 에도 불구하고 사무엘은 **스올**의 대표적인 거주자이다. 왜냐하면 그는 사울과 그의 아들들이 그와 함께 있을 것이라 기대했기 때문이다. …셋째, 비록 그가 쉬고 있었다고 그는 암시하지만, 그가 '깨어서' 의식적인 교통의 여러 가지 활 동에 종사하는 것이 여전히 가능한 것이었다. …넷째, 사무엘은 '유령' 혹은 '유 혼'이며, 플라톤 학파의 혼이나 데카르트 학파의 지성이 아니다. …그의 시신은 라마에 묻혔지만(삼상 28:3), 그는 **스올**에 있었으며 엔돌에서 육신의 형태로 나 타났다."[31] 같은 맥락에서, 로버트 모레이는 이 이야기가 "이스라엘은 의식적인 사후세계를 믿었다. 그들이 강신회에 참석하는 것은 금지했지만, 그들은 사람이 죽을 때 소멸된다고 믿지 않았다."[32]라는 것을 보여준다고 주장한다.

무당이 주문할 때 나타난 "사무엘"의 "유령적인" 모습을 죽음 후에 몸을 떠난 영혼들이 의식적인 존재라는 것을 증명하기 위해 이용하고자 하는 시도는 다섯 가지 중요한 고려해야할 점들을 경시하는 것이다. 첫째, 그것은 우리가 이미 철 저하게 살펴본 인간의 본질과 죽음의 본질에 대한 절대적인 성경의 가르침을 경 시한다. 인간 본질에 대한 성서적 통전주의 견해는 죽음으로 전 인간의 생명은 정지된다는 것을 직시하고, 몸을 떠난 영혼이 의식을 가지고 존재한다는 것을

부활신학

배제한다.

둘째, 그것은 죽음에 해당하는 죄(레 20:6, 27)로 "신접한 자"(레 19:31; 사 8:19)의 말을 듣지 말라는 엄숙한 경고를 무시한다. 사실, 그 자신은 "여호와께 범죄하였음이라. …또 신접한 자에게 가르치기를 청하고 여호와께 묻지 아니하였으므로"(대상 10:13, 14) 죽었다. "신접한 자들"에게 청하는 것에 대하여 죽음의 형벌이 부과되는 이유는 "악한 영"이나 타락한 천사들이 죽은 자로 의인화하기 때문이다. 그런 관습은 결국 사람들로 하여금 하나님보다 마귀를 경배하도록 이끌 것이다.

만일 그런 영혼들이 존재하고 그런 교통이 가능하다면 하나님께서는 사랑하는 죽은 사람의 영혼과 교통하는 것을 죽음의 형벌로 결코 정하지 않으셨을 것이다. 하나님이 사랑하는 죽은 사람과 교통하고자 하는 인간의 욕망을 죽음의 고통으로 금하시는 그 어떤 도덕적 이유도 없다. 문제는 그런 교통이 불가능하다는 것인데, 왜냐하면 죽은 자들은 무의식적이며 살아있는 자들과 교통할 수도 없기 때문이다. 그때 발생한 어떤 의사소통은 죽은 자의 영혼이 아니라 악한 영들과의 교통이다. 이는 무당의 진술에서도 제기되는데, "내가 신[엘로힘]이 땅에서 올라오는 것을 보았나이다"(삼상 28:13). 복수 명사 엘로힘은 성경에서 참 하나님 뿐만 아니라 거짓 신들에게도 사용된다(창 35:2; 출 12:12; 20:3). 무당이 본 것은 사무엘로 의인화된 거짓 신이거나 악한 영이었다.

셋째, 그런 해석은 여호와께서 사울과 합법적인 방법으로 교통하시기를 거절하신 후에(삼상 28:6) 죽음의 고통으로 금하신 관습인 무당을 통해 사울과 대화를 한 것이라고 가정하게 된다. 선지자로서 말하고 있는 사무엘과의 교통은 간접적으로 하나님과의 교통일 것이다. 그러나 성경은 여호와께서 사울과 교통하기를 거절하셨다고 분명하게 진술한다(삼상 28:6).

넷째, 그것은 죽은 자의 영이 "한 노인이…겉옷을 입은"(삼상 28:14) 것으로 나타날 수 있다는 주장의 공상적인 문제점을 무시한다. 만일 죽은 자의 영들이 몸을 떠난 혼들이라면, 그들은 옷과 같은 것을 걸칠 필요가 도무지 없었을 것이다.

다섯째, 그것은 "내일 너와 네 아들들이 나와 함께 있으리라"(삼상 28:19)는 불길한 예언과 연관된 것들을 무시한다. 그 왕과 사무엘을 흉내내는 사람이 만난 장소는 어디였는가? 쿠퍼가 주장한 것처럼, **스올**이었는가? 만일 그것이 사실이라면, 그것은 하나님의 선지자들과 배교한 왕들이 죽음 후에 동일한 삶의 장소를 공유한다는 것을 의미할 것이다. 이것은 죽음 후에 구원받은 자들은 하늘로 올라가고 구원받지 못한 자들은 **스올**—지옥으로 내려간다는 대중적인 신앙과 대조된다. 더욱이, 만일 사무엘이 하늘에 있었다면, 사무엘의 영으로 의인화된 자는 말할 수 있을 것이다. "왜 너는 나를 내려오게 했느냐?" 그러나 그는 말했다. "네가 어찌하여 나를 불러 올려서 나로 분요케 하느냐"(삼상 28:15). 구원받은 자의 위치가 시간이 지나면서 땅 위 하늘에서 땅 아래 **스올**로 바뀌었는가?

이와 같은 고찰은 엔돌에서 일어났던 강신회가 죽음 후에 몸에서 떠난 영혼들의 의식적인 존재에 대한 주장을 어떤 방법으로도 지지할 수 없다고 우리가 믿는 이유를 제공한다. 사울과 교통한 것은 사무엘의 영이 아니었음이 분명하다. 분명히 그것은, 오늘날 많은 강신회에서 일어나는 것처럼, 죽은 사무엘로 의인화한 마귀이다.

성경은 사단과 그의 천사들이 그들의 모습을 변화시킬 수 있으며 사람과 교통할 수 있는 능력을 가지고 있음을 드러낸다(참조 마 4:1~11; 고후 11:13, 14). 엔돌에서 사무엘의 "유령적" 출현에 대한 기사는 죽음 후에 의식적인 존재에 대하여는 전혀 우리에게 말하지 않지만, 사단의 교묘한 속임수에 대하여 많은 것들을 드러낸다. 그것은 사단이 그의 악한 영들로 하여금 죽은 자들로 의인화시키는 교묘한 수단을 사용함으로 "네가 결코 죽지 아니하리라"는 거짓말을 발전시키는 데 매우 성공적이었음을 우리에게 보여준다.

결론
히브리 단어 "죽은 자들의 영역—스올"에 대한 우리의 연구는 우리가 살펴본 어떤 본문도 **스올**이 경건치 못한 자들의 형벌의 장소(지옥)이거나 죽은 자들의 영과 혼을 위한 의식적인 존재의 장소라고 주장하지 않음을 보여준다. 죽은 자들의 영역은 부활의 날까지 계속되는 무의식, 무활동의 잠들어 있는 곳이다.

유사하게, 일반적으로 "연약한" 혹은 "유혼"으로 번역되어지는 단어인 **르바임**은 지하 세계를 떠돌아다니는 몸을 떠난 영들이 아니라 흙 속에 거하는 죽은 자들을 의미한다. 우리는 죽은 자들은 힘이 떠나갔기 때문에 "연약한 자—**르바임**"(사 14:10)이라 불리워지는 것을 발견한다. 엔돌에서 사무엘의 "유령적" 모습에 대한 기사는 죽음 후에 의식적 존재에 대하여 우리에게 어떤 것도 알려주지 않는데, 왜냐하면 무당이 본 것은 선지자의 영이 아니라, 거짓 신(**엘로힘**—신—삼상 28:13)이거나 사무엘로 의인화된 악한 영이기 때문이다.

B. 신약 성경에서의 죽은 자의 상태

신약 성경에서는 그들이 잠들고 또 부활의 날에 깨어날 때 사이의 중간기 동안에 죽은 자의 상태에 대하여 거의 언급하지 않는다. 우리는 신약 성경이 중간기 상태에 대하여 우리에게 말하는 것은 하나의 속삭임에 불과하다는 G. C. 벌카우어의 말에 동의한다.[33] 신약 성경의 주된 관심은 이 세대에서 오는 세대로 옮겨가는 표가 되는 그리스도의 다시오심과 죽은 자들의 부활이다.

죽은 자들의 상태에 관한 신약 성경의 견해에 대한 주요한 정보는 **하데스**(히브리어 **스올**과 동의어인 헬라어)에 대한 11개의 참고 구절과 주로 죽음 후에 영혼의 의식적 존재라는 신념을 지지하는 데 인용되는 5개의 구절이다. 5개의 성경 구절은 다음과 같다. (1) 누가복음 16:19~31, 부자와 나사로의 비유, (2) 누가복음 23:42, 43, 십자가상에서 예수님과 강도의 대화에 대한 기사, (3) 빌립보서 1:23, 바울이 "떠나서 그리스도와 함께 있을 욕망"에 대하여 말함, (4) 고린도후서 5:1~10, 바울이 "몸을 떠나 주와 함께 거하고" 싶은 그의 욕망을 표현하기 위해 지상/하늘의 집과 옷을 벗고/입은 상태에 대한 심상을 사용함; (5) 요한계시록 6:9~11, 제단 아래 있는 순교자들의 영혼이 그들의 피를 신원하도록 하나님께 울부짖음. 우리는 위의 순서대로 각 구절들을 살펴 볼 것이다.

하데스의 의미와 본질

헬라어 **하데스**는 70인역의 번역자들이 히브리어 **스올**을 번역하기 위해 그 단어를 선택함으로 성경에 사용되었다. 문제는 **하데스**가 헬라 세계에서 **스올**보다 훨씬 더 다양한 방식으로 사용되었다는 점이다. 구약 성경에서 **스올**이, 우리가 살펴 본 것처럼, 죽은 자들이 무의식의 상태로 지내는 죽은 자들의 영역인 반면, 그리스 신화에서 **하데스**는 지하 세계인데, 그곳은 죽은 자들의 의식적인 영혼들이 두 개의 주요 지역, 곧 한 곳은 고통의 장소이고 다른 한 곳은 축복의 장소로 나누어진다.

에드워드 퍼지는 **하데스**의 헬라 개념에 대한 다음과 같은 간결한 기사를 제공한다: "그리스 신화에서 **하데스**는 지하 세계의 신이며, 지하 세계 그 자체의 이름이기도 하다. 카론(Charon)은 죽은 자들의 영혼을 삼도네(Styx) 혹은 아케론(Acheron) 강을 건너 그의 거주지로 나룻배로 싣고 나르는데, 그곳은 보초견인 케르베로스(Cerberus)가 아무도 도망가지 못하도록 문을 지키고 있다. 이방 신화는 중간기적 종말론의 모든 요소들을 포함한다. 그곳에는 기쁨의 엘뤼시온(Elysium), 우울하고 비참한 타르타로스(Tartarus) 그리고 아스포델(Asphodel) 평야가 있으며, 하늘 세상에서 적합하지 않은 유령들이 방황하고 있다. 신 옆에서 다스리는 자는 그의 여왕 프로세르피나(Proserpine)였는데, 그녀는 하늘 세상으로부터 그에게 납치되어왔다."[34]

하데스의 헬라적 개념은 중간사 기간 동안 헬라화 유대인들이 영혼의 불멸에 대한 신앙과 지하 세계에서 의인과 불경한 자들 사이에 공간적 구별됨이 있다는 사상을 채택하는 데 영향을 주었다. 의로운 자들의 영혼들은 죽음 후에 하늘의 축복으로 곧장 나아가 그곳에서 부활을 기다리는 반면, 경건치 못한 자들

부활신학

의 영혼들은 **하데스**에서 고통의 장소로 들어간다.[35] 이 시나리오의 대중적 채택은 간단히 살펴보게 될 부자와 나사로의 비유에 반영된다.

사악한 자들을 위한 고통의 장소로써의 **하데스** 개념이 결국 그리스도인 교회로 들어오게 되고 심지어 성경 번역자들에게도 영향을 끼쳤다. 신약 성경에서 11번 등장하는 **하데스**라는 단어가 제임스왕 역에서 10번은 "지옥"[36]으로 1번은 "무덤"[37]으로 번역되어지는 것은 주목할 만하다. 개정표준역은 그 단어를 "**하데스**"로 번역한다. **하데스**를 "지옥"으로 번역하는 것은 부정확한 오역인데, 왜냐하면 눅 16:23을 제외하고, 그 용어는 무덤 혹은 죽은 자들의 영역을 의미하는 것이지 형벌의 장소가 아니기 때문이다. 후자는 **게헨나**(*gehenna*)가 의미하는 것인데, 신약 성경에서 11번 나타나며[38] "지옥"으로 올바르게 번역되는데, 그것은 잃어버린 자들의 운명의 장소인 불못을 의미한다. 다른 말로 하면, **하데스**는 신약 성경에서 **스올**의 대표적 동의어로써 죽은 자들의 영역 혹은 무덤으로 사용된다.

예수와 하데스

복음서에서, 예수께서는 세 번 **하데스**를 언급하신다. **하데스**의 첫 번째 언급은 마태복음 1:23에서 발견되는데, 예수께서는 가버나움을 질책하시면서 말씀하신다: "가버나움아 네가 하늘에까지 높아지겠느냐 음부에까지 낮아지리라"(참조 눅 10:15). 여기에서 **하데스**는, 구약 성경의 **스올**(암 9:2, 3; 욥 11:7~9)처럼, 하늘이 가장 높은 곳인 것처럼, 세상의 가장 깊은 장소를 의미한다. 이것은 가버나움이 세상에서 가장 깊은 장소인 죽은 자들의 영역으로까지 내려감으로써 비천해질 것을 의미한다.

예수님의 가르침에서 **하데스**의 두 번째 언급은 부자와 나사로의 비유에서 나타난다(눅 16:23). 우리는 이것을 잠시 후에 살필 것이다. 세 번째 언급은 마태복음 16:18에서 나타나는데, 예수께서는 그의 교회를 "음부의 권세가 이기지 못하리라"는 그분의 확신을 표현한다. "음부의 권세[**하데스**의 문]"라는 표현의 의미는 죽음과 동의어인 것을 구약 성경과 유대 문헌의 동일한 표현의 사용으로 알 수 있다(마카베오 3서 5:51; 솔로몬의 지혜서 16:13). 예를 들어, 욥은 수사학적으로 질문한다. "사망의 문이 네게 나타났었느냐 사망의 그늘진 문을 네가 보았었느냐"(욥 38:17; 참조 사 38:18). 지하 세계는 절벽으로 봉쇄되어진 것으로 그려지면, 그곳에 죽은 자들이 갇혀 있다. 그러므로 예수께서 "하데스의 문"으로 의미하신 것은 죽음도 그분의 교회를 이기지 못할 것이라는 의미이며, 분명히 그분은 죽음을 넘어 승리를 획득하셨다.

모든 죽은 자들처럼, 예수께서도 하데스, 즉 무덤으로 들어가셨지만, 그들과는 달리 그분은 죽음에서 승리하셨다. "이는 내 영혼을 음부[하데스]에 버리지 아니하시며 주의 거룩한 자로 썩음을 당치 않게 하실 것임이로다"(행 2:27; 참조 2:31). 여기서 하데스는 그리스도의 육체가 단지 삼일 동안 안치되었던 무덤이며, 결과적으로 "썩음을 당치" 않았으며, 부패는 오랜 매장의 결과로 진행된다. 죽음에 대한 그분의 승리로 인해, 하데스−무덤은 패배한 원수이다. 그러므로 바울은 외친다: "사망아 너의 이기는 것이 어디 있느냐 사망아[하데스] 너의 쏘는 것이 어디 있느냐"(고전 15:55). 여기서 하데스는 사망과 평행 어법이기 때문에 영어흠정역 성경(KJV)에서는 "무덤"으로 올바르게 번역한다.

이제 그리스도께서는 "사망과 음부"(계 1:18)의 열쇠를 가지고 계시며, 그분은 사망과 무덤을 이긴 능력을 가지고 계신다. 이는 곧 그분으로 하여금 그분의 재림 시에 무덤을 여시고 성도들을 영생으로 부르실 수 있게 한다. 이 모든 구절들에서, 하데스는 계속해서 무덤과 관련되어 있으며, 그것은 죽은 자들의 쉼터, 즉 무덤이기 때문이다. 요한계시록 6:8에서도 이것은 동일하게 사실인데, 청황색 말을 탄자의 이름이 "사망이니 음부가 그 뒤를 따르더라." "하데스"가 "사망"을 따르는 이유는 분명히 하데스가 무덤으로써 죽은 자들을 받기 때문이다.

천년기의 끝에, "사망과 음부"는 그들의 죽은 자들을 내어 줄 것이며(계 20:13) "사망과 음부도 불못에 던지우니 이것은 둘째 사망 곧 불못이라"(계 20:14) 이 두 구절은 중요하다. 첫째, 그들은 결국 하데스가 죽은 자들을 내어 줄 것이라고 우리에게 말하기 때문에, 그것은 **하데스**가 죽은 자들의 영역임을 다시 한번 가르쳐준다. 둘째, 마지막에, **하데스** 그 자체도 불못에 던져질 것이라고 그들은 우리에게 보여준다. 이런 다채로운 심상으로, 성경은 우리에게 마지막에는 사망과 무덤이 소멸될 것이라는 것을 재확인시키고 있다. 이는 사망의 사망이 될 것인데, 곧 요한계시록이 언급하는 대로, "둘째 사망"이 될 것이다.

신약 성경에서 **하데스**의 사용에 대한 간략한 이 연구는 그 의미와 용례가 구약 성경의 **스올**과 같은 것임을 분명하게 보여준다. 두 용어 모두는 무덤 혹은 죽은 자들의 영역을 의미하며, 경건치 못한 자들의 형벌의 장소가 아니다.[39]

부자와 나사로

하데스라는 단어는 부자와 나사로의 비유에서도 나타나는데, 다른 의미로 사용된다. 우리가 방금 살펴본 10개의 관련 구절에서는 **하데스**가 무덤 혹은 죽은 자들의 영역을 의미하는데 반해, 부자와 나사로의 비유에서 그것은 경건치 못한 자들의 형벌의 장소를 의미한다(눅 16:23). 이 예외적인 용례에 대한 이유는 간략하게 설명될 것이다. 분명히, 이원론자들은 중간 상태 동안 몸에서 떠난 영혼들의 의식적 존재에 대한 주장을 지지하기 위해서 이 비유를 많이 사용한다(눅 16:19~31). 이 비유의 중요성이 있기 때문에, 우리는 그것을 자세히 살펴볼 필요가 있다.

첫째, 이 이야기의 중심 사상을 살펴보자. 나사로와 부자 모두 죽는다. 삶에서의 그들의 상황이 그들의 죽음 후에는 이제 뒤바뀌어진다. 나사로가 죽었을 때, 그는 "아브라함의 품에 들어가고"(눅 16:22), 반면 부자는 **하데스**로 들어가서, 그곳에서 뜨거운 화염으로 고통 받았다(눅 16:23). 비록 그들 사이에는 커다란 구렁이 갈라놓지만, 부자는 아브라함의 품에 있는 나사로를 볼 수 있었다. 그래서 그는 두 가지 임무를 가지고 나사로를 보내달라고 아브라함에게 간구했다. 첫째, "나사로를 보내어 그 손가락 끝에 물을 찍어 내 혀를 서늘하게 하소서"(눅 16:24) 그리고 둘째, 나사로를 그의 가족들에게로 보내어 그들도 같은 형벌을 받지 않도록 회개하라고 경고하는 것이다. 아브라함은 두 가지 이유로 두 요청을 거부했다. 첫째, 큰 구렁이 있기 때문에 나사로가 그들 돕기 위해 건너가는 것은 불가능했기 때문이다(눅 16:26). 둘째, 만일 그의 가족들이 "모세와 선지자들에게 듣지 아니하면 비록 죽은 자 가운데서 살아나는 자가 있을 지라도 권함을 받지 아니할"(눅 16:31) 것이기 때문이다.

이 비유를 살펴보기 전에, 우리는 모든 것이 자세하게 설명되어 있는 천로역정 같은 풍유와는 대조적으로, 비유에서 세세한 것은 이야기만을 위한 "버팀목" 이 외에, 그 자체가 어떤 중요성도 가지고 있지 않다는 것을 기억해야 한다. 비유는 근본적인 진리를 가르치고자 고안되며, 세세한 것들은 문맥에서 다른 것들을 지적하지 않는 한 문자적 의미를 가지지 않는다. 이 원칙으로부터 또 다른 것이 발전되는데, 즉, 오직 비유의 근본적인 교훈은, 성경의 일반적인 대의에 의해 확정되며, 교리를 정의하는 데 합법적으로 사용될 수 있다는 것이다.

불행하게도, 이런 두 가지의 기본적인 원칙들은 그들의 견해를 지지하기 위해 비유의 세세한 것들을 사용하기 원하는 자들에 의해 무시되어진다. 예를 들어, 로버트 피터슨은 비유의 주요 인물들로부터 교훈을 이끌어낸다. "첫째, 나사로처럼, 하나님께서 도우시는 자들은 그들의 죽음 후에 하나님의 면전에서 태어날 것이다. …둘째, 부자처럼, 회개하지 않는 자들은 철회할 수 없는 심판을 경험할 것이다. 악한 자들은 오직 '형벌'과 '고난'을 견디기 위해 죽음에서 살아남는다. …셋째, 성경을 통하여, 하나님은 자신과 그분의 뜻을 무시하는 어떤 자도 그들의 이후의 운명을 합법적으로 주장할 수 없게 하시려고 그것을 드러내신다."[40]

그 비유로부터 세 가지 교훈을 이끌어내기 위한 피터슨의 시도는 비유의 중심 교훈이 마지막 줄에 주어진 사실을 경시한다: "모세와 선지자들에게 듣지 아니하면 비록 죽은 자 가운데서 살아나는 자가 있을지라도 권함을 받지 아니하리라 하였다 하시니라"(눅 16:31). 이것이 비유의 중심 교훈인데, 즉, 어떤 것 혹은 어느 누구도 하나님께서 그분의 말씀으로 우리에게 제시하신 계시의 확실한

부활신학

능력을 폐기할 수 없다는 것이다. 부자와 나사로를 구원받은 자와 구원받지 못한 자들이 죽음 이후에 곧바로 일어나게 될 것을 대표하는 것으로 해석하는 것은 비유의 본래의 의도와는 이질적인 교훈들을 짜내는 것을 의미한다.

문자적 해석의 문제점

구원받은 자와 구원받지 못한 자들의 사후 상태에 대한 문자적 대표성으로 그 비유를 해석하는 자들은 불가항력적인 문제들에 직면하게 된다. 만약 이야기가 중간기 상태에 대한 실제적인 묘사라면, 사건들은 참되고 상세한 것도 일관되어야만 한다. 그러나 비유가 회화적이라면, 제시하고자 하는 도덕적인 진리만이 우리의 관심사가 된다. 그 기사에 대한 문자적인 해석은 자세하게 살펴볼수록 그 자체의 불합리성과 모순의 무게에 의해 무너지게 된다.

문자주의를 주장하는 사람들은 부자와 나사로는 육체가 없는 몸에서 떠난 영혼들이라고 주장한다. 그러나 부자는 나사로의 "손가락"으로 구원을 갈구할 뿐만 아니라 바라보는 "눈"과 말하는 "혀"를 가진, 즉 실제적인 신체 부위를 가진 것으로 묘사된다. 그것들은 부자의 육체가 무덤에 이미 묻혔다는 사실에도 불구하고, 신체적으로 존재하는 것으로 그려진다. 그의 몸이 실수로 그의 영혼과 함께 **하데스**로 옮겨졌는가?

구렁은 하늘(아브라함의 품)에 있는 나사로를 **하데스**에 있는 부자와 분리시킨다. 그 구렁은 어떤 사람도 건너갈 수 없을 정도로 넓지만 그들이 대화를 나눌 수 있을 만큼 좁다. 문자적으로 받아들인다면, 이는 하늘과 지옥은 지리적으로 서로가 말하고 볼 수 있는 거리 안에 있어 성도들과 죄인들이 영원히 서로가 보고 교통할 수 있음을 의미한다. 하늘에 있는 부모들이 영원토록 **하데스**에서 고통받고 있는 그들의 자녀들을 바라보고 있는 경우를 잠시 동안 생각해 보라. 그런 광경은 하늘의 기쁨과 평화를 파괴하지는 않을지? 구원받은 자들이 갈라진 구렁을 가로질러 영원토록 그들의 구원받지 못한 사랑하는 사람들을 바라보고 대화를 나눈다는 것은 상상할 수 없는 일이다.

성서적 진리들과의 대립

비유에 대한 문자적인 해석은 몇 가지 근본적인 성서적 진리들과 상충된다. 그 이야기가 문자적이라면, 나사로는 그의 보상을 그리고 부자는 그의 형벌을 죽음 후에 즉시로, 심판의 날 이전에 받았다. 그러나 성경은 구원받은 자와 구원받지 못한 자들의 분리뿐만 아니라 보상과 심판도 그리스도의 오시는 날에 일어날 것이라고 분명하게 가르친다. "인자가 자기 영광으로…올 때에…모든 민족을 그 앞에 모으고 각각 분별하기를"(마 25:31, 32). "보라 내가 속히 오리니 내가 줄 상이 내게 있어 각 사람에게 그의 일한 대로 갚아 주리라"(계 22:12). 바울은 그리스도께서 나타나시는 날에 "의의 면류관"을 받기를 기대했다(딤후 4:8).

비유에 대한 문자적인 해석은 또한 죽은 자들은, 의로운 자와 경건치 못한 자 모두, 부활의 날까지 조용히 누우며 죽음으로 무의식 상태라는 구약과 신약의 통일된 증언과 모순이 된다(전 9:5, 6; 욥 14:12~15, 20, 21; 시 6:5; 115:17). 문자적 해석은 또한 무덤 혹은 죽은 자들의 영역을 의미하며, 형벌의 장소가 아닌 신약 성경의 **하데스**에 대한 계속되는 용례와도 상충된다. 우리는 11번의 용례 중 10번이 **하데스**가 죽음과 무덤과 명백하게 관련되어 있음을 발견한다. **하데스**가 예외적으로 고통과 괴로움의 장소로써 이 비유에 사용된 것은(눅 16:24), 우리가 간단하게 살펴본 것처럼, 성경에서가 아니라, 그리스 신화에 영향을 받은 당시 유대인들의 신앙에서 기인된 것이다.

당시의 유대적 개념들

우리의 연구를 위해 다행스럽게도, 우리는 부자와 나사로의 비유를 조명해보는 유대 문헌들을 가지고 있다. 특별히 잘 나타나 있는 것은 신약 성경 시대에 살았던 유명한 유대 역사가 요세푸스(약 A.D. 100년 사망)에 의해 저술된 "**하데스에 관한 헬라인들의 논설**"이다. 그의 논설은 부자와 나사로의 이야기와 매우 밀접하게 유사하다. 그곳에서 요세푸스는 "**하데스**는 이 세상의 빛이 비춰지

부활신학

지 않는 지하 세계이다. …이 지역은 영혼들이 감금되어 있는 장소로 허락되었으며, 그곳에서 천사들은 그들을 지키는 임무를 받았으며, 모든 사람의 행동과 습관에 적절한 일시적인 형벌들을 그들에게 부과한다."[41]

하지만, 요세푸스는 **하데스**가 두 지역으로 나뉘어져 있음을 지적한다. 한 곳은 "빛의 지역"으로 의롭게 살다가 죽은 자들의 영혼이 천사들에 의해 "소위 아브라함의 품"으로 옮겨진 곳이다.[42] 또 다른 곳은 "영원한 어두움"이며, 경건치 못한 자들의 영혼들이 "형벌을 주려는 천사들에 의해" 강제로 끌려온다.[43] 이 천사들은 경건치 못한 자들을 "지옥 그 근처로" 끌고 가며, 그들은 화염의 뜨거움을 보고 느끼게 된다.[44] 그러나 그들은 마지막 심판 때까지 바로 지옥으로 던져지지 않는다. 깊고 넓은 혼돈이 그들 사이에 놓여져 있으며, 그들을 긍휼히 여기는 의로운 사람들일지라도 그곳에 들어갈 수 없으며, 어떤 불의한 자도, 비록 그가 그것을 시도할 만큼 용기가 있다할지라도 결코 그것을 통과하지 못한다.[45]

하데스에 대한 요세푸스의 기사와 부자와 나사로의 비유 사이의 강력한 유사성은 자명하다. 두 기사에서 우리는 경건치 못한 자로부터 경건한 자들이 분리되어 있는 두 개의 지역들, 의로운 자들의 주거지로서의 아브라함의 품, 건너갈 수 없는 큰 구렁 그리고 한 지역의 거주자들이 상대편 지역의 사람들을 볼 수 있다는 것 등을 안다.

하데스에 대한 요세푸스의 기사는 독특하지 않다. 비슷한 기사들이 다른 유대 문학에서도 발견된다.[46] 이것이 의미하는 것은 예수께서 **하데스**에 죽어있는 자들의 상태에 대한 대중적인 이해를 이용하신 것이며, 그와 같은 견해들을 시인하신 것이 아니라, 모세와 선지자들의 가르침을 인생의 삶에서 마음에 두는 것이 중요하다는 것을 납득시키고자 함인데, 그 이유는 이것이 장차 올 세상의 축복이나 또는 비참함을 결정하기 때문이다.

당시의 신앙들에 대한 예수님의 용례

이 중대한 때에, 이렇게 질문하는 것이 어쩌면 당연할 수도 있다. "왜 예수께서는 성경의 다른 곳에서와 또 그분 자신의 가르침에서처럼 올바로 진리를 표현하고 있지 않는 그 당시의 신앙들에 근거한 비유를 말씀하셨을까?" 대답은 예수께서 그들 자신의 배경에서 사람들을 만나셨으며 또 그들에게 익숙한 것들을 이용하셔서 긴요한 진리들을 말씀하셨기 때문이다. 청중들 중 많은 사람들은, 비록 그같은 신앙이 성경과는 이질적이었지만, 죽음과 부활 사이에 어떤 의식적인 존재의 상태를 유지한다는 신앙을 가지고 있었다. 이러한 잘못된 신앙은 유대주의의 헬라화 과정 중 한 부분으로써 중간사 시대 동안에 받아들여졌으며 그 후 예수님 당시에 유대주의의 일부가 되었다.

이 비유에서, 예수께서는 그것을 시인하기 위한 것이 아니라, 청중들의 마음에 중요한 영적인 교훈을 심어주려는 목적으로 당시의 대중적인 신앙을 이용하신 것이다. 이전 비유인 부정직한 청지기의 비유에서도(눅 16:1~12), 예수께서 정확히 성서적인 진리를 나타내지 않는 이야기를 사용하신 것을 주목해야 한다. 어느 곳에도, 성경에서 빚진 자들로부터 어떤 인간적인 이익을 얻기 위해서 많은 빚을 반으로 탕감해준 부정직한 관리의 행위를 지지하는 곳은 없다. 그 비유의 목적은 "친구를 사귀라"(눅 16:9)는 것이지 부정직한 업무 습관을 가르치는 것이 아니다.

존 쿠퍼는 부자와 나사로의 비유에 대해서 다음과 같이 말한다. "예수께서나 누가가 사후의 삶을 믿는다거나 그것이 중간 상태의 교리에 대한 견고한 근거를 제공하고 있다는 것을 우리에게 꼭 말하고자 함이 아니다. 왜냐하면 예수께서 자신의 윤리적 요점을 말씀하시려고 단순히 당시에 대중적이었던 심상들을 사용하는 것이 가능한 일이었기 때문이다. 그는 그런 심상들을 지지하려고 하지 않았다. 그는 그것들이 오류인 것을 알았기 때문에 결코 자신이 그것들을 믿으려 하지 않았을 것이다."[47]

그 후 쿠퍼는 다음과 같은 질문을 던진다. "이 구절이 중간 상태에 대하여 우리에게 말하고자 하는 것은 무엇인가?" 그는 단호하고도 정직하게 대답한다. "대답은 '아무 것도 없다'일 것이다. 이원론자들의 경우에서도 이 본문을 주요 중심절로 의지할 수는 없을 것이다."[48] 그가 제시하는 이유로는 그 비유의 심상으로부터 그러한 결론을 이끌어 내기란 굉장히 어려운 일이라는 것이다. 그 이유는 예컨대 쿠퍼가 "우리는 [중간상태에서] 육체적 존재일까? 축복을 받은 자들과 저주를 받은 자들이 서로 볼 수 있을까?"[49]라고 질문하고 있기 때문이다.

예수와 십자가상의 강도

예수와 그분 옆에 있던 십자가상의 회개한 강도 사이의 간단한 대화는(눅 23:42, 43) 이원론자들에게 부활 전에 낙원에 있는 신실한 죽은 자들의 의식적인 존재에 대한 주요 증거구절로써 사용된다. 그러므로 예수가 회개한 강도에게 말씀하신 말들을 면밀히 살펴보는 것은 중요하다.

다른 죄인이나 대부분의 군중과는 달리, 회개한 강도는 예수가 메시야임을 믿었다. 그는 말했다. "예수여 당신의 나라에 임하실 때에 나를 생각하소서"(눅 23:42). 예수께서 그에게 대답하셨다, "내가 진실로 네게 이르노니 오늘 네가 나와 함께 낙원에 있으리라"(눅 23:43). 이 본문의 해석에 있어서 주요 문제가 되는 것은 콤마의 위치에 의해 기인되며, 대부분의 번역에서는 "오늘" 앞에 놓는다. 그러므로 대부분의 독자들과 주석가들은 예수께서 "오늘 네가 나와 함께 낙원에 있으리라"고 말씀하셨다고 추정한다. 그런 해석은 "바로 그날"[50] 강도가 그리스도와 함께 낙원으로 갔다는 의미로 해석된다.

하지만 본래의 헬라어 사본은 아무런 구두점도 없으며 문자적으로 해석하면 이렇게 읽는다. "진실로 너에게 내가 오늘 말하노니 나와 함께 너는 낙원에 있을 것이다." "오늘-세메론(*semeron*)"이라는 부사는 동사 "내가 말한다-레고 (*lego*)"와 "너는 있을 것이다-엣세(*esē*)" 사이에 위치한다. 이는 문법적으로 부사 "오늘"이 두 동사 중 어느 곳에도 적용될 수 있음을 의미한다. 만일 그것이 첫 번째 동사에 적용된다면, 예수께서는 다음과 같이 말씀하신 것이다. "진실로 내가 오늘 너에게 말하노니, 너는 나와 함께 낙원에 있을 것이다."

번역자들은 콤마를 부사 "오늘" 앞에 위치하게 하는데, 문법적인 이유가 아니라, 죽은 자들이 죽을 때 그들의 보상을 받는다는 신학적인 확신 때문이었다. 어떤 사람들은 번역자들이 그 본문을 번역하는데 그들 스스로가 제한을 받았으므로 독자들에게 해석하는 문제를 남겨놓았을 것이라고 바랄 것이다.

우리가 직면하고 있는 문제는 이것이다: 예수께서 말씀하신 의미는 "진실로 내가 오늘 너에게 말하노니…"이나 또는 "오늘 네가 나와 함께 낙원에 있으리라"인가? 이다. 예수께서 후자를 의미하셨다고 주장하는 사람들은 부사 "오늘"이 자주 사용되는 숙어인 "진실로 내가 너희에게 이르노니"와 함께 다른 곳에서는 사용되지 않았다는 사실에 주목한다. 이것은 그럴듯한 관찰이지만, "진실로 내가 너희에게 이르노니"라는 숙어에 "오늘"이라는 부사가 이렇게 예외적으로 첨가된 이유는 인접한 문맥에서 잘 보여질 수 있다. 강도는 예수께서 그분의 메시야 왕국을 설립하실 때 **미래**에 그를 기억해 달라고 그분께 요청했다. 그러나 예수께서는 회개한 강도에게 즉각적으로, "오늘" 기억할 것이라고 대답하셨고, 그에게 당신과 함께 낙원에 있을 것이라는 확신도 주셨다. 이 해석은 세 가지 주요한 관점에서 지지를 받는다. (1) 낙원에 대한 신약 성경의 의미, (2) 구원받은 자들이 보상으로 낙원에 들어가는 때, (3) 예수님 자신이 낙원으로 돌아가시는 때

낙원은 무엇인가?

"낙원-파라데이소스(*paradeisos*)"는 신약 성경에 오직 세 번 나타난다—그 중에 한 번은 누가복음 23:43에 있다. 고린도후서 12:2~4에서, 바울은 "셋째 하늘에 이끌려 갔던"(고후 12:2) 환상적인 경험을 언급한다. 바울에게 낙원은 하늘에 있는 것이 분명하다. 요한계시록 2:7에서, 주께서 이런 약속을 주신다: "이기는 그에게는 내가 하나님의 낙원에 있는 생명나무의 과실을 주어 먹게 하리라." 여기에 나오는 낙원은 생명나무와 관련이 있으며, 그것은 요한계시록

22:2에 따르면, 새 예루살렘에서 발견될 것이다. "강 좌우에 생명나무가 있어 열두 가지 실과를 맺히되 달마다 그 실과를 맺히고." 이 모든 것들은 낙원이 회복된 "에덴동산"에서 구속받은 자들의 영원한 거주지라는 것을 주장한다.

그러므로 예수께서 회개한 강도에게 그분과 함께 "낙원"에 있을 것이라고 보증하셨을 때, 그분은 그분의 "아버지 집에" 있는 "처소"와 또 그분이 "너희를 내게로 영접하러" 오시리라는 바로 그때를 의미하셨다(요 14:1~3). 그의 사역을 통하여, 예수께서는 구속받은 자들이 그분이 오실 때 아버지의 나라로 들어갈 것이라고 가르치셨다. "내 아버지께 복 받을 자들이여 나아와 창세로부터 너희를 위하여 예비된 나라를 상속하라"(마 25:34; 16:27). 바울도 동일한 진리를 가르쳤다. 그리스도의 재림의 때에, 잠자던 성도들은 부활할 것이며 살아있는 성도들은 변화되어, 그들 모두는 "구름 속으로 끌어올려 공중에서 주를 영접하게 하시리니 그리하여 우리가 항상 주와 함께 있게될"(살전 4:17) 것이다. 의로운 자들의 부활이 있은 후, 강도가 낙원에서 예수와 함께 있게 될 것은 바로 그때이다.

예수께서는 언제 낙원으로 되돌아가셨는가?

그리스도께서 강도에게 하신 말씀을 강도가 바로 그날 그리스도와 함께 낙원으로 갔다는 의미로 해석하는 사람들은 예수와 강도가 그들의 죽음 직후에 즉시로 하늘에 올라갔다고 추측한다. 그러나 그런 결론은 전혀 성경의 지지를 받지 못한다.

성경은 그리스도께서 십자가에 달리신 바로 그 날에 무덤-하데스로 들어가셨다고 분명하게 가르친다. 오순절 때에, 베드로는 다윗의 예언을 언급하면서(시 16:10), 그리스도께서 "음부에 버림이 되지 않고 육신이 썩음을 당하지 아니"하고, 하나님이 일으켜 세우셨다(행 2:31, 32)고 선포했다. 하데스는, 우리가 살펴본 것처럼, 신약 성경에서 무덤 혹은 죽은 자들의 영역과 끊임없이 연관되어 있다. 유일하게 예외적인 곳이 누가복음 16:23인데, 하데스는 낙원이 아니라

고통의 장소를 의미한다. 그같은 의미는 성경이 아닌 그리스 신화에 영향을 받은 대중적인 유대적 개념으로부터 파생된다. 이것이 의미하는 것은 그리스도께서 바로 그날에 그가 무덤에서 안식하실 것임을 아셨기 때문에 강도에게 바로 그날에 그분과 함께 낙원에 있을 것이라고 결코 말씀하실 수 없었다는 것이다.

단지 그리스도의 육체만 무덤에 들어간 반면에 그의 영혼은 하늘로 올라갔다고 주장하는 사람들은 예수께서 자신이 부활한 바로 그날에 마리아에게 말씀하신 다음의 말씀을 경시하고 있다. "나를 만지지 말라 내가 아직 아버지께로 올라가지 못하였노라"(요 20:17). 예수께서 그가 안치되었던 삼일 동안 하늘에 계시지 않았음이 확실하다. 그분은 무덤에서 쉬고 있었고, 아버지께서 생명으로 그를 다시 부르시기를 기다리셨다. 그러므로 예수 자신도 자신의 부활 후 얼마의 시간 동안 아버지께로 올라가시지 않았을진데 강도가 죽은 후에 즉시로 낙원에서 예수와 함께 있을 수는 없었을 것이 틀림없다. "낙원에서 그리스도와 함께"라는 의미를 보다 완전하게 이해하기 위해서, "그리스도와 함께 있는"이라는 구절의 바울의 용례를 살펴보자.

"떠나서 그리스도와 함께 있을"

빌립보 사람들에게 편지를 쓰면서, 바울은 다음과 같이 말한다. "떠나서 그리스도와 함께 있을 욕망을 가진 이것이 더욱 좋으나 그러나 내가 육신에 거하는 것이 너희를 위하여 더 유익하리라"(빌 1:23, 24). 이원론자들은 이 구절을 사망시에 구원받은 자의 영혼이 즉시로 그리스도의 면전으로 가게 된다는 가장 강력한 증거 구절 중 하나로 간주한다. 예를 들어 로버트 모레이가 다음과 같이 진술한 것이다. "이것은 신자들이 죽음 이후에 하늘에서 그리스도와 함께 있을 것에 대하여 말하는 신약 성경의 가장 명확한 구절이다. 이 본문은 그리스도와 함께 하늘에서의 삶을 위해 이 땅의 삶에서 떠나고 싶은 바울의 욕망을 다루고 있다. 이 구절에는 부활에 대한 어떤 언급도 암시도 없다."[51]

이 해석의 근본적인 문제는 "떠나서 그리스도와 함께 있을 나의 욕망"이라는 바울의 진술이 이상적인 진술이며 결코 실제적인 진술이 아니라는 것을 이해하지 못하는 것이다. 따라서 그가 의미하는 바는, 그것이 죽음을 통하는 신자와 그리스도 사이에 존재하고 계속되는 관계에 대한 진술이지, 죽음과 부활 사이에 있는 육체와 영혼의 "상태"에 대한 진술이 아니라는 것이다.

헬무트 틸리케는 신약 성경이 죽음과 부활 사이에 존재하는 '상태'에 대하여 관심을 가지는 것이 아니라 죽음을 통하여 신자와 그리스도 사이에 존재하는 관계에 대하여 관심을 가진다고 지적했다. 그리스도와 함께 있는 이 관계는 죽음이 방해하지 못하는데 왜냐하면 그리스도 안에서 잠든 신자는 시간이 지나가는 것을 알지 못하기 때문이다. 틸리케가 그것에 대하여 주장하는 것처럼, "깨어난 자들에게 시간 감각이 없다는 의미는 오랜 죽음의 밤은 계산적인 특성이 약해지고 그들은 완전한 생명을 가진 채로 불러냄을 받는다는 것이다."[52]

바울의 진술에서 죽을 때 영혼이 하늘로 간다고 믿는 자들을 위한 논증을 뽑아내려는 시도는 부당한 것인데, 왜냐하면, 레이 앤더슨이 올바르게 관찰하듯이, "바울은 죽음과 부활 **사이에** 인간 상태에 대한 질문이 염두에 두어야하는 질문으로 생각하지 않았기"[53] 때문이다. 이것은 바울이 "그리스도 안에서 죽은" 자들은 "그리스도 안에서 잠자는" 것이라고 한 바로 그 이유 때문이다(고전 15:18; 살전 4:14). 그리스도와 그들의 관계가 시급한 것 중 하나인데, 그 이유는 그들은 자신들의 죽음과 부활 사이에 흐르는 시간에 대하여는 아무 것도 알지 못하기 때문이다. 그들은 소위 "영원한 시간"을 경험한다. 그러나 이 땅의 일시적인 시간에 묶여 살아가는 자들에게는 죽음과 부활 사이에 간격이 있다. 문제는 우리가 영원한 시간의 시계와 우리의 일시적인 시간의 시계를 일치시킬 수 없다는 것이다. 소위 중간 상태에 대한 불행한 억측과 논쟁으로 이끌어가는 것은 바로 이러한 시도를 해보려는 것이다.

"떠나서 그리스도와 함께 있을" 그의 욕망을 표현함으로써, 바울은 죽을 때 무슨 일이 일어나는지에 대한 교리적인 설명을 주고 있는 것이 아니다. 그는 단순히 그의 비천한 존재의 끝을 바라보고 그리스도와 함께 있고자 하는 그의 욕망을 표현하고 있다. 수세기를 통하여, 신실한 그리스도인들은, 그들의 죽음의 순간에 분명히 그리스도의 면전으로 안내될 것이라는 기대감 없이 동일한 갈망을 표현해 왔다. 바울의 진술은 신자들이 그리스도와 연합되게 될 때에 관한 그의 분명한 가르침의 근거 아래 해석되어져야만 한다.

그리스도께서 오실 때 그분과 함께

바울은 데살로니가 교인들에게 보내는 그의 편지에서 이 문제를 다루는데, 그는 잠자고 있는 신자들과 살아있는 신자들 모두 죽을 때가 아닌 그분이 오시는 때에 그리스도와 연합할 것이라고 설명한다. "그리스도 안에서 죽은 자들이 먼저 일어나고 그 후에 우리 살아남은 자도 저희와 함께 구름 속으로 끌어올려 공중에서 주를 영접하게 하시리니 그리하여 우리가 항상 주와 함께 있으리라"(살전 4:16, 17).[54] "그리하여"[후토스(houtos)]는 신자들이, **죽음으로써가 아닌**, 그분이 오실 때 부활하거나 혹은 변화됨으로써 그리스도와 함께 있을 것에 대한 방법 혹은 방식을 의미한다. 바실 앗킨슨은 헬라어로 **후토스**인 "그리하여"라는 단어는 '이런 방식으로'를 의미한다고 주장한다. 여기에서 문장의 시작에 위치한 것은 강조된 것으로, 그 문장의 의미는 이렇다. '그리고 우리가 주와 함께 영원히 있게 될 것은 이 방법'이라고 한 것은 다른 방법이 없으며 부활의 날까지 우리가 주님과 함께 있지 않을 것이라고 결론짓도록 우리를 이끌고 있음을 함축한다."[55]

신자들이 그리스도께서 오실 때 경험할 그리스도와의 연합을 기술함에 있어서, 바울은 부활한 육체와 몸을 떠난 영혼이 재결합하는 것에 대하여 결코 말하고 있지 않음을 주목해야만 한다. 오히려, 그는 "그리스도 안에서 죽은 자들"이 일어나는 것에 대하여 말한다(살전 4:16). 분명히, 그리스도께서 오실 때 일어나는 것은 죽은 육체들이 아니라 죽은 사람들이다. 부활하게 되고 그리스도와 재결합하게 되는 것은 전인이다. 살아있는 성도들이 부활한 성도들과 "함께" 동시에 그리스도를 만나게 될 것임을 주목하라(살전 4:17). 잠자는 성도들과 살

부활신학

아있는 성도들은 죽을 때가 아니라 그리스도께서 오실 때 "함께" 그리스도를 만난다.

부활 시에 영혼과 육체의 재결합이 있게 될 것으로 주장할 만한 그 어떤 바울의 암시도 나타나지 않는 것은, 내 생각으로는, 영혼이 의식을 가지고 생존한다는 주장에 대한 가장 두려운 도전의 요소가 될 것이다. 만일 바울이 이에 대하여 조금이라도 알았다면, 그는 분명히 그것에 대한 암시를 했을 것이며, 특별히 그리스도께서 오실 때 잠자는 신자와 살아있는 신자에게 일어날 일에 대한 그의 상세한 논증에서 더욱 그러했을 것이다(살전 4:13~18; 고전 15:42~58). 영혼의 의식적 생존이나 부활 시에 육체와 재결합된다고 바울이 결코 암시하지 않았다는 사실은 전체적으로 그런 주장이 그에게나 성경에 전적으로 이질적인 것임을 분명하게 보여준다.

G. C. 벌카우어는 "신약 성경의 신자들은 그들이 오는 왕국을 잊기 위하여 그들의 '개인적 축복'에 집중하지 않았고, 그들은 '그리스도와 함께' 있기를 참으로 기다렸는데, 그분 안에서 그들은 새로운 미래를 얻을 수 있기 때문이다."[56]라고 올바르게 관찰한다. 그리스도와 함께 있고자 하는 종말론적인 소망은 사망 시에 몸을 떠난 영혼으로 실현되는 개인적인 소망이 아니라, 그리스도께서 오실 때에 전 인격적으로 모든 신자들이 부활, 혹은 변화를 통해 실현되는 공동적인 소망이다.

"'떠나서 그리스도와 함께 있을' 바울의 욕망은 하늘에서 '우리들 사이의 개인적인 경험'에 대한 소망을 반영하는 것이 아닌데, 왜냐하면 이 구절은 총체적으로 마지막 때에 우주적 구속과 관련되기 때문이다."[57] '그리스도와 함께' 있는 경험의 우주적, 전체적인 국면은 빌립보 사람들에게 보내는 동일한 서신에 매우 분명하게 나타나 있는데, 거기서 바울은 그리스도께서 오시는 날에 그리스도인들의 소망의 절정에 대하여 반복해서 말하고 있다. 그는 빌립보 사람들에게 "너희 속에 착한 일을 시작하신 이가 그리스도 예수의 날까지 이루실 줄을 우리가 확신하노라"(빌 1:6)고 용기를 준다. 구속의 완성과 극치는 사망 시에 그리스도와 함께 있게 되는 것으로가 아니라, 그분이 오시는 영광스러운 날에 그리스도와 만나는 것으로 이루어질 것이다.

빌립보 사람들이 "진실하여 허물없이 그리스도의 날까지 이르게"(빌 1:10) 되는 것이 바울의 기도이다. 그 날에, 그리스도께서 "만물을 자기에게 복종케 하실 수 있는 자의 역사로 우리의 낮은 몸을 자기 영광의 몸의 형체와 같이 변케 하실"(빌 3:21) 것이다. 신자들이 그리스도와 함께 있는 것이 가능케 되는 것은 죽음에서 불멸로 변화되는 이 때이다. 그가 그날을 "잡으려고" 하는 것은 그가 "그리스도 예수 안에서 하나님이 위에서 부르신 부름의 상을"(빌 3:13, 14), 죽을 때가 아니라, 그리스도께서 오실 그 영광스러운 날에 받을 것을 알기 때문이라고 동일한 편지에서 바울이 말하는 것은 이 이유 때문이다.

"주와 함께 거하는"

고린도후서 5:1~10에서, 바울은 몇 개의 강력한 은유를 사용함으로써 그리스도와 함께 있을 소망을 다시 한 번 표현한다. 이 구절은 일반적으로 "난해 구절"로 여겨지는데, 주로 그 비유적 언어가 암호적이며 다양한 해석이 가능하기 때문이다. 불행하게도, 많은 해석자들은 빌립보서 1:22, 23처럼, 이 구절에서도 죽음 후의 삶에 대한 섬세한 인간론적, 연대기적, 혹은 우주적 정의를 추론하고자 노력한다. 하지만 그런 관심들은 바울과는 거리가 먼데, 그는 사후세계를 설명하기 위한 논리적이고 과학적 언어보다는 현재와 미래의 삶에 관한 그의 소망과 두려움을 표현하기 위한 믿음의 시적 언어를 사용하고 있다. 이 모든 것은 해석자들에게 바울이 결코 말하고자 하지 않았던 것을 이 구절 안에 집어넣으려고 하는 것의 방어책이 되어야만 한다.

이 구절은 전치사 "때문에(*for*)-가르(*gar*)"로 시작하는데, 이는 바울이 4:16~18에서부터 이어서 말하고 있음을 가리키며, 그 구절들에서 그는 "후패하는"(고후 4:16) 현재의 삶의 일시적이고 죽을 수밖에 없는 특징을 "지극히 크고 영원한 영광의 중한 것"(고후 4:17)인 미래의 삶의 영원하고 영광스러운 특징과 대조한다. 바울은 이 특징들을 대표하는 두 개의 거주지의 심상을 사용함으로써 일시성과 영원함 사이의 대조를 발전시킴으로 5장을 계속한다.

"만일 땅에 있는 우리의 장막집이 무너지면 하나님께서 지으신 집, 곧 손으로 지은 것이 아니요 하늘에 있는 영원한 집이 우리에게 있는 줄 아나니 과연 우리가 여기 있어 탄식하며 하늘로부터 오는 우리 처소로 덧입기를 간절히 사모하노니 이렇게 입음은 벗은 자들로 발견되지 않으려 함이라 이 장막에 있는 우리가 짐 진 것 같이 탄식하는 것은 벗고자 함이 아니요 오직 덧입고자 함이니 죽을 것이 생명에게 삼킨바 되게 하려 함이라 곧 이것을 우리에게 이루게 하시고 보증으로 성령을 우리에게 주신 이는 하나님이시니라"(고후 5:1~5).

본문의 이 첫 번째 부분에서, 바울은 대조되는 두 개의 심상을 사용한다. 첫째로, 그는 무너질 수밖에 없는 "땅에 있는 장막집"을 하나님께서 지으신 집 곧 손으로 지은 것이 아닌 "하늘에 있는 영원한 집"과 대조한다. 그리고 바울은 하늘 거주지에서 옷 입은 상태와 벗은 몸으로 발견된 상태 사이의 다른 점으로 이 대조를 강조한다.

두 번째 부분인 6절에서 10절에서는 더욱 솔직해져서 몸에 거하며 주를 떠나 지내는 것과 몸을 떠나 주와 함께 거하는 것을 대조한다. 중심 문장이 8절에 나타나는데 바울은 말한다. "우리가 담대하여 원하는 바는 차라리 몸을 떠나 주와 함께 거하는 그것이니라."

이 구절에 대한 해석의 여러 다양함은 어떤 전제들에 대해 추구하는 결과로, 세 개의 주요 견해로 나눌 수 있다. 고린도후서 5:1~10의 해석 역사는 주석과 해석이 전제에 의해 얼마나 많은 영향을 받는지를 분명하게 보여준다. 우리는 다음과 같이 일컬어지는 세 가지 주요 견해들을 간단히 진술하고 평가해본다. (1) 중간 상태, (2) 죽음 이후에 육체의 부활, (3) 그리스도께서 오실 때 육체의 부활

중간 상태

대부분의 과거와 현재의 학자들은 이 구절에서 바울이 죽음과 부활 사이의 중간 상태 동안 그리스도와 함께 하늘에 있는 신자들의 존재를 묘사한다고 주장한다.[58] 간단히 요약하면, 이 해석은 다음과 같다. 장막과 현재의 옷 입음은 이 땅의 존재이다. 옷을 벗는 것은 죽음을 상징하며 벌거벗은 상태의 결과는 중간 상태 동안에 영혼이 몸을 떠난 존재임을 상징한다. 우리가 하늘에서 사는 건물은, 어떤 사람에게는, 부활 때 영혼이 다시 결합하게 될 육체를 의미하며, 반면 다른 사람들에게, 그것은 하늘에 거하는 영혼 그 자체이다.

로버트 모레이는 후자의 견해를 지지하며 말하기를 "성경에서 우리가 말하는 우리의 부활의 몸이 이미 창조되었고 하늘에서 우리를 기다리고 있는 곳이 어디인가? 가장 합리적인 대답은 바울이 하늘에 영혼의 거주지가 있다고 말하는 것이다."[59] 이 구절에 근거하여, 모레이는 "[영혼이] 거하는 장소는 [사람이] 살아 있는 동안은 이 땅이고, 죽음 이후의 거주지는 하늘"[60]이라고 주장한다.

이 구절의 중간 상태 해석에는 세 가지 주요 문제가 있다. 무엇보다도, 그것은 하늘의 집과 지상의 장막 사이의 대조가 **공간적인 것이지 시간적인 것이 아님**을 경시한다. 이것이 의미하는 바는 바울이 하늘에서의 존재 상태를 지상에서의 존재 상태와 대조하고 있다는 것이다. 그는 죽음과 부활 사이에 영혼의 몸을 떠난 상태를 논쟁하고 있는 것이 아니다. 지금, 만일 사도가 그리스도께서 죽음으로 몸을 떠난 영혼의 상태이길 기대했다면, 그는 이 문맥에서 그것을 암시하지 않았을까? "우리가 아는대로 만일 우리가 살고 있는 지상의 장막이 무너지면 …" 우리는 하늘에서 하나님 앞에 우리의 영혼이 있을 것이라고 그가 말하지 않을까? 그러나, 그의 모든 서신들에서, 바울은 그리스도의 면전에서 영혼이 생존하고 존재하는 것에 대해 결코 암시하지 않는다. 왜 그럴까? 단지 그같은 주장은 바울과 성경에 이질적이기 때문이다.

둘째로, 만일 벌거벗은 상태가 중간 상태 동안 그리스도의 면전에서 영혼의 몸을 떠난 존재라면, 왜 바울은 "벗은 자들로 발견되는"(고후 5:3) 것에 대해 움

츠러드는 것일까? 결국, 이것은 "주와 함께 거하"(고후 5:8)고자 하는 그의 간절한 소망을 성취할 것이다. 몸을 떠나 벗겨진 영혼의 상태인 벌거벗음에 대한 언급은 사실 바울의 저술이 아니라, 플라톤과 필로의 저술에서 발견된다.[61]

셋째로, 만일 하늘의 집이 "하늘에 있는 영혼의 거주지"라면, 신자들은 하나는 지상에 있고 다른 하나는 하늘에 있는 두 개의 영혼을 가져야만 하는데, 왜냐하면 바울은 "우리가 하나님께서 지으신 집을 **가진다**(have)"고 말하기 때문이다. 현재 시제는 현재 소유를 가리킨다. 어떻게 신자의 영혼은 그리스도와 함께 하늘에 있고 동시에 몸은 지상에 있을 수가 있겠는가?

죽음 후의 부활한 육체

몇 학자들은 하늘의 집이 부활한 육체이며, 그것은 신자들이 죽음 후에 즉시로 받은 것이라고 주장한다.[62] 전해진 바에 의하면, 바울은 "땅에 있는 장막"(고후 5:1, 4)이라고 표현된 이 땅의 육체로서의 삶은 "하나님께서 지으신 집, 하늘에 있는 영원한 집"(고후 5:1)으로 표현된 부활의 몸으로 즉시 이어질 것이라고 가르친다. 그러므로 바울은 "벗은 것" 혹은 "벗고자 함"(고후 5:3, 4)의 몸을 떠난 중간적 상태를 배제하고 있다. 이 견해는 고린도전서와 고린도후서를 저술하는 사이에 공백이 있다는 전제를 바탕으로 하며, 바울은 거의 죽음에 직면했으며 이로 인해 파루시아 때에 살아있을 것이라는 그의 초기의 소망을 포기하게 되었고, 대신에 신자들이 죽음의 순간에 부활의 몸을 받는다고 믿게 되었다.[63]

이 해석의 근본적인 문제는 바울이 죽을 때 즉시 부활함으로 파루시아 때에 부활한다는 소망을 나중에 포기한다는 가정이다. 만일 그것이 사실이라면, 그리스도인들은 바울이 무엇을 믿었는지 초기의 바울과 후기의 바울 중에 어느 것인지 알 수 없는 딜레마에 직면할 것이다. 다행스럽게도, 바울이 부활의 시기에 대한 그의 견해를 결코 바꾸지 않았기 때문에 그같은 딜레마는 존재하지 않는다. 이는 논의 중인 본문의 인접한 문맥에서 특별히 파루시아 때에 부활에 대한 언급으로 명백해진다. "주 예수를 다시 살리신 이가 예수와 함께 우리도 다시 살리사 너희와 함께 그 앞에 서게 하실 줄을 아노니"(고후 4:14). 바울은 우리가 죽을 때가 아니라 그리스도께서 오실 때 우리를 일으키시고 그분의 앞으로 우리를 인도하실 것이라고 매우 명백하게 진술한다.

만일 바울이 고린도전서 15장을 저술한 이래로 부활의 때에 대한 그의 견해를 수정했다면, 이미 알려진 교훈을 의미하는 "우리가 알거니와"(고후 5:1)라고 그가 말할 수 있을지 의심스럽다. 더욱이, 거의 후기 서신들에서도, 바울은 명백하게 부활을 그리스도의 영광스러운 재림과 연결시킨다(롬 8:22~25; 빌 3:20, 21). 바울이 그의 종말론을 두 번씩 번복했다고 믿기는 어렵다.

파루시아 때에 부활의 몸

최근 수년 동안, 몇 학자들은 하늘의 집이 그리스도께서 오실 때에 신자들에게 주어지는 "신령한 몸"이라는 견해를 주장한다.[64] 참으로, 이 견해를 지지할 만한 요소들이 이 구절에 있다. 예를 들어, 하늘로부터 오는 처소를 입는다(고후 5:2)는 개념과 우리가 덧입고자 함이니 죽을 것이 생명에게 삼킨바 된다는 진술이다(고후 5:4). 이런 표현들은 고린도전서 15장에서 발견되는 심상과 매우 비슷한데, 그곳에서 바울은 신자들이 그리스도께서 오실 때 경험하게 될 변화를 주장한다: "이 썩을 것이 불가불 썩지 아니할 것을 입겠고 이 죽을 것이 죽지 아니함을 입으리로다."

이 견해의 지지자들은 죽음 후에 즉시로 경험하게 되는 개인적 축복에 초점을 맞춘 하늘의 종말론을 반대한다. 그들의 강력한 주장은 "만일 바울이 [죽을 때] 즉시로 신령한 몸을 받을 것을 기대했다면 마지막 날에 부활은 더 이상 필요가 없을 것"[65]이라는 점이다.

간단히 말하자면, 이 견해의 지지자들은 바울의 비유를 다음과 같이 해석한다. 이 땅에서 사는 삶 동안 우리는 우리의 죽을 수밖에 없는 몸인 "땅에 있는 장막"을 입는다. 죽을 때 우리는 우리의 몸이 무덤에서 "썩음"으로 "벗게 된다." 그리스도께서 오실 때, 우리는 우리의 죽을 몸이 변화됨으로 영광스러운 불멸의 몸으로 "하늘의 처소를 입게"될 것이다.

전반적으로, 우리는 이 해석으로 기울어져있다. 하지만 주요 세 가지 해석, 즉, 그들은 주로 육체에 초점을 맞추고 구절을 해석하며, "신령한 몸"이 죽을 때 개인적으로 신자들에게 주어지는지, 혹은 그리스도께서 오실 때 모든 신자들에게 함께 주어지는지에 대해서는 주요한 약점이 있다. 그러나 바울은 여기서 죽음 전에, 죽을 때에, 혹은 그리스도께서 오실 때에 몸의 상태에 대한 정의를 내리려고 시도하는 것이 아니라, 상이한 두 가지 존재의 상태를 다루고 있다.

하늘과 지상의 존재 형태

이 구절을 수도 없이 읽은 후에, 나는 바울의 주된 관심이 죽음 전과 후의 육체의 상태를 정의하는 것이 아니라, 그보다는 두 가지 존재의 형태를 대조하는 데 있음을 알게 되었다. 하나는 "하나님께서 지으신 집, 곧 손으로 지은 것이 아니요 하늘에 있는 영원한 집"(고후 5:1)으로 표현된 하늘의 존재 형태이다. 다른 하나는 죽을 때에 "무너지는" "땅에 있는 장막"으로 상징되는 지상의 존재 형태이다.

"하늘로부터 오는 우리 처소"로 "입음" 혹은 "덧입음"의 심상의 의미는 파루시아 때에 신자들에게 주어지는 "신령한 몸" 보다는 그리스도의 구원의 계획을 받아들이는 것과 더 관련이 있다. 우리는 하나님과 관련된 "하늘의 처소"와 신자들이 그리스도를 영접하는 것과 관련된 "덧입음"에 대한 상징적 사용으로 이런 결론에 대한 지지를 발견한다.

"우리가 하나님으로부터 집을 받는다"(고후 5:1)는 바울의 확신은 우리에게 "하나님은 우리의 피난처시요 힘이시니"(시 46:1) 혹은 "주여 주는 우리의 거처가 되셨나이다"(시 90:1)와 같은 구절들을 상기시킨다.[66] 그리스도께서는 "손으로 지은 것이 아닌" 하늘의 처소에 대한 바울의 심상과 매우 비슷한 방식으로 자신을 성전으로 언급하셨다. 그가 말한 것을 들었다고 보고된다. "손으로 지은 이 성전을 내가 헐고 손으로 짓지 아니한 다른 성전을 사흘에 지으리라"(막

14:58). 만일 바울이 이런 선상에서 생각하고 있었다면, **하늘의 처소는 그리스도 자신이며 그분께서 신자들에게 제공하시는 영생의 은사이다.**

그러면, 어떻게 신자들이 "하늘의 처소"를 입는가? 옷 입음에 대한 바울의 은유의 사용을 살펴보는 것이 해답을 제공해준다. "누구든지 그리스도와 합하여 침례를 받은 자는 그리스도로 옷 입었느니라"(갈 3:27). 이 문맥에서, 옷 입음은 침례로 그리스도를 받아들이는 것과 관련된다. 바울도 말한다. "이 썩을 것이 불가불 썩지 아니할 것을 입겠고 이 죽을 것이 죽지 아니함을 입으리로다"(고전 15:53). 여기서 옷 입음은 그리스도께서 오실 때에 불멸성을 받는 것을 표현한다. 이 두 개의 참고 구절은 "옷 입음"이 침례를 받음으로 그리스도 안에서의 새 생명을 받음과, 매일 새롭게 되는 것과, 파루시아 때에 썩을 것이 썩지 않을 것으로 변화됨으로 일어날 마지막 옷 입음의 절정을 의미한다.

위의 해석으로 볼 때, "벗은 자들로 발견되는 것" 혹은 "벗고자 함"(고후 5:3, 4)은 그리스도와 성령으로 옷 입는 것과 대조되는 위치가 된다. 대부분 바울에게 있어서 "벗은 것"은 몸에서 벗겨진 영혼이 아니라 죽음으로 귀결되는 죄악과 죄를 대표한다. 아담이 죄를 지었을 때, 그는 자신이 "벗은 줄"(창 3:10)을 알았다. 에스겔은 하나님께서 이스라엘을 값진 옷으로 입히셨지만 그들의 불순종으로 인하여 벌거벗음이 드러나게 되었음을 풍유적으로 묘사한다(겔 16:8~14). 또한 어떤 사람은 혼인 잔치에 "혼인예복" 없이 온 사람을 떠올리기도 한다(마 22:11). 그러므로 바울에게 "벗은 것"은 그리스도의 의에서 떠난, 죽을 수밖에 없는 죄된 상태를 의미하는 것일 수 있다.

바울은 "벗어버린" 혹은 "벗은" 것과 "덧입는" 것의 의미를 다음의 말로 분명하게 한다. "죽을 것이 생명에게 삼킨바 되게 하려 함이라"(고후 5:4). 이 진술은 고린도전서 15:53을 근거하여 우리의 죽을 몸이 신령한 몸으로 변화될 것을 의미하는 것으로 해석된다. 그러나 고린도전서 15:53에서 바울이 그런 몸에 대해 주로 관심을 가지고 있는가? 고린도전서 15장에 대한 주의 깊은 연구는 바울이 "죽은 자들이 어떻게 다시 살며 어떠한 몸으로 오느냐"(고전 15:35)에 대한 질문에 단순하게 대답하기 위해서, 몸에 대한 질문을 삽입적으로 진술하고 있음을 제기한다. 현재와 미래의 몸 사이의 연속성을 보여준 후에, 바울은 그리스도께서 오실 때에 전반적으로 인간의 특성이 경험하게 될 변화에 대한 더 큰 질문으로 옮겨간다. "이 썩을 것이 불가불 썩지 아니할 것을 입겠고 이 죽을 것이 죽지 아니함을 입으리로다"(고전 15:53).

고린도후서 5장에서도 동일하다. 바울은 죽음 전이나 후의 육체나 영혼의 상태에 대해 관심을 가지고 있지 않는다. 또한, 그는 고린도후서 5장에서 영혼이나 "신령한 몸"에 대해 결코 말하지 않는다. 대신에, 바울의 관심은 "이 땅의 장막"으로 표현된 지상에서의 존재 형태와 "하늘의 처소"로 표현된 하늘에서의 존재 형태 사이의 대조를 보여주는 것이다. 전자는 "썩을 것"이며 후자는 불멸의 것이다("생명에게 삼킨바 된", 고후 5:4). 전자는 "몸에 거할 때에는 주와 따로"(고후 5:6) 경험되는 것이다. 후자는 "몸을 떠나 주와 함께 거하는"(고후 5:8) 것이다.

바울이 두 개의 상이한 형태에 대하여 말하는 것이며 죽음 후의 육체나 영혼의 상태를 말하는 것이 아니라는 것을 인식하는데 실패함으로 사후 세계에 대한 불필요하고 잘못된 추측이 난무한다. 그 좋은 예가 로버트 피터슨의 진술이다. "바울은 '몸에 거할 때 주와 따로 거하는 것'과 '몸을 떠나 주와 함께 거하는 것'(고후 5:6, 8)을 대조함으로 예수의 가르침을 확증한다. 그는 인간의 본질이 물질적인 것과 비물질적인 것으로 구성되어 있음을 전제한다."[67]

이 해석은 근거 없는 것인데, 왜냐하면 예수님과 바울은 존재론적으로 즉, 물질적이고 비물질적인 요소를 사용하여 인간의 본질을 정의하는데 관심이 없었기 때문이다. 대신에, 그들의 관심은 불순종과 순종, 죄와 의, 유한성과 불멸성에 의하여 인간의 본질을 윤리적이고 이성적으로 정의하는데 있다. 이것이 고린도후서 5:1~9에서 바울의 관심이며, 그는 하나님과의 관계에 있어서 지상과 하늘의 존재 형태에 대하여 말하고 있는 것이지, 죽음 전과 후의 인간 본질의 물질적 혹은 비물질적 구성을 말하는 것이 아니다.

제단 아래 영혼들

우리가 살펴볼 마지막 구절은 요한계시록 6:9~11이다. "다섯째 인을 떼실 때에 내가 보니 하나님의 말씀과 저희의 가진 증거를 인하여 죽임을 당한 영혼들이 제단 아래 있어 큰 소리로 불러 가로되 '거룩하고 참되신 대주재여 땅에 거하는 자들을 심판하여 우리 피를 신원하여 주지 아니하시기를 어느 때까지 하시려나이까' 하니 각각 저희에게 흰 두루마기를 주시며 가라사대 아직 잠시 동안 쉬되 저희 동무 종들과 형제들도 자기처럼 죽임을 받아 그 수가 차기까지 하라 하시더라."

이 구절은 성도들의 "영혼들"이 죽음 후에 몸을 떠나 의식적 영들로서 하늘에 존재한다는 주장을 지지하기 위해 종종 인용된다. 예를 들어, 로버트 모레이는 단호하게 주장한다. "그 영혼들은 하나님께 그들의 원수들에 대한 복수를 부르짖는 순교자들의 몸을 떠난 영들이다. …이 구절은 신자들이 죽을 때 하늘로 올라간다는 것을 부인하는 자들에게 매우 난해한 구절로 항상 여겨졌다. 그러나 요한의 말은 이 영혼들이 하늘에 있는 의식적이고 활동적임을 분명히 한다."[68]

이 해석은 묵시적 묘사들이 실제적 실재(實在)에 대한 표현이 아니라 거의 상상할 수 없는 영적인 실재에 대한 상징적 표현임을 간과한다. 요한은 하늘이 실제적으로 어떠한 지에 대한 견해를 전하고 있지 않다. 전사가 타고 있는 희고, 붉고, 검고, 청황색 말이 하늘에 없다는 것은 분명하다. 그리스도께서 하늘에서 살륙하는 칼에 상처 입은 어린 양의 모습으로 나타나지 않으신다(계 5:6). 마찬가지로, 제단 아래에 처박혀 있는 순교자의 "영혼들"이 하늘에 있지 않다. 그 모든 광경은 단지 그들이 직면한 순교와 죽음이 궁극적으로 하나님에 의해 옹호하심 받을 것을 보증하고자 고안된 상징적 표현들이다. 그와 같은 보증은 요한과 같이 황제의 제의에 참여하기를 거절하여 심각한 박해에 직면한 자들에게 특별히 마음에 용기를 주었을 것이다.

이 구절에서 "영혼-프쉬카스(souls-psychas)"의 사용은 신양 성경에서 독특한 용례인데, 왜냐하면 그것이 중간 상태의 인간을 의미하기 위해 사용된 적

부활신학

이 없기 때문이다. 여기서 그것이 사용된 이유는 그리스도로 인하여 피를 흘린 순교자들의 특별한 죽음 때문이라고 주장된다. 구약 성경의 희생 제도에서, 동물의 피는 번제단 아래에 부어졌다(레 4:7, 18, 25, 30). 피는 회개한 죄인을 대신하여 하나님께 속죄 희생으로 드려진 무죄한 희생물의 생명을 담고 있다(레 17:11). 그러므로, 순교자들의 영혼은 그들이 제단에서 희생되어졌고 그들의 피가 그 아래에 부어졌음을 상징적으로 표상하기 위해 제단 아래에서 보여진다. 제2장에서 우리는 구약 성경에서 영혼이 피에 있음을 살펴보았다. 이 경우에도, 순교자들의 영혼들이 그들의 피가 상징적으로 제단 아래에 부어졌기 때문에 제단 아래에 있다.

희생적 죽음의 용어가 순교를 의미하기 위해 신약 성경 전반에서 사용된다. 죽음에 직면하여, 바울은 다음과 같이 기록했다. "관제와 같이 벌써 내가 부음이 되고"(딤후 4:6). 사도는 또한 그가 그리스도를 위해 "관제로 드릴지라도"(빌 2:17) 기뻐했다고 말한다. 그러므로 그리스도인 순교자들은 하나님께 드려진 희생물로 보인다. 이 땅에서 흘린 그들의 피는 상징적으로 하늘의 제단에 부어졌다. 이러므로 그들의 영혼이 제단 아래에서 보이는데 그곳이 상징적으로 순교자들의 피가 흐르는 곳이기 때문이다.

중간 상태의 표현이 없음

하늘의 제단에 드려진 희생물로서 순교자들이 상징적으로 표현된 것이 하늘에서 몸을 떠난 그들의 의식적인 존재를 주장하는데 결코 사용되어 질 수 없다. 저명한 복음주의 학자인 죠지 엘돈 래드는 다음과 같이 올바르게 진술한다. "요한이 제단 아래에서 순교자들의 영혼을 보았다는 사실은 죽은 자들의 상태나 중간 상태의 그들의 상황과는 아무런 상관이 없다. 그것은 단지 그들이 하나님의 이름으로 순교했다는 사실을 생생하게 묘사하기 위한 방법이다."[69]

어떤 사람들은 순교자들에게 주어진 "흰 두루마기"를 그들이 죽을 때 주어진 중간 상태의 육체를 의미하는 것으로 해석한다.[70] 그러나 요한계시록에서, "흰 두루마기"는 중간 상태의 육체가 아니라 그리스도의 희생을 통하여 구속받은 자들의 정결함과 승리를 표현한다. 큰 환란에서 나와 구속받은 자들은 "어린 양의 피에 그 옷을 씻어 희게 하였다"(계 7:14). "라오디게아 교회는 금과 흰 옷과 안약을 사도록 권함을 받았으며(계 3:18), 만일 흰 옷이 영광된 몸이라면 이상한 제안이다."[71] 흰 옷을 입은 "영혼들"은 그들의 수치스러운 죽음에도 불구하고 "어린 양의 피"를 통하여 그들의 정결함과 승리에 대한 하나님의 인증을 적절하게 표현한다.

순교자들의 영혼은 제단 아래에서 쉬는 것으로 보이는데, 그들이 몸을 떠난 상태이기 때문이 아니라, 그들이 구속의 완성과("저희 동무 종들과 형제들도 자기처럼 죽임을 받아 그 수가 차기까지 하라" 계 6:11) 그리스도께서 오실 때 그들의 부활을 기다리기 때문이다. 요한은 나중에 그 사건을 묘사하며 다음과 같이 말한다. "내가 보니 예수의 증거와 하나님의 말씀을 인하여 목 베임을 받은 자의 영혼들과 또 짐승과 그의 우상에게 경배하지도 아니하고 이마와 손에 그의 표를 받지도 아니한 자들이 살아서 그리스도로 더불어 천 년 동안 왕 노릇하니…이는 첫째 부활이라"(계 20:4, 5).

"예수의 증거와 하나님의 말씀을 인하여 목 베임을 받은 자"로써 순교자들에 대한 묘사는 요한계시록 6:9과 매우 비슷하다. 단지 차이가 있다면 6장에서 죽은 순교자들은 쉬고 있으며, 20장에서는 그들이 생명을 받는 것이다. 만일 순교자들이 그리스도의 오심과 관련하여 천년기의 시작에 생명을 받는다면, 그들은 무덤에서 쉬는 동안 몸을 떠난 상태로 하늘에서 결코 살아갈 수 없음이 분명하다.

요약하면, 하늘 제단 아래 순교자들의 광경의 기능은 우리에게 죽은 자들의 중간 상태에 대하여 알려주는 것이 아니라, 신자들, 특별히 요한의 시대와 후세기에 그리스도로 인하여 생명을 바친 순교자들이 하나님에 의해 궁극적으로 옹호받을 것에 대하여 알려주는 것이다.

결론

죽음과 부활 사이의 중간 기간 동안 죽은 자들의 상태에 대한 우리의 연구는 구약과 신약 성경 모두 죽음은 전인격적인 삶의 중지를 의미함을 계속적으로 가르치고 있음을 보여주었다. 이러므로, 죽은 자들의 상태는 부활의 날까지 무의식적, 무활동적, 잠든 상태가 계속될 것이다.

구약 성경에서 **스올**과 신약 성경에서 **하데스**의 용례에 대한 우리의 분석은 두 용어 모두 죽은 자들의 무덤 혹은 영역을 의미하는 것이지 경건치 못한 자들의 형벌의 장소가 아님을 보여주었다. 죽음 후에 즉시로 축복 혹은 형벌은 없으며 부활의 아침까지 무의식적인 쉼이 있다.

악한 자들에 대한 형벌의 장소로써 **하데스**의 언급은 그리스 신화에서 온 것으로 성경적이지 않다. 신화에서 **하데스**는 의식을 가진 죽은자들의 영혼들이 거하는 두 개의 주요 지역들 중 하나로, 하나는 형벌의 장소요 다른 하나는 축복의 장소인 지하 세계였다. **하데스**의 이런 헬라적 개념이 중간사 시대 동안 일단의 유대인들에게 죽음 후에 즉시로 의로운 자들의 영혼은 하늘의 복으로 나아가고, 반면 경건치 못한 자들의 영혼은 **하데스**의 고통의 장소로 간다는 견해를 받아들이도록 영향을 주었다. 이런 대중적인 시나리오는 부자와 나사로의 비유에 영향을 준다.

악한 자들에 대한 고통의 장소로써의 **하데스**라는 대중적 개념은 그리스도 교회 속으로 침투했으며 결국 성경 번역자들에게 영향을 끼쳤다. 예를 들어, 제임스왕역에서 **하데스**는 11번의 사용 중 10번이 "무덤" 대신에 "지옥"으로 번역된다. 이 부적절한 번역은 많은 무지한 그리스도인들로 하여금 악한 자들의 영혼이 죽을 때 지옥 불에 던져져서, 그들의 육체가 부활하여 지옥에서 그들의 고통이 가중될 날을 기다리는 것으로 믿게 하였다.

관련 성경 구절들에 대한 우리의 연구는 구원받은 영혼들이 낙원의 축복을 누리는 반면, 구원받지 못한 영혼들은 지옥의 고난을 겪는다는 중간 상태의 주장이 성경에서 나온 것이 아니라 헬라의 이원론에서 파생되었음을 보여주었다.

기독교 역사에서, 기독교는 여러모로 인간의 본질에 대한 헬라의 이원론적 견해에 영향을 받았으며, 그로 인해 육체는 죽을 수밖에 없는 것이요 영혼은 불멸이라는 생각을 갖게 된 것은 불행한 일이다. 이런 치명적인 이설을 받아들임으로 성경 해석에 영향을 끼치고 연옥, 지옥에서의 영원한 형벌, 죽은 자들을 위한 기도, 성도들의 중보, 면죄부, 낙원에 대한 미묘한 견해 등과 같은 또 다른 이설들이 생겨나게 되었다.

오늘날 모든 교파의 많은 학자들은 인간의 본질에 대한 전통적인 이원론적 견해와 그와 관련된 이설들에 대해서 대대적인 공격을 시작한다는 것을 알려야 한다. 우리는 이런 노력들이 인간의 본질과 운명에 대한 성서적인 통전적 견해를 회복하는 일에 기여하고, 이로 인해 미신적 신앙들이 수세기를 통해 관통해 온 영적 암흑을 몰아내기를 소망할 뿐이다.

제 6 장

지옥 :
영원한 고통인가
소멸인가?

Immortality or
Resurrection

제6장

지옥 : 영원한 고통인가 소멸인가?

죽은 자들의 육체와 영혼이 영원토록 의식적인 징벌을 겪는 지옥에 대한 전통적인 견해보다 수세기에 걸쳐 인간의 양심을 괴롭혀 온 가르침은 거의 없다. 어느 날 수많은 사람들이 지옥의 영원한 고통에 처해질 것이라는 생각은 예민한 그리스도인들에게는 가장 힘들고 괴로운 것이다. 결국, 거의 모든 사람들은 그리스도께 헌신하지 않은 채로 죽은 친구들과 가족들을 가지고 있다. 장차 지옥에서 영원토록 고통당하고 있는 그들을 보게 될 것이라는 생각은 사려 깊은 그리스도인들로 하여금 하나님께 이렇게 말하도록 할 것이다. "하나님, 사양합니다. 저는 당신의 그런 종류의 낙원에는 관심 없어요!"

영원한 고통의 지옥에 대한 전통적인 견해는 신자들에게 장애물이 되어왔고 그리스도인 기별의 신뢰성에 도전하는 회의론자들에 의해 효과적인 무기로 사용되어 왔다. 예를 들어, 영국 철학자요 사회 개혁자인 버틀랜드 러셀 (1872~1970)은 이른바 지옥 불 교리에 대한 가르침과 그와 같은 교리가 기독교 역사에서 야기시킨 수많은 잔인성에 대해 그리스도를 비난했다.

러셀은 다음과 같이 기록했다. "그리스도의 도덕적 품성에 대한 나의 생각에 심각한 결함 중 하나가 있는데 그것은 그가 지옥을 믿었다는 것이다. 내 자신은 정말 심오하게 고상한 어떤 사람이 영원한 형벌을 믿을 수 있을 것이라고 느

부활신학

끼지 않는다. 복음서들에서 묘사된 것처럼 분명히 그리스도는 영원한 형벌을 믿었으며, 설교자에 대한 일반적인 태도인 그분의 설교를 듣지 않고, 탁월한 능력에 대해 다소 폄하하는 사람들에 대한 보복적인 진노가 반복적으로 발견된다. …나는 선천적으로 적절한 수준의 온화함을 타고난 사람이 그 세상에 있을 것으로 분류되는 것에 대한 두려움과 공포에 빠질 것이라고는 정말로 생각지 않는다. …나는 지옥 불이 죄에 대한 형벌이라는 이 모든 교리는 잔인함의 교리로 생각한다고 분명히 말한다. 세상에 잔인함을 가져오고, 또한 세상에 잔인한 고문의 원동력이 된 것이 바로 이 교리이다. 그리고 만일 당신이 그분을 기록자로서 자신을 나타내는 것으로 받아들인다면, 복음서에서의 그리스도는 그것에 대하여 부분적으로나마 책임이 있는 것으로 간주해야하는 것이 확실할 것이다."[1]

"세상에 잔인한 고문의 원동력이 된" 영원한 형벌의 교리에 대해 그리스도가 "부분적으로 책임"이 있다는 러셀의 공격은 불가지론적 지성의 산물로서 가볍게 치부해 버릴 수 없다. 만일 그리스도께서 구원받지 못한 자들이 지옥 불에서 영원한 고초를 겪고 있는 동안 구원받은 자들은 영원한 행복을 즐길 것이라고 가르치셨다면, 그때 우리는 그분의 품성의 도덕적 고결함에 대한 의문의 근거를 갖게 될 것이다. 예수 그리스도께서 자비로운 "**아바**−아버지"로 드러내신 그 하나님께서 그분의 불순종한 자녀들을 영원토록 고문함으로써 앙갚음을 한다는 것은 상상할 수는 없는 일이다!

오늘날 심지어 이론적으로는 그 같은 교리를 시인한다 할지라도 근본주의 설교자들조차도 지옥 불에 대한 설교를 좀처럼 하지 않는다는 것은 놀라운 일이 아니다. 자신을 근본주의자라 여기는 죤 월버드는 지옥 불에 대해 설교하는 것을 꺼리는 것은 인기 없는 교리를 선포하는 것에 대한 두려움에서 주로 기인된다.[2] 내 견해로는, 문제는 오늘날 설교자들이 지옥에 대한 진리를 말하기를 꺼리고 있을 뿐만 아니라, 주로 지옥 불에 대한 전통적인 견해가 도덕적으로 혐오스럽고 성서적으로 문제의 여지가 있다고 인식하고 있다는 것이다.

클락 피녹은 예리하게 관찰한다. "[지옥 불에 대해 설교하는 것에 대한] 그들의 과묵함은 진리를 선포함에 있어서 총체성이 부족할 뿐만 아니라 새로운 단계의 술책으로 부상하는 사디즘에 해당하는 교리를 설교하는 것에 대한 배포를 가지지 못했다. 내부적인 어떤 것이 그들에게 말하는데, 아마도 본능적인 단계로, 하나님이시며 우리 주 예수 그리스도의 아버지 하나님께서 그런 방법으로 사람들을(심지어 가장 흉악한 죄인이라도) 고문하시는 하나님이 아니라는 것이다. 나는 지옥의 본질에 대한 개정된 교리를 갈망하는 증언을 해 온 근본주의 설교자들의 침묵을 받아들인다.”[3] 내가 믿기로는 오늘날 신학자들에게 지옥에 대한 전통적인 견해를 개정하고, 또 성서적 자료에 대한 선별적인 해석들을 제시하도록 격려하는 것은 바로 그런 갈망에서이다.

이 장의 목적들

이 장에서 제기된 문제는 죽은 자들의 마지막 형벌로써 지옥의 **사실성**(*fact*)이 아니라, 지옥의 **본질**(*nature*)이다. 근본적인 질문은 이것이다. 뉘우치지 않은 죄인들은 영원토록 몸과 영혼이 의식을 가진 상태로 형벌로 받고 고통을 당하는가, 아니면 그들은 하나님에 의해 일시적인 형벌의 고통을 겪은 후에 두 번째 죽음으로 소멸되는가? 다른 말로 표현하면 지옥 불은 죽은 자들에게 영원토록 고통을 주는가 아니면 그들을 영구히 태워버리는가?

이 근본적인 질문은 우선적으로 **전통적인** 견해(*the traditional view*)를 분석하여 살펴보고, 그 후에 본인이 동의하는 **소멸** 견해(*the annihilation view*)를 제시하고 연구하도록 한다. 이 장의 첫 부분은 사악한 자들의 문자적인 영원한 심판의 장소로써의 지옥에 대한 전통적 견해를 지지하기 위해 사용된 주요한 성서적 본문과 논쟁들을 분석한다.

이 장의 두 번째 부분은 지옥에 대한 두 가지 해석들을 간단하게 살펴본다. 첫 번째는 **은유적인** 견해인데, 그것은 고통이 육체적인 것이라기보다는 정신적으로 있는 그런 장소로써 지옥을 간주한다. 불은 문자적인 것이 아니며 은유적이고, 고통은 육체적 고문이기보다는 하나님으로부터 분리되는 의식이 더 큰 원인이다.[4] 두 번째는 지옥에 대한 **보편적인** 견해인데, 그것은 모든 사람들이 궁극적으로 하늘에 들어갈 수 있도록 정화시키고 정결하게 만드는 불로써의 지옥으로 판단하는 것이다.

이 장의 세 번째 부분은 구원받지 못한 자들의 궁극적인 소멸과 사멸의 장소로써 지옥의 소멸 견해를 제시한다. 어떤 사람들은 이 견해를 **조건적인** 불멸이라 부르는데, 왜냐하면 인간 본질에 대한 성서적 통전적 견해에 대한 우리의 연구는 불멸이 타고난 인간의 소유물이 아님을 보여주기 때문이다. 그것은 신자들의 믿음의 반응을 조건으로 신자들에게 부여되는 하나님의 선물이다. 하나님은 악한 자들에게 영원한 고통의 형벌을 가하기 위해 불멸의 생명으로 그들을 부활시키지 않으실 것이다. 오히려, 악한 자들은 그들이 궁극적으로 소멸될 그들의 형벌을 받기 위해 죽을 수밖에 없는 부활을 경험하게 될 것이다.

어떤 사람은 악한 자들의 운명에 대해 "소멸"이라는 용어를 우리가 사용하는 것에 대해 의문을 제시할 수 있는데, 왜냐하면 열역학 제1법칙은 종래는 아무것도 파멸되지 않으며 어떤 다른 형태로 변화되는 것이라고 말하기 때문이다. 시신이 태워질 때, 그 연기와 재는 남는다. 이것은 사실이지만, 남겨진 것이 더 이상 인간의 생명은 아니다. 성서적 관점에서 볼 때, 악한 자들을 태워 버리는 불은 인간 존재로서의 그들을 소멸하는 것이다.

A. 지옥에 대한 전통적 견해

거의 예외 없이, 지옥에 대한 전통적 견해는 아우구스티누스 시대로부터 19세기에 이르기까지 그리스도인 사상을 지배해왔다. 간단히 말해서, 전통적 견해는 죽음 이후 즉시로 완악한 죄인의 육체로부터 벗어난 영혼이 지옥으로 내려가서, 실제로 영원히 타는 불의 형벌로 고통당한다고 확신하는 것이다. 부활때에, 육체는 영혼과 재결합하여, 잃어버린 자들을 위해서는 지옥의 고통이 가

중될 것이고, 구원받은 자들을 위해서는 하늘의 기쁨이 더욱 강해질 것으로 믿는다.

지옥의 회화적 견해들

신약 성경의 불과 연기의 이미지에 만족하지 않고, 더욱 창조적이고도 고전적인 생각 중 더러는 지옥을 보복의 원리에 근거한 형벌이 있는 괴기스럽고 혐오스러운 방으로 그려왔다. 이는 신체의 어떤 기관이 죄를 지었다면 그 기관이 지옥에서 다른 기관보다 더 많은 벌을 받는 것을 의미한다.

윌리엄 크로켓은 다음과 같이 기록한다. "기독교 문학에서, 우리는 그들의 혀로 매달려 있는 불경한 자들을 발견한다. 남자들을 유혹하기 위해 머리를 땋은 간음한 여인들은 그들의 목이나 머리카락으로 끓는 구덩이 위에 달려 있다. 중상모략한 자들은 그들의 혀를 씹고 있으며, 뜨거운 쇳덩이가 그들의 눈을 태운다. 다른 행악자들도 동일하게 독창적인 방식으로 고통을 당한다. 살인자들은 독사들이 가득한 구덩이에 던져지고 그들의 몸에는 벌레들이 가득하다. 낙태한 여인들은 더러운 배설물 안에 목을 깊이 넣고 앉아 있다. 교회에서 빈둥거리고 재잘거렸던 자들은 타는 구덩이 연못에 서 있다. 우상숭배자들은 마귀에 의해 낭떠러지로 끌려가며 바위 아래로 떨어진 자리에서 다시 끌려 올라간다. 하나님으로부터 등을 돌린 자들은 지옥의 불 속에서 천천히 뒤집어지면서 익어간다."[5]

지옥에 대한 이런 초기의 이미지들은 14세기 유명한 이탈리아 시인인 단테 알리기에리에 의해 세련되어 불멸의 작품으로 다듬어졌다. **디비나 코메디아**(신곡)에서 단테는 지옥을 절대적인 공포의 장소로 묘사하는데, 그곳에서 저주 받은 자들은 몸부림치고 비명을 지르며, 성도들은 낙원의 영광을 입고 있다. 단테의 지옥에서 어떤 죄인들은 끓는 피 안에서 크게 통곡하며, 일부는 그들의 콧구멍이 까맣게 타는 끓는 연기를 참고 있으며, 다른 사람들은 물어뜯는 뱀의 무리로부터 벌거벗고 도망 다닌다.

루터와 칼뱅의 더욱 호기심어린 접근은 후대의 유명한 설교자와 신학자들이 지옥을 불의 바다로, 그 안에서 악한 사람들이 영원히 타고 있다고 묘사하는 것을 막지 못했다. 고명한 18세기 미국 신학자인 죠나단 에드워즈는 지옥을 악한 자들의 몸과 영혼으로 가득 차 있는 액체의 불의 맹렬한 용광로로 묘사한다. "육체의 모든 부분은 가능한 한 모든 고통으로 가득 채워질 것이다. 그들은 극도의 고통에 처할 것이며, 모든 관절과 모든 신경은 표현할 수 없는 괴로움으로 가득 찰 것이다. 그들은 심지어 손가락 끝에도 고통 받을 것이다. 그 전체 몸이 하나님의 진노로 가득찰 것이다. 그들의 심장과 창자와 머리와 눈과 혀와 손과 발은 하나님의 진노의 사나움으로 채워질 것이다. 이는 많은 성경에서 우리에게 가르쳐 준다."[6]

악한 자들의 운명에 대한 비슷한 묘사가 19세기 영국의 유명한 설교가인 찰스 스펄전에 의해 주어졌다. "우리가 이 땅에서 알고 있는 것과 똑같은 불 속에서 그대의 몸이 뉘어질 것이며, 석면처럼, 영원히 전소되지 않으며, 그대의 모든 정맥들은 여행 중인 고통의 발을 위한 길이 되며, 모든 신경은 현이 되어 마귀가 지옥의 말로 표현할 수 없는 애가에 대한 그의 악마적인 선율을 연주하게 될 것이다."[7] 마귀가 자신의 형벌의 장소에서 행악자들에게 얼마나 큰 고통을 줄지는 가히 상상하기가 힘들 정도이다.

오늘날, 문자적인 영원한 지옥 불을 믿는 자들은 악한 자들에 의해 경험되는 그들의 고통의 묘사에 대해 더욱 용의주도하다. 예를 들어, 로버트 A. 피터슨은 저서 **심판중인 지옥 : 영원한 형벌에 대한 사건**(*Hell on Trial: The Case for Eternal Punishment*)에서 말하기를 "지옥을 심판하고 통치하는 분은 하나님 자신이시다. 그분은 지옥에서 축복 대신 진노로 임재하신다. 지옥은 영원한 형벌, 전적인 상실, 하나님에 의한 거절, 심각한 고통, 말할 수 없는 슬픔과 아픔을 수반한다. 지옥의 기간은 끝이 없다. 비록 형벌의 등급이 있지만, 지옥은 저주받은 모든 자들에게 소름끼치는 곳이다. 그곳의 점유자는 마귀, 악한 천사들, 구원받지 못한 인간들이다."[8]

영원한 형벌의 지옥에 대한 그의 심리에서, 피터슨은 다음의 증인들을 준비시킨다. 구약 성경, 그리스도, 사도들, 교회 역사 (초대 교회, 개혁 시대, 현대 시대). 그는 이 증인들 각자를 위해 몇 장을 할애한다. 비슷한 접근 방식이 지옥불에 대한 전통적 견해를 지지하는 다른 학자들에 의해 사용된다. 악한 자들의 영원한 형벌에 대한 모든 증언들에 대한 포괄적인 반응은 우리의 연구의 범위에서 벗어난다. 이에 관심있는 독자들은 에드워드 퍼지의 소멸하는 불(The Fire that Consumes)에서 그 포괄적인 반응을 발견할 수 있을 것이다. F. F. 브루스(F. F. Bruce)의 서문과 함께, 이 책은 성서적이고 역사적인 자료에 대한 균형지고 공정한 평가로 많은 학자들에 의해 칭송을 받고 있다. 우리의 반응은 몇 가지 기본적인 주장들에 제한되며, 그중 어떤 것은 이 장의 두 번째 부분에서 확대될 것이다.

1. 구약 성경의 증언

영원한 형벌에 관한 구약 성경의 증언은 주로 **스올**의 용례와 이사야 66:22~24과 다니엘 12:1, 2의 두 구절에 근거한다. **스올**에 관하여, 존 F. 왈버드는 다음과 같이 말한다. "**스올**은 형벌과 징벌의 장소였다. 이사야에서[14:9, 10] 하나님의 심판으로 죽임을 당한 바벨론 사람들은 먼저 죽은 자들과 **스올**에서 인사를 나누는 것으로 묘사된다."[9]

스올에 관해서는, 제5장에서 그 단어에 대한 연구는 어떤 구절도 **스올**이 경건치 못한 자들의 형벌의 장소라는 견해를 지지하지 않음을 보여준다. 이 단어는 무의식, 무활동의 잠든 죽은 자들의 영역을 의미한다. 이와 유사하게, 바벨론 왕에 대한 이사야의 조롱하는 시는 비유로서, 그 특성에 있어서 의인화된 나무들로 나오며, 떨어진 군주들의 허구성을 드러낸다. 그것들은 **스올**에서 사악한 자들이 형벌을 받는 것을 나타내는 것이 아니라, 이스라엘의 압제자에 대한 하나님의 심판과 벌레들에게 먹히는 흙무덤에서의 그들의 마지막 수치스러운 운명을 회화적인 언어로 예언한 것이다. 이 비유를 지옥에 대한 문자적 기술로 해석하는 것은 자신을 높이는 폭군의 운명을 예언하기 위해 단순히 고안된 본문의 지극히 회화적이고도 비유적인 특성을 무시하는 것이다.

이사야 66:24 – 사악한 자들의 운명

이사야 66:24에서 나타나는 사악한 자들의 운명에 대한 기사는 일단의 전통주의자들에 의해 구약 성경에서 영원한 형벌을 가장 명백하게 증언하는 것으로 간주된다. 본문의 구성은 사악한 자들에 대한 하나님의 심판과 의로운 자들에 대한 그분의 축복을 대조하는 것이다. 후자는 번영과 화평을 즐길 것이며, 매 안식일마다 정규적으로 하나님을 예배할 것이다(사 66:12~14, 23). 사악한 자들은 "화염"(사 66:15)으로 징벌될 것이며 "다 함께 망할 것이다"(사 66:17). 이의 혹독함에 대한 배경은 24절에 있다. "그들이 나가서 내게 패역한 자들의 시체들을 볼 것이라 그 벌레가 죽지 아니하며 그 불이 꺼지지 아니하여 모든 혈육에게 가증함이 되리라."

R. N. 와이브레이는 이 구절을 "영원한 형벌에 대한 초기 기사, 비록 죽었지만, 반역은 영원히 계속될 것"[10]으로 이해한다. 비슷한 의미에서, 피터슨은 그 구절을 "악한 자들에 대한 형벌과 수치는 끝이 없다. 그들의 운명은 영원하다. 그들은 모든 인류에게 수치를 당할 것임은 의심의 여지가 없다."라는 것을 의미하는 것으로써 "그들의 벌레는 죽지 않을 것이며, 그들의 불은 소멸되지 않을 것이다."라고 해석한다.[11]

악한 자들의 운명에 대한 이사야의 기사는 아마도 히스기야의 통치 기간 동안에 185,000명의 앗수르 군대에 대한 여호와의 말씀에서 영감을 받았다. 우리는 "아침에 일찍이 일어나 본즉 시체뿐이라"(사 37:36)고 듣는다. 이 역사적인 사건은 악한 자들의 운명을 예고한다. 의로운 자들이 "시체"[히브리어 : **페게림**(pegerim)]를 보았으며, 살아있는 사람을 본 것이 아님을 주목하라. 그들이 본 것은 파멸이지 결코 영원한 고통이 아니다.

"벌레"가 죽은 육체와 연관되어 언급되는데, 그 이유는 그들은 부패되기 시작했으며 매장지를 빼앗긴 시체들의 수치심을 대표한다(렘 25:33; 사 14:11; 욥 7:5; 17:14; 행 12:23). 꺼지지 않는 불의 모습은 소멸시키는 불과(겔 20:47, 48) 공허하게 되는 것을(암 5:5, 6; 마 3:12) 암시하기 위해 성경에서 자주 사용된다. 에드워드 퍼지는 "벌레와 불은 전반적이고 결정적인 파멸에 대해 말한다. 두 용어는 또한 이것을 '수치스러운' 광경으로 만든다."[12]라고 올바르게 설명한다.

"그 불이 꺼지지 아니하여"라는 구절의 의미를 이해하기 위해서는, 팔레스틴에서 불이 살아있는 것과 시체를 태우기 위해서는 상당한 노력이 요구된다는 것을 기억하는 것이 중요하다. 시체들은 쉽게 타지 않으며 그것들을 전소시키기 위해 필요한 땔나무들은 부족했다. 중동과 아프리카를 여행하면서, 나는 짐승의 잔해물을 다 태우기 전에 불이 꺼져버렸기 때문에 부분적으로 타버린 사체들을 종종 볼 수 있었다.

꺼지지 않는 불에 대한 상상은 단순히 완전히 타버리거나 소멸되는 사상을 전달하기 위해 고안된 것이다. 그것은 불멸의 영혼들에 대한 영원한 형벌과는 전혀 상관이 없다. 이 구절은 불태워진 "시체들"에 대하여 분명하게 말하고 있는 것이지 영원히 고통받는 불멸의 영혼에 대한 것이 아니다. 전통주의자들이 이 구절과 또 유사하게 진술된 예수의 말씀에 대한 설명을 실제로 그것이 의미하는 것에 기초하기보다는 마지막 형벌에 대한 그들의 관념에 근거하여 해석하는 것은 매우 유감스러운 일이다.

다니엘 12:2 – "무궁한 부끄러움"

영원한 형벌을 주장하기 위해 전통주의자들이 사용하는 구약의 두 번째 주요 본문은 다니엘 12:2이며, 선한 자와 악한 자의 부활에 대하여 말하고 있다. "땅의 티끌 가운데서 자는 자 중에 많이 깨어 영생을 얻는 자도 있겠고 수욕을 받아서 무궁히 부끄러움을 입을 자도 있을 것이며." 피터슨은 "다니엘은 경건한 자들이 끝이 없는 생명으로 일어나는 반면, 악한 자들은 끝이 없는 수치로 일어날 것이다(단 12:2)"[13]라고 말함으로써 이 본문에 대한 그의 분석을 결론짓는다.

"부끄러움"이라고 번역된 히브리어 **데라온**(*deraon*)은 이사야 66:24에서도 "가증함"이라 번역되어 나타나며 매장되지 않은 시체들을 묘사한다. **다니엘서** (*The Book of Daniel*)라는 그의 주석에서, 안드레 라코크는 **데라온**의 의미는 여기[단 12:2]나 이사야 66:24 모두 악한 자들의 썩어짐을 의미한다."[14]라고 설명한다. 이것은 "부끄러움"이 그들의 육체가 썩어지는 것에 대한 혐오감에 기인된 것이지 악한 자들의 끝없는 고통에 의한 것이 아님을 의미한다. 임마누엘 패타블)은 그것을 설명한다. "생존한 자들의 감정은 긍휼이 아니라 혐오감이다."[15]

요약하면, 악한 자들의 영원한 형벌에 대한 구약 성경의 종합적인 증언은 비−존재적인 것이 아니라면, 무시해도 좋은 것들이다. 그와는 대조적으로, 종말론적인 여호와의 날에 악한 자들의 전적인 파멸에 대한 증거는 매우 분명하다. 악한 자들은 겨와 같이 "사라질" 것이며(시 1:4, 6), 질그릇처럼 산산이 부서질 것이며(시 2:9, 12), 여호와의 입술의 기운으로 죽임을 당할 것이며(사 11:4), "불에 사르는 가시나무처럼" 탈 것이며(사 33:12), "하루살이 같이 죽을 것이다" (사 51:6).

아마도 악한 자들의 전적인 파멸에 대한 가장 명료한 기사는 영어로 쓰여진 (히브리어가 아닌) 구약 성경의 마지막 페이지에서 발견된다. "만군의 여호와가 이르노라 보라 극렬한 풀무불 같은 날이 이르리니 교만한 자와 악을 행하는 자는 다 초개 같을 것이라 그 이르는 날이 그들을 살라 그 뿌리와 가지를 남기지 아니할 것이로되"(말 4:1). 여기서 "그 뿌리와 가지를" 남기지 않고 모두 소멸시키는 불의 심상은 전적인 소멸과 파멸을 제안하고 있으며, 영원한 형벌이 아니다. 동일한 진리가 다음에 나오는 하나님의 선지자, 침례 요한에 의해 표현되는데, 그는 하나님의 임박한 심판의 불의 관점에서 백성들에게 회개하도록 광야에서 외쳤던 자이다(마 3:7~12).

2. 중간사 문헌의 증거

말라기와 마태 사이의 400년 동안 기록된 문헌은 악한 자들의 운명에 대하여 의견이 통일되기에는 거리가 멀다. 어떤 사본들은 잃어버린 자들의 끝없는 의식적 형벌을 기록하고 있는 반면에 다른 것들은 악한 자들의 존재가 정지된다는 구약 성경의 견해를 반영한다. 이런 대조적인 견해들에 대한 가장 적절한 설명은 당시 고대 근동 전역에 넓게 퍼져 있으면서 유대인들이 경험한 헬라주의적 문화압력이다.

불행하게도, 대부분의 사람들은 전통주의자들이 일반적으로 영원한 고통의 마지막 형벌에 대한 것을 통일된 유대 견해로 주장하기 때문에 다른 견해들에 대하여는 알지 못한다. 예수님과 사도들도 그같은 견해에 대하여 비난하지 않았기 때문에, 그들이 그것을 주장하는 것은 당연한 것이다. 이 주장은 사실보다는 환상에 근거한다.

영원한 고통

로마 가톨릭 교회에 의해 정경으로 받아들여진 외경인, 에스드라 2서는 잃어버린 자들의 영혼은 죽을 때, 혹은 재창조 이후에 즉시로 고통을 받을 것인지에 대해서 질문한다(에스드라 2서 7:15). 하나님께서 대답하신다. "영이 몸을 떠날 때…만일 그 영이 지극히 높으신 자를 멸시하고 그 길을 지키지 않았다면…그런 영은 형벌을 받아 슬퍼하고 통회하며 방황하게 될 것이며…그들은 마지막 날에 마땅히 형벌을 받아야할 것으로 스스로 생각하게 될 것이다"(에스드라 2서 7:78~82).[16]

로마 가톨릭 성경에 포함된 또 다른 외경인 유딧서(150~125 B.C.)에서도 동일한 견해가 표현된다. 그녀의 승리의 노래를 마치면서, 여걸 유딧은 경고한다: "우리 민족을 거슬러 일어나는 나라들에는 화가 미칠 것입니다. 전능하신 주님께서 심판날에 그들을 벌하실 것이며 또한 그들을 불과 구더기에 내맡길 것입니

부활신학

다. 그러면 그들은 영원히 고통을 받으며 통곡할 것입니다"(유딧서 16:17). 불과 벌레에 대한 언급은 아마도 이사야 66:24에서 나왔을 것이지만, 이사야가 죽은 자가 불과 벌레에 의해 소멸되는 것을 본 반면, 유딧은 육체 속에서 내부적으로 끝이 없는 고통을 유발시키는 "불과 지렁이"에 대하여 말한다. 여기서 우리는 지옥에 대한 전통적 견해의 명백한 기사를 본다.

악한 자들의 운명에 대한 비슷한 기사가 스토아 성향의 유대인에 의해 저술된 **마카베오 4서**에서 발견된다. 저자는 죽음으로 의식적인 극락에 올라간 의로운 자들(10:15; 13:17; 17:18; 18:23)과 의식적인 형벌로 내려간 악한 자들(9:8, 32; 10:11, 15; 12:19; 13:15; 18:5, 22)을 묘사한다. 9장에서, 그는 안티오쿠스 에피파네스의 박해로 인해 모두 순교를 당한 신실한 어머니와 그녀의 일곱 아들들에 대한 이야기를 말하고 있다(참조 마케베오 2서 7:1~42). 일곱 아들들은 그들의 사악한 박해자에게 그를 기다리고 있는 영원한 형벌에 대해 경고한다: "하나님의 보복이 너를 위해 마련되어 있으며, 영원한 불과 고통이 항상 너에게 달려 있을 것이다"(마카베오 4서 12:12; 참조 9:9; 10:12, 15). "영원한 고통의 위험성은 하나님의 법을 범한 자들을 위해 놓여있다"(마카베오 4서 13:15).

전적인 소멸

하지만, 다른 외경에서 죄인들은 구약 성경에서처럼 소멸된다. 예를 들어, 토빗서(약 200 B.C.)는 마지막 때를 다음과 같이 묘사하면서 말한다. "그때까지 살아남아 진정으로 하나님께 충성을 바치는 이스라엘의 모든 백성은 다 함께 예루살렘으로 모여 아브라함의 땅을 차지하고 영원토록 안전하게 살 것이다. ···죄와 악을 행하는 자들은 온 땅에서 자취를 감출 것이다"(토빗 14:6~8). 동일한 견해가 시락서에서도 표현되며, 집회서에서도 또한 상기시키는데(약 195~171 B.C.), 사악한 자들을 "태워 버리시고···파멸 시킬···분노의 불"(집회서 36:7~10)에 대하여 말하고 있다.

시벨 신탁(*The Sibylline Oracles*)은 아마도 2세기 유대인 문학가들의 핵심을 모은 모음집, 하나님께서 어떻게 사악한 자들을 완전히 멸망시킬 것인지에 관하여 묘사하고 있다. "그리고 그가 전 지구를 불태우고, 또한 전 인류를 소멸시킬 것이며…또한 그을린 먼지만 있게 될 것이다"(시벨 신탁 4:76). **솔로몬의 시편**(*The Psalms of Solomon*)은 1세기 중반의 하시딤 유대인들에 의하여 편집된 것으로 보이는, 사악한 자들이 땅에서 소멸되고 다시는 기억되지 않을 때를 예견한다. "죄인의 멸망은 영원하며, 의인의 방문을 받을 때 그는 기억되지 않을 것이다. 이것은 영원한 죄인의 몫이다"(솔로몬의 시편 3:11, 12).

요세푸스와 사해 두루마리

전통주의자들은 그같은 신앙이 신약 성경 시대에 널리 받아들여졌다는 그들의 주장을 지지하려고 영혼의 불멸성과 악한 자들의 영원한 형벌에 대한 엣세네파의 신앙에 관한 요세푸스의 기록을 종종 인용한다. 어떤 언급을 하기 전에 본문을 유심히 살펴보자. 요세푸스는 엣세네파가 "영혼은 불멸이며 영원히 계속된다"는 주장뿐만 아니라, "선한 영혼들은 대양을 넘어 그들의 거주지를 가지며", 그 지역은 기후가 완벽한 반면에, "악한 영혼들은 결코 멈추지 않는 형벌이 가득한, 어둡고 광포스러운 구덩이로 [던져진다]"는 신앙을 헬라인들로부터 채택했다고 우리에게 말한다.[17] 요세푸스는 헬라 '우화들'로부터 파생되고, "영혼들은 불멸한다는 전제에" 기초하며 "나쁜 사람들은…죽음 후에 불멸의 형벌로 고통받는다"[18]는 그런 신앙에 대한 설명을 계속한다. 그는 그런 신앙들을 "그들[헬라] 철학에 맛을 들인 피할 수 없는 미끼"[19]로 부른다.

요세푸스가 영혼의 불멸성과 끝없는 형벌에 대한 믿음을 구약 성경의 가르침이 아니라 엣세네파와 같은 분파적 유대인들에게는 피할 수 없는 헬라 '우화들'의 가르침이라고 주장하는 것은 중요하다. 그런 설명은 모든 유대인들이 그들의 신념을 받아들였던 것은 아님을 전제로 한다. 사실, 심지어 엣세네파 중에서도 그런 신앙을 공유하지 않은 사람들이 있었다는 암시가 있다. 예를 들어, 일반적으로 엣세네 공동체와 연관이 있다고 여겨지는 사해 두루마리도 죄인들의 전적 소멸에 대하여 분명하게 말한다.

중요한 사해 두루마리인 **다메섹 문서**(*The Damascus Document*)는 죄인들의 운명을 노아 홍수로 멸망한 홍수 이전의 사람들과 광야에서 죽은 신실하지 못한 이스라엘인들의 운명과 비교함으로 그들의 종말을 묘사한다. 죄인들에 대한 하나님의 형벌은 "그들 중 어떤 남은 자나 생존자도"(CD 2, 6, 7) 남아있지 않다. 그들은 "없었던 것처럼"(CD 2, 20) 될 것이다. 동일한 견해가 또 다른 두루마리인 **훈육 편람**(*the Manual of Discipline*)에서 표현되는데, 거기에는 "영원한 불"에 의해 타락한 사람들의 "전멸"에 대하여 말하고 있다(1QS 2, 4~8).[20]

훈육 편람이 진리의 영 대신에 사악한 영을 따르는 자들에 대한 형벌을 분명히 모순되는 방법인, 즉, 전적인 파멸로 귀착되는 끝없는 형벌로써 묘사하는 것은 주목할 만 하다. 본문은 다음과 같이 진술한다. "이 [사악한 영]의 길로 걸어가는 모든 자들의 재앙에 대하여 말하자면, 하나님의 맹렬한 진노에 의한 영원한 구덩이에서 모든 파멸의 천사들에 의해 수행되는 수많은 폭행들과, **끝없는 공포와 끝이 없는 치욕과**, 어둠의 지역에서 불에 의한 파멸의 불행으로 이루어진다. 그리고 가장 슬픈 원통함과 가장 비통한 불행과 암흑의 재앙들이 **그들이 생존하거나 피할 수 있는 여지가 없이 파멸될 때까지** 세세토록 있을 것이다"(1QS 4,11~14).[21]

"끝없는 공포와 끝이 없는 치욕이" 영원한 것이 아니라 "그들이 파멸될 때까지" 지속된다는 사실을 신약 성경 시대에 사람들은 "끝없는", "끝이 없이" 혹은 "영원히"라는 용어를 오늘날 우리들이 의미하는 것과는 다르게 사용했음을 보여주고 있다. 우리에게, "끝없는" 형벌은 "끝이 없는" 것을 의미하며, 사악한 사람들이 멸망할 때까지이다. 이 사실을 인식하는 것이 나중에 예수께서 영원한 불에 대한 말씀을 해석하고 "영벌"(마 25:46)과 "영원한 멸망"(살후 1:9) 사이의 신약 성경에서 우리가 발견하는 명백한 모순을 풀기 위해서는 필수적이다. 악한 자들에게 형벌이 있을 때에, "영원함"은 단지 "그들이 멸망할 때까지"를 의미한다.

위에 예를 든 중간사 문헌의 증거들은 이 시기에 사악한 자들의 운명에 대하여 일관된 "유대적 견해"가 없었음을 보여준다. 비록 대부분의 문서들이 죄인들의 전적 소멸에 대한 구약 성경의 견해를 반영하고 있지만, 어떤 경우는 악한 자들의 영원한 형벌에 대하여 분명하게 말하고 있다. 이것은 우리가 예수님의 말씀이나 신약성경의 기자들이 당시 유대인들에 의해 주장된 영원한 형벌에 대한 통일된 신념을 반영하고 있다고 가정하여 읽을 수 없음을 의미한다. 우리는 그 자체의 내부적 증거를 바탕으로 신약 성경의 가르침을 살펴보아야만 한다.

3. 예수의 증언

예수께서 영원한 형벌을 가르치셨는가?

전통주의자들은 예수께서 사악한 자들의 영원한 형벌에 대한 그들의 신념에 가장 강력한 증거를 제공하신다고 믿고 있다. 우리 시대의 가장 명성 있는 복음주의적 지도자 중 한 사람인 케네트 칸쩌(Kenneth Kantzer)는 진술한다. "예수 그리스도를 주님으로 인정하는 자들은 영원한 형벌의 두려운 진리에 대해 그분이 경고하신 분명하고 명백한 말씀에서 도망칠 수 없다."[22]

호주 신학자인 레온 모리스는 칸쩌에 동의하며 다음과 같이 단호하게 진술한다. "왜 어떤 사람들은 이러한 계몽 시대에 지옥을 믿는가? 왜냐하면 예수께서 그 존재를 명백하게 가르치셨기 때문이다. 그는 하늘에 대하여 말씀하신 것보다 지옥에 대하여 더 자주 말씀하셨다. 우리는 이 사실을 회피할 수 없다. 우리는 지옥의 개념을 좋아하지 않는 자들이 있음을 이해할 수 있다. 나 자신도 그것을 좋아하지 않는다. 그러나 만일 우리가 성육신하신 하나님의 아들로서 예수님에 대한 우리의 이해를 진지하게 여긴다면, 우리는 어떤 사람들이 지옥에서 영원히 지낼 것이라고 그가 분명하게 말한 사실에 대해서도 신중해야만 한다."[23]

모리스는 예수께서 지옥의 존재를 가르치셨다고 분명하게 확증한다. 사실, 예수께서는 신약 성경에서 8번 사용된 **게헨나**(영어 성경에서 "지옥"으로 번역된) 중 7번을 사용하신다. 또 다른 한번은 야고보서 3:6에서 발견된다. 그러나

부활신학

문제는 회개치 않은 죄인들의 마지막 형벌인 지옥의 실체는 없다.[24] 이 부분은 대부분의 그리스도인이 동의한다. 오히려, 문제는 지옥의 본질이다. 예수께서는 지옥-게헨나가 죄인들이 영원한 형벌 혹은 영원한 파멸의 장소라고 가르치셨는가? 이 문제의 해답을 찾기 위해서, 예수께서 지옥에 대하여 실제적으로 말씀하신 것을 살펴보자.

지옥-게헨나는 무엇인가?

지옥-게헨나에 대한 그리스도의 언급을 살펴보기 전에, 그 단어 자체의 기원을 살펴보는 것이 우리에게 도움이 될 것이다. 헬라어 게헨나는 예루살렘 남쪽에 위치한 "힌놈의 (아들들의) 골짜기"라는 히브리어의 번역이다. 고대시기에 그것은 몰렉 신에게 자녀를 바치던 관습과 관련되어졌다(왕하 16:3; 21:6; 23:10). 이는 멸시와 혐오스러운 장소라는 "도벳"의 이름을 갖게 되었다. 이 골짜기는 히스기야 시대에 하나님께서 살육하신 185,000명의 앗시리아 군사들의 시신을 태운 거대한 화장터가 되었다(사 30:31~33; 37:36).

예레미야는 그곳이 하나님께서 이스라엘의 죄를 심판하실 때 그들의 시체로 뒤덮일 것이기 때문에 "살륙의 골짜기"로 불리워질 것이라고 예언했다. "그러므로 나 여호와가 말하노라 날이 이르면 이곳을 도벳이라 하거나 힌놈의 아들의 골짜기라 칭하지 아니하고 살륙의 골짜기라 칭하리니 매장할 자리가 없도록 도벳에 장사함을 인함이니라 이 백성의 시체가 공중의 새와 땅 짐승의 밥이 될 것이나 그것을 쫓을 자가 없을 것이라"(렘 7:32, 33).

요세푸스는 동일한 골짜기에 A.D. 70년의 예루살렘 포위 후 유대인들의 시신이 쌓여졌다고 우리에게 알려준다.[25] 이사야는 세상의 끝에 죄인들에 대한 여호와의 살육이 있을 동일한 광경을 보았다(사 66:24). 중간사 시대에, 이 골짜기는 마지막 형벌의 장소가 되었으며, "저주받은 골짜기"(에녹 1서 27:2, 3), "분노의 장소" 그리고 "미래의 형벌"(바룩 2서 59:10, 11), **"게헨나의 용광로"** 그리고 "형벌의 구덩이"(에스드라 4서 7:36)라 불리워졌다.

비록 **게헨나**의 심상은 이 시대의 유대 문학에 있어서 일반적이었지만, 그곳에서 일어나는 것에 대한 묘사는 상충된다. 에드워드 퍼지는 문헌에 대한 그의 연구를 결론지으면서 다음과 같이 말한다. "우리는 외경에서 한 구절뿐만 아니라 의식적인 육체 혹은 영혼의 영원한 형벌을 구체적으로 예견하는 위경의 몇 구절들을 발견한다. 중간사 문헌 안에 다른 많은 구절들이 또한 불로 소멸되는 악한 자들을 묘사하지만, 그것은 영원토록 완전하게 멸망시켜서 남아 있는 것은 연기뿐인 구약 성경의 소멸시키고 꺼지지 않는 불이다. 여호와를 처음 듣는 자들에게 **게헨나**는 솔직히 혐오스럽고 무서운 생각이 든다. 하지만, 그 너머의 것에 대해서는 매우 주의 깊게 말해야만 한다."[26]

예수와 지옥 불

주의를 기울이면서, 복음서에 나타난 **게헨나**─지옥 불에 대한 일곱 번의 언급을 살펴보자. 산상 설교에서, 예수께서는 형제에게 "미련한 놈이라 하는 자는 지옥[**게헨나**] 불에 들어가게 되리라"(마 5:22)고 말씀하신다. 또한 그분은 "온 몸이 지옥[**게헨나**]에 던져지는" 것보다 사람에게 죄를 짓게 한 눈을 뽑아 버리든지 손을 잘라버리는 것이 더 낫다고 말씀하신다. 동일한 생각이 나중에 표현된다. "영원한 불에 던지우는 것…지옥[**게헨나**] 불에 던지우는 것"(마 18:8, 9)보다 한 사람으로 죄를 짓게 한 발과 손을 잘라버리고 눈을 뽑아버리는 것이 더 낫다. 여기서 지옥 불은 "영원한" 것으로 묘사된다. 동일한 말씀이 마가복음에서 발견되는데, 거기서 예수께서는 "지옥에 가는, 꺼지지 않는 불…지옥에 던지우는, 거기는 구더기도 죽지 않고 불도 꺼지지 아니하는"(막 9:44, 46, 47, 48) 것 보다 범죄한 기관을 잘라버리는 것이 더 낫다고 세 번 말씀하신다. 또 다른 곳에서, 예수께서는 교인 하나를 얻기 위해 바다와 육지를 두루 다니다가 "배나 더 지옥[**게헨나**] 자식이 되게"(마 23:15) 하는 바리새인들을 꾸짖는다. 마지막으로, 그는 바리새인들이 "지옥[**게헨나**]의 판결을 피하지"(마 23:33) 못할 것이라고 경고한다.

지옥-**게헨나**에 대한 그리스도의 암시를 고찰하면서, 우리는 먼저 그것들 중 어느 것도 지옥-**게헨나**가 끝없는 고통의 장소라고 가리키는 것은 없음을 주목해야 한다. 영원하고 꺼지지 않는 것은 형벌이 아니라 불이다. 우리는 이전에 구약 성경에서 이 불이 시신을 완전히 소멸시킨다는 의미에서 영원하거나 꺼지지 않는 것임을 살펴보았다. 이 결론은 우리가 몸을 해하는 자들을 두려워하지 말고, "오직 몸과 영혼을 능히 지옥[**게헨나**]에 멸하시는"(마 10:28) 그분을 두려워하라는 그리스도의 경고에 의해 지지를 받는다. 의미는 명확하다. 지옥은 마지막 형벌의 장소이며, 전 인격체, 영혼과 몸의 완전한 파멸이 일어난다.

로버트 피터슨은 "예수께서는 여기에서 문자적 전멸에 대하여 말하고 계시는 것이 아닌바", 그 이유는 평행 구절인 누가복음 12:5에서 동사 "멸하다"가 사용되지 않기 때문이라고 주장한다. 대신에, 그 구절은 말한다. "죽인 후에 또한 지옥에 던져 넣는 권세 있는 그를 두려워하라"(눅 12:5). 이로부터 피터슨은 다음과 같이 결론짓는다. "그러므로 마태복음 10:28에서 언급된 파멸은 지옥, 즉 영원한 형벌에 던져지는 것과 같은 것이다."[27] 그의 주장의 근본적인 문제점은 **첫째로** 그가 "지옥에 던져 넣는"을 영원한 형벌을 의미하는 것으로 주장하는 것이다. **그 다음으로** 그는 "멸하다-**아폴루미**"라는 동사의 자체적 의미를 무시하는 그의 주관적인 주장을 피력한다. 피터슨은 모호한 구절은 명료한 구절을 근거로 설명되어져야 하며 그 역은 성립되지 않는다는 기본적인 성경 해석의 원리를 무시한다. 하나님께서 지옥에서 영혼과 몸을 모두 멸하신다고 예수께서 분명하게 말씀하신 사실은 지옥이 죄인들의 궁극적으로 멸망되는 장소이지 영원히 고통받는 곳이 아니라는 것을 보여준다.

"영원한 불"

전통주의자들은 예수께서 다른 곳에서 "영원한 불"과 "영원한 형벌"을 언급하기 때문에 이 결론에 도전하고 있다. 예를 들어, 마태복음 18:8, 9에서 예수께서는 앞서 말한(마 5:29, 30) 지옥-**게헨나**의 "영원한 불"을 피하기 위해 몸의 일부를 잃는 것을 반복한다. "영원한 불"에 대한 더 명확한 언급은 그리스도께서 오실 때 구원받은 자와 구원받지 못한 자 사이에 일어난 구분에 대하여 그리스도께서 말씀하시는 양과 염소의 비유에서 발견된다. 그분은 신실한 자들이 그분의 왕국으로 오는 것은 환영할 것이지만, 악한 자들은 거절할 것이며, 다음과 같이 말씀하신다. "저주를 받은 자들아 나를 떠나 마귀와 그 사자들을 위하여 예비된 **영원한 불**에 들어가라. …저희는 영벌에 의인들은 영생에 들어가리라 하시니라"(마 25:41, 46).[28]

전통주의자들은 근본적인 중요성을 마지막 구절에 두는데, 왜냐하면 "영원한 불"과 "영원한 형벌"의 두 개념이 함께 나오기 때문이다. 두 개가 결합된 것은 형벌을 일으키는 지옥 불이 영원하기 때문에 그 형벌도 영원함을 의미하는 것으로 해석된다. 피터슨은 "만일 마태복음 25:41, 46이 악한자들의 운명을 묘사하는 유일한 두 구절이라면, 성경은 영원한 정죄를 분명하게 가르치는 것으로, 우리는 그것을 믿고 하나님의 아들의 권위로 그것을 가르치는 일에 순종해야 한다."[29]라고 말하기조차 한다.

이 두 비평적 본문에 대한 피터슨의 해석은 네 가지 주요한 이해를 무시한다. 첫째, 이 비유에서 그리스도의 관심은 영원한 생명이나 영원한 죽음의 본질을 정의하는 것이 아니라, 두 가지 운명을 단지 확증하는 것이다. 각 운명들의 본질은 이 구절에서 논의되지 않는다는 것이다.

둘째, 존 스토트가 올바르게 지적하는 것처럼, "불 그 자체는 '영원한' 그리고 '꺼지지 않는'이라는 용어가 사용되지만, 그 속에 던져진 것이 파멸되지 않는다면 매우 혼돈스러울 것이다. 우리의 기대는 오히려 정반대이다. 그것은 영원히 소멸되는 것이지 영원히 고통받는 것이 아니다. 이러므로 그 연기가(불이 할 일을 다 한 것의 증거) '세세토록 올라가는'(계 14:11; 참조 19:3) 것이다.[30]

셋째, 불은 그 끝없는 기간 때문이 아니라, 그것의 완전한 소진과 사악한 자들의 소멸 때문에 "영원한—**아이오니오스**" 것이다. 이것은 악한 자들이 던져지는 불못이 분명히 "둘째 사망"(계 20:14; 21:8)으로 일컬어지며, 그것이 생명의 최후의,

결정적인, 취소할 수 없는 소멸을 야기시킨다는 사실에 의해 명백해진다.

영구적인 파멸로서의 영원한

"영원한"이란 때때로 **과정의 계속성**보다는 **결과의 영구성**을 의미한다. 예를 들어, 유다서 7절은 소돔과 고모라가 "영원한[아이오니오스] 불의 형벌"을 받았다고 말한다. 두 도시를 파멸시킨 그 불은 그 기간이 아니라 **영구적인 결과** 때문에 영원하다는 것이 분명하다.

비슷한 실례들이 중간사 유대 문학에서 발견된다. 앞에서 살펴본 사해 두루마리의 **훈육 편람**에서, 하나님은 "영원한 불"로 악한 자들을 "근절"시킨다(1QS 2. 4~8). "파멸의 천사는 끝없는 공포와 치욕을 야기하며, 암흑의 땅의 불로 인한 파멸의 치욕은 그 어떤 사람도 살아남거나 도망치지 못할 때까지다"(1QS 4. 11~14). 여기서 치욕스럽고 파괴적인 불은 "끝없는…끝이 없으며", "그들이 멸망할 때까지" 지속될 것이다. 우리의 현대적인 비평적 시각에서, 그런 진술은 모순적인데, 성경 시대의 백성들은 아니었다. 본문을 올바르게 해석하기 위해서는, 그 본래 독자들이 어떻게 이해했는지를 규명하는 것이 필수적이다.

인용된 예문들은 최후의 형벌의 불이 영원히 지속되기 때문이 아니라, 소돔과 고모라의 경우처럼, 사악한 자들의 완전하고 영원한 파멸이 영원히 지속되는 상태 때문에 "영원한" 것이다. **마태복음**에 대한 그의 주석서에서, R. V. G. 타스커도 동일한 견해를 피력한다. "형벌이 얼마나 오랫동안 지속될 것인지에 대한 어떤 명시도 없다. '영원한 불'에 대한 은유는 41절의 영원한 불이, 우리가 합리적으로 추론하기에는, 최후의 멸망을 의미하는 것을 잘못 해석했다는 것이다."[31]

넷째, 예수께서는 **멸망**과 **생명** 중에서 선택하기를 제안하시면서 다음과 같이 말씀하셨다. "좁은 문으로 들어가라 멸망으로 인도하는 문은 크고 그 길이 넓어 그리로 들어가는 자가 많고 생명으로 인도하는 문은 좁고 길이 협착하여 찾는 이가 적음이니라"(마 7:13, 14).[32] 여기서 예수께서는 지옥의 멸망으로 인도하는 편안한 길을 하늘의 왕국의 영원한 생명으로 인도하는 시련과 박해의 좁은 길과 대조한다. **멸망**과 **생명** 사이의 대조는 "영원한 불"이 잃어버린 자들의 영원한 형벌이 아니라 영원한 파멸을 야기시키는 것이라고 제기한다.

"영원한 형벌"

그리스도의 엄숙한 경고, "저희는 **영벌**에 의인들은 **영생**에 들어가리라 하시니라"(마 25:46)는 일반적으로 잃어버린 자들이 영원토록 견딜 의식적인 고통의 가장 명백한 증거 구절로 간주된다. 이것이 본문의 유일한 합법적인 해석인가? 존 스토트는 올바르게 대답한다. "아니다. 이것은 본문에 필요 없는 것을 주입한다. 예수께서 말씀하신 것은 생명이나 형벌이 둘 다 영원한 것이지만, 그는 각각의 본질을 본문에서 정의하지 않았다. 그가 다른 곳에서 하나님의 의식적인 기쁨으로 영생에 대하여 말했기 때문에(요 17:3), 영벌도 하나님 앞에서 고통의 의식적인 경험이 되어야만 할 필요는 없다. 그 반대로, 비록 두 가지 모두 영원하다고 선포되었지만, 예수께서는 그것들이 서로 같지 않을수록 더 좋은 두 개의 운명을 대조하고 있다."[33]

전통주의자들은 "영벌"을 "영원히 벌하는 것"으로 해석하지만, 이것은 그 은유의 의미가 아니다. 바실 앗킨슨이 날카롭게 관찰한 것처럼, "'영원한'이라는 의미의 헬라어 형용사 **아이오니오스**가 행위의 명사와 함께 사용될 때 그것은 행동의 과정이 아니라 결과를 의미한다. 그러므로 '영원한 형벌'이라는 구절은 모두 성서적인 용어인 '영원한 구속' 그리고 '영원한 구원'과 비교된다. 우리가 영원히 구속받고 있거나 구원받고 있는 중이라고 아무도 생각하지 않는다. 우리는 그리스도에 의해 단번에 영원한 결과로 구속받았고 구원받았다. 동일한 방법으로 잃어버린 자들은 영원히 형벌의 과정을 겪는 것이 아니라 단번에 영원한 결과의 형벌을 받을 것이다. 다른 한편으로 '생명'이라는 명사는 행위의 명사가 아니라 상태를 표현하는 명사이다. 그러므로 생명 그 자체는 영원하다."[34]

이 결론을 지지할 수 있는 적절한 예문은 데살로니가후서 1:9에서 발견되는

부활신학

데, 복음을 거절한 자들에 대해 말하면서 바울은 이렇게 말한다. "이런 자들이 주의 얼굴과 그의 힘의 영광을 떠나 **영원한 멸망의 형벌**을 받으리로다."[35] 악한 자들의 멸망이 그 기간에 있어서 영원할 수 없음이 분명한데, 왜냐하면 영원하고 마침이 없는 멸망의 과정은 상상하기 어렵기 때문이다. 멸망은 소멸을 전제한다. 악한 자들의 멸망은 멸망의 과정이 영원히 계속되기 때문이 아니라, 그 결과가 영원하기 때문에 영원한-**아이오니오스** 것이다. 동일한 방법으로, 마태복음 25:46의 "영벌"은 그 결과가 항구적이기 때문에 영원하다. 영원한 멸망 혹은 소멸의 결과를 낳는 것이 곧 형벌이다.

"영원한"의 의미

어떤 사람들은 "만일 '영원한'이라는 단어가 신자들의 미래의 축복을 가리킬 때 끝이 없음을 의미한다면, 그와 대조적으로 제시되는 명확한 증거가 없다면, 이 단어는 잃은 자들의 미래의 형벌을 묘사하기 위해 사용될 때에도 끝이 없음을 의미하는 것은 당연하다."[36]라고 주장한다. 해리 부이스는 이 주장을 다음과 같이 더 강력하게 제기한다. "만일 **아이오니온**이 끝없는 생명을 의미한다면, **아이오니오스**는 끝없는 형벌을 묘사하는 것이 틀림없다. 여기서 천국의 교리와 지옥의 교리는 함께 서 있든지 무너진다."[37]

그런 논리는 "영원한"의 의미가 수식 받는 목적어에 따라 결정된다는 것을 인식하는 데 실패하는 것이다. 만일 수식 받는 목적어가 하나님에 의해 신자들에게 주어지는 생명(요 3:16)이라면, 그때 "영원한"이란 단어는 분명하게 "끝없는 영구적인"을 의미하는데, 왜냐하면 성경은 신자들의 "죽을 것"이 그분이 오실 때에 그리스도에 의해 "죽지 아니함"을 받으리라고 말하기 때문이다(고전 15:53).

반면, 만일 수식 받는 목적어가 잃은 자들의 "형벌" 혹은 "멸망"이라면, 그때 "영원한"은 단지 "영구히, 완전히, 최종적인" 것을 의미할 뿐인데, 왜냐하면 성경 어느 곳에서도 악한 자들이 영원히 고통받기 위해 불멸의 것으로 부활할 것이라고 가르치지 않기 때문이다. 영원한 형벌은 불멸의 본질을 자연적으로 가지고 있거나 형벌이 가해지는 순간에 불멸의 본질이 하나님에 의해 주어지거나 해야 한다. 성경 어디에도 이 두 가지 상태 중 하나로 존재한다고 가르치는 곳은 없다.

악한 자들에 대한 형벌은 질과 양에 있어서 영원하다. 그것은 오는 세대에 속하기 때문에 질에 있어서 "영원"하다. 그것의 결과는 끝이 없을 것이기 때문에 양에 있어서 "영원"하다. "영원한 심판"(히 6:2), "영원한 속죄"(히 9:12), "영원한 구원"(히 5:9) 이 모든 것은 그 행위의 결과들이 완성되었다는 점에서 영원한 것처럼, "영원한 형벌"도 그 결과 악한 자들의 완전하고 피할 수 없는 멸망에 있어서 영원한 것이다.

"영원한" 혹은 "영구적인"으로 번역되는 헬라어 단어 **아이오니오스**는 문자적으로 "한 세대 동안 지속되는"을 의미한다는 것을 주목하는 것이 중요하다. 고대 헬라 파피루스에는 **아이오니오스**로 묘사된 로마 제국의 다양한 전례들을 포함하고 있다. 그것이 의미하는 것은 그들이 평생동안 그들의 직무를 유지하는 것이다. 불행하게도 "영원한(eternal)" 혹은 "영구적인(everlasting)"이라는 영어 단어는 문자적으로 "평생을 지속하는"을 의미하는 **아이오니오스**의 의미를 정확하게 번역하지 못한다. 다른 말로 하면 헬라어 **아이오니오스**는 제한적으로 영존을 표현하는 반면, 영어로 "영원한" 혹은 "영구적인"은 제한 없는 기간을 의미한다.

"형벌"의 의미

헬라어 **콜라시스**(*kolasis*)의 번역으로 사용된 "형벌"이라는 단어도 주목해야 한다. 물톤과 밀리건의 **신약 성경 어휘**를 살펴보면, 이 단어는 당시에 죽은 나무를 "쳐 내다" 혹은 "잘라내다"의 의미로 사용되었다. 만일 여기에서 그 의미라면, 구약 성경의 자주 등장하는 구절인 "그 백성 중에서 끊쳐지리라"(창 17:14; 출 30:33, 38; 레 7:20, 21, 25, 27; 민 9:13)를 반영한다. 이것은 악한 자들의

"영원한 형벌"이 인류로부터 그들을 영구히 잘라내는 것을 의미할 것이다.

결론적으로, 악한 자들에게 형벌이 영원히 부과되어질 수 있는 유일한 방법은 하나님께서 그들이 파멸되지 않도록 불멸의 생명으로 그들을 부활시킨다면 가능하다. 그러나 성경에 따르면, 오직 하나님 자신만이 불멸성을 가지신다(딤전 1:17; 6:16). 그는 복음으로 불멸을 주신다(딤후 1:10). 성경에서 가장 잘 알려진 구절을 볼 때, "그를 믿지" 않는 자들은 "영생"을 얻는 대신에, "멸망할[아폴레타이]" 것이다(요 3:16). 잃어버린 자들의 궁극적인 운명은 영원한 고통의 형벌이 아니라 영원한 불에 의한 멸망이다. 악한 자들의 영원한 고통에 대한 주장은, 우리가 성경과는 이질적인 것이라 밝힌 개념인 영혼의 불멸성과 불파괴성에 대한 헬라적 견해를 수용함으로써만이 옹호될 수 있다.

"울며 이를 갊"

마태복음에서는 네 번에 걸쳐 심판의 날에 "울며 이를 갊이 있으리라"(마 8:12; 22:13; 24:51; 25:30)고 말한다. 문자적, 영원한 지옥 불을 믿는 자들은 일반적으로 "울며 이를 가는 것"을 잃어버린 자들이 영원토록 경험하는 의식적인 고뇌를 묘사하는 것이라고 주장한다. 하지만, 각 본문의 문맥을 살펴보면 "울며 이를 갊"은 마지막 심판 때에 일어나는 분리 혹은 배제의 배경에서 발생한다.

예를 들어, 스바냐는 여호와의 날을 이렇게 묘사한다. "여호와의 큰 날이 가깝도다 가깝고도 심히 빠르도다 여호와의 날의 소리로다 용사가 거기서 **심히 애곡하는도다**"(습 1:14).[38] 비슷한 표현으로, 시편 기자는 말한다. "악인은 이를 보고 한하여 **이를 갈면서** 소멸하리니 악인의 소욕은 멸망하리로다"(시 112:10).[39] 여기서 시편 기자는 이를 갊이란 궁극적으로 소멸하게 되는 악한 자들에 대한 심판의 결과임을 명백하게 나타낸다.

에드워드 퍼지는 예리하게 관찰한다. "'슬피 울며 이를 갊'이란 표현은 두 개의 별개의 행동을 의미하는 것처럼 보인다. 첫 번째 것은 그들이 하나님께서 그들을 가치 없는 것처럼 던져버린다는 것을 진정으로 깨닫기 시작할 때 그리고 그들이 그분의 언도가 집행되는 것을 예상할 때 운명에 대한 공포심을 반영한다. 두 번째 것은 그들을 판단하는 하나님을 향하여 그리고 영원히 복을 받을 구속받은 자들을 향하여 그들이 느끼는 맹렬한 분노와 신랄함을 표현하는 것처럼 보인다."[40]

4. 바울의 증언

"지옥"(게헨나)이라는 용어가 바울의 저술들에서는 나타나지 않는다. 대신에, 사도는 그리스도의 재림 때에 악을 행한 자들에게 집행되는 하나님의 심판을 몇 차례 언급한다. 전통주의자들은 잃어버린 자들의 영원한 형벌에 대한 그들의 믿음을 지지하기 위해 이 구절들 중 몇 구절을 사용한다. 앞서 우리가 데살로니가후서 1:9의 중요 구절을 살펴보았듯이, 바울은 그리스도의 재림 때에 악한 자들이 고통받을 "영원한 멸망의 형벌"에 대하여 말하고 있다. 악한 자들의 멸망은 멸망의 과정이 영원하기 때문이 아니라, 그 결과가 영원하기 때문에 영원한(아이오니오스) 것이다.

진노의 날
문자적인 영원한 지옥 불을 주장하기 위해 종종 인용되는 또다른 중요한 바울의 구절은 "진노의 날 곧 하나님의 의로우신 판단이 나타나는 그 날"에 대한 그의 경고이다. "하나님께서 각 사람에게 그 행한 대로 보응하시되…진리를 좇지 아니하고 불의를 좇는 자에게는 노와 분으로 하시리라 악을 행하는 각 사람의 영에게 환난과 곤고가 있으리니 첫째는 유대인에게요 또한 헬라인에게며"(롬 2:5~9). "노, 분, 환난, 곤고"는 전통주의자들에게는 지옥의 의식적 형벌에 대한 묘사로 이해되어진다.[41]

악을 행한 자들이 노와 분과 환난과 곤고를 경험하게 될 "진노의 날"에 대해 바울이 묘사하는 모습은 스바냐 선지자가 여호와의 종말적 날에 대해 말하는

부활신학

것으로부터 유래된 듯 하다. "그날은 분노의 날이요 환난과 고통의 날이요 황무와 패괴의 날이요 캄캄하고 어두운 날이요"(습 1:15). 그리고 선지자는 다음과 같이 말한다. "이 온 땅이 여호와의 질투의 불에 삼키우리니 이는 여호와가 이 땅 모든 거민을 멸절하되 놀랍게 멸절할 것임이니라"(습 1:18).

여호와의 날이 악을 행하는 자들에게 갑작스러운 멸절을 가져오게 할 것이라는 동일한 진리를 바울이 표현하고 있다는 것을 믿을 만한 근거를 우리는 가지고 있다. 바울은 잃어버린 자들의 영원한 형벌에 대한 어떤 암시도 하지 않는다. 왜 그럴까? 분명히, 그에게 있어서 불멸성은 그리스도의 재림 때에 구원받는 자들에게 주어지는 하나님의 은사이지(고전 15:53, 54) 결코 모든 사람들에게 자연적으로 주어진 것이 아니기 때문이다. 사도는 구약 성경의 예언적 용어를 자유롭게 차용하지만, 여호와의 날에 대한 이상을 의식적인 영원한 형벌에 대한 끔찍한 묘사보다는 복음의 밝은 빛으로 조명하고 있다.

5. 요한계시록의 증언

마지막 심판은 요한계시록의 중심 주제인데, 왜냐하면 그것은 하나님과 그분의 백성을 대항하는 악을 정복하는 하나님의 방법을 대표하기 때문이다. 그러므로 영원한 지옥 불을 믿는 자들이 요한계시록의 마지막 심판의 극적인 심상에서 그들의 견해를 지지할 만한 것을 발견하는 것은 놀랄 만한 일이 아니다. 지옥의 영원한 형벌에 대한 견해를 주장하기 위해 인용되는 이상들은 (1) 요한계시록 14:9~11의 하나님의 진노에 대한 이상과 (2) 요한계시록 20:10, 14, 15의 불못과 둘째 사망에 대한 이상이다. 그것들을 이제 간단히 살펴보도록 하자.

하나님의 진노에 대한 이상
요한계시록 14장에서 요한은 하나님의 마지막 심판에 대하여 점점 더 강하게 선포하는 세 천사를 본다. 셋째 천사는 큰 목소리로 외친다. "만일 누구든지 짐승과 그의 우상에게 경배하고 이마에나 손에 표를 받으면 그도 하나님의 진노의 포도주를 마시리니 그 진노의 잔에 섞인 것이 없이 부은 포도주라 거룩한 천사들 앞과 어린 양 앞에서 불과 유황으로 고난을 받으리니 그 고난의 연기가 세세토록 올라가리로다 짐승과 그의 우상에게 경배하고 그 이름의 표를 받는 자는 누구든지 밤낮 쉼을 얻지 못하리라 하더라"(계 14:9~11).

전통주의자들은 마태복음 25:46과 더불어 이 구절을 지옥에 대한 전통적인 교리를 지지하는 가장 중요한 두 개의 본문으로 생각한다. 피터슨은 이 구절에 대한 그의 분석을 결론지으며 다음과 같이 말한다. "그러므로 다른 뜻으로 해석하는 어떤 시도에도 불구하고, 나는 요한계시록 14:9~11이 잃어버린 자들에 대한 영원한 의식적 형벌의 의미로 지옥을 분명하게 가르치고 있다고 결론짓는다. 사실, 우리는 이 구절만 가진다면, 하나님의 말씀의 권위로 지옥에 대한 전통적인 교리를 가르치는 것은 필수적일 것이다."[42] 로버트 모레이는 동일한 견해를 같은 범주에서 다음과 같이 진술한다. "해석학과 주석학의 모든 규칙에 따라, 요한계시록 14:10, 11의 유일한 합법적인 해석은 악한 자들을 기다리고 있는 영원하고도 의식적인 형벌로 분명하게 이해하는 그 한 가지이다."[43]

문자적인 영원한 형벌에 대한 증거로써 요한계시록 14:9~11을 독단적으로 해석하는 것은 이 구절의 매우 은유적인 언어에 대한 이해의 부족을 드러낸다. 영국의 존경받는 신약 학자인 J. P. M. 스위트는 요한계시록에 대한 그의 주석에서, 이 구절에 대한 시기적절한 주의를 주고 있다. "요한계시록이 가르치고 있는 것이 영원한 형벌인가 아니면 영원한 멸망인가를 묻는 것은 이 책을 '교리'의 근거로 혹은 미래에 대한 정보로 사용(혹은 오용)하는 것이다. 예수께서 비유를 사용하신 것처럼(참조 마 18:32~34; 25:41~46), 요한은 하나님을 거절한 것에 대한 상상할 수 없는 재난과 하나님과 연합한 것에 대한 상상할 수 없는 축복에 대하여, 반면 그것을 위해 무엇인가 할 시간이 여전히 남아있음을 단단히 이해시키고자 하는 목적으로 이러한 심상을 사용한다."[44] 이 경고가 살펴보고 있는 구절과 같은 매우 회화적인 구절들을 문자적으로 해석하고자 하는 자들에 의해 경시되는 것은 불행한 일이다.

심판의 네 요소

이제 짐승에게 경배하는 배교자들에게 임하는 하나님의 심판에 대한 천사들의 선포에 나오는 네 가지 주요 요소들을 살펴보자. (1) 하나님의 진노의 잔을 붓고 마심, (2) 천사들과 어린 양 앞에서 경건치 못한 자들에게 임하는 타는 유황에서의 고통, (3) 그 고난의 연기가 영원히 올라감, (4) 밤낮으로 그들이 쉼을 얻지 못함.

하나님의 진노의 잔을 붓는 것은 하나님의 심판에 대한 구약 성경의 입증된 상징이다(사 51:17, 22; 렘 25:15~38; 시 60:3; 75:8). 하나님께서는 확실한 효과를 위해 "섞이지 않은" 즉 희석되지 않은 잔을 부으신다. 선지자들은 비슷한 언어를 사용한다. "마시고 삼켜서 본래 없던 것 같이 되리라"(욥 16; 참조 렘 25:18, 27, 33). 하나님의 진노의 동일한 잔이 백성들을 타락시킨 도시인 바벨론에게 주어진다. 하나님은 "갑절이나 섞어 그에게" 주며, 그 결과는 "사망과 애통과 흉년"이며 불에 사루어지는 것이다(계 18:6, 8). 우리는 불에 의해 멸망하는 바벨론의 종말은 하나님의 섞이지 않은 잔을 마시는 배교자들의 종말로 믿을 수 있다.

경건치 않은 자들의 운명은 이 땅에 내리는 가장 끔찍한 심판의 형상인 소돔과 고모라의 불과 유황으로의 파멸로써 묘사된다. "거룩한 천사들 앞과 어린 양 앞에서 불과 유황으로 고난을 받으리니"(계 14:10). 두 도시를 멸망시킨 불과 유황의 모습은 성경에서 완전한 소멸을 상징하는 데 자주 사용된다(욥 18:15~17; 사 30:33; 겔 38:22).

이사야는 에돔의 운명을 요한계시록 14:10과 매우 비슷하게 묘사한다. 그는 말한다. "에돔의 시내들은 변하여 역청이 되고 그 티끌은 유황이 되고 그 땅은 불붙는 역청이 되며 낮에나 밤에나 꺼지지 않고 그 연기가 끊임없이 떠오를 것이며"(사 34:9, 10). 요한계시록 14:10처럼, 여기서도 우리는 꺼지지 않는 불과 유황과 낮과 밤에 타오르는 연기를 볼 수 있다. 이것은 에돔이 영원히 타고 있다는 의미인가? 우리는 다음에 나오는 구절로 인해 해답을 찾으려고 멀리 갈 필요가 없다. "세세에 **황무하여** 그리로 지날 자가 영영히 없겠고"(사 34:10).[45] 꺼지지 않는 불과 영원히 떠오르는 연기는 완전한 멸망, 근절, 소멸에 대한 은유적 상징임이 확실하다. 만일 이것이 구약 성경에서 이 상징에 대한 의미라면, 우리가 살피고 있는 구절에서도 동일한 의미임을 우리는 확신할 수 있다.

이런 결론은 하나님의 백성들을 배교로 유혹한 책임이 있는 도시인 바벨론의 운명을 묘사하기 위해 불과 연기의 심상을 사용한 요한에 의해 지지를 받는다. 그 도시는 "불에 살라지며"(계 18:8) "그 연기가 세세토록 올라가더라"(계 19:3). 이것은 바벨론이 영원토록 탈 것을 의미하는가? 분명히 아닌데, 왜냐하면 상인들과 왕들이 그들이 목도한 "고통"으로 비통하며 울부짖기 때문인데 "화 있도다 화 있도다 큰 성⋯일시간에 망하였도다⋯다시 보이지 아니하리로다"(계 18:10, 17, 19, 21). "영원토록 올라가는" 바벨론의 고난의 연기는 완전한 멸망을 상징하는 것이 분명한데 그 이유는 그 도시가 "다시 보이지 아니하"(계 18:21)기 때문이다.

배교자들의 운명과 바벨론의 운명 사이의 밀접한 유사성은, 둘 다 불로 고난을 받으며 그 연기가 "세세토록 올라가는"(계 14:10, 11; 참조 18:8; 19:3) 것으로 특징지어지며, 바벨론의 운명이 그를 따르던 자들의 운명인데, 즉 이 둘은 다 동일한 멸망과 소멸을 당할 것임을 믿을 수 있는 근거를 우리에게 제공한다.

"밤낮 쉼을 얻지 못하리라"

"그들이 밤낮 쉼을 얻지 못하리라"(계 14:11)는 구절은 전통주의자들에 의해 영원한 지옥의 고통에 대한 묘사로써 해석된다. 하지만 그 구절은 행위의 영원한 기간이 아니라 계속성을 의미한다. 요한은 "밤낮"이라는 동일한 구절을 하나님을 찬양하는 생물(계 4:8), 하나님을 섬기는 순교자들(계 7:15), 형제를 참소하던 사단(계 12:10)을 묘사하기 위해 사용한다. 각각의 경우에 있어서, 사상은 동일하다. 그 행위는 그것이 지속되는 동안 계속된다. 헤롤드 길버트는 "그들이 밤낮 쉼을 얻지 못하리라"(계 14:11)라는 구절이 "짐승을 따르는 자들의 고통이 쉼이나 틈이 없을 것이라고 분명히 말하며, 그것이 **계속되지만** 그 자체가 그것이 영원히 계속될 것이라고 말하는 것은 아니라"[46]라고 올바르게 설명한다.

이 결론에 대한 뒷받침이 이사야 34:10의 "낮에나 밤에나"라는 구절의 사용에 의해 제공되는데, 그곳에서, 우리가 보는 것처럼, 에돔의 불이 "낮에나 밤에나" 꺼지지 않고 "그 연기가 끊임없이 떠오를 것"(사 34:10)이다. 그 심상은 에돔의 불이 있었던 모든 것을 다 소멸시킬 때까지 계속될 것을 전달하기 위해 고안되었으며, 그 이후에는 꺼질 것이다. 결과는 영원히 타는 것이 아니라 영구적인 파멸일 것이다. "세세에 황무하여"(사 34:10).

요약하면, 요한계시록 14:9~11의 광경에서 보여지는 네 가지의 모습은 배교자들의 마지막 파멸을 묘사하는 데 있어서 상호 보충적인 것이다. "섞인 것이" 없이 부어진 하나님의 진노의 포도주는 소멸로 끝맺을 심판을 의미한다. 불타는 유황은 소멸에 앞선 의식적인 형벌의 정도를 의미한다. 올라가는 연기는 하나님의 정의로운 심판을 끊임없이 상기시키는 역할을 한다. 그 고통은 경건치 않은 자들이 완전히 멸망될 때까지 밤낮으로 계속될 것이다.

불못

마지막 형벌에 대한 성경의 마지막 묘사는 매우 중요한 두 가지의 은유적 표현을 포함한다. (1) 불못, (2) 둘째 사망(계 19:20; 20:10, 15; 21:8). 전통주의자들은 "불못"에 근본적인 중요성을 부여하는데, 왜냐하면 존 월부드가 말하는 것처럼, "불못이 존재하며, 그것은 영원한 형벌의 장소와 동의어로 사용된다."[47]고 여기기 때문이다.

"불못"의 의미를 결정하기 위해서, 우리는 성경에서 유일하게 이 단어가 발견되는 책인 요한계시록에서의 네 번의 언급을 살펴볼 필요가 있다. 첫 번째 언급은 요한계시록 19:20에 나타나는데, 짐승과 거짓 선지자들이 "산 채로 유황불

붙는 못에 던지운"다고 기록되었다. 두 번째 언급은 요한계시록 20:10에서 발견되는데, 요한은 하나님을 대항한 사단의 마지막 큰 공격의 결과를 묘사한다. "또 저희를 미혹하는 마귀가 불과 유황 못에 던지우니 거기는 그 짐승과 거짓 선지자들도 있어 세세토록 밤낮 괴로움을 받으리라." 하나님께서 불못에 마귀를 던진 것은 그곳의 거주자를 둘에서 셋으로 증가시킨다.

세 번째와 네 번째 언급은 요한계시록 20:15과 21:8에서 발견되며, 모든 악한 자들도 또한 불못에 던져진다. 모든 악한 세력이 최고조에 달하게 되는 것이 분명하며, 사람들은 결국 불못의 마지막 형벌을 경험한다.

중요한 질문은 불못이 악한 자들이 영원토록 형벌 받아야 하는 영원히 타는 지옥을 의미하는지, 아니면 그것이 죄와 죄인들의 영원한 멸망을 상징하는지에 대한 여부이다. 다섯 개의 주요 고찰은 우리로 하여금 불못이 악과 악을 행한 자들의 마지막 완전한 소멸을 의미하는 것이라고 믿게 한다.

첫째로, 산 채로 불못에 던져지는 짐승과 거짓 선지자들은 실제 사람이 아니라 박해하던 국민정부들과 타락한 거짓 종교를 의미하는 두 개의 상징적인 배역들이다. 정치적이고 종교적인 제도가 영원토록 의식적인 형벌을 겪을 수는 없다. 그러므로 그들에게 불못은 완전하고도 피할 수 없는 소멸을 의미한다.

둘째로, 하늘에서 내려온 불로 멸망받고 불과 유황 못에 던져지는 마귀와 그의 군대에 대한 상징은 "곡"과 "마곡"이라는 이름이 등장하는 에스겔 38, 39장과 엘리야를 공격하려고 보내어진 오십부장과 오십명의 군사를 태우기 위해 하늘에서 내려온 불에 대하여 말하고 있는 열왕기하 1:10에서 대부분 유래된다. 두 경우 모두, 불은 악을 행하는 자들을 소멸시키는 것이다(겔 38:22; 39:6, 16). 심상의 유사성은 전적 파멸로써의 불의 동일한 의미와 기능이 요한계시록 20:10에서 마귀의 운명에도 적용된다는 것을 제기한다.

셋째로, 어떻게 영들인 마귀와 그의 천사들이 "세세토록 밤낮 괴로움을 받"(계 20:10)을 수 있는지를 가시화하기는 불가능하다. 결국, 불은 물질적이고 유형적인 세상에 속한 것이지만, 마귀와 그의 천사들은 육체적 존재들이 아니다.

엘돈 래드는 올바르게 지적한다. "문자적 불못이 어떻게 비육체적 존재들에게 영원한 형벌을 가져다 줄 수 있는지를 상상하기란 불가능하다. 이것은 영적인 세계에서 실제적 사실을 묘사하고 있는 회화적 언어임이 분명하다. 즉 에덴동산 이후 인간을 재앙으로 몰아넣은 악의 세력의 궁극적이고도 영원한 멸망인 것이다."[48]

넷째로, "사망과 음부도 불못에 던지우"(계 20:14)는 것은 불못의 의미가 상징적임을 보여주는데, 왜냐하면 사망과 음부(무덤)는 불에 던져지거나 소멸되어질 수는 없는 추상적인 실체들이기 때문이다. 불못에 던져지는 사망과 음부의 심상으로, 요한은 단지 사망과 음부의 궁극적이고 완전한 멸망을 확증할 뿐이다. 자신의 죽음과 부활로써, 예수께서는 죽음의 세력을 정복하지만, 영원한 생명은 사망이 불못에서 상징적으로 멸망받고 우주로부터 추방당할 때까지는 경험할 수 없는 것이다.

"둘째 사망"

다섯째이며 결정적인 근거는 불못이 "둘째 사망"으로 정의된다는 사실이다. 우리가 "둘째 사망"이라는 구절의 용례를 살펴보기 전에, 요한은 "이것은 둘째 사망 곧 불못이라"(계 20:14; 참조 21:8)라고 분명하게 설명한 것을 주목하는 것은 중요하다.

어떤 전통주의자들은 "둘째 사망"을 궁극적인 사망이 아니라, 하나님으로부터 죄인들의 궁극적인 분리로 해석한다. 예를 들어, 로버트 피터슨은 다음과 같이 진술한다. "요한이 사망과 음부도 불못에 던지우느라고 말할 때(계 20:14), 그는 중간 상태에서 마지막 상태로 넘어감을 의미한다. 그는 또한 '이것은 둘째 사망 곧 불못이라'(계 20:14)고 밝히 드러낸다. 사망이 몸으로부터 영혼의 분리를 의미하는 것처럼, 둘째 사망은 창조주의 사랑으로부터 경건치 못한 자들의 궁극적인 분리를 나타낸다. 따라서 하나님은 잃어버린 자들을 영원한 형벌에 두시려고 그들의 몸을 구원받지 못하고 죽은 자들의 영혼과 재결합시키신다.

만일 영생이 아버지 하나님과 아들 하나님을 아는 것을 영원히 수반하는 것이라면(요 17:3), 그와 대조적으로, 둘째 사망은 하나님과의 교제를 영원히 박탈하는 것을 포함한다."[49]

우리가 제4장에서 살펴본 것처럼, 성경이 죽음에는 아무런 의식이 없다는 것을 매우 분명히 하고 있는데도, 피터슨이 "둘째 사망"을 하나님으로부터 영원한 의식적 분리로 해석한 것은 이해하기가 어렵다. "둘째 사망"은 "영원한 생명"의 반대어이지만, 영원한 생명의 반대어는 "영원한 죽음"이지 하나님으로부터 영원한 의식적인 분리가 아니다. 더욱이, 영원한 형벌에 적합하게 만들기 위해, 중간 상태 이후에 구원받지 못한 자들의 영혼이 그들의 몸과 재결합한다는 주장은 인간 본질에 대한 이원론적 이해에 근거해서만이 주장되어질 수 있다. 성서적 견해에 따르면, 사망은 생명의 중지이지 영혼으로부터 육체의 분리가 아니다. "둘째 사망"이라는 구절의 의미는 성경과 이질적인 헬라 이원론에 근거하는 것 보다는 요한계시록 내부적 증거와 동시대의 유대 문학에 근거하여 결정되어져야 한다.

요한계시록을 통하여, 요한은 두 번째 용어의 사용으로 첫 번째 용어의 의미를 설명한다. 예를 들어, 향 대접은 성도들의 기도라고 그는 설명한다(계 5:8). "이 세마포는 성도들의 옳은 행실이로다"(계 19:8). 성도들이 생명을 얻고 천년 동안 그리스도와 함께 다스리는 일의 도래는 "첫째 부활"(계 20:5)에서이다. 같은 형식으로, 요한은 "불못은 둘째 사망이다"(계 20:14; 참조 21:8)라고 명백하게 설명한다.

어떤 전통주의자들은 둘째 사망이 마지막 사망이 아니라 불못에서의 영원한 고통이라고 주장하기 위하여, 둘째 사망을 불못이라고 정의하기를 원한다. 요한계시록 20:14과 21:8을 얼핏 읽어보면 그 반대가 진실이라는 것을 보여주기에 충분하다. 요한은 실수하지 않고 "불못은 둘째 사망"이라고 진술한다. 그 역은 성립되지 않는다. 둘째 사망의 의미는 생명의 중지 시에 모든 사람들이 경험하는 첫째 사망으로부터 파생되었고 독립적이다. 둘째 사망은 그 본질에서가 아니라

부활신학

그 결과에서 첫째 사망과는 다르다. 첫째 사망은 부활이 따르기 때문에 일시적인 잠이다. 둘째 사망은 깨움이 없기 때문에 영원하며 피할 수 없는 소멸이다.

"둘째 사망"에 대한 언급

요한이 불못을 둘째 사망이라고 분명하게 정의하기 때문에, 우리가 "둘째 사망"의 의미를 이해하는 것은 중요한 일이다. 이 단어는 요한계시록에 네 번 나타나지만 신약 성경의 다른 곳에서는 나타나지 않는다. 첫 번째 언급은 요한계시록 2:11에서 발견된다. "이기는 자는 둘째 사망의 해를 받지 아니하리라." 여기서 "둘째 사망"은 모든 사람들이 경험하는 육체적인 죽음과는 구별된다. 그 의미는 구원받은 자들이 영원한 생명을 받으며 영원한 죽음을 경험하지 않을 것이라는 뜻이다.

"둘째 사망"에 대한 두 번째 언급은 요한계시록 20:6에 나타나며, 천년기 시작 시에 성도들의 첫째 부활의 문맥에서이다. "둘째 사망이 그들을 다스리는 권세가 없고." 다시 한번, 그 의미는 구원받은 성도들은 둘째 사망, 즉 영원한 죽음의 형벌을 경험하지 않을 것인데, 왜냐하면 분명히 그들은 불멸의 생명으로 일어날 것이기 때문이다. 세 번째와 네 번째 언급은 요한계시록 20:14과 21:8이며, 둘째 사망이 마귀, 짐승, 거짓 선지자들, 사망, 음부 그리고 모든 악을 행한 자들이 던져지는 불못과 동일시된다. 이 경우에, 불못은 죄와 죄인들의 영원한 사망과 멸망을 성취하는 의미에서 둘째 사망이다.

"둘째 사망"이라는 구절의 의미는 구약 성경의 아람어 역본과 해석서인 탈굼에서의 용례로 분명해진다. 탈굼에서 이 단어는 악한 자들의 궁극적이고 피할 수 없는 죽음을 의미하는 데 일곱 번 사용된다. 스트랙과 빌러벡에 의하면, 바벨론에 대한 신탁을 포함하고 있는 예레미야 51:39, 57의 탈굼역은 다음과 같이 기록한다. "그들은 둘째 사망으로 죽을 것이며 오는 세상에서 살지 못할 것이다."[50] 여기서 둘째 사망은 분명히 악을 행한 자들이 오는 세상에서 살지 못하도록 하는 마지막 심판의 결과인 죽음이다.

신약 성경과 모세 오경에 대한 팔레스틴 탈굼이라는 그의 연구에서, M. 맥나마라는 "둘째 사망"이 궁극적이고 변경할 수 없는 죽음을 묘사하는데 사용된 신명기 33:6, 이사야 22:14; 65:6, 15의 탈굼을 인용한다. 신명기 33:6의 탈굼은 기록되어 있다. "르우벤은 이 세상에서 살며 악한 자들이 오는 세상에서 죽은 죽음인 둘째 사망으로 죽지 않기를 원하노라."[51] 이사야 22:14에 대한 탈굼에서 선지자는 다음과 같이 말한다. "이 죄악은 너희가 둘째 사망으로 죽기까지 속하지 못하리라 주 만군의 여호와의 말씀이니라."[52] 두 경우 모두, "둘째 사망"은 마지막 심판 때에 악한 자들이 경험하는 궁극적인 멸망이다.

이사야 65:6의 탈굼은 요한계시록 20:14과 21:8과 매우 비슷하다. 기록되기를 "그들의 형벌은 불이 온종일 타는 **게헨나**에서 있을 것이다. 보라, 내 앞에 기록되었나니 '나는 그들에게 (그들의) 삶 동안 쉼을 주지 않을 것이며 그들의 죄에 대한 형벌을 베풀 것이며 둘째 사망에 그들의 육체를 넘길 것이다."[53] 다시 한번, 이사야 65:15의 탈굼은 다음과 같이 기록한다. "또 너희의 끼친 이름은 나의 택한 자의 저주거리가 될 것이니라. 주 여호와 하나님께서 너희를 둘째 사망으로 죽이지만, 그의 종들, 의로운 자들은 다른 이름으로 칭하리라."[54] 여기에서, 둘째 사망은 영원한 형벌이 아닌 마지막 멸망에 대한 분명한 심상으로 여호와께서 악한 자들을 죽이시는 것과 명백하게 같은 것이다.

앞서 고찰한 것들을 바탕으로, 우리는 "둘째 사망"이라는 구절이 불못에서의 형벌의 본질, 즉 궁극적으로 영원하고도 철회할 수 없는 죽음인 형벌을 정의하고자 요한이 사용한 것으로 결론짓는다. 로버트 마운스가 지적한 것처럼, "불못은 의로운 자들의 원수들을 기다리고 있는 엄격한 형벌일 뿐만 아니라 그들의 완전하고도 궁극적인 파멸을 의미한다. 그것은 둘째 사망, 즉, 단지 죽음으로 되돌아가는 형벌로 종결되는 일시적으로 부활한 자들의 운명이다."[55] 동일한 견해가 헨리 알포드에 의해 뚜렷하게 표현되는데, 기록하기를 "두 번째에 더 높은 생명이 있는 것처럼, 두 번째이며 더 깊은 사망이 있다. 그 생명 이후에는 더 이상 죽음이 없는 것처럼(계 21:4), 그 죽음 이후에는 더 이상 생명이 없다."[56] 이

부활신학

것이 궁극적이고도 철회할 수 없는 죽음으로써 "둘째 사망"의 적절한 정의이다. 이 단어를 영원한 의식적 형벌이나 하나님으로부터 분리처럼 다르게 해석하는 것은 생명의 중지로서의 "죽음"에 대한 성서적 의미를 부인하는 것을 의미한다.

결론

악한 자들의 문자적이고 영원한 형벌로써의 지옥에 대한 전통적 견해를 살펴보는 것을 결론지으면서, 세 가지 주요한 주장이 제기된다. 첫째, 지옥에 대한 전통적 견해는, 하늘의 축복이나 지옥의 형벌로 영혼이 영원토록 생존한다고 주장하는 것으로, 이러한 주장은 주로 인간 본질에 대한 이원론적 견해에 기초하고 있다. 우리는 그런 믿음이 죽음이란 전 인격체의 생명의 중지를 의미한다는 인간 본질의 통전적 성서적 견해와는 이질적임을 발견했다.

둘째, 전통주의자들의 견해는 대부분 **게헨나**, 불못, 둘째 사망과 같은 상징적 심상들의 문자적 해석에 근거한다. 그런 심상들은 문자적 해석으로 적당하지가 않은데, 왜냐하면 우리가 살펴본 것처럼 그것들은 악과 악을 행하는 자들의 영원한 멸망에 대한 은유적인 묘사들이기 때문이다. 덧붙여 말하자면 호수들은 불이 아니라 물로 채워져 있다.

셋째, 전통주의자들의 견해는 짧은 인생의 기간 동안 지은 죄들에 대해 하나님의 끝없는 형벌을 부과하는 하나님의 공의에 대한 합리적인 설명을 제시하는 데 실패하고 있다. 의식적인 영원한 형벌의 교리는 하나님의 사랑과 공의에 대한 성서적인 계시와 조화되지 않는다. 이 점은 나중에 영원한 형벌의 도덕적 의미와 관련하여 살펴볼 것이다.

결론적으로, 지옥에 대한 전통주의자들의 견해는 주로 중세 시대에 받아들여졌으며, 그때는 대부분의 사람들이 인간을 고문하고 형벌을 받지 않고 죽이던 전제 군주들의 독재 정권아래 살았다. 그런 사회적 환경에서, 일말의 선한 양심을 가진 신학자들은 오늘날에는 마귀적으로 간주될 수 있는 가라앉힐 수 없는 앙심과 탐욕스러운 잔인함을 가진 하나님의 속성의 탓으로 돌릴 수 있었을 것이다. 오늘날 신학적 개념들은 과거에 도덕적 괴팍함을 하나님께 돌렸던 것을 금지하는 윤리적이고 이성적인 비평에 근거한다. 우리의 공의에 대한 의식은 부과된 형벌이 저지른 죄악과 형평이 맞아야 한다고 여긴다. 이토록 중요한 진리가 짧은 인생의 죄들에 대해 영원한 형벌을 주장하는 전통주의자들의 견해에 의해 무시되고 있다.

B. 지옥에 대한 대안적 견해

지옥에 대한 전통적 견해에 의해 발생한 심각한 문제들은 여러 학자들로 하여금 대안적 해석들을 고찰하도록 인도하였다. 여기에서는 성서적 자료를 이해하는 두 개의 신선한 시도와 지옥의 성질을 재정의하는 짧은 고찰을 하고자 한다.

1. 지옥에 대한 은유적 견해

지옥에 대한 전통적 견해를 가장 현대적으로 잘 개정한 것은 지옥의 영원한 고통의 특성을 은유적으로 해석하는 것을 포함하고 있다. 이 견해에 따르면, 지옥이 여전히 영원한 형벌로써 이해되지만, 실제적인 불이 악한 자들의 살을 더이상 고문하거나 태우지 않기 때문에 지옥은 문자적으로 덜 지옥적이며, 오히려 하나님으로부터 분리되는 고통을 나타내는 것을 의미한다고 생각한다. 빌리 그레이험은 지옥 불의 은유적 견해를 이렇게 표현한다. "나는 종종 지옥이 하나님과 교제하기 위해, 하나님을 향해 우리의 마음속에 격렬히 불타는 것이라면, 우리가 결코 끌 수 없는 불이 아닌지 의아해하곤 한다."[57] "하나님을 향한 우리의 마음속에 격렬히 타는 것"이라는 지옥 불에 대한 그레이험의 해석은 매우 독창적이다. 불행하게도, 그것은 "타는 것"이 우리의 마음속에서가 아니라 악한

부활신학

자들이 소멸되는 바깥에서 일어난다는 것을 무시한다. 만일 악한 자들이 하나님을 향한 그들의 마음속에서 불타고 있다면, 그들은 마지막 형벌의 고통을 경험하지 않을 것이다.

비유적 심상

지옥의 은유적 견해에 대한 그의 억지스런 주장에서, 윌리엄 크로켓은 그리스도인들이 "창조의 일부분이 하늘에서 쉽게 발견되는 반면에 그 나머지는 지옥에서 불탄다."[58]라는 것을 믿는 것을 당혹스럽게 생각하지 말아야 한다고 주장한다. 그의 해결책은 "지옥 불과 유황은 지옥의 비품에 대한 문자적인 묘사가 아니며, 악한 자들의 임박한 운명을 경고하는 비유적인 표현"[59]이라고 인식하는 것이다. 크로켓은 칼뱅, 루터, 동시대의 학자들을 언급하며, 그들 모두가 "지옥 불을 은유적으로 해석하거나, 혹은 적어도 지옥이 문자적 불이 아닌 다른 어떤 것일 수 있다는 가능성을 열어 놓고 있다."[60]라고 주장한다.

크로켓은 "그것들[지옥의 심상들]을 은유적으로 받아들이는 가장 강력한 이유는 지옥을 묘사하기 위해 신약 성경에서 사용된 상호모순적인 단어들이다. 어두움(마 8:12; 22:13; 25:30; 벧후 2:17; 유 13)으로 묘사된 지옥이 어떻게 실제적인 불이 될 수 있겠는가?"[61]그는 관련된 질문을 던지며 계속해서 다음과 같이 말한다. "신약 성경 기자들은 이 단어들을 문자적으로 받아들이고자 했는가? 확실히, 유다는 아니었다. 그는 7절에서 지옥을 '영원한 불'로 묘사했으며, 조금 뒤에 13절에서는 '캄캄한 흑암'이라 표현한다. …물론, 불과 암흑이 신약 성경에서 유일한 지옥의 심상들은 아니다. 악한 자들은 슬피 울며 이를 갈 것이라고 말하며(마 8:12; 13:42; 22:13; 24:51; 25:30; 눅 13:28), 그들의 구더기는 결코 죽지 않으며(막 9:48) 그들은 많이 맞을 것이다(눅 12:47). 지옥에서 실제로 구타가 있을 것이며 죽은 자들의 구더기가 불멸성을 가질 것이라 생각하는 자는 아무도 없다. 마찬가지로, 이를 가는 것을 지옥의 냉혹한 실제성을 그려보는 것 외에 다른 무엇이라 생각하는 자는 아무도 없다. 과거에, 어떤 사람들은 이

빨이 없이 지옥에 들어가는 자들에 대해 걱정하기도 했다. 그들은 어떻게 자신들의 이를 갈 것인가?"[62] 이 마지막 질문에 대해 주어진 어떤 대답은 "저주받은 자들이 슬피 울며 이를 갈 수 있도록 다음 세상에서는 틀니가 제공될 것"[63]이라는 것이었다.

지옥 불에 대한 그의 은유적 해석에 기초하여, 크로켓은 다음과 같이 결론을 내린다. "그러므로 지옥은 느부삿네살의 맹렬히 타는 풀무불과 같은 지옥 불로 묘사되어서는 안 된다. 우리가 말할 수 있는 최선은 반역자들이 회복에 대한 그 어떤 소망도 없이 하나님의 면전에서 던져질 것이라는 것이다. 아담과 하와처럼 그들이 쫓겨날 것이며, 이것은 '영원한 밤'의 시간 속이며, 기쁨과 소망은 영원히 상실된다."[64]

은유적 견해에 대한 평가

불, 어두움, 구더기, 유황, 이를 가는 것과 같은 지옥을 묘사하기 위해 성경에서 사용된 심상들이 사실에 대한 실제적 묘사가 아닌 은유들이라는 것을 지적하면서 지옥에 대한 은유적 견해의 제안들에 대한 신뢰를 판단해야만 한다. 본문을 해석할 때, 매개체와 기별을 구별하는 것이 중요하다. 은유들은 특별한 기별을 전달하기 위해 고안되며, 그 자체가 기별은 아니다. 이것은 지옥의 매우 상징적인 심상들을 해석할 때, 우리가 실재성에 대한 문자적 묘사로서 그 심상들을 취하는 대신에 기별을 전달하는 것으로 이해해야한다는 것을 의미한다.

은유적 견해의 제안들은 지옥에 대한 전통주의적 견해의 근본적 문제가 사용된 언어의 상징적인 특성을 무시한 문자주의에 기초하고 있다는 것을 지적함으로 수정된다. 그러나 지옥에 대한 은유적 견해의 문제점은 그것이 단지 신체적 고통을 더 견딜만한 정신적 고통으로 대체하기를 원한다는 것이다. 그러나 비문자적 지옥에서 고통의 지수를 낮춤으로써, 그들이 지옥의 본질을 근본적으로 변화시키지는 않는데, 그 이유는 지옥은 여전히 영원한 고통의 장소로 남아있기 때문이다.

어떤 사람들은 영원한 정신적 고통이 육체적 고통보다 더 자비로운 것이라는 주장에 의문을 제기한다. 정신적 고통도 육체적 고통만큼이나 고통스럽다. 지옥이 더 자비로워짐으로써, 은유적 견해가 더 나아지는 것은 아닌데, 그 이유는 그것은 여전히 전통주의적 견해와 동일한 문제를 안고 있기 때문이다. 사람들은 비록 조금 덜 잔인해졌다 하더라도, 하나님께서 악을 행한 자들을 영원히 고문할 것으로 믿는 것에 여전히 의문을 제기한다. 필자의 생각으로는, 궁극적으로 지옥을 악한 자들이 영원을 보내기 위해 더 견딜만한 장소로 증명하기 위해서 지옥을 미화하고 완화함으로 해결책을 찾을 것이 아니라, 우리가 살펴본 것처럼, 마지막 형벌의 성질을 영원한 고통이 아니라 영구적 소멸로 이해하는 것으로 그 해결책을 찾아야만 한다.

2. 지옥에 대한 보편주의적 견해

지옥에 대한 두 번째이며 더 급진적인 개정안은 **보편구원론자**(*universalists*)들에 의해 시도된 것으로, 그들은 지옥을 궁극적으로 하늘로 인도하는 단계적 형벌의 일시적 상태로 여긴다. 보편주의자들은 궁극적으로 하나님께서 모든 사람들에게 구원과 영생을 주시는 데 성공할 것이며, 사실 아무도 마지막 심판으로 영원한 형벌이나 소멸에 이르지 않으리라 믿는다. 이 믿음은 3세기 오리겐에 의해 처음 제안되었으며, 특별히 프리드리히 슐라이에르마허, C. F. D. 몰, J. A. T. 로빈슨, 마이클 패터노스터, 마이클 페리, 존 힉과 같은 학자들의 저술을 통하여 현대에도 꾸준히 지지를 받고 있다. 이들과 보편주의를 지지하는 다른 학자들에 의해 제안된 주장들은 모두 신학적이며 철학적이다.

신학적이며 철학적인 주장들

신학적으로 보편적 구원의 소망을 제공하는 듯 보이는 "보편주의자들의 성경 구절들"(딤전 2:4; 4:10; 골 1:20; 롬 5:18; 11:32; 엡 1:10; 고전 15:22)이 흥미를 끈다. 이 본문들에 근거하여, 보편주의자들은 만일 모든 사람들이 궁극적으로 구원받지 못한다면, "모든 사람이 구원을 받으며 진리를 아는 데 이르기를"(딤전 2:4) 원하시는 하나님의 뜻은 좌절될 것이며 결국 실패할 것이라고 주장한다. 오직 모든 사람들의 구원을 통해서만이 하나님께서는 그분의 무한한 부모님의 사랑의 승리를 증명하실 수 있다.

철학적으로, 보편주의자들은 사랑의 하나님께서 수백만의 사람들이 몇 년 동안에 지은 죄들로 인해 영원히 고통을 겪도록 허락하실 것이라는 것은 과한 것으로 이해한다. 자크 엘륄은 다음의 질문들을 던짐으로 이 주장을 상당히 명료하게 한다. "새 창조, 사랑의 대단한 조화가 진노의 세상 옆에서 존재할 수 있다고 간주하는 것에 대한 불가능성을 우리는 보지 않는가? 하나님은 여전히 두 얼굴이신가? 그분의 하늘 예루살렘을 향한 사랑의 얼굴과 이 '지옥'을 향한 진노의 얼굴이다. 그분이 진노와 분노의 하나님으로 존속하신다면, 하나님의 화평과 기쁨이 성취되는가? 낙원이 로만 게리가 **툴리페**(*Tulipe*)에서 경이롭게 묘사한 것처럼 될까? 그는 말하기를 문제는 중앙 캠프가 아니라 '매우 평화롭고, 매우 행복한 캠프 옆의 작은 마을—캠프 옆을 따라 있는 작은 마을'인데, 그곳 사람들은 수백만의 사람들이 캠프에서 잔인하게 죽는 동안 평화로왔다."[65]

연옥 과정

보편주의자들은 마지막 심판에서 하나님께서 그리스도의 기별을 들어본 적이 결코 없기 때문에 그리스도에게 반응하지 못한 무수한 비그리스도인들에게 영원한 형벌로 정죄하신다는 것은 생각할 수 없는 것이라고 주장한다. 어떤 보편주의자들은 하나님께서 죽음 후에 "연옥"의 과정을 통해 모든 불의한 자들이 점차적으로 변화될 수 있도록 함으로써 그들을 구원하실 것이라는 해결책을 제시한다.

이 견해는 이 치료적 과정이 오직 신실한 자들의 영혼만을 위한 것으로 제한한 로마 가톨릭의 연옥 교리의 개정판으로 보인다. 보편주의자들은 이 특권을 신실치 못한 자들의 영혼까지 확장한다. 그러므로 죽음을 넘어서도, 하나님께 서는 구원받지 못한 모든 사람들을 자신에게로 인도하시기를 계속하시며, 궁극 적으로 모든 사람들이 그분의 사랑에 반응하며 영원토록 그분의 임재로 기뻐 할 것이다.

매력적이지만 비성서적 견해

보편주의의 신학적이며 철학적인 주장이 그리스도인 양심에 호소한다는 것을 부인할 사람은 아무도 없다. 하나님의 사랑을 깊이 체험한 사람은 누구든지 그 분을 모든 사람을 구원하시는 분으로 이해하기를 원하며 그분이 수백만의 사 람들-특히 알지 못하고 살았던 사람들-에게 영원한 형벌을 내릴 만큼 공의로 운 분이라고 생각하기를 싫어한다. 하지만, 하나님의 사랑의 승리를 주장하며 **영원한** 고통의 비성서적 개념을 정당하게 반박하는 보편주의자들의 개념에 대 한 우리의 감사함이 우리로 하여금 이 교리가 성서적 가르침을 심각하게 곡해하 고 있다는 사실에 눈이 멀어져서는 안된다.

무엇보다도, "보편구원론자의 성경구절들"은 하나님의 우주적 구원의 **목적범 위**를 선포하는 것이지, 모든 인간들을 위한 우주적 구원의 사실을 선포하는 것 은 아니다. 예를 들어, 골로새서 1:19~23에서, "만물들이 자기와 화목케"하기 위한 하나님의 계획은 "너희가 믿음에 거한"다고 한 골로새 신자들을 포함한다.

유사하게, 디모데전서 2:4에서, "모든 사람이 구원을 받기" 원하는 하나님의 **바램**은 신실치 못한 자들이 "침륜과 멸망"에 빠질 마지막 심판의 사실과 함께 표현된다(딤전 6:9, 10; 참조 5:24; 4:8). 하나님께서는 구원의 계획을 모든 사람 들에게로 확장하시지만, 그분은 비록 그분께는 가장 괴로운 일이지만 그분의 제안을 거절한 자들의 자유도 존중하신다.

둘째로, 구원받지 못한 자들의 영원한 형벌의 교리는 받아들이기가 불가능할 뿐만 아니라, 아울러 낙원의 평화와 기쁨 그리고 하나님의 공의로움도 부인하기 때문에 하나님께서는 궁극적으로는 모든 사람들을 구원하실 것이라는 주장은 하나의 그럴듯한 주장이다. 하지만, 그런 주장은, 우리가 살펴본 것처럼, 악한 자들에 대한 마지막 심판의 본질에 대한 성서적 가르침에 대한 잘못된 해석에 기초하고 있다. 영원한 고통이 잘못되었기 때문에 보편적 구원이 정당화될 수는 없다.

셋째로, 교정적인 형벌 혹은 죽음 후의 점차적 변화라는 주장은 성경과는 완전히 이질적이다. 각 개인의 운명은 죽음으로 확고하게 정해진다. 이 원칙은 부자와 나사로의 비유에서 그리스도에 의해 분명하게 표현된다(눅 16:19~21). 히브리서 9:27에서도 또한, "한번 죽는 것은 사람에게 정하신 것이요 그 후에는 심판이 있으리니"라고 명백하게 진술한다. 회개치 않은 죄인들에게는, "심판의 기다림"이 두려움이 될 것인데, 왜냐하면 그들은 보편적 구원이 아니라 "대적하는 자를 소멸할 맹렬한 불"이 그들을 기다릴 것이기 때문이다(히 10:26, 27).

넷째로, 그리스도의 기별을 배우거나 반응할 기회가 없었던 자들에 대한 질문에 관해서는, 반드시 예수 그리스도를 통해서만 구원이 얻어진다는 믿음에 복종하거나 아니면 모든 비그리스도인들은 영원한 형벌에 처해진다는 데 동의할 필요는 **없다**(*not*). 특권이 덜한 자들은 그들이 알고 있는 하나님에 대한 그들의 진실된 반응에 근거하여 구원을 찾을 수 있다. 바울은 율법을 알지 못하는 이방인들은 "그들의 마음에 새긴" 율법에 따라 심판 받을 것이라고 말했다(롬 2:14~16).

보편주의는, 비록 첫인상은 매력적이지만, 인류를 향한 하나님의 사랑이 죄를 얼버무리거나 인간 자유를 제한하는 것이 아니라 오히려 구원을 제시하고 그것을 받아들이는 자유에 의해 표현된다는 것을 인식하는 데 실패했기 때문에 잘못된 것이다. 이 진리는 하나님의 사랑과 그것을 거절하는 위험에 대한 가장 잘 알려진 구절로 적절하게 표현된다. "하나님이 세상을 이처럼 사랑하사 독생자를 주셨으니 이는 저를 믿는 자마다 멸망치 않고 영생을 얻게 하려 하심이니라"(요 3:16).

결론

지옥에 대한 은유적이고 보편적인 견해들은 둘 다 "지옥으로부터 지옥을 빼내는" 그럴듯한 시도를 제시한다. 불행하게도, 그들은 성서적 자료를 정당화하는 데 실패했고, 그로 인해 그들은 결국 구원받지 못한 자들의 마지막 형벌에 대한 성서적 교리를 곡해했다. 전통주의자들의 문제에 대한 적절한 해결책은 문자적 지옥에 대한 고통의 몫을 줄이거나 없애는 것이 아니라 악한 자들에 대한 마지막 심판과 영원한 소멸이라는 그 자체로서의 지옥을 받아들임으로써 발견되어진다. 성경은 말한다. "악인이 없어지리니"(시 37:10) "저희의 마침은 멸망"(빌 3:19)인 것이다.

C. 지옥의 소멸 견해

"분파적 신앙"

지옥의 소멸 견해는 제칠일안식일예수재림교, 여호와의 증인, 소수의 안식일준수 교회들(제칠일 하나님의 교회, 하나님의 범세계 교회, 하나님의 연합교회, 하나님의 지구교회, 하나님의 국제교회)와 같은 "분파들"에 의해 대부분 주장되어 왔다. 이 사실은 많은 복음주의자들과 가톨릭 신자들로 하여금 우선적으로 소멸론을 거절하도록 이끌었는데, 왜냐하면 그 교리가 전통적 개신교도나 혹은 가톨릭교회의 신앙이 아니라 "분파적" 신앙이기 때문이다. 그런 신앙은 "불합리하며"[66] 세속적 감성주의의 산물[67]로 간주된다.

넓은 의미에서, 우리 모두는 전통의 자녀들이다. 우리가 받은 신앙은 설교, 책, 가정에서의 그리스도인 교육, 학교, 교회와 같은 형태의 그리스도인 전통에 의해 우리에게 전해졌다. 우리는 다양한 자료로부터 이미 배운 것에 기초하여 성경을 읽는다. 그러므로 전통이 우리의 성경 해석에 얼마나 깊게 형성되었는지를 깨닫기는 어렵다. 그러나 그리스도인으로서, 우리가 인간의 전통, 그것이 "가톨릭" 전통, "개신교" 전통 혹은 심지어 우리 자신의 "교단적" 전통이라 할지라도, 그런 것들에 노예가 되어서는 안된다. 우리는 우리의 신앙의 절대적 정당성을 그것들이 전통에 의해 신성하게 유지되어 왔기 때문이라는 이유로 확증해서는 안 된다. 우리는 필요할 때마다 성경에 비추어서 우리의 신념을 시험하고 또 그것들을 개혁하는 책임과 의무를 견지해야만 한다.

고민스러운 전술들

"분파적" 교회들과 관련되었기 때문에 중요한 교리를 거절하는 전략이 고민스런 전략이라는 것이 최근에 영원한 의식적 형벌로써의 지옥에 대한 전통적 견해를 거절하고 그 반대로 지옥에 대한 소멸적 견해를 받아들여 온 복음주의 학자들을 반대하는 고민스러운 전술에서 반영되고 있다. 제1장에서 이미 살펴본 것처럼, 그 전술들은 자유주의적이거나 재림교회와 같은 분파적인 교회와 조화되는 그런 학자들을 공격하려는 목적이 있다. 존경받는 캐나다 신학자 클락 피녹은 다음과 같이 기록한다. "만일 재림교인들이나 자유주의자들이 주장하고 견지하는 어떤 견해가 분명히 잘못된 것이라면 진리를 위한 새로운 기준이 마련되어야 하는 것처럼 보인다. 분명한 것은 주장하는 어떤 진리가 그 단체에 의해서 결정되어질 수 있으나 공개 토론의 공적인 기준에 의해 평가될 필요는 없다는 것이다. 그와 같은 논증은, 비록 지적인 토론에서는 무의미할지 모르지만, 그런 수사적 기교에 의해 어리석게 된 무지한 자들에게는 효과가 있을 것이다."[68]

고민스러운 전술들에도 불구하고, 지옥에 대한 소멸적 견해는 복음주의자들 속에서 그 발판을 마련하고 있다. 매우 존경받는 영국의 신학자요 인기 있는 설교가인 존 R. W. 스토트는 이렇게 기울어지는 경향성에 대해서 고무적인 것으로 용기를 주고 있다. 피녹은 다음과 같이 기록하고 있다. "흥미롭게도, 그것을 반대하기 위해 사용된 동일한 전략을 사용함으로써 그 관련성을 이용하여 어느 정도 신뢰성을 결정짓고 있다는 것이다. 비록 나는 일부는 이러한 배경에서 완전히 스토트의 정통성을 반대할 것이라고 확언하지만, 이것은 사람들로 하여

부활신학

금 이단이나 반쯤 이단에 가까운 재림교회와 같은 신자들이 이런 주장을 한다는 것은 전혀 불가능한 일이다."[69] 존 스토트는 자신이 존경받는 지도자로 있는 복음주의 공동체 안에서 그의 새로운 견해들에 대해 분열적인 결과들에 대해 근심을 표현한다. 그는 다음과 같이 기록한다. "나는 이런 것들을 쓰는 것에 대해 주저하는데, 왜냐하면 부분적으로 나는 성경의 참된 해석이라고 주장하는 오랜 전통에 대해 큰 경의를 가지고 있으며, 그것은 가볍게 무시될 수 없기 때문이며, 또한 부분적으로 세계적인 복음주의적 공동체의 연합은 항상 나에게 많은 의미를 가져다주었기 때문이다. 그러나 이 문제는 감춰두기에는 너무나 중요한 것이어서 나는 나의 현재 심정을 밝히도록 나를 격려해 준 그분[데이비드 에드워즈]에게 감사한다. 나는 내가 가진 입장에 대하여 독단적인 주장을 하지 않는다. 나는 그것을 잠정적으로 주장한다. 그러나 나는 성경에 기초하여 복음주의자들 사이에 솔직한 대화가 있기를 바란다."[70]

감성적이고 성서적인 이유들이 죤 스토트로가 지옥에 대한 전통적 견해를 포기하고 소멸적 견해를 채택하게 하는 원인이 되었다. 스토트는 다음과 같이 기록한다. "감성적으로, 나는 [영원한 형벌에 대한] 그런 개념을 더 이상 견지할 수 없으며, 도무지 감정이 마비되거나 과로로 쓰러지는 일 없이 그러한 고통 속에 어떻게 사람들이 살아갈 수 있을지에 대해서 도무지 이해할 수가 없다. 그러나 우리의 감성들이 진리에 대한 변덕스럽고 믿을 수 없는 인도자로서 그것을 결정하는 데 최고의 권위의 장소로 높여질 수는 없다. 분명한 것은 복음주의자로서, 내 질문은 내 마음이 나에게 말하는 것이 무엇인지가 아니라 하나님의 말씀이 내게 말하는 것이 무엇인가여야만 한다. 그리고 이 질문에 대답하기 위해서, 우리는 성서적 자료를 새롭게 연구할 필요가 있으며 성경이 소멸론에 대한 경향을 지적하고 있으며 '영원한 의식적인 형벌'은 성경의 최고 권위에 굴복되어야 하는 전통일 것이라는 가능성에 우리의 지성(단지 우리의 마음이 아니라)이 열려져야 한다."[71]

마지막 형벌에 대한 성서적 가르침을 새롭게 살펴보라는 스토트의 간청에 대한 반응으로, 우리는 다음의 요점들을 살펴봄으로써 구약과 신약 성경의 증거들을 간단하게 살펴본다. (1) 죄에 대한 형벌로써의 죽음, (2) 멸망의 용어, (3) 영원한 형벌에 대한 도덕적 의미들, (4) 영원한 형벌에 대한 사법적 의미들, (5) 영원한 형벌에 대한 우주론적 의미들

1. 죄에 대한 형벌로써의 죽음

"죄의 삯은 사망이요"

우리의 연구의 논리적인 출발점은 구약과 신약 성경에 제시된 기본적인 원리이다. "범죄하는 그 영혼이 죽으리라"(겔 18:4, 20), "죄의 삯은 사망이요"(롬 6:23). 물론 죄에 대한 형벌은 아담의 죄의 결과로써 모든 사람들이 경험하는 첫째 사망뿐만 아니라 성경이 둘째 사망이라고 부르는(계 20:14; 21:8), 즉 우리가 살펴본 것처럼, 회개하지 않은 죄인들이 경험하게 될 궁극적이고 피할 수 없는 죽음도 포함한다. 이 기본적인 원칙은 마지막 형벌의 특성을 연구하는 기초가 되는데 왜냐하면 그것은 우리에게 죄의 궁극적인 삯은 영원한 형벌이 아니라 항구적인 죽음이라고 처음에 말하고 있기 때문이다.

제4장에서 살펴본 것처럼, 성경에서 죽음은 육체로부터 영혼이 분리되는 것이 아니라 생명이 중지되는 것이다. 그러므로 죄에 대한 형벌은 생명을 끝내는 것이다. 우리가 아는 것처럼, 만일 부활의 사실이 없었다면, 죽음은 참으로 우리의 실존의 마침이 되었을 것이다(고전 15:18). 죽음을 잠으로 바꾸어 놓고, 인생의 마지막 종말로부터 일시적인 잠으로 돌려놓는 것은 부활이다. 그러나 둘째 사망으로부터의 부활은 없다. 그것은 삶의 최종적인 중단이다.

이 근본적인 진리가 구약 성경에서, 특별히 희생 제도를 통해서 가르치는 바이다. 죽을 수밖에 없는 죄에 대한 형벌은 언제나 그리고 오직 대속적 희생물의 죽음이었으며 희생물의 계속되는 고통이나 혹은 구금은 결코 아니었다. 제임스 던은 "죄를 다루기 위한 속죄 제물의 방식은 그것의 죽음이었다. 제물을 바치는

자의 죄와 동일시되는 희생 동물은 체현된 죄를 파멸시키기 위하여 멸망 받아야만 한다. 하나님 앞에서 희생제물의 피를 뿌리고, 바르고, 붓는 것은 그 생명이 죄와 죄인과 함께 완전히 파멸되었음을 의미한다"[72]라고 예리하게 관찰한다. 달리 표현하자면, 속죄 제물의 죽음은 죄와 죄인들의 궁극적인 멸망을 극적인 방법으로 표상한다.

죄에 대한 마지막 처분과 죄인들의 멸망은 특별히 대속죄일의 의식을 통하여 드러났는데, 그것은 신자들과 비신자들을 향한 하나님의 마지막 심판의 집행을 표상한다. 진실한 신자들은 일년 내내 그들의 죄를 회개하고, 성소에 절절한 속죄 제물을 가져왔던 이스라엘 사람들이었는데, 그들은 대속죄일에 안식하고, 금식하고, 기도하고, 회개하며, 하나님 앞에서 그들의 마음을 겸비케 하였다. 정결 예식이 완결되었을 때, 이 사람들은 "여호와 앞에서 정결"(레 16:30)하다고 선포되었다.

거짓 신자들은 일년 내내 반항적으로 하나님을 대항하여 죄를 지었으며(참조 레 20:1~6), 회개치 않았으며, 이로 인해 성소에 속죄 제물을 가져오는 것도 실패한 이스라엘 사람들이었다. 대속죄일에, 그들은 그들의 일을 그치지 않았으며 금식, 기도, 마음을 살피는 일도 하지 않았다(참조 19:20). 대속죄일에 그들의 교만한 태도로 인해, 이런 사람들은 하나님의 백성으로부터 "끊쳐짐"을 당했다. "이날에 스스로 괴롭게 하지 아니하는 자는 **그 백성 중에서 끊쳐질 것이라** 이 날에 누구든지 아무 일이나 하는 자는 **내가 백성 중에서 멸절시키리니**"(레 23:29, 30).[73]

대속죄일에 참 이스라엘 사람과 거짓 이스라엘 사람 사이에 일어나는 분리는 재림 때에 생기는 분리를 표상한다. 예수께서는 이 구별을 추수 때에 밀과 가라지를 구별하는 것과 비교하셨다. 가라지를 "천국의 아들들"(마 13:38)을 의미하는 좋은 밀 사이에 뿌리는 것은, 예수께서 마음속에 그분의 교회를 생각하셨음이 분명하다. 밀과 가라지와 참되고 거짓된 신자들은 그분이 오실 때까지 교회 안에서 공존한다. 그때 대속죄일에 표상되었던 극적인 분리가 일어날 것이다.

악을 행한 자들은 "풀무불에" 던져질 것이며, "의인들은 자기 아버지의 나라에서 해와 같이 빛나리라"(마 13:42, 43).

예수의 비유들과 대속죄일의 의식은 동일한 진리를 가르친다. 거짓되고 참된 그리스도인들은 그분이 오실 때까지 공존할 것이다. 그러나 재림의 심판 때에, 대속죄일에 표상되었던 영원한 구별이 있을 것이며, 그때에 죄와 죄인들이 영원히 근절되고 새로운 나라가 설립될 것이다. 표상적인 대속죄일의 예식 때에 회개치 않은 죄인들이 "끊쳐지고" "멸망받았던" 것처럼, 원형적인 성취의 때, 곧 마지막 심판 때에, 죄인들은 "영원한 멸망의 형벌을 받을"(살후 1:9)이다.

예수의 죽음과 죄인들에 대한 형벌

여러 가지 방법 중에, 십자가에서 예수의 죽으심은 하나님께서 궁극적으로 죄와 죄인들을 어떻게 다루실 것인지를 드러낸다. 십자가에서 예수의 죽으심은 경건치 않고 불의한 모든 인류를 향한 하나님의 진노에 대한 최고의 가시적 표현이다(롬 1:18; 참조 고후 5:21; 막 15:34). 죄 없는 구세주인 예수께서 십자가에서 경험하신 것은 단지 인간의 일반적인 신체적 죽음이 아니라, 죄인들이 마지막 심판 때에 경험하게 될 죽음이었다. 이것이 그분께서 "심히 놀라시며 슬퍼하사…심히 고민하여 죽게 되었으니"(막 14:33, 34)라고 말씀하신 이유이다.

레온 모리스는 "그분이 두려워하신 것은 그런 죽음이 아니었다. 그분이 죽으셔야 하는 것은 특별한 죽음이었는데, 그 죽음은 바울이 '죄의 삯'(롬 6:23)이라고 표현한 바로 그 죽음이며, 그 죽음은 그분이 죄인들과 하나가 되는 것이며, 그들의 분깃을 나누는 것이며, 그들의 죄를 지고, 그들의 죽음을 죽는 것이다"[74]라고 우리에게 상기시킨다. 예수께서 아버지 하나님께로부터 버림받았다고 느끼신 것이 이상하지 않은 것은, 그가 마지막 심판에서 죄인들이 기다리는 바로 그 죽음을 친히 경험했기 때문이다. 고통의 시간에, 예수께서는 죽음으로 절정에 달하면서 증가되는 끔찍한 고뇌의 시기를 경험했다. 그 고통은 몇 시간 동안 지속되었다.

"이것[그리스도의 죽음]을 죄에 대한 마지막 심판의 모형이며 표본으로 간주하지 말아야 할 그 어떤 이유도 없다. 만일 우리가 그분의 고통이 가장 교만하고 중한 죄인(가룟 유다)에게 주어질 최악의 형벌을 의미하고 포함하는 가장 강력한 것이었다고 결론짓는다 해도 그것은 결코 잘못된 것은 아닐 것이다. 주 예수께서 마침내 돌아가셨을 때, 온 세상의 죄를 위한 완전한 속죄가 이루어졌으며(요일 2:2), 하나님의 거룩한 율법은 옹호되었고, 모든 죄들은 잠정적이든 실제적이든 속량되었다. 만일 그분께서 우리의 죄에 대한 형벌을 견디셨다면, 그 형벌은 어떤 경우에도 영원한 의식적 고통이나 비참함일 수는 없는데, 왜냐하면 그분은 결코 그렇게 고통을 받지 않으셨으며 또 그렇게 하는 것은 불가능하였기 때문이다. 그러므로 그리스도 예수의 고통과 죽음에 대한 사실은 결론적으로 예수께서 죄에 대한 형벌이 자연적인 의미로서 생명의 박탈인 죽음임을 입증하고 있다."[75]

어떤 사람들은 그리스도의 죽음이 지옥에서의 죄인들의 마지막 형벌과 같은 것일 수 없었는데, 왜냐하면 그분은 한 순간에 무한한 형벌을 완화시킬 수 있는 무한한 능력을 가진 인격체이셨기 때문이라고 주장한다. 대조적으로, 죄인들은 그들이 유한한 존재이기 때문에 영원한 형벌을 겪어야만 한다는 것이다. "유한한" 형벌과 "무한한" 형벌 그리고 희생자들에 대한 이런 인위적인 구분은 성경에서 비롯된 것이 아니라 존경과 공의에 기반을 둔 봉건주의적 개념에 근거한 중세기적 사상에서 비롯되었다.[76] 또한 그것은 더하고, 빼고, 곱하고, 나누는 무한한 것들로 구성되어 있다는 것으로써 수학적으로 말해서도 언어도단인 것이다.

하나님께서 우리 주님의 경우에 죄의 본질을 영원한 고통으로부터 실제적인 죽음으로 바꾸셨다는 그 어떤 가르침도 성경에는 없다. 에드워드 화이트는 다음과 같이 올바르게 진술한다. "만일 신위의 임재가 끝없는 고통의 시련을 없이 하거나, 어떤 유한한 존재에게 무한하게 이어지는 고통이 주어진다고 주장한다면, 우리는 그것을 권위적 기록에서 결코 찾아볼 수 없는 '신학의 잔꾀'라고 대답한다."[77]

십자가는 지옥의 성격을 죽음의 결과를 가져온 하나님의 진노로 나타난 것을 드러낸다. 만일 예수께서 부활하지 않으셨다면, 그분은 그분 안에서 잠든 사람들과 마찬가지로 망하였을 것이며(고전 15:18), 결코 지옥에서 끝없는 고통을 경험하지는 않았을 것이다. 그분의 부활은 신자들이 영원한 사망을 두려워할 필요가 없음을 우리에게 확증하는데, 왜냐하면 그리스도의 죽음은 사망의 죽음을 나타냈기 때문이다(딤후 1:10; 히 2:14; 계 20:14).

2. 성경의 멸망에 대한 용어

구약의 멸망에 대한 용어

마지막 심판 때에 잃어버린 자들의 소멸을 믿게 하는 가장 강력한 근거는 악한 자들의 운명을 묘사하기 위해 구약과 신약 성경에서 자주 사용된 "멸망"에 대한 풍부한 어휘와 심상이다. 구약의 기자들은 회개치 않은 죄인들의 완전한 멸망을 확증하기 위해 그들이 선포할 때에 히브리어의 모든 용례를 다 사용하고 있는 듯이 보인다.

바실 앗킨슨에 따르면 일반적으로 28개의 히브리어 명사와 23개의 동사가 영어 성경에서 "멸망" 혹은 "멸망하다"로 번역되었다. 이 단어들의 대략 절반 정도가 악한 자들의 마지막 멸망을 묘사하는 데 사용된다.[78] 그 모든 용례의 상세한 목록을 다 나열하는 것은 본 장의 제한된 범위를 넘어서는 것이며, 또한 대부분의 독자들이 지루하게 느낄 것으로 사료된다. 관심 있는 독자들은 바실 아킨슨과 에드워드 퍼지의 연구에서 그 본문들을 광범위하게 분석한 것을 찾아볼 수 있다. 중요한 본문들 중 단지 몇 가지만 여기서 살펴보고자 한다.

몇 개의 시편은 악한 자들의 마지막 멸망을 극적인 심상으로 묘사한다(시 1:3~6; 2:9~12; 11:1~7; 34:8~22; 58:6~10; 69:22~28; 145:17, 20). 예를 들어, 시편 37편에서는 악한 자들이 **"풀과 같이 속히 베임을 볼 것이며"**(2절), **"행악하는 자는 끊어질 것이나**⋯악인이 없어지리니"(9, 10절), "악인은 **멸망하**

부활신학

고…연기되어 **없어지리로다**"(20절), "범죄자들은 함께 **멸망하리니**"(38절)라고 기록한다. 많은 사람들이 사랑하고 즐겨 암송하는 시편 1편에는 의로운 자들의 길과 악인의 길을 대조한다. 후자의 길에 대하여는 "악인이 심판을 견디지 못하며"(5절)라고 말한다. 그들은 "바람에 나는 겨와 같도다"(4절). "악인의 길은 **망하리로다**"(6절). 또한 시편 145편에서 다윗은 주장한다. "여호와께서 자기를 사랑하는 자는 다 보호하시고 악인은 다 멸하시리로다"(20절). 이런 성경 구절들은 악한 자들의 마지막 멸망에 대한 성경의 다른 가르침들과 완전한 조화를 이룬다.

여호와의 날의 멸망

선지자들은 여호와의 종말론적인 날과 관련하여 악한 자들의 궁극적인 멸망에 대해 종종 선포한다. 이사야 선지자는 그의 첫 장에서 "패역한 자와 죄인은 함께 **패망하고** 여호와를 버린 자도 **멸망할 것이라**"(사 1:28)고 선포한다. 여기서 이 장면은 완전한 멸망의 모습이며, 한 장면은 사람이 끌 수 없을 정도로 맹렬히 타는 사람을 상상에 의해 더 발전시킨다. "강한 자는 삼오라기 같고 그의 행위는 불티같아서 함께 탈 것이나 끌 사람이 없으리라"(사 1:31).

스바냐는 여호와의 날의 파멸성을 묘사하기 위한 심상에 또 다른 심상을 쌓아 올린다. "여호와의 큰 날이 가깝도다 가깝고도 심히 **빠르도다**…그날은 분노의 날이요 환난과 고통의 날이요 황무와 패괴의 날이요 캄캄하고 어두운 날이요 구름과 흑암의 날이요…이 온 땅이 여호와의 질투의 불에 **삼키우리니** 이는 여호와가 이 땅 모든 거민을 멸절하되 놀랍게 멸절할 것임이니라"(습 1:14, 15, 18). 여기서 선지자는 여호와의 날의 멸망을 예루살렘에 대한 역사적인 심판의 배경에서 묘사한다. 예언적 관점에 의해서, 선지자들은 종종 임박한 역사적 사건의 투사경을 통하여 마지막 심판을 바라본다.

호세아는 스바냐와 같이, 죄인들의 마지막 종말을 묘사하기 위해 다양한 심상들을 사용한다. "저희는 아침 구름 같으며 쉽게 사라지는 이슬 같으며 타작

마당에서 광풍에 날리우는 쭉정이 같으며 굴뚝에서 나가는 연기 같으리라"(호 13:3). 악한 자들의 운명을 아침 구름, 이슬, 쭉정이, 연기와 비교하는 것은 죄인들이 영원히 고통받을 것임을 전혀 암시하지 않는다. 그와 반대로, 그런 심상은 구름, 이슬, 쭉정이, 연기가 지표면에서 사라지는 것과 동일한 방법으로 죄인들이 하나님의 창조물로부터 완전히 사라질 것임을 암시한다.

영어 구약 성경(히브리 성경이 아닌)의 마지막 장에서, 우리는 신자들과 비신자들 사이의 마지막 운명의 대조에 대한 가장 현란한 묘사를 발견한다. 여호와를 경외하는 신자들에게는 "의로운 해가 떠올라서 치료하는 광선을 발할 것이다"(말 4:2). 그러나 비신자들에게는 여호와의 날이 "극렬한 풀무불 같이 이르리니 교만한 자와 악을 행하는 자는 다 **초개같을 것이라** 그 이르는 날이 그들을 **살라 그 뿌리와 가지를 남기지 아니할 것이다**"(말 4:1). 잃어버린 자들의 마지막 형벌의 날은 또한 하나님의 백성들의 옹호의 날이 될 것인데, 왜냐하면 그들이 "악인을 밟을 것이니 그들이 나의 정한 날에 너희 발바닥 밑에 재와 같으리라 만군의 여호와의 말이니라"(말 4:3).

우리가 이 예언을 문자적으로 해석할 필요는 없는데, 왜냐하면 우리는 대표적인 상징으로 다루고 있기 때문이다. 그러나 이 상징적 심상들에 의해 전달되는 기별은 분명하다. 의로운 자들은 하나님의 구원을 기뻐하는 한편, 악인들은 "그루터기"처럼 타버려서 "뿌리와 가지"도 남지 않는다. 이것은 분명히 멸망의 불에 의해 완전히 소멸되는 모습이며, 영원히 고통을 당하는 모습이 아니다. 바로 이것이 악한 자들의 운명에 대한 구약 성경이 전하는 모습, 곧 완전하고도 영원한 멸망이지 결코 영원한 고통이 아니다.

예수와 멸망의 용어

신약 성경은 멸망을 의미하는 용어와 모습으로 악인들의 운명을 묘사함에 있어 구약 성경을 세밀히 따르고 있다. 가장 일반적인 헬라어 단어들은 **아폴루미**(*apollumi*, 멸망하다)라는 동사와 **아폴레이아**(*apoleia*, 멸망)라는 명사이다.

부활신학

덧붙여, 활동성이 없는 생물과 활동하는 생물에서 비롯된 다양한 회화적 묘사들이 악한 자들의 마지막 멸망을 기술하기 위해 사용된다.

예수께서는 또한 악한 자들의 완전한 멸망을 묘사하기 위해 활동치 않는 생물의 몇 가지 모습을 사용한다. 그는 다음과 같이 비교한다. 불사르게 단으로 **묶은** 가라지(마 13:30, 40), **내어버리는** 못된 고기(마 13:48), **뽑히는** 해로운 식물들(마 15:13), **잘리는** 열매 없는 나무들(눅 13:7), 태워지는 말라버린 가지들(요 15:6).

예수께서는 또한 악한 자들의 운명을 묘사하기 위해 **인간의 삶**의 비유를 사용한다. 그는 이렇게 비유한다. **진멸되는** 불충실한 농부들(눅 20:16), **엄히 맞을** 악한 종들(마 24:51), **망할** 갈릴리 사람들(눅 13:2, 3), 실로암 망대에 치어 죽은 열여덟 사람들(눅 13:4, 5), 홍수에 멸망 받은 노아 홍수의 사람들(눅 17:27), **불로 멸망한** 소돔과 고모라 사람들(눅 17:29), 주인이 돌아올 때 죽임을 당한 반역한 종들(눅 19:14, 27).

이 모든 모습들은 개인적이거나 집단적이거나 간에 치명적인 형벌을 의미한다. 그들은 고통의 크고 작음을 떠나서 극단적인 죽음을 의미한다. 구세주에 의해 사용된 비유들은 악한 자들의 궁극적인 **멸망 혹은 소멸**을 매우 회화적으로 묘사한다. 예수께서는 질문하셨다. "포도원 주인이 올 때에 이 농부들을 어떻게 하겠느뇨"(마 21:40). 그리고 백성들이 대답했다. "그가 이 악한 자들을 **진멸[아폴루미]**할 것이니이다"(마 21:41).

예수께서는 비유를 통해서 뿐만 아니라 분명한 선포를 통해서도 악한 자들의 마지막 멸망을 가르치셨다. 예를 들어, 그분은 말씀하셨다. "몸은 죽여도 영혼은 능히 죽이지 못하는 자들을 두려워하지 말고 오직 **몸과 영혼을 능히 지옥에 멸하시는** 자를 두려워하라"(마 10:28). 존 스토트는 올바르게 진술한다. "만일 죽이는 것이 육체의 생명을 뺏는 것이라면, 지옥은 신체적, 육체적 생명 모두를 빼앗는 것, 즉 존재의 소멸처럼 보인다."[79] 이 구절에 대한 제3장의 연구에서 우리는 그리스도께서 지옥을 영원한 형벌의 장소가 아니라 영혼과 몸, 전 존재의 영원한 멸망의 장소로 간주했음을 살펴보았다.

종종 예수께서는 영원한 생명을 죽음 혹은 멸망과 대조하셨다. "내가 저희에게 영생을 주노니 영원히 **멸망치** 아니할 터이요"(요 10:28). "좁은 문으로 들어가라 **멸망**으로 인도하는 문은 크고 그 길이 넓어 그리로 들어가는 자가 많고 생명으로 인도하는 문은 좁고 길이 협착하여 찾는 이가 적음이니라"(마 7:13, 14). 여기서 우리는 생명과 죽음 사이의 단순한 대조를 발견한다. 성경에는 "파멸" 혹은 "멸망"이라는 단어가 영원한 형벌을 의미하도록 곡해될 아무런 근거도 없다.

앞서 우리는 그리스도께서 악한 자들의 멸망을 묘사하기 위해 사용하신 일곱 번의 **게헨나**의 심상을 살펴보았다. 지옥-**게헨나**에 대한 그리스도의 언급을 살펴보면서, 우리는 그것들 중 어느 것도 지옥이 영원한 고통의 장소임을 지적하는 것이 없음을 이해했다. 영원하다거나 꺼지지 않는다는 것은 형벌이 아니라 소돔과 고모라의 경우처럼 악한 자들의 완전하고도 영원한 멸망을 야기하는 불에 대한 것이며 영원히 지속되는 상태에 대한 것이다. 그 불은 모든 탈 것들이 다 태워질 때까지 소화되지 않기 때문에 꺼지지 않는 것이다.

바울과 멸망의 용어

멸망의 용어는 악한 자들의 운명을 묘사하기 위해서 신약 성경 기자들에 의해서도 빈번히 사용된다. "십자가의 원수들"에 대하여 말하면서, 바울은 "저희의 마침은 **멸망[아폴레이아]**"(빌 3:19)이라고 말한다. 갈라디아인들에게 보낸 그의 편지를 맺으면서, 바울은 "자기의 육체를 위하여 심는 자는 육체로부터 **썩어진[프쏘라]** 것을 거두고 성령을 위하여 심는 자는 성령으로부터 영생을 거두리라"(갈 6:8)고 경고한다. 주의 날은 예기치 않게 "밤에 도적 같이…**멸망[올레쓰로스]**이 홀연히 저희에게"(살전 5:2, 3) 이를 것이다. 그리스도께서 오실 때에, 악한 자들은 "영원한 **멸망[올레쓰로스]**의 형벌을 받으리로다"(살후 1:9). 우리는 앞서 악한 자들의 멸망이 그 기간에 있어서 영원할 수 없음을 살펴보았는데, 그 이유는 확정되지 않은 멸망의 영원한 과정을 상상하기란 어렵기 때문이다.

죤 스토트는 다음과 같이 지각력 있게 진술한다. "따라서, 만일 멸망의 고통을 받고 있다고 말하는 사람들이 사실 멸망을 당하지 않는다면 그것은 매우 이상하게 생각된다. 그리고…'멸망의 끝없는 과정을 상상하기가 어렵다.' 내 생각에는, 인간들이 불멸의 존재이기 때문에 멸망하기가 불가능하다고 대답할 수는 없을 것인데, 왜냐하면 영혼의 불멸성—즉 불파괴성—은 헬라적인 것이지 결코 성서적 개념이 아니기 때문이다. 성경에 따르면 오직 하나님만이 스스로 불멸성을 가지고 계시며(딤전 1:17; 6:16), 그분은 복음을 통하여 그것을 드러내시고, 또 우리에게 주신다(딤후 1:10)."[80]

로마서 2:6~12에서 바울은 신자와 불신자의 마지막 운명에 대한 가장 명확한 기사 중 하나를 제공한다. 바울은 하나님께서 "각 사람에게 그 행한 대로 보응하실"(롬 2:6) 것이라는 원칙을 진술함으로써 시작한다. 그리고 그는 "참고 선을 행하여 영광과 존귀와 썩지 아니함을 구하는 자에게는 영생으로 하시고 오직 당을 지어 진리를 좇지 아니하고 불의를 좇는 자에게는 **노와 분으로** 하시리라 악을 행하는 각 사람의 영에게 환난과 곤고가 있으리니 첫째는 유대인에게요 또한 헬라인에게며"(롬 2:7~9)라고 설명한다.

"썩지 아니함"은 신실한 자에게 부활 때에 주어지는 하나님의 선물이지 결코 타고난 인간의 특질이 아님을 주목해야한다. 악한 자들은 불멸성을 받지 않고, 오히려 마지막 심판과 연관되어있는 두 단어인 "노와 분"을 받는다(살전 1:10; 계 14:10; 16:19; 19:15). 바울은 "분노의 날이요 환난과 고통의 날이요"(습 1:15)와 같은 여호와의 큰 날에 대한 스바냐의 전통적인 묘사에서 발견되는 단어와 문구들을 주로 반복한다. 하나님께서는 온 땅을 "질투의 불"로 **삼킬** 것이며 그분은 "이 땅 모든 거민을 멸절하되 놀랍게 멸절할 것"(습 1:18)이다.

이것은 악한 자에 대한 하나님의 "노와 분"의 표현에 대하여 바울이 말할 때 그의 마음속에 떠오르는 주된 형상이다. 이것은 뒤이은 구절에서 그가 말하는 것에서 나타난다. "무릇 율법 없이 범죄한 자는 또한 율법 없이 망하고[아폴룬타이]"(롬 2:12). 바울은 "망하는" 자들과 "썩지 아니함"을 받는 자들 사이의 대조를 보여준다. 이 모든 구절에서, 영원한 고통에 대한 암시는 없다. 불멸성은 구원받은 자에게 주시는 하나님의 선물이며, 반면에 썩음, 멸망, 죽음, 망하는 것은 죄와 죄인들의 몫이다.

신자들과 비신자들을 기다리고 있는 마지막 운명에 대하여, 바울은 전자를 "구원을 얻는 자들–[호이 소조메노이]" 그리고 후자를 "멸망하는 자들–[호이 아폴루메노이]"(고전 1:18; 고후 2:15; 4:3; 살후 2:10)이라고 자주 언급한다. 이런 일반적인 특성은 영원한 고통이 아닌 궁극적인 멸망으로써 비신자의 운명을 이해하는 바울의 견해를 나타내고 있다.

베드로와 멸망의 용어

바울처럼 베드로도 구원받지 못한 자들의 운명을 묘사하기 위해 멸망의 용어를 사용한다. 그는 이단을 가만히 끌어들여 자기 스스로 "임박한 멸망"(벧후 2:1)에 처하게 하는 거짓 선생들에 대하여 말한다. 베드로는 그들의 멸망을 홍수에 의한 옛 세상의 멸망과 재로 타버린 소돔과 고모라 성과 비교한다(벧후 2:5, 6). 하나님께서는 "그들을 멸망하기로 정하여…후세에 경건치 아니할 자들에게 본을 삼으셨다"(벧후 2:6). 여기에서 베드로는 소돔과 고모라가 불에 의해 소멸된 것을 잃어버린 자들의 운명의 본보기라고 명쾌하게 진술한다.

베드로는 그리스도의 약속된 오심에 대하여 기롱하는 자들을 언급하면서(벧후 3:3~7), 홍수에 의한 세상의 멸망의 예를 또다시 사용한다. 그는 독자들에게 하나님의 명령으로 세상은 "물의 넘침으로 멸망하였으되 이제 하늘과 땅은 그 동일한 말씀으로 불사르기 위하여 간수하신바 되어 경건치 아니한 사람들의 심판과 멸망의 날까지 보존하여 두신 것이니라"(벧후 3:7)고 상기시킨다.

여기에 묘사된 모습은 그 체질들을 녹일 불이 경건치 않은 자들의 멸망을 성취시킬 것임을 보여준다. 이것은 다 자란 가라지가 들판에서 태워질 것에 대한 그리스도의 비유를 우리에게 상기시킨다. 베드로는 하나님께서 "오직 너희를 대하여 오래 참으사 아무도 멸망치 않고 다 회개하기에 이르기를 원하시느니라"

부활신학

(벧후 3:9)고 말하면서 다시 한번 잃어버린 자들의 운명을 제시한다. 회개하거나 멸망하거나의 베드로의 양자택일은 우리에게 그리스도의 경고를 상기시킨다. "너희도 만일 회개치 아니하면 다 이와 같이 **망하리라**"(눅 13:3). 후자는 그리스도께서 오실 때에 "체질이 뜨거운 불에 풀어지고 땅과 그 중에 있는 모든 일이 **드러**"(벧후 3:10)날 때 일어날 것이다. 불에 의해 땅과 악을 행한 자들의 멸망에 대한 그같은 회화적 묘사는 끝없는 지옥의 고통에 대한 그 어떤 여지도 남기지 않는다.

악한 자들의 마지막 멸망에 대한 다른 암시들

신약 성경의 다른 몇 가지 암시들은 잃어버린 자들의 마지막 멸망을 의미한다. 여기서 그 중 몇 개를 간단히 언급하고자 한다. 히브리서 저자는 배교 혹은 비신앙에 대하여 반복적으로 경고한다. "진리를 아는 지식을 받은 후"에 고의적으로 죄를 계속 짓는 자들에게는 "오직 무서운 마음으로 심판을 기다리는 것과 대적하는 자를 소멸할 맹렬한 불만 있을 것이다"(히 10:27). 저자는 하나님을 대항하는 죄를 계속 짓는 자들은 결국에 그들을 **소멸하는** 맹렬한 불의 심판을 경험할 것이라고 분명하게 진술한다. 그 불의 기능이 죄인들을 소멸하는 것이지 영원토록 그들을 고통스럽게 하는 것이 아님을 주목해야한다. 이 진리는 성경 전체에서 계속하여 반복된다.

야고보는 그의 서신을 통해서 그들이 고백한 믿음을 실천하지 않는 자들을 훈계한다. 그는 신자들에게 죗된 욕망이 마음속에 뿌리 내리지 않도록 경고하는데, 왜냐하면 "죄가 장성한즉 사망을 낳"(약 1:15)기 때문이다. 바울처럼, 야고보도 죄의 궁극적인 삯은 죽음, 곧 생명의 정지이지 결코 영원한 고통이 아니라고 설명한다. 야고보는 또한 "능히 구원하기도 하시며 멸하기도 하시는"(약 4:12) 하나님에 대하여 말한다. 여기서 대조하는 것은 구원과 멸망이다. 야고보는 다른 사람의 복지를 돌아보도록 신자들을 격려하면서 그의 편지를 마무리 하는데, 왜냐하면 "죄인을 미혹한 길에서 돌아서게 하는 자가 그 영혼을 **사망**에서 구원하며 허다한 죄를 덮을 것이기"(약 5:20) 때문이다. 다시 한번, 구원은 사망으로부터이지 결코 영원한 고통으로부터가 아니다. 야고보는 죄의 결과를 "사망" 혹은 "멸망"으로 계속해서 언급한다. 다시 말하자면 야고보는 "사망으로부터 영혼"을 구원하는 것에 대해서 말하고 있는데, 그것에는 영혼도 전 인격체의 한 부분이기 때문에 죽을 수 있다는 것을 함축한다.

유다서도 비신자의 운명에 대한 묘사는 베드로후서와 매우 흡사하다. 베드로처럼, 유다도 "영원한 불의 형벌을 받음으로 거울이"(유 1:7)된 소돔과 고모라의 멸망을 지적한다. 우리는 앞서 두 도시를 파멸시킨 불이 영원한 것이 그 기간 때문이 아니라 그 영원한 결과 때문인 것을 살펴보았다. 유다는 서로를 돌아보며 스스로 믿음을 세우도록 독자들을 촉구하며 글을 맺는다. "어떤 의심하는 자들을 긍휼히 여기라 또 어떤 자를 불에서 끌어내어 구원하라"(유 1:22, 23). 유다가 언급하는 그 불은 분명히 소돔과 고모라를 소멸시킨 같은 종류의 불이다. 예수, 바울, 베드로, 야고보, 히브리서와 전체 구약 성경이 보여주는 것처럼, 악한 자들의 영원한 멸망을 초래하는 것은 그 불이다.

멸망의 용어는 특별히 요한계시록에서 잘 드러나는데, 왜냐하면 그것은 그분 자신과 그분의 백성이 악의 대적을 극복하는 하나님의 방법을 대표하기 때문이다. 우리는 앞서 요한이 생생한 심상으로 마귀의 대리인, 짐승, 거짓 선지자, 사망, 하데스 그리고 그가 "둘째 사망"으로 정의한 불못 속의 모든 악한 자들을 묘사하는 것을 살펴보았다. 우리는 "둘째 사망"이라는 구문이 마지막 피할 수 없는 죽음을 묘사하기 위해 주로 사용되는 것임을 발견했다.

앞서 언급하지 않았던 구절이 요한계시록 11:18인데, 그것은 일곱째 나팔이 울릴 때 요한이 24 장로가 말하는 것을 듣는 것이다. "죽은 자를 심판하시며…또 땅을 망하게 하는 자들을 멸망시키실 때로소이다." 여기서, 다시 한번 마지막 심판의 결과는 지옥에서 영원한 고통으로 정죄되는 것이 아니라, 곧 멸망과 소멸인 것이다. 하나님은 엄하시지만 공평하신 분이시다. 그분은 악한 자들이 죽는 것을 기뻐하지 않으시며, 그들이 영원히 고통받도록 버려두지 않으신다. 궁극적으로 그분은 모든 악한 자들을 벌하실 것이지만 그 형벌은 영원한 소멸이지 결코 영원한 고통이 아닐 것이다.

이것이 전적인 소멸로써 마지막 심판에 대한 성서적 견해와 많은 잔인한 이교 제도에 의해 유지되는 영원한 고통으로 고문을 당하는 지옥으로서의 전통적 견해 사이에 있는 근본적인 차이점이다. 성경 전체를 통하여 우리가 발견한 멸망의 용어와 불에 관한 심상은 악한 자들에 대한 마지막 심판이 영원한 소멸이지, 결코 지옥에서 끝없이 고통을 당하는 것이 아님을 분명히 제시한다. 이런 강력한 성서적 증거에 기초하여, 나는 클락 피녹의 진술에 동의한다. "나는 전통주의자들이 이 견해[소멸]가 강력한 성서적인 기초를 가지고 있음에도 불구하고 그렇지 않다고 말하는 것을 멈추게 될 것을 진정으로 바란다."[81]

멸망의 용어는 은유적이다

전통주의자들은 우리가 지금까지 살펴본 멸망의 용어에 대한 우리의 해석을 반대하는데, 왜냐하면 그들은 "망하다", "멸망하다", "소멸하다", "죽음", "타버림", "불못", "연기가 올라감" 그리고 "둘째 사망"과 같은 단어들이 종종 은유적인 의미로 사용된다고 주장하기 때문이다. 이것이 사실이기는 하지만, 그 상징적 의미는 그것의 문자적, 기본적 의미에서 파생되는 것이다. 그것이 다른 의미로 사용될 만한 어떤 이유가 없는 한, 비 풍유적 산문에서 나타나는 단어들은 그 원래의 의미에 따라 해석되어야 한다는 것이 성경 해석의 기본 원칙이다.

성경은 이 단어들을 악한 자의 운명에 대하여 적용할 때는 그 본래의 의미에 따라 해석해서는 안 된다는 그 어떤 암시도 하지 않는다. 성경과 성경 외 문헌에서 이 단어들의 용례에 대한 우리의 연구는 그것들이 악한 자들의 문자적이고도 영구적인 멸망을 묘사하고 있음을 보여준다. 예를 들어, "그 연기가 세세토록 올라가는"(계 14:11) 요한의 이상은 영원한 고통이 아닌 완전한 멸망에 대한 조용한 증언을 묘사하기 위해서(사 34:10) 구약 성경에 나타난다. 비슷하게, "불못"은 유대인들에 의해 궁극적이고 피할 수 없는 죽음을 정의하는 데 사용된 구문인 "둘째 사망"으로 분명하게 정의되었다. 덧붙여 말하자면, 만약 "불못"이 죽음과 **하데스**를 **소멸한다면**, 잃어버린 자들이 영원토록 의식적인 고통을 겪을 수 없다는 분명한 근거가 된다. 우리는 전통주의자들이 잃어버린 자들의 영원한 멸망으로 지옥을 보여주는 성서적 자료를 길고 깊게 연구하는 용기를 갖게 되기를 간절히 바란다.

3. 영원한 고통의 도덕적 의미

지옥에 대한 전통적 견해는 우리가 성경에서 살펴본 멸망의 용어와 소멸의 불에 대한 심상에 근거할 뿐만 아니라 도덕적, 사법적, 우주적 관점에 의해서도 오늘날 도전받고 있다. 이제는 이것들에 우리의 주의를 돌려야한다. 먼저, 영원토록 악한 자들을 고문하는 잔인한 고문자로서 하나님을 묘사하는 지옥에 대한 전통적 견해의 도덕적 의미를 살펴보도록 하자.

하나님은 두 얼굴을 가지셨는가?

하나님을 영원토록 잔인하고 가혹한 고문자로 여기는 지옥의 견해와 예수 그리스도를 통해서 드러난 하나님의 품성과 어떻게 조화시킬 수 있을까? 하나님은 두 얼굴을 가지셨는가? 그분은 한편은 무한히 자비로우시고 다른 한편은 가혹하게 잔인한 분이신가? 하나님께서는 당신의 사랑하는 아들을 죄인들을 구원하기 위해 보내실 만큼 그들을 사랑하시는 반면에 회개치 않은 죄인들을 끝없이 잔인한 형벌에 처하게 할 만큼 그들을 미워하실 수 있을까? 만일 그분이 영원토록 죄인들에게 고통을 주신다면, 우리가 그분의 선하심을 합법적으로 찬양할 수 있을까?

물론, 하나님을 비평하는 것이 우리의 일이 아니지만, 하나님께서는 우리가 도덕적 판단을 세울 수 있도록 하는 양심을 우리에게 주신다. 하나님께서 우리의 양심 속에 심어주신 도덕적 직관은 죄인들을 영원한 형벌에 처하게 하시는 하나님의 가혹하고 잔인함을 정당화할 수 있는가? 클락 피녹은 이 질문에 대해 가장 설득력있는 방법으로 대답한다. "지옥의 특성에 대한 전통적 교리에 반대하는 거센 도덕적 변화가 있다. 영원한 고통은 그것이 그분이 죽도록 허락하지도 않는 그분의 원수들을 영원한 아우슈비츠에 수용하는 잔인한 괴물처럼 행동하는 하나님으로 묘사하기 때문에 도덕적 관점에서 볼 때 용납할 수 없다. 그런 하나님을 누가 사랑할 수 있을까? 내 생각에 어떤 사람은 하나님을 두려워할 수도 있는데, 우리는 그분을 사랑하고 존경할 수 있을까? 이런 무자비함에 있어서 우리는 그분처럼 되기를 원할까? 분명히 영원하고 의식적인 고통의 개념은 악의 문제를 도달하기 불가능할 정도의 높이로 들어올린다. 안토니 플루는 만일 그리스도인들이 정말로 하나님께서 사람들 중 일부는 지옥에서 영원히 철저히 고문할 의도로 사람들을 창조했다고 믿는다면, 그들은 기독교를 변호하는 노력을 포기하는 편이 더 나을 것이라고 주장했다."[82]

피녹은 적절하게 질문한다. "비록 그들이 죄를 지을 수 있긴 하지만, 자신의 창조물들에게 영원한 고통을 가하는 것을 포함한 그런 잔인성과 악의성의 하나님을 그리스도인들이 어떻게 표현할 수 있을까? 분명 그런 일을 하는 하나님은, 적어도 일반적인 도덕적 표준과 복음 그 자체에 의해서도, 하나님이라기보다는 사단에 더 가까운 분이다."[83]

존 힉크도 비슷한 의견을 제시한다. "영원히 몸이 타고 소멸되거나 의식이 사라지지도 않으면서 3도 화상의 강력한 고통을 끊임없이 겪는다는 사상은 도덕적으로 반감이 생길 만큼 너무나 이상한 것이다. …그런 형벌이 절대적으로 하나님의 명령에 의해 가해진다는 생각은 무한한 사랑이신 하나님에 대한 개념과 완전히 상반된다."[84]

지옥과 종교 재판

사람들은 하나님께서 죄인들을 불과 유황으로 영원히 태우실 장소로써 지옥에 대한 신념이 교회의 전통적 가르침을 받아들이기를 거절한 소위 "이단자들"

을 투옥하고, 고문하고, 결국에는 화형에 처하는 종교 재판을 만들게 하지는 않았는지에 대하여 궁금해한다. 교회사 서적들은 일반적으로 그 둘 사이의 연관성을 서술하지 않았는데, 왜냐하면 분명히 종교 재판관들은 악한자들에 대한 지옥 불의 신념에 근거하여 그들의 행동을 정당화하지 않았기 때문이다.

그러나 교황, 주교, 교회 공의회, 도미니칸과 프란시스칸 수도사들, 그리스도인 왕들과 왕자들이 알비젠스인들, 왈덴스인들, 위그노 교도들처럼 의견을 달리하는 그리스도인들을 고문하고 처형하게 한 원동력이 무엇인지에 대하여 사람들은 궁금해 한다. 예를 들어, 칼뱅과 제네바 시의회가 삼위일체를 반대하는 그의 신념을 계속해서 주장하던 셀베트를 화형에 처하도록 영향을 준 것은 무엇일까?

제네바 시 의회에 의해 1553년 10월 26일에 발행된 셀베트에 대한 정죄서를 읽어보면 이들 칼뱅주의 열심당들은 가톨릭의 종교 재판관들처럼, 그들이 하나님께서 훗날 지옥에서 그들을 태우실 것과 같은 방법으로 이단자들을 태울 권리가 있다고 믿었다. 그 선언서는 다음과 같이 기록한다. "우리는 너, 마이클 셀베트를 정죄하며, 포박하여 사형 장소로 끌고와서, 그곳에서 화형대에 묶어 그의 책과 함께 산채로 태우리라. …너의 육체가 재가 될 때까지 그리고 너는 너와 같은 죄를 짓고자 하는 자들의 본보기가 되어 너의 날을 마칠 것이다."[85]

다음 날, 셀베트가 이단의 죄를 고백하기를 거절한 후에, "집행관들이 그를 장작 한 가운데 화형대에 쇠사슬로 묶고, 그의 머리에 유황이 뒤덮인 나뭇잎 왕관을 씌우고, 그의 옆에 그의 책을 묶었다. 활활 타오르는 화염의 모습은 그의 모국어로 '자비'라는 비명의 외마디를 앗아갔다. 구경꾼들은 몸서리치며 뒤돌아섰다. 화염은 금세 그에게 다가섰고 44년이라는 그의 한 많은 삶의 형체를 소멸시켰다."[86]

저명한 교회 역사학자인 필립 샤프는 셀베트의 처형에 대한 기사를 이렇게 결론짓는다. "그 시대의 양심과 신앙이 그 처형을 승인했으며, 긍휼의 감정을 위한 일말의 여지도 없었다."[87] 가톨릭 신자뿐만 아니라 독실한 칼뱅주의자들도

부활신학

의학의 중요한 공헌을 했던 스페인 물리학자의 화형을 단지 그가 그리스도의 신성을 받아들이지 않았기 때문에 아무런 감정도 없이 승인하고 바라보았을 것이라고 믿기는 어렵다.

그 당시 그리스도인의 도덕적 양심의 화인 맞는 것에 대하여 내가 찾은 가장 좋은 해답은 그리스도인들에게 끊임없이 노출되었던 지옥 불의 끔찍한 묘사와 설명이다. 지옥에 대한 그같은 광경이 하나님의 손에 의해 이단자들을 기다리고 있는 영원한 불의 견지에서 임시적인 불로 그들을 태움으로써 하나님을 모방하는 도덕적 정의감을 승인했다. 영원한 지옥 불의 교리가 수세기를 통하여 종교적 편협함과 고문과 "이단자들"의 화형을 정당화시킬 만큼 길게 영향을 끼친 것을 평가하기란 불가능하다. 이론적 근거는 단순하다. 만일 하나님께서 이단자들을 지옥에서 영원토록 태우실 것이라면, 교회가 지금 그들을 태워 죽여서는 안될 이유가 있을까? 문자적인 영원한 지옥불의 교리에 대한 실천적 의미와 적용은 가히 두려울 정도이다. 전통주의자들은 이런 냉정한 사실들을 직시해야만 한다. 결국, 예수께서 말씀하셨다. "그의 열매로 그들을 알리라"(마 7:20). 그리고 지옥 불 교리의 열매는 선함과 거리가 멀다.

이 기사를 읽은 한 동료가 지옥에서의 영원한 형벌에 대한 믿음과 그들의 신앙을 철회하기를 거절한 "이단자들"을 고문하고 불태우는 종교재판의 정책 사이의 개연성을 세우려는 나의 시도에 의문을 제기했다. 그의 주장은 불에 의한 악한 자들의 마지막 소멸은 영원한 지옥 불의 형벌보다는 덜 잔인하다는 것이다. 이 주장의 문제점은 죽음에 이르게 된 주요한 형벌이 끝없이 섬뜩한 고통을 야기하는 중대 형벌과 같이 그리스도인의 양심을 무디게 하고 마비시키지 않는다는 것을 인식하는 데 실패한 것이다. 둘 사이의 차이점은 전기의자에서 범죄자를 즉시로 처형하는 것을 보는 것과 같은 범죄자를 전기의자에서 그 충격을 의식적으로 영원토록 받는 것을 보는 것으로 비교될 수 있다. 후자를 무한한 시간 동안 지켜보는 것은 사람을 미치게 만들거나 도덕적 양심을 마비시킬 것이 분명하다. 비슷한 방식으로 중세 시대의 사람들이 매우 공포스럽고 영원한 고통의 장소로써 지옥을 회화적으로 문자적으로 묘사하는 것에 계속적으로 노출됨으로 그들은 지상에서 하나님의 대리자로서 활동한다고 주장한 종교적 지도자들에 의해 "이단자들"이 고통을 당하는 것을 용납할 수 있었다.

지옥을 견딜만한 곳으로 만드는 시도들

역사의 과정을 거치는 동안 지옥을 덜 지옥스럽게 만들고자 하는 다양한 시도들이 있었음은 놀라운 일이 아니다. 아우구스티누스는 지옥의 인구를 경감시키고자 연옥을 고안했다. 더 최근에는, 챨스 핫지와 B. B. 월필드가 후천년 종말론을 주장하고 유아기에 죽은 아기에게 자동적으로 구원을 허용함으로써 지옥의 인구를 줄이려는 시도를 하고 있다. 그 이유들이 만일 고문받게 될 사람들의 전체적인 숫자가 비교적 적어지도록 보이게 한다면, 과도하게 민감할 필요는 없다. 그같은 이유들이 하나님의 성품의 도덕성의 문제를 결코 풀지 못한다. 하나님께서 백만명이거나 백억의 죄인들에게 영원한 고통을 주시든지, 하나님께서 영원히 사람들을 고문하신다는 사실은 남아있을 것이다.

다른 사람들은 지옥의 육체적 고통을 보다 더 견딜만한 정신적 고통으로 대체함으로써 지옥에서 지옥을 없애려고 시도했다. 그러나 위에서 살펴본 것처럼, 비실제적 지옥에서 고통 지수를 낮춤으로써, 지옥의 은유적 견해가 그 본질을 근본적으로 바꾸지 않는데, 왜냐하면 여전히 영원한 고통의 장소로 남아있기 때문이다.

궁극적으로, 지옥의 어떤 교리도 인간 양심의 도덕적 시험에 통과해야만 하며, 문자적인 영원한 고통의 교리는 그런 시험을 통과할 수 없다. 다른 한편으로, 소멸주의는 두 가지 이유에서 그 시험을 통과할 수 있다. 첫째, 그것은 지옥을 영원한 고통이 아닌 악한 자들의 영원한 소멸로 본다. 둘째, 그것은 하나님께서 구원받지 않기로 선택한 자들의 자유를 존중하는 것으로 인식한다. 하나님께서는 악한 자들의 선택을 존중하셨기 때문에 그들의 멸망을 정당화하신다. 하나님께서는 모든 사람들이 구원받기를 바라시나(벧후 3:9), 그분의 자비로운

부활신학

구원의 경륜을 거절하는 자들의 자유를 존중하신다. 악한 자들에 대한 하나님의 마지막 심판은 영원한 형벌의 필요성을 옹호하지 않고 영원한 소멸을 합리화시킨다.

우리 시대는 하나님에 대한 경외심을 배우는 것이 절대적으로 필요하며, 이것은 마지막 심판과 형벌에 대해 전해야 하는 한 가지 이유이다. 우리는 그리스도의 생명의 법칙과 구원의 계획을 거절하는 자들이 결국 두려운 심판을 경험하고 "영원한 멸망의 형벌을 받을"(살후 1:9) 것이라고 사람들에게 경고해야 한다. 마지막 형벌에 대한 성서적 견해를 회복하는 것은 설교자들의 혀를 풀리게 할 것인데, 왜냐하면 그들은 하나님을 괴물로 묘사해야하는 두려움 없이 영원한 삶과 영원한 멸망의 중대한 선택을 선포할 수 있기 때문이다.

4. 영원한 고통의 사법적 의미

공의에 대한 성서적 견해와의 대조

지옥에 대한 전통적 견해는 오늘날 공의에 대한 성서적 견해에 근거해서도 도전받고 있다. 존 스토트는 이것을 간결하고 명백하게 진술한다. "그것[공의]에 대한 근본은 하나님께서 '자기 행위를 따라'(계 20:12) 백성들을 심판하실 것이며, 그것은 부과된 형벌이 악을 행한 것과 비례될 것임을 의미한다는 신념이다. 이 원칙은 '생명은 생명으로, 눈은 눈으로, 이는 이로, 손은 손으로, 발은 발로'(참조 출 21:23~25)처럼 형벌은 정확한 응보로 제한되어 유대 법정에서 적용되어 왔다. 그렇다면 의식적으로 일시적으로 지은 죄와 의식적으로 영원토록 경험될 고통 사이의 심각한 불균형이 있지 않을까? 나는 우리의 창조주이신 하나님을 대항하는 반역자로서의 죄의 무게를 최소화하지는 않지만, '의식적인 영원한 고통'이 하나님의 공의에 대한 성서적 계시와 조화되는지가 궁금하다."[88]

어떤 종류의 반역적 생활상이 지옥에서 의식을 가지고 영원한 고통의 형벌을 받을 만한지 우리가 상상하기란 어려운 일이다. 존 힉크가 진술하듯이, "공의는 유한한 죄에 대하여 영원한 고통의 무한한 형벌을 결코 요구할 수 없다. 그런 영원한 고통은 그것이 결코 끝나지 않기 때문에 정확하게 어떤 긍정적이거나 개혁적인 목적이 결코 있을 수 없다. 그리고 그 어떤 기독교 신정론[즉, 악의 존재에 대한 하나님의 선하심에 대한 방어]도 하나님의 창조물에게 죄악들을 행하게 하고 또 영원한 속박의 고통을 주면서 하나님의 선하심을 방어하기란 불가능하다."[89]

무제한적 보복에 대한 주장은 성경에 나타나지 않는다. 모세의 율법에는 다양한 해를 받은 사람들이 행할 수 있는 형벌에 제한을 두고 있다. 예수께서는 더 많은 한계를 규정했다. "너희가 들었으나 나는 너희에게 이르노니"(마 5:38, 39). 복음 윤리에서 볼 때, 영원하고 의식적인 고통에 대한 전통적인 견해를 정당화하기란 불가능한데, 그런 형벌은 일생 동안 저지른 죄들과 영원히 지속되는 형벌의 결과 사이의 심각한 불균형을 만들어낼 것이기 때문이다.

문제의 한 부분은 인간으로서 우리가 영원함의 기간이 얼마나 긴 것인지 개념화할 수 없다는 것이다. 우리가 영원한 형벌의 실제 의미가 무엇인지 상상하기란 불가능하다. 우리는 인간의 수명을 60~70년 정도, 기껏해야 80년으로 측정한다. 그러나 영원한 형벌은 죄인들이 백 만년 동안 지옥에서 고통받은 후에도 그들의 형벌이 시작하지도 않은 것을 의미한다. 그런 개념은 인간의 이해력을 넘어서는 것이다.

어떤 사람들은 만일 악한 자들이 소멸이라는 형벌을 받는다면, "그것은 형벌로부터 행복하게 벗어나는 것이며 그러므로 전혀 형벌이 아닐 것이다."[90]라고 주장한다. 그런 주장은 말하는 것만으로 간담이 서늘해진다. 그것은 하나님께서 불의한 자들에게 내릴 유일한 형벌은 영원히 그들을 고통스럽게 하는 것임을 의미한다. 하나님의 공의가 영원한 고통의 형벌을 가함으로써만이 충족될 수 있다고 믿기란 어려운 일이다. 공의에 대한 인간적 개념에서도 사형을 중범죄자들에게 내릴 수 있는 가장 엄중한 형벌의 형태로 간주한다. 하나님의 공의의 개념은 불의한 자들의 실제적 소멸보다 더 엄중해야 한다고 믿을 근거는 아무 것도 없다. 이것은 우리가 살펴본 것처럼 잃어버린 자들의 고통에 대한 "등급"을 결정하는 책임성의 원칙을 부인하는 것이 아니다. 하지만, 형벌의 고통이 영원히 지속되지 않을 것이다. 그것은 잃어버린 자들의 소멸로 종결될 것이다.

공의에 대한 인간의 개념과의 대조

안셈과 같은 스콜라 철학자들은 하나님의 무한하신 위엄에 대항하여 저지른 죄들은 영원한 형벌에 처해야 한다고 주장함으로써 무한한 형벌의 주장을 정당화하려 했다. 그런 주장은 중세 시대의 봉건주의 사회에서는 수용될 수도 있었는데, 그때에 사회 구조의 하층에서 살았던 농노의 인간 가치는 최고층에서 살았던 왕의 가치와 비교해 볼 때 하찮은 것이었다. 그러나 오늘날은 핀녹이 지적하듯이, "우리는 마치 의사로부터 훔치는 것이 거지로부터 훔치는 것보다 더 나쁘다는 희생자의 명예에 근거한 심판의 불평등함을 수용하지 않는다. 무한한 하나님을 향하여 우리가 죄를 지었다는 사실이 무한한 형벌을 정당화하지 않는다. 오늘날 피해를 당한 사람의 명예에 따라 형벌의 등급이 정해지는 재판은 없다. 영원한 형벌로써 지옥에 대한 오랜 주장은 효력을 상실한다."[91]

더욱이, 영원한 형벌은 어떤 긍정적이고 개혁적인 목적도 갖지 못하는데, 왜냐하면 죄인들의 개선됨 없이 그들에게 고통만을 주기 때문이다. 하나님의 편에서의 앙갚음만을 드러내는 그런 주장은 예수님께서 잃어버린 자들을 향한 하늘 아버지의 사랑에 대하여 말씀하셨던 것과는 사뭇 모순적이다. 한스 큉은 우리의 형법과 교육 제도가 유예와 복권의 기회도 없이 인과응보적인 형벌의 주장을 점차적으로 포기해야할 때가 지금이라고 지적하면서, "일생뿐만 아니라 영원토록 몸과 영혼에게 고통을 주는 것은 많은 사람들을 몹시 극악하게 만든다."[92]라고 말한다.

지옥에 대한 전통적 견해는 인과응보적인 공의의 개념에 기초하고 있는데, 그것은 죄인들이 빚을 진 것과 그 진 빚 이상을 하나님께 갚아야만 한다는 것이다. 이 견해는 하나님을 매우 지독하고, 보복적이며, 만족시킬 수 없는 심판자로서 묘사한다. 반면에, 소멸은 합리적이고 공평하신 하나님을 묘사한다. 그분께 순종하고 구원에 대한 그분의 계획을 받아들이기를 거절한 사람들은 그들이 치러야할, 즉 전적인 소멸의 형벌을 맞을 것이다.

우리가 제기하는 문제는 악한 자들이 궁극적으로 하나님에 의해 형벌을 받을 것인지 아닌지가 아니다. 오히려 악한 자들이 끝없는 고통의 형벌을 받을 것인지, 아니면 하나님께서 그들에게 부과하는 고통의 정도가 무엇이든지 그 고통 후에 멸망하여 소멸될 것인지가 문제점인 것이다. 우리의 생각으로는, 후자가 공의에 대한 성경 전반의 가르침에 더 잘 어울리는 듯 하다.

형벌의 등급

소멸이 형벌의 등급의 가능성을 배제하지는 않는다. 받은 빛에 근거한 책임성의 정도에 대한 원칙은 그리스도에 의해 여러 번 언급되었다. 마태복음 11:21, 22에서 그리스도는 말씀하신다. "화가 있을진저 고라신아 화가 있을진저 벳새다야 너희에게서 행한 모든 권능을 두로와 시돈에서 행하였더면 저희가 벌써 베옷을 입고 재에 앉아 회개하였으리라 내가 너희에게 이르노니 심판날에 두로와 시돈이 너희보다 견디기 쉬우리라"(참조 눅 12:47, 48). 두로와 시돈의 거민들이 마지막 심판 때에 벳세다 사람들보다 관대하게 취급될 것인데, 왜냐하면 그들이 일생동안 하나님의 뜻을 이해할 기회가 더 적었기 때문이다.

그리스도께서는 충성된 종과 불충성된 종의 비유에서 동일한 원칙을 드러내신다. "주인의 뜻을 알고도 예비치 아니하고 그 뜻대로 행치 아니한 종은 많이 맞을 것이요 알지 못하고 맞을 일을 행한 종은 적게 맞으리라 무릇 많이 받은 자에게는 많이 찾을 것이요 많이 맡은 자에게는 많이 달라 할 것이니라"(눅 12:47, 48). 마지막 심판 때에, 각 사람은 동일한 기준이 아니라 받은 빛에 대한 각자의 반응에 따라 평가받을 것이다(참조 겔 3:18~21; 18:2~32; 눅 23:34; 요 15:22; 딤전 1:13; 약 4:17).

수백만 명의 사람들이 구원에 대한 하나님의 최고의 계시와 수단으로서의 그

부활신학

리스도에 대한 지식이 없이 살았고 오늘날도 살고 있다. 이 사람들은 그들이 알고 있는 하나님에 대한 그들의 신실한 반응에 따라 구원을 발견할 것이다. 하나님께서는 어떤 종교를 통하여 어떤 사람에게 그분의 뜻이 얼마만큼 드러났는가에 따라 결정하신다.

로마서 2장에서 바울은 "율법 없는 이방인이 본성으로 율법의 일을 행할 때는 이 사람은 율법이 없어도 자기가 자기에게 율법이 되나니 이런 이들은 그 양심이 증거가 되어 그 생각들이 서로 혹은 송사하며 혹은 변명하여 그 마음에 새긴 율법의 행위를 나타내느니라 곧 내 복음에 이른 바와 같이 하나님이 예수 그리스도로 말미암아 사람들의 은밀한 것을 심판하시는 그날이라"(14~16절)고 설명한다.

각 사람이 마지막 심판 때에 "핑계치 못하고"(롬 1:20) 해명해야 할 것은 하나님께서 인간 각자의 양심 속에 어떤 기본적인 도덕적 표준들을 새겨놓으셨기 때문이다. 인간 대리자들을 통하여 구원의 복된 소식에 대하여 전혀 듣지 못했던 구속받은 "이방인들"이 만나게 될 때 유쾌한 놀라움이 있을 것이다. 화잇은 이점을 확신있게 진술한다. "이방인 가운데서 하나님을 모르고 섬긴 자들, 즉 인간의 도움을 통하여 한 번도 빛을 받지 못한 자들일지라도 멸망을 당하지 않을 것이다. 그들은 기록된 하나님의 율법은 알지 못하였으나 자연을 통하여 말씀하시는 하나님의 음성을 들었고 율법이 요구하는 일들을 행하였다. 그들의 행위는 성령께서 그들의 마음을 감화시킨 증거이며 그들은 하나님의 자녀로 인정을 받는다."[93]

5. 영원한 고통의 우주적 의미

지옥에 대한 전통적 견해의 마지막 난점은 영원한 고통이 우주적 이원론의 영원한 실존을 전제로 한다는 것이다. 천국과 지옥, 행복과 고통, 선과 악은 나란히 영원토록 실존할 것이다. 이 견해는 "애통하는 것이나 곡하는 것이나 아픈 것이 다시 있지 아니하리니 처음 것들이 다 지나갔음이러라"(계 21:4)는 새 세상의 계시적 광경과 조화되기가 불가능하다. 부자와 나사로의 비유에서처럼(눅 16:19~31), 잃어버린 자들의 고뇌와 고통을 본다면 어떻게 곡하는 것과 아픈 것을 잊어버릴 수 있겠는가?

설사 구원받지 못한 자들의 진영이 있다할지라도, 무한한 세월의 영원한 고통의 괴로운 형벌의 존재는 단지 새 세상의 평화와 행복을 파괴할 수도 있다. 새 창조는 그 날에 금이 가게 될 수도 있는데, 왜냐하면 죄인들이 하나님의 우주에서 영원한 실재로 남아있을 것이며 하나님께서는 결코 "만유의 주"(고전 15:28)가 되지 못하실 것이기 때문이다. 존 스토트는 질문한다. "불특정한 다수의 사람들이 그분께 반역을 계속하며 그분의 심판 아래에 여전히 남아있는데, 어떻게 하나님께서 소위 '만유의 주'로 불리울 수 있겠는가? 만일 지옥이 멸망을 의미하고 회개치 않은 자들이 더 이상 존재하지 않는다면 지옥의 두려운 실재와 하나님의 우주적 통치를 함께 주장하기가 훨씬 더 쉬울 것이다."[94]

구속의 경륜의 목적은 이 세상에서 죄와 죄인들의 존재를 궁극적으로 소멸하는 것이다. 만일 죄인들과 사단과 귀신들이 불못에서 궁극적으로 소멸되고 둘째 사망의 소멸을 경험해야만이 우리가 진실로 그리스도의 구속적 사명이 완전한 승리였다고 말할 수 있다. "승리란 악이 제거되며 빛과 사랑 외에는 아무것도 남아있지 않음을 의미한다. 영원한 고통에 대한 전통적 이론은 어둠의 그림자가 새로운 창조에 영원토록 걸려있음을 의미한다."[95]

요약하자면, 우리는 우주적 관점에서 볼 때 지옥에 대한 전통적 견해는 죄와 죄인들의 존재가 영원히 사라지는(계 21:4) 새로운 세상의 예언적 이상과 모순되는 우주적 이원론을 범하고 있다고 말할 수 있다.

결론

지옥에 대한 다양한 견해들에 대한 연구를 결론지으면서, 최후의 형벌에 대한 교리가 복음이 아니라 복음을 반대하는 산물임을 우리 스스로 상기하는 것이 중요하다. 그것이 성경의 가장 중요한 교리는 결코 아니지만, 그것은 분명히 성경이 가르쳐주는 다른 중요한 영역들, 즉 인간의 본질, 죽음, 구원, 하나님의 품성, 인간의 운명, 다가올 세상과 같은 것을 우리가 이해하는 방식에 영향을 끼친다.

영원한 고통으로서의 지옥에 대한 전통적인 견해는 성서적이거나 아니면 비성서적이다. 우리는 하나님의 말씀 안에서 해답을 찾아보았고 그것이 어떠한 성서적 지지도 받지 못함을 발견했다. 우리가 깨달은 바는 전통주의자들이 수용할 만한 성서적 해석 방식에 기초하기 보다는 인간 본질과 교회론적 교리에 대한 헬라적 견해에 근거하여 악한 자들의 멸망에 대한 다양한 용어와 상징들을 해석하려고 시도한다는 것이다.

오늘날 지옥에 대한 전통적 견해는 성서적, 도덕적, 사법적, 우주론적 고찰에 근거하여 여러 교파의 저명한 학자들에 의해 도전받고 있으며 또 철회되고 있다. 성서적으로, 영원한 고통은 죄의 최후의 삯은 영원한 고통이 아니라 죽음, 곧 생명의 중지라는 기본적인 원칙을 무시한다. 더욱이, 악한 자들의 운명을 묘사하기 위해 성경 전반에 걸쳐 사용된 멸망의 다양한 용어와 심상들은 그들의 마지막 형벌이 영원하고 의식적인 고통이 아니라 소멸임을 분명하게 지적한다.

도덕적으로, 영원한 의식적 고통에 대한 교리는 하나님의 사랑과 공의에 대한 성서적 계시와 조화되지 못한다. 하나님께서 우리의 양심 속에 심어놓으신 도덕적 직관력은 죄인들을 영원한 고통에 처하게 하시는 하나님의 탐욕스러운 잔인함을 정당화 할 수 없다. 그런 하나님은 잔인한 괴물같은 분이지 결코 예수 그리스도를 통해 우리에게 드러내신 사랑의 아버지 같은 분이 아니다.

사법적으로, 영원한 고통에 대한 교리는 죄악을 행한 자에 걸맞은 형벌을 부과하도록 하는 공의에 대한 성서적 견해와 일치하지 않는다. 무제한적인 보복의 견해는 성경에 알려져 있지 않다. 공의는 단지 인간의 일생 동안 저지른 죄에 대하여 영원한 고통의 형벌을 결코 요구하지 않으며, 특별히 그런 형벌은 개선의 목적도 달성하지 못하기 때문이다.

우주론적으로, 영원한 고통에 대한 교리는 죄와 죄인들이 영원히 사라질 새 세상에 대한 예언적 이상과는 모순되게 우주적인 이원론을 영속시킨다. 만일 고통받는 죄인들이 하나님의 새로운 세상에 영원히 존재한다면, 그때 "애통하는 것이나 곡하는 것이나 아픈 것이 다시 있지 아니하리니 처음 것들이 다 지나갔음이러라"(계 21:4)고 결코 말할 수 없을 것이다.

의식적인 고통으로서의 지옥에 대한 전통적인 견해는 오늘날 곤경에 처해있다. 그런 견해에 대한 반대 입장이 점점 더 거세지며 지지 기반은 점점 약해져서 사람들은 그것을 포기하고 있으며, 대신에 지옥의 가혹한 공포심을 피하고자 보편적 구원에 대한 주장을 채택한다. 악한 자에 대한 마지막 심판과 형벌에 대한 중요한 성서적 교리를 이끌어내기 위해 성서적 지성을 가진 그리스도인들에게는 잃어버린 자들의 운명에 대하여 성경이 가르쳐주는 바를 재검토하는 일이 중요하다.

관련된 성서적 자료들에 대한 우리의 주의 깊은 연구는 악한 자들이 하나님의 심판의 목적으로 부활할 것임을 보여준다. 이것은 하나님 앞에서 떠나 슬피 울며 이를 갈 있을 장소로 영원히 추방되는 것을 동반할 것이다. 하나님의 공의에 의해 개인적으로 주어지는 의식적 고통의 기간 후에, 악한 자들은 회복이나 재활의 소망 없이 소멸될 것이다. 신자들의 궁극적인 회복과 죄인들이 이 세상으로부터 소멸되는 것은 그리스도의 구속적 사명이 완전히 승리한다는 것을 증명할 것이다. 그리스도의 승리는 "처음 것들이 다 지나갔음"(계 21:4)과 오직 빛, 사랑, 화평, 조화만이 영원토록 넘쳐 날 것을 의미한다.

부활신학

제 7 장

구속의 완성

제7장

구속의 완성

이탈리아의 시인 단테 알리기에리(1265~1321)는 신곡으로 알려진 지옥, 연옥, 천국에 대한 그의 3부작으로 유명하다. 마지막 책, "낙원"의 서론에서, 그는 뮤즈의 후원자, 아폴로에게 그의 시적인 영감과 날개를 달아주고 올바른 길로 그의 상상력을 인도해 줄 것을 간구한다. 단테는 지옥과 연옥에 대하여 저술할 때보다 낙원에 대하여 쓰는 것이 훨씬 더 어렵기 때문에 가장 높은 곳에서부터 오는 특별한 도움이 필요하다고 느꼈다. 결국, 지옥 혹은 연옥의 고통과 형벌은 우리 인간 경험에서 낯설지 않지만, 낙원의 기쁨, 환희, 축복은 상상하기 힘든 것이다.

내가 이 마지막 장을 저술하기를 시작할 때도 동일한 부족함을 느낀다. 나는 하나님의 백성들이 기다리는 영광스러운 미래에 대해 알려진 제한적인 성서적 정보만을 알고 있다. 우리는 "하나님이 자기를 사랑하는 자들을 위하여 예비하신 모든 것은 눈으로 보지 못하고 귀로도 듣지 못하고 사람의 마음으로도 생각지 못하였다"(고전 2:9)는 바울의 말을 떠올린다. 성서적 자료가 제한적일 때, 제어되지 않는 추측들에 탐닉하는 유혹에 빠져들기 쉽다. 이번 장에서 구속의 완성으로 인도하는 사건들을 연구하면서 이런 위험을 마음에 새기도록 하자.

부활신학

이 장의 목적

마지막 장에서는 구속의 완성으로 인도하는 네 가지 주요한 사건들에 초점을 맞춘다. (1) 재림, (2) 부활, (3) 마지막 심판, (4) 오는 세상으로의 인도. 우리의 관심은 구속의 완성에 대한 성서적 이상을 정의할 뿐만 아니라 그 이상이 인간 본질에 대한 이원론적 이해에 의해 얼마나 혼탁해졌는지를 살펴보는 것이다.

우리는 제1장에서 인간 본질을 구성하고 있다고 우리가 믿고 있는 것이 우리의 궁극적 운명에 대하여 우리가 믿는 것을 대부분 결정한다고 진술했다. 이 마지막 장에서, 우리는 구속의 완성에 대한 이원론적인 주장들을 탐구한다. 특히, 우리는 이원론이 재림, 부활, 마지막 심판, 다가올 세상에 관한 대중적인 오류의 형성에 어떻게 기여했는지를 고찰한다. 이 연구의 목적은 단순히 구속의 완성에 대하여 이원론에 의해 조장된 오류들을 노출시키는 것 뿐만 아니라, 하나님의 백성들이 기다리는 영광스러운 운명으로 인도하는 사건들의 성서적이고 실제적인 이상을 확증하고자 함이다.

A. 재림

그리스도의 영광스러운 재림은 그리스도인 소망의 완성을 의미한다. 이방 종교들에서 구원이란 종종 하나님을 향한 **인간의 올라감**(*human ascension*)으로 인식되는 데 반해, 성서적 신앙에서 구원이란 인류를 향한 **하나님의 내려오심**(*divine descent*)으로 실현된다. 바꿔 말하면, 그리스도인의 소망은 몸에서 떠난 영혼의 고유한 능력이 하나님께로 **올라가는 데** 근거하지 않고 우리 세상을 원래의 완전함으로 회복시키시기 위해 이 땅으로 **내려오시고자** 하는 그분의 뜻하심에 대한 하나님의 계시에 근거한다. 어떤 면에서, 성경은 재림 이야기, 인간과 인간 아래 피조물들을 창조하시고, 구속하시고, 궁극적으로 회복하시기 위해 내려오신 하나님에 대한 이야기이다.

1. 이원론과 재림의 소망에 대한 경시

죽음 후에 개인의 영혼이 완전한 축복의 상태(하늘), 혹은 끊임없는 형벌의 상태(지옥), 혹은 정화의 중간 상태(연옥) 등으로 즉시 옮겨진다는 믿음은 그리스도의 오심에 대한 기대를 매우 약화시킨다. 그런 신앙이 재림의 기대감을 얼마나 가리고 흐리게 할지를 이해하는 것은 어렵지 않다. 만일 죽음으로 신자들의 영혼이 즉시 하늘로 올라가 주님을 만나고 완전한 축복과 하나님과의 교제를 즐긴다면, 잠자는 성도들을 부활하시기 위해 주님의 오심에 대한 기대감은 전혀 없어진다. 물질적인 육체는 몸에서 떠난 영혼들에게 이미 마지막 운명을 맡겨놓았음으로, 기껏해야 파루시아는 구원받은 자들의 하늘의 축복과 구원받지 못한 자들의 지옥의 고통을 강화하는 것으로 여겨진다.

사망 시에 그리스도를 만남

가톨릭 신앙의 베스트셀러 작가인 안토니 빌헬름은 **우리 중에 계신 그리스도**(*Christ Among Us*)라는 그의 책에서, 재림에 대한 장을 할애하지 않는다. 왜 그럴까? 왜냐하면 그는 구원받은 자들의 영혼이 죽을 때 이미 그리스도를 만난다는 가톨릭 신앙을 따르기 때문이다. 그는 다음과 같이 기록한다. "우리가 죽은 후에 얼굴을 맞대고 가장 명료하고 가능한 한 가장 친근한 방법으로 만날 분은 그리스도이다. 우리가 기도로써 다가갔으며, 우리가 성례전으로 희미하게 만났던 그분이 이제 그분의 빛과 사랑과 능력의 완전한 충만함으로 우리 앞에 계신다."[1] 이것이 의미하는 것은 신자들에게 있어서 절정의 순간은 죽음이지 재림이 아니다. 빌헬름은 이 견해를 명백하게 진술한다. "죽음은 우리 삶의 절정의 경험이다. 그것은 단지 그 한 순간 이상의 의미를 가지고 있다. 그것은 경험이다. 우리는 완전한 의식과 완전한 자유로 깰 것이며 하나님, 바로 그분을 만난다. 우리의 모든 삶은 바로 이 순간을 위해 살아간다."[2]

이 교리는 그리스도인의 소망은 죽음이 아니라 그리스도께서 영광스럽게 오실 때 그분을 만남으로 성취된다는 성경의 가르침과 매우 상충된다. 성경에서 죽음은 결코 "우리의 삶의 절정을 경험하는 것"으로 표현되지 않는다. 가톨릭과 많은 개신교들에게 재림은 더 이상 실제로 필요치 않다는 것은 놀라운 일이 아닌데, 왜냐하면 그들은 죽을 때 몸을 떠난 영혼들로서 그리스도를 만날 것을 믿기 때문이다. 오스카 쿨만은 이 견해의 발전을 "그리스도의 가시적 다시 오심은 더 이상 필수적인 것(명확하게 가르칠 수 없는 것)으로 간주되지 않는다는 거룩한 공회의 결정[1944. 7. 29]"[3]에서 그 예를 발견한다.

성경과는 이질적일 뿐만 아니라, 이 가르침은 그리스도인들에게 죽음 후에 개인적이고 즉각적인 축복을 위해 노력하도록 부추기며, 결과적으로, 주님의 오심을 통하여 실현되는 세계적, 우주적, 전체적 구속에 대한 소망을 뒤로 밀어낸다. 아브라함 쿠퍼가 주목하듯이 이 신앙의 궁극적 결과는 "대부분의 그리스도인들이 그들 자신의 죽음 훨씬 너머를 생각지 못한다."[4]라는 것이다.

죽음 후에 그들의 영혼이 생존한다고 믿는 자들의 주된 관심은, 비록 몸을 떠난 상태인, 영적 형태이지만 즉시로 낙원에 이른다는 것이다. 이런 관심은 주님의 오심과 육체의 부활에 대한 어떤 시간과 흥미도 남기지 않는다.

불멸 혹은 부활?

즉각적 불멸성에 대한 개인주의적인 소망은 이 창조와 피조물의 궁극적인 회복에 대한 전체적인 성서적 소망을 유린한다(롬 8:19~23; 고전 15:24~28). 실제 미래로 간주되는 것이 죽음 후의 개인적 생존이 될 때, 인류의 고뇌는 단지 말초적인 관심사만 갖게 되며, 온 세상을 향한 하나님의 구속의 가치는 대부분 경시된다.

죽음 후의 영혼이 몸을 떠난 상태의 생존에 대한 개념은 헬라 철학에 그 뿌리를 두고 있다. 헬라인들에게 육체의 부활은 생각할 수 없는 것인데, 왜냐하면 육체는 물질적인 것으로 영혼보다 가치가 낮으며, 생존의 가치가 없기 때문이라고 본다는 것을 우리는 살펴보았다. 하지만, 성서적인 견해에서, 육체는 영혼을 위한 무덤이 아니라 하나님의 성령이 거하는 전이며, 그러므로 창조와 부활의 가치가 있다.

"죽음에 대한 헬라적 개념으로부터 '영혼의 불멸성'의 교리가 온 것이 분명하다. 그와는 대조적으로 부활 신앙은 성서적 배경에서만 가능한데…죽음과 죽음 후의 계속되는 삶은 유기적이고 자연적인 과정이 아니라, 오히려 여기에는 강력한 힘이 충돌하고 있다. …부활의 소망은 창조에 대한 믿음을 전제로 한다. 왜냐하면 하나님께서 육체의 창조주이시기에, 그러므로 성경에서의 '부활'은 헬레니즘과는 대조적으로, 육체의 부활이어야만 한다."[5]라고 오스카 쿨만은 기록한다.

영혼의 불멸성을 믿는 것은 존재를 벗어 날 수 없다는 의미에서 어느 한 부분은 적어도 불멸이어야 함을 의미한다. 그런 믿음은 자신과 자신의 영혼이 주께로 올라갈 수 있다는 가능성에 대한 확신을 부추긴다. 스테판 트라비스는 이렇게 말한다. "불멸성은 하나님의 은혜의 선물이라기보다는 인간을 구성하고 있는 필수불가결한, 인간의 자연적 자질로 여겨지는 경향이 있다."[6]

또 한편으로는, 육체의 부활에 대하여 믿는 것은 우리 자신이나 몸을 떠난 우리 영혼이 주께로 올라가는 것이 아니라, 그리스도 안에서 죽은 자들이 일어나고 살아있는 자들이 변화됨을 믿는 것을 의미한다. 파루시아는 개인의 영혼이 그리스도께 **올라가는** 것보다는 인류를 위해 그리스도께서 **내려오시는** 사건으로 실현되는 마지막 완성을 강조한다.

그리스도인의 소망은 "죽을 때나 이루어질 그림의 떡"이 아니라 그분의 파루시아의 영광스러운 날에 몸을 가진 신자들과 몸을 가진 그리스도 사이에 이 땅에서 실제로 만나는 것이다. 그 실제적 만남으로부터 인간성과 본질에 영향을 주는 변화가 있을 것이다. 인간 본질에 대한 이원론적 견해는 영혼이 죽음 후에 즉시로 낙원의 축복으로 그리스도를 만난다고 가르침으로써 이 위대한 기대를 희석시키고 지워버린다. 이런 대중적이고 기만적인 가르침에 대항할 수 있는 유일한 안전망은 인간 본질과 운명에 대한 성서적 가르침을 명확하게 이해하는 것

부활신학

이다. 이 중대한 때에, 그리스도의 오심의 방법, 목적, 결과에 대한 성서적 이상을 살펴보자.

2. 그리스도의 오심의 방법

그리스도의 오심은 인격적일 것임

신약 성경은 그리스도의 다시 오심이 인격적이고 가시적이며 갑작스럽고 영광스러우며 장엄할 것이라고 제기한다. 그리스도의 다시 오심은 분명히 인격적인 나타남일 것이다. 승천하시는 주님을 바라보던 제자들은 두 천사로부터 보증을 받았다. "갈릴리 사람들아 어찌하여 서서 하늘을 쳐다보느냐 너희 가운데서 하늘로 올리우신 이 예수는 하늘로 가심을 본 그대로 오시리라"(행 1:11).

이 구절은 인격적으로 하늘로 올라가신 부활하신 주님께서 이 땅에 그와 같은 방법으로 오실 것을 매우 분명하게 말하고 있다. 그분의 다시 오심은 그분의 떠나심처럼 인격적일 것이다. 이 분명한 가르침은 승천과 재림 모두 영적으로 해석하는 많은 자유주의적 신학자들에 의해 배척된다. 그들의 견해에는, 승천이 단지 그리스도의 존재의 더 높은 수준에 대한 가시적 표현이었다. 이와 비슷하게, 그리스도의 다시 오심에 대한 언급들도 이 세상에서 그분의 영적인 능력에 대한 더 큰 증거로 해석된다. 그들은 그리스도께서 이 땅에 인격적으로 오시는 것이 아니라 인류에게 더 증가된 영적 영향력을 발휘할 것이라 믿는다.

재림을 영적인 것으로 만드는 것은 그분이 인격을 가지고 다시 오신다는 많은 명백한 기사들에는 합당하지 않다. 바울은 빌립보서 3:20, 21에서 말한다. "구원하는 자 곧 주 예수 그리스도를 기다리노니…우리의 낮은 몸을 자기 영광의 몸의 형체와 같이 변케 하시리라." 또한 데살로니가전서 4:16에서 사도는 말한다. "주께서 호령과 천사장의 소리와 하나님의 나팔로 친히 하늘로 좇아 강림하시리니"(참조 골 3:4; 고전 15:22; 딛 2:13). 이런 구절들은 그리스도의 다시 오심에 대한 영적인 해석을 분명하게 부인한다. "하늘로 좇아" 주님이 친히 오시는 것이지, 그분의 능력이 오는 것이 아니다.

그리스도의 오심은 가시적일 것이다. 그리스도의 오심이 인격적이고 신체적인 국면들과 직접적으로 관련된 것은 그것의 가시적인 특징이다. 후자는 그것을 묘사하기 위해 주로 사용되는 두 단어들, 즉 **파루시아**-오심, **에피파네이아**-나 타나심에서 나왔다. 이 용어들은 내부적이고 불가시적인 영적 경험이 아니라 가시적인 인격체와의 실제적인 만남을 묘사한다.

히브리서는 그리스도에 대하여 "이제 자기를 단번에 제사로 드려 죄를 없게 하시려고 세상 끝에 나타나셨느니라 이와 같이 그리스도도…구원에 이르게 하기 위하여 죄와 상관없이 자기를 바라는 자들에게 두 번째 나타나시리라"(히 9:26, 28)고 설명한다. 이 비교는 두 번째 나타나심도 첫 번째와 같이 가시적일 것이라고 제기한다.

예수 자신은 그분의 오심의 가시성에 대해 조금도 의심의 여지를 남기지 않으셨다. 그는 제자들에게 비밀스럽게 임한다는 기만을 "동편에서 나서 서편까지 번쩍"(마 24:26, 27)이는 번개의 가시성과 비교함으로 경고하셨다. 그리스도는 부언하셨다. "그때에 인자의 징조가 하늘에서 보이겠고 그때에 땅의 모든 족속들이 통곡하며 그들이 인자가 구름을 타고 능력과 큰 영광으로 오는 것을 **보리라**"(마 24:30).

동일한 진리가 요한계시록 1:7에서 장엄한 언어로 분명하게 표현된다. "볼지어다 구름을 타고 오시리라 **각인의 눈이 그를 보겠고** 그를 찌른 자들도 볼 터이요 땅에 있는 모든 족속이 그를 인하여 애곡하리니" 여호와의 증인이 가르치는 것처럼 오직 믿음의 눈으로만 인지할 수 있는 비가시적인 그리스도의 오심에 대한 주장과, 많은 세대주의자들에 의해 주장된 이 땅에서 교회를 휴거하기 위해 그리스도의 비밀스러운 오심의 개념은 성서적 사상과는 이질적이다. 요한은 우리의 궁극적인 변형의 보증으로써 그리스도의 다시 오심에 대한 가시성을 지적한다. "그가 나타내심이 되면 우리가 그와 같을 줄을 아는 것은 그의 계신 그대로 **볼 것을 인함이니**"(요일 3:2).

그리스도의 오심은 예기치 않을 것이다

그리스도의 다시 오심은 또한 **예기치 않은 것이어서** 사람들이 놀라게 될 것이다. 그분의 오심의 갑작스러움을 예증하기 위하여 그리스도께서는 노아 홍수로 인한 예기치 못한 파멸과 비교하셨다. "홍수 전에 노아가 방주에 들어가던 날까지 사람들이 먹고 마시고 장가들고 시집가고 있으면서…인자의 임함도 이와 같으리라"(마 24:38, 39).

그분의 오심에 대한 갑작스럽고 예견할 수 없는 방식을 예증하기 위해 그리스도에 의해 사용된 또다른 비유는 도둑의 예기치 못한 침입이다. "만일 집 주인이 도적이 어느 경점에 올 줄을 알았더면 깨어 있어 그 집을 뚫지 못하게 하였으리라"(마 24:43). 그리스도의 다시 오심의 갑작스럽고 예기치 못한 방식 때문에, 신자들은 끊임없이 준비하도록 고무된다. "이러므로 너희도 예비하고 있으라 생각지 않은 때에 인자가 오리라"(마 24:44; 살전 5:6).

그리스도의 다시 오심의 갑작스러움은 마지막 때의 징조의 성취와 상충되지 않는데, 왜냐하면, 내가 다른 곳에서 논의한 것처럼, 그것들의 기능은 계속적인 준비를 장려하는 것이지 감각적인 예견을 하는 것이 아니기 때문이다. 그리스도에 의해 주어지고 신약 성경 기자들에 의해 명료해진 마지막 때의 징조들은 일반적인 특성을 가지는데, 그것들은 믿음을 성숙시키고 역사를 통하여 신자들의 소망을 강력하게 하기 때문이다.

그리스도의 오심은 영광스럽고 장엄할 것이다

그리스도께서 미천한 마을에서 보잘 것 없는 아이로 이 세상에 오셨던 그분의 초림과는 사뭇 대조되어, 그분은 정복자로서 하나님의 능력과 영광으로 다시 오실 것이다. 예수께서는 그분의 재림을 그분의 능력과 영광의 가시적이고 우주적인 나타냄으로 묘사한다. "인자가 아버지의 영광으로 그 천사들과 함께 오리니 그때에 각 사람의 행한 대로 갚으리라"(마 16:27). 바울은 재림에 대하여 기술하면서 그리스도의 말씀을 부분적으로 반향한다. "주께서 호령과 천사장의 소리와 하나님의 나팔로 친히 하늘로 좇아 강림하시리니"(살전 4:16; 참조 골 3:4; 딛 2:13).

계시를 받은 요한은 백마를 탄 자의 오는 것과 비교함으로 그리스도의 다시 오심의 영광을 가장 극적인 방법으로 묘사하는데, 찬란한 영광 중에, 하늘에 있는 군대들이 "희고 깨끗한 세마포를 입고" 따르며, "그 옷과 그 다리에 이름 쓴 것이 있으니 만왕의 왕이요 만주의 주라"(계 19:11~16).

아마도 그리스도의 오심의 영광과 장엄함을 묘사하기 위해 성경에서 사용된 가장 효과적인 심상은 "구름을 타고" 그분이 오시는 것이다. 예수 자신도 그분의 오심에 대하여 말씀하실 때 이 심상을 사용하셨다. 그분의 오심의 방법에 대하여 묻는 그분의 제자들에게, 그리스도는 대답하셨다. "그때에 인자의 징조가 하늘에서 보이겠고 그때에 땅의 모든 족속들이 통곡하며 그들이 인자가 **구름을 타고** 능력과 큰 영광으로 오는 것을 보리라"(마 24:30) 대제사장에 의해 심문을 받으시는 동안, 그리스도는 선포하셨다. "내가 너희에게 이르노니 이 후에 인자가 권능의 우편에 앉은 것과 하늘 **구름을 타고 오는 것을** 너희가 보리라 하시니"(마 26:64) 동일한 언어가 요한계시록에서 사용된다. "볼지어다 **구름을 타고 오시리라** 각인의 눈이 그를 보겠고"(계 1:7).

이런 묘사의 기원은 구약 성경의 예언서로 거슬러 올라갈 수 있으며, 특히 다니엘은 기록한다. "내가 또 밤 이상 중에 보았는데 **인자 같은 이가 하늘 구름을 타고 와서** …그에게 권세와 영광과 나라를 주고"(단 7:13, 14; 참조 욜 2:2; 습 1:14~18). 왜 그리스도의 다시 오심이 구름과 관련되어지는가? 성서적 역사에서 "구름"의 풍부한 의미는 세 가지 가능성 있는 이유를 제기한다.

무엇보다도 구름을 타고 그리스도께서 오시는 것은 **신적 능력과 영광의 독특하고 가시적인 증거**가 될 것이라고 제기한다. 구름은 하나님의 영광의 수레이며(시 104:3) 하나님의 영광스러운 임재를 선포하기 위해 하나님이 사용하시는 것(출 24:14, 15)이기 때문에, 그것이 그리스도의 다시 오심이 수반하게 될 장엄함과 광대함을 적절하게 표현한다.

또한 구름을 타고 그리스도께서 오시는 것은 **신실한 자들을 보상하고 신실하지 못한 자들을 벌하시는 하나님의 언약의 성취**라고 제기한다. 하나님의 언약은 홍수 후에 "구름 속에"(창 9:13) 무지개를 배경으로 노아와 맺어졌으며, 광야를 지내는 여정에서 그분의 백성들을 구름을 통하여 약속하신 하나님의 인도하심은 신자들에게 재림의 구름이 나타나고 그들의 구세주가 그들을 영원한 쉼의 약속의 땅으로 환영함으로 그들의 순례의 끝이 이르렀을 때 궁극적으로 성취될 것이다.

재림의 구름은 또한 믿지 않는 자들에 대한 죽음과 심판의 **불길함이다.** 선지자들은 여호와의 큰 날의 환란을 "구름과 흑암의 날"(습 1:15; 욜 2:2)로써 묘사한다. 출애굽의 처음부터 마지막까지, 성경에서 구름은 신실한 자들을 위한 보호의 약속이며 신실하지 못한 자들에 대한 심판의 경고를 포함한다.

또한 구름을 타고 주님이 오시는 것은 그리스도와 모든 세대의 신자들이 **즐겁게 재연합하는 것**을 의미한다. 바울은 부활한 자들과 변화된 성도들 모두 함께 "구름 속으로 끌어올려 공중에서 주를 영접하게 하시리니 그리하여 우리가 항상 주와 함께 있으리라"(살전 4:16, 17)고 설명한다. 여기서 구름은 주님과 모든 세대의 신자들이 랑데부하는 곳으로 나타난다. 이스라엘 백성들이 "구름 아래"에서 살고 "구름에서" 침례를 받음으로 하나님의 임재와 능력을 경험한 것처럼(고전 10:1~5), 구속받은 자들은 그리스도의 영광스러운 다시 오심의 구름 속에서 위대한 랑데부로 그리스도의 임재와 능력을 경험할 것이다. 여기서 재림의 구름은 모든 신자들의 변화의 장소이며, 신자들의 영원한 교제가 시작되는 장소를 의미한다. 인격적이고 가시적이며 갑작스럽고 영광스럽고 장엄한 그리스도의 오심에 대한 이런 특징들은 인간들이 보게 될 것 중에 가장 감동적인 사건을 묘사하기에는 미약한 시도로 여겨질 것이다.

3. 그리스도의 오심의 목적

구속의 완성

그리스도께서 다시 오셔야 되는 이유는 무엇인가? 기본적인 대답은 그분의 성육신으로 시작된 구속의 사업을 완수하는 것이다. 악의 세력에 대한 하나님의 정복은 두 개의 위대한 사건 혹은 임재로 성취된다. 성육신과 재림. 오스카 쿨만은 나찌 독일에 대한 연합군의 승리의 유추로 이 두 단계의 승리를 예증한다.[7] 그 승리의 두 단계는 **디 데이**(D-Day)와 **브이 데이**(V-Day)로 알려진다. 디 데이는 노르망디 해변에 연합군의 성공적인 상륙이었으며, 그것은 전세를 바꾸어 놓았다. 비록 독일 군의 마지막 항복 전에 힘든 전투가 많이 있었지만, 이 날에 결정적인 일격이 가해졌으며 전세는 역전되었다. **브이 데이**는 독일군의 공식적인 항복과 함께 승리의 축제가 벌어진 것을 의미한다.

그분의 승리의 삶과 죽음과 부활을 통해, 그리스도께서는 사단의 영역에 결정적인 일격을 가하셨다(D-Day). 바울은 그것을 기록한다. "정사와 권세를 벗어버려 밝히 드러내시고 십자가로 승리하셨느니라"(골 2:15). 오순절 이래로, 하나님의 왕국의 복음은 온 세계에 전파되었고, 날로 증가되는 사람들이 사단의 지배로부터 구원받고 그리스도의 왕국의 일원이 되었다. 비록 사단은 결정적인 패배로 고통당했지만, 그는 결코 파멸되지 않았다. 그의 악한 권세는 여전히 우리에게 많이 있다. 증오, 폭력, 범죄, 박해, 전쟁은 여전히 고통스러운 일상의 실상이다. 그러므로 그리스도께서 "모든 원수를 그 발 아래" 두기 위해 다시 오셔야 하며, "맨 나중에 멸망 받을 원수는 사망이다"(고전 15:25, 26).

하나님의 왕국의 원수들은 인간의 마음과 행동에 영향을 끼치는 영적 원수들이다. 이 마귀의 세력들에 대한 마지막 승리는 오직 하나님의 직접적인 개입으로만 이룰 수 있다. 그리스도의 오심의 목적은 악의 모든 형태와 악한 자들을 파멸하고 평화와 의의 그분의 영원한 왕국을 설립함으로써 그분의 숨겨진 능력을 드러내는 것이다.

구속받은 자들의 모임

그분의 봉사 기간 동안 반복적으로, 그리스도께서는 그분의 다시 오심의 주요한 목적이 그분의 구속받은 모든 자녀들을 자신에게로 모으는 것이라고 말씀하셨고(마 24:31; 25:32~34), 예수께서는 "나 있는 곳에 너희도 있게 하리라"(요 14:3)고 말씀하셨다. 그리스도께서 우리의 친구를 돌보시려고 다시 오시고 싶어한다는 사실은 그분과 함께 지낼 생각에 우리의 가슴이 기쁨으로 뛰게 만든다. 그리스도의 다시 오심은 구속받은 자들을 모으는 것과 밀접하게 연관되어 있어서 바울은 "우리 주 예수 그리스도의 강림하심과 우리가 그 앞에 모임에 관하여"(살후 2:1) 한꺼번에 말한다.

모든 세대의 구속받은 자들이 구세주 주변에 함께 모여들 때, 그 엄청난 모임에 대하여 상상하기란 불가능하다. 그리스도께서 그분의 제자들을 "땅 끝까지"(행 1:8) 증거하도록 보내신 것처럼, 그분은 그분의 천사들을 "자기 택하신 자들을 땅 끝으로부터 하늘 끝까지 사방에서 모으"도록 보낼 것이다(막 13:27). 남아 있는 신자들은 아무도 없을 것이다. 대통령의 공식 방문 때에는, 단지 몇 사람만이 환영 파티에 일원이 될 수 있다. 그리스도께서 오실 때에는, 살아있는 신자들, 젊은이와 노인, 교육받은 자와 받지 못한 자, 부자와 가난한 자, 흑인과 백인 모두가 거대한 재림의 잔치에 참여할 것이다.

B. 부활

1. 신자들의 부활

모든 신자들의 세계적 모임은 그리스도께서 다시 오실 때 두 가지 주요 사건으로 가능할 것이다. 즉 자는 성도들의 부활과 살아있는 성도들의 변형(transformation)이다. 후자는 일반적으로 "변화"(translation)로 알려져 있다.

그런 용어는 꼭 알맞은 것은 아닌데, 왜냐하면 잠자는 성도와 살아있는 성도 모두가 변화될 것이며, 이 땅에서 하늘로 이동하여 옮겨질 것이기 때문이다. 그럼에도 불구하고, 우리는 살아있는 성도들이 변형되는 것을 가리키는 것으로 받아들여진 신학적 용어로 "변화"라는 용어를 사용한다.

모든 신자들의 부활과 변화는 때때로 "마지막 날"이라 불리워지는 그리스도께서 다시 오실 때라고 성경은 분명하게 지적한다(요 6:39, 40, 44, 54). 바울은 "아담 안에서 모든 사람이 죽은 것 같이 그리스도 안에서 모든 사람이 삶을 얻으리라 그러나 각각 자기 차례대로 되리니 먼저는 첫 열매인 그리스도요 다음에는 그리스도 강림하실 때에 그에게 붙은 자요"(고전 15:22, 23; 참조 빌 3:20, 21; 살전 4:16)라고 설명한다.

바울은 모든 잠자는 성도들의 부활과 모든 살아있는 성도들의 변화가 그리스도의 오실 때와 관련하여 동시에 일어날 것이라고 분명하게 설명한다. "주께서 호령과 천사장의 소리와 하나님의 나팔로 친히 하늘로 좇아 강림하시리니 그리스도 안에서 죽은 자들이 먼저 일어나고 그 후에 우리 살아남은 자도 저희와 함께 구름 속으로 끌어올려 공중에서 주를 영접하게 하시리니 그리하여 우리가 항상 주와 함께 있으리라"(살전 4:16, 17).

신자들의 부활

어떤 세대주의자들은 "그리스도 안에서 죽은 자들이 먼저 일어나고"라는 구절을 먼저 마지막 7년의 대환란 전에 비밀스럽게 휴거된 신약 성경의 신자들의 부활이 있을 것이며, 그 후에, 즉 대환란 후에, 구약 성경의 신자들, 곧 환란 받은 성도들과 불신자들의 부활이 있을 것이라는 의미로 해석한다.[8] 이 해석은 바울의 구절을 명백하게 오해했다. 이 구절을 대충 읽어보더라도, 바울이 구약 성경 신자들의 부활을 신약 성경 신자들의 부활과 대조하는 것이 아니라, 오히려 그리스도 안에서 죽은 자들을 살아 있는 성도들의 끌어올림과 대조하는 것임이 드러난다. 여기서 "먼저"란 살아있는 성도들이 주와 함께 있기 위해 끌어

올려지기 전에, 잠자던 성도들이 먼저 일어나는 것을 의미함이 분명하다.[9]

같은 순서가 고린도전서 15:52에서 바울에 의해 제안된다. "나팔 소리가 나매 죽은 자들이 썩지 아니할 것으로 다시 살고 우리도 변화하리라." 두 구절에서 바울의 관심은 그리스도의 다시 오시는 때에 살아있는 성도들이 잠자고 있는 성도들보다 더 이로운 점이 없음을 그의 독자들에게 확실히 하고자 함이다. 그 이유는 변형된 살아있는 성도들이 "저희[부활한 성도들]와 함께 구름 속으로 끌어올려 공중에서 주를 영접하게"(살전 4:17) 될 것이기 때문이다. 바꿔 말하면, 모든 세대의 모든 신자들, 곧 부활한 성도들과 변형된 살아 있는 성도들이 그 장엄한 재림의 모임에 참여할 것이다.

2. 불신자들의 부활

불신자들은 어떠한가? 그들도 부활하는가? 그렇다면 언제 부활하는가? 비록 그가 "의인과 악인의 부활이 있으리라"고 말하는 사도행전 24:15을 인용하지만, 바울은 그의 서신들에서 불신자들의 부활에 대하여 전혀 언급하지 않는다. 바울의 침묵의 이유는 불신자들의 부활이 자신의 편지를 보낼 필요성을 가진 문제가 아니었기 때문이다. 하지만, 성경은 이 부분에 대하여 침묵하지 않는다. 신자와 불신자의 부활에 대한 구약의 가장 명백한 구절은 단 12:2에서 발견된다. "땅의 티끌 가운데서 자는 자 중에 많이 깨어 영생을 얻는 자도 있겠고 수욕을 받아서 무궁히 부끄러움을 입을 자도 있을 것이며."

신약 성경에서, 신자들과 불신자들의 부활은 악을 행한 자들을 의로운 자들과 마지막 분리하는 이야기의 천국 비유 중에서 전제되어 있다(마 13:41~43, 49, 50; 25:31~46). 가장 명백한 진술은 요한복음에서 발견되는데, 그곳에서 예수는 말씀하신다. "이를 기이히 여기지 말라 무덤 속에 있는 자가 다 그의 음성을 들을 때가 오나니 선한 일을 행한 자는 생명의 부활로, 악한 일을 행한 자는 심판의 부활로 나오리라"(요 5:28, 29).

인용되는 세 구절은 모두 의로운 자와 불의한 자의 부활이 동시에 일어날 것이라고 제기하는 듯이 보인다(행 24:15; 단 12:2; 요 5:28, 29). 하지만, 요한계시록 20장은 두 개의 분리된 부활이 있을 것이라고 설명한다. 신자들의 부활이 먼저 일어나며, 그리스도의 승리의 재림의 때에 그리고 생명을 얻게 된다. "이 첫째 부활에 참예하는 자들은 복이 있고 거룩하도다 둘째 사망이 그들을 다스리는 권세가 없고 도리어 그들이 하나님과 그리스도의 제사장이 되어 천 년 동안 그리스도로 더불어 왕 노릇 하리라"(계 20:6). 불신자의 부활인 둘째 부활은 천년기 끝에 일어나며 정죄함을 받고 둘째 죽음에 이른다. "이것은 둘째 사망 곧 불못이라 누구든지 생명책에 기록되지 못한 자는 불못에 던지우더라"(계 20:14, 15).[10]

국면보다 더 중요한 사실

비평적인 현재 독자들에게는, 신자들과 불신자들의 한번의 전체적인 부활에 대하여 말하고 있는 구절들과 천년기로 구분된 두 개의 부활에 대한 요한계시록의 언급 사이에는 큰 모순이 나타난다. 이 분명한 모순은 성경 기자들을 괴롭히지 않았는데, 왜냐하면 그들에게 그 **양상**보다 더 중요한 것은 부활의 **실재**였기 때문이다. 이것이 부활에 대한 대부분의 언급들이 그 국면들보다는 그 사실들을 언급하는 이유이다.

동일한 원칙이 마지막 심판에도 적용되는데, 대부분의 성경 구절들은 그 국면보다는 그 실재성과 최종적인 것을 강조한다. 하지만 마지막 심판의 재림 전과 후의 국면을 분명하게 제안하는 성경 구절들도 있다.

이런 사실들에 근거하여, 제칠일안식일예수재림교회는 요한계시록 20장에서 나타나는 천년기 시작 때의 신자들의 부활과 천년기 끝의 불신자들의 부활 사이의 구별을 실제적으로 받아들인다. 경고의 말씀이 여기 잘 정리되어 있는데 왜냐하면 두 부활 사이의 구별이 성경의 이 한 구절 안에 절대적으로 의존하고 있기 때문이다. 하나의 동떨어진 구절은 견고한 교리를 구축하기 위한 강력한

부활신학

성서적 기초를 결코 제공하지 못한다. 재림교인들은 악한 자들의 부활과 그들의 마지막 파멸 전의 그들의 존재 양상의 본질에 관하여 성경의 침묵하고 있다는 것을 인식한다. 따라서 성경에 드러나지 않은 것에 관하여 추측하는 것은 덕스럽지 못하다.

다른 두 부활

제칠일안식일예수재림교인들, 곧 재림교인들에 의해 주장된 두 개의 구별된 부활에 대한 신앙은 다소 독특한 전 천년주의의 한 부류이다. 재림교인들은 그리스도께서 인격적으로, 가시적으로, 영광스럽게 다시 오실 때 천년기의 시작과 동시에 **모든** 의롭게 죽은 자들의 부활과 **모든** 의로운 살아 있는 자들의 변화가 일어난다고 믿는다. 그때에 살아있는 악한 자들은 멸망할 것이며, 반면에 죽었던 악한 자들은 천년기 끝에 둘째 부활 때까지 그들의 무덤에 남아 있을 것이다.

천년기 동안 구속받은 자들은 하늘에 있을 것이며, 반면에 사단은 아무도 살지 않는 이 땅에 고립될 것이다. 천년기의 마지막에, 죽었던 악한 자들은 부활할 것이다. 이 사건은 사단으로 하여금 구속받은 자들이 이 땅에 내려올 때 이 세상을 장악할 수 있는 마지막 시도를 할 수 있게 만들 것이다. 하지만, 하나님께서는 그들을 영원히 멸망시키심으로(둘째 사망—계 20:13~15) 악한 자들에 대한 그분의 심판을 실행하실 것이다. 결국, 하나님께서는 이 땅을 재창조하실 것이며, 구속받은 자들은 그곳에서 안전하게 영원히 거할 것이다.

다른 견해들과 비교해 볼 때, 제칠일안식일예수재림교회의 해석은 덜 혼돈스럽고 성경과 더 잘 일치한다. 세대주의자들이 주장하는 것처럼 세 번 혹은 네 번의 부활이 아니라 두 번의 부활이 있다. 한번은 의로운 자들의 부활이요 한번은 불의한 자들의 부활이다. 이것은 구속받은 모든 자들이 동시에 부활하고 보상받을 것이며, 비슷하게, 모든 악한 자들도 동시에 부활하여 심판 받을 것을 의미한다. 천년기 동안 누가 이 땅에 살고 누가 하늘에 사는 지에는 혼돈이 없다. 이 땅에서 천년 동안의 유대 왕국과 하늘에서의 그리스도인 왕국 사이의 어떤 구별도 없다. 모든 세대의 신자들로 구성된 하나님의 하나의 왕국만 있다.

3. 몸의 부활

신자들이 부활 할 때 혹은 변화될 때 받게 될 육체는 어떤 종류일까? 부활한 육체는 그들이 죽었을 때의 영혼과 재결합할까? 그것은 육체적 몸일까 영적 몸일까? 그것은 현재의 모습과 비슷할까 아니면 현저하게 다를까? 우리의 개인적인 신원은 어떻게 유지될까? 내 아버지는 83살 내 어머니는 81살일까? 부활한 몸의 본질에 대한 이런 질문들에 대한 해답을 찾기 전에, 우리는 육체의 부활 교리를 반대하기 위해 일어난 두 개의 주요 반대 이론들을 간단히 살펴보아야만 한다. 이것들은 한편으로는 철학적 이원론에서, 다른 한편으로는 "과학적" 물질주의에서 유래되었다.

몸의 부활에 대한 반대들

헬라 철학적 이원론은 물질적 존재는 악한 것으로 없어져야 하는 것으로 여긴다. 구원은 육체의 감옥에서 영혼의 해방으로 이해된다. 분명 인간 본질에 대한 이런 이원론적 견해는 어떤 고린도 교인들에게 몸의 부활에 대한 교리를 거절하도록 영향을 끼쳤다. 바울의 질문에 이것이 나타난다. "너희 중에서 어떤 이들은 어찌하여 죽은 자 가운데서 부활이 없다 하느냐"(고전 15:12).

안토니 훼케마는 기술한다. "우리는 영혼의 불멸성을 가르치고 몸의 부활을 부인하는 것이 헬라 사상의 영향으로 이루어졌다는 것을 추측만 할 수 있다. 바울은 사람이 그리스도의 부활을 믿는다면, 그가 신자들의 부활을 결코 부인할 수는 없을 것이라고 주장함으로써 이 오류에 대하여 반박한다."[11]

철학적 이원론은 기독교 사상에 많은 영향을 끼쳤다. 초기 기독교에서, 영지주의자들은 몸의 부활을 부인했는데, 왜냐하면 J. N. D. 켈리가 기록한 것처럼,

부활신학

"물질적인 것은 본질적으로 악하며, 구원에 육체는 참여할 수 없으므로, 따라서 영혼만이 누릴 수 있는 특권임이 분명하다. 그리고 만일 부활이 사실이라면, 그것은 영적인 상태로서, 진리에 의해 마음에 조명된 것이 틀림없다."[12]

우리 시대에, 지금 이원론은 물질적인 존재는 악하다고 주장하는 과오를 범했기 때문에 많은 그리스도인들이 몸의 육체적 부활에 대한 주장을 거절하도록 이끌고 있다. 따라서 많은 사람들은 구속받은 자들의 부활이 육체적인 것이 아니라 영적인 몸일 것이라고 믿는다.

이 견해의 오류는 그것이 물질은 악하고 멸망되어야 한다는 잘못된 이원론적 주장에 근거하고 있는 것이다. 이 견해는 인간의 육체를 포함한 물질은 하나님의 선한 창조물이라고 가르치는 성경 구절에 의해 분명하게 거부된다(창 1:4, 10, 12, 18, 21, 25, 31). 시편 기자는 선포한다. "주께서 내 장부를 지으시며 나의 모태에서 나를 조직하셨나이다 내가 주께 감사하옴은 나를 지으심이 신묘막측하심이라 주의 행사가 기이함을 내 영혼이 잘 아나이다"(시 139:13, 14). 바울에 의해 "영적"(역자 주 : 한글개역의 고전 15:44에 "신령한" 몸으로 번역됨)이라고 불리운 부활의 몸은 그것의 비신체적인 본질 때문이 아니라, 그것이 성령에 의해 지배받기 때문이라는 것을 우리는 분명히 알 수 있다.

"과학적" 물질주의

"과학적" 물질주의는 물질을 유일한 궁극적 실체라고 이해한다. 우리는 선택의 산물이라기보다는 우연의 산물로 여겨지는 물질적 육체로 살기 때문에, 우리가 죽을 때 그것은 끝이다. 이 견해에 영향을 받은 그리스도인들은 육체의 부활에 대한 그 어떤 주장도 거부한다. 그들은 오직 불멸성만이 우리가 다른 사람들에게 끼칠 수 있는 영향력이며 우리 자손들에게 넘겨줄 수 있는 유전적인 특성이라고 믿는다.

이 견해는 성경의 가르침뿐만 아니라 인간의 마음의 기본적인 갈망도 부인한다. 아원자(subatomic) 과학시대에, 세상을 존재하도록 하신 그 동일한 하나님께서 여전히 미립자들을 통제하시는 일을 계속하고 계신다는 것을 믿는 것이 불가능한 것만은 아니다. 육체의 부활을 믿는 것은 하나님께서 우리의 전존재를 포함한 모든 것을 여전히 통제하고 계심을 믿는 것을 의미한다.

부활의 사실

육체의 부활에 대한 그리스도인 믿음은 철학적 고찰이나 영혼의 불멸성에 대한 주장과 같은 소망의 생각에서 일어난 것이 아니었다. 그것은 죽은 자들로부터 그리스도께서 실제로 이미 부활하신 사건과 같은 확신으로부터 생겨났다. 인자는 **모든** 인류의 대표자이기 때문에, 그에게 일어난 것은 모든 신자들에게 일어날 것에 대한 실마리이다. 그리스도께서 무덤에서 육체로 일어나셨기 때문에, 우리도 비슷한 방법으로 일어날 것이라 믿는 것은 매우 당연한 것이다.

예수님은 "죽은 자들 가운데서 먼저 나신 자"(골 1:18)라고 올바르게 불리워지는데, 그 이유는, 죠지 엘돈 래드가 다음과 같이 표현하고 있기 때문이다. "그는 존재의 새로운 질서-곧 부활의 삶의 첫째 자리에 서 계신다."[13] 그리스도의 부활의 사실은 신자들의 부활에 확실성을 주는데, 왜냐하면 그리스도는 죽음을 이긴 그분의 승리를 증명하셨기 때문이다. 예수의 부활의 종말론적 특징은 그의 부활이 "잠자는 자들의 첫 열매"(고전 15:20)라는 바울의 진술로 분명해진다.

"첫 열매"라는 표현은 오늘날의 도시 거주자들에게는 거의 의미가 없다. 성경 시대에 그것은 추수의 첫 생산물을 의미했으며, 새로운 수확을 주신 하나님께 감사함을 표현하는 희생으로 드려진 것이기 때문에 충분한 의미가 있었다. 이러므로, 성전에 가져온 첫 열매들은 새로운 수확의 단순한 소망으로써가 아니라 실제적인 시작으로써 이해되었다. 그러므로 그리스도의 부활은 단지 신자들의 부활의 가능성만이 아니라 확실성이라는 의미에서 "첫 열매"인 것이다.

고린도전서 15장은 성경의 다른 어느 곳보다 충분하게 육체의 부활에 대한 방법을 알려준다. 여기서 바울은 우리의 부활이 그리스도의 부활에 얼마나 많

부활신학

이 의존하고 있는지를 강조하여 설명한다. "그리스도께서 만일 다시 살지 못하셨으면 우리의 전파하는 것도 헛것이요 또 너희 믿음도 헛것이며…그리스도께서 다시 사신 것이 없으면 너희의 믿음도 헛되고 너희가 여전히 죄 가운데 있을 것이요 또한 그리스도 안에서 잠자는 자도 망하였으리니"(고전 15:14, 17, 18). 이것은 놀라운 진술이다. 그리스도의 부활을 부인하는 것은 하나님에 대한 우리의 믿음과 그리스도께서 오실 때 우리를 일으켜 세우시겠다는 그분의 약속에 대한 믿음을 파괴하는 것이다. 그 이유는 간단하다. 그리스도께서 그분을 따르는 모든 사람들이 죽음을 정복할 수 있다고 증명하신 것은 그분의 부활을 통해서이다.

4. 부활한 몸의 특성들

그리스도께서 오실 때에 잠자는 성도와 살아있는 성도들에게 주실 몸은 어떤 것일까? 우리에게는 고린도인들에 의해 야기된 바로 이 질문에 대한 바울의 진술이 있어 매우 다행스럽다. "누가 묻기를 죽은 자들이 어떻게 다시 살며 어떠한 몸으로 오느냐 하리니 어리석은 자여 너의 뿌리는 씨가 죽지 않으면 살아나지 못하겠고 또 너의 뿌리는 것은 장래 형체를 뿌리는 것이 아니요 다만 밀이나 다른 것의 알갱이뿐이로되 하나님이 그 뜻대로 저에게 형체를 주시되 각 종자에게 그 형체를 주시느니라"(고전 15:35~38).

씨의 유추를 통해, 바울은 우리의 현재 신체적인 몸과 미래의 부활/변형의 몸 사이에 존재하는 연속성과 비연속성을 설명한다. 연속성은 씨와 그것으로부터 싹튼 새로운 식물 사이의 관련성에 의해 성립된다. 비연속성은 뿌려진 씨와 그것으로부터 나온 새로운 식물 사이의 차이점에서 보여진다. 여기서 바울이 말하고 있는 것은 하나님께서 뿌려진 각각의 씨에게 줄기를 주시는 것처럼 묻혀진 각각의 사람들에게 몸을 주실 것이다. 죽은 육체들이 씨앗처럼 땅 속에 묻혀진다는 사실을 씨앗의 유추를 통해 바울이 제안한 듯하다.

바울은 부활의 몸에 대한 묘사로 성경에서 찾을 수 있는 가장 세세한 것들을 제공해주는 뿌리고 거두는 유추를 더욱 심도 있게 한다. "죽은 자의 부활도 이와 같으니 썩을 것으로 심고 썩지 아니할 것으로 다시 살며 욕된 것으로 심고 영광스러운 것으로 다시 살며 약한 것으로 심고 강한 것으로 다시 살며 육의 몸으로 심고 신령한 몸으로 다시 사나니 육의 몸이 있은즉 또 신령한 몸이 있느니라"(고전 15:42~44).

네 가지 대조

고린도전서 15:42~44에서, 바울은 우리의 현재의 몸과 부활의 몸 사이의 차이점을 네 가지 대조를 통해 설명한다. 이 대조들은 그리스도께서 오실 때에 죽음을 보지 않고 변화함을 받아 변형될 살아있는 성도들의 몸에도 동일하게 적용된다. 첫째로, 우리의 현재의 몸은 질병과 죽음에 종속되어 **썩지만(프쏘라)** 우리의 부활의 몸은 더 이상 질병과 죽음이 없는 **썩지 않을(아프싸르시아)** 것이다. 둘째로, 우리의 현재의 몸은 무덤 속에 들어가는 욕됨을 경험하지만, 우리의 부활의 몸은 안팎으로 변형되는 영광을 경험할 것이다.

셋째로, 우리의 현재의 몸은 쉽게 지치고 소진될 만큼 **약하지만**, 우리의 부활의 몸은 우리의 모든 목표를 성취할 수 있을 끝없는 활력으로 강함이 충만할 것이다. 넷째로, 우리의 현재의 몸은 **육(소마 프쉬콘)**이지만, 우리의 부활의 몸은 **신령(소마 프뉴마티콘)**할 것이다. 이 마지막 대조는 많은 사람들로 하여금 부활여 변형된 몸은 현재의 육적인 본질이 없어질 것이라는 의미에서 "신령"할 것으로 믿게 한다. "신령한" 것은 육적인 것의 반대적 의미로 이해된다. 그러므로 부활한 변형된 몸은 그것이 어떠할 지라도 육적이지 않으며, 비물질적인 본질로 구성되는 것이다.

"신령한" 부활의 몸

재림 시에 살아있는 성도들과 죽었던 성도들이 육적인 본질은 완전히 배제된 비물질적이고 비육체적인 몸을 받게 될 것이라고 바울이 믿었고 또 성경이 가르치고 있는가? 어떤 학자들은 이 견해를 주장한다. 그들은 "신령한 몸—**소마 프뉴마티콘**"을 비록 "영은 하늘의 본질"이지만 "영으로 구성된" 것이란 의미로 정의한다.[14] 이 주장에 따르면, "영"은 본질이 될 것이며 "몸"은 부활한 몸의 형태가 될 것이라는 것이다.

불멸로 일어남 : 신약 성경의 부활과 불멸성이라는 그의 책에서, 머레이 해리스는 신령한 몸을 다음과 같이 정의한다. "신령한 몸은 천상 세계와 부활한 사람이 교통하는 기관이다. 그것은 그리스도인의 완전한 영과 온전히 반응하고 하늘의 환경에 완전하게 적응하는 육체적 형태이다."[15]

"하늘의 환경"에 적절한 기관이라는 "신령한 몸"에 대한 해리스의 정의는 구속받은 자들이 이 지상에서가 아니라 하늘에서 영원토록 지낼 것이라는 대중적인 가설에 주로 근거를 두고 있다. 하늘은 "신령한" 장소로 여겨져 왔기 때문에, 구속받은 자들도 하늘의 신령한 환경에 적절한 "신령한 몸"으로 맞춰져야만 한다.

이런 통속적인 믿음은 하나님께서 이 땅을 영원한 황폐함으로 저주하시며, 대신에 성도들의 거주지로 새로운 "하늘" 세계를 창조하실 것이라는 가정에 근거한다. 그런 가정은 인간과 피조물들이 살아가도록 이 세상을 창조하신 곳이 나중에 구속받은 자들의 영원한 거주지를 위한 이상적인 장소가 아님이 드러남으로 하나님의 지혜에 대한 심각한 의문을 야기시킨다. 이 문제를 해결하기 위해, 하나님은 결국 "하늘 행성"을 창조하시고 부활한 성도들이 그런 하늘의 환경에 적절한 "신령한 몸"을 갖게 하실 것이라는 것이다. 이런 시각은 성서적 실재론보다는 헬라적 이원론에 영향을 받았다.

이 구절에서의 바울의 언어는, 만일 그의 서신의 보다 넓은 문맥에서 살피지 않는다면, 독자들을 부활한 몸의 비물질적인 견해로 인도할 수 있다. 그런 견해는 무엇보다도 그리스도의 부활과 신자들의 부활에 대한 바울 자신의 비교한 것에 의해서 신뢰를 받을 수 없게 된다(골 1:18; 고전 15:20).

만일 그리스도께서 "잠자는 자들의 첫 열매"(고전 15:20)시라면, 부활한 신자들은 그리스도의 몸과 비슷한 육체를 가질 것이다. 그 비유는 그리스도께서 부활하셨을 때 그분의 성육신 동안 잠시 벗어놓았던(빌 2:7) 신적인 특성들을 다시 입으셨다는 견해와 그리 멀지 않다. 그러나 그리스도의 부활한 몸은 분명히 육체를 가진 몸이었음이 틀림없으며, 그분은 만져졌고(요 20:17, 27), 또 음식까지 드셨다(눅 24:38~43).

영으로 인도됨

동일한 두 단어(육적인-**프쉬키코스**/신령한-**프뉴마티코스**)의 바울의 용례는 같은 서신에서 더 사용되고 있다. "육에 속한[육적인-**싸키코스**] 사람은 하나님의 성령의 일을 받지 아니하나니 저희에게는 미련하게 보임이요 또 깨닫지도 못하나니 이런 일은 영적으로라야 분변함이니라 신령한[**프뉴마티코스**] 자는 모든 것을 판단하나 자기는 아무에게도 판단을 받지 아니하느니라"(고전 2:14, 15).

이 구절에서 신령한 자는 비육체적인 사람이 아님이 분명하다. 오히려, 자연적인 충동에 의해 인도되는 자와는 대조되는, 성령에 의해 인도되는 사람이다. 비슷하게, 고린도전서 15:44에서 묘사되는 현재의 육적인 몸은 죄와 사망의 법에 종속된 것이며, 반면 미래의 부활의 몸은 성령에 의해 지도함을 받을 몸이다. 부활의 몸은 육체적 충동이 아닌 성령에 의해 제어되기 때문에 "신령한" 몸이라 불리워진다. 이것은 "육체적-**프쉬케**"와 "영적-**프뉴마**" 사이의 인간론적인 이원론이 아니라 성령에 의해 인도되는 삶과 죄된 욕망에 의해 조절되는 삶 사이의 도덕적인 구분이다.

안토니 훼케마는 이 점을 분명히 한다. "여기서 **신령한(프뉴마티코스)**은 비육체적인 것을 의미하지 않는다. 오히려, 그것은 적어도 원칙적으로, 자연적인 충동에 의해 인도되는 자와는 구별되는 성령에 의해 인도되는 사람을 의미한다. 비슷한 경향으로, 고린도전서 15:44에 묘사된 자연적인 몸(역자 주 : 한글개역은 "육의 몸")은 죄로 기울어진 존재의 현재의 한 부분이지만 부활한 신령한 몸은 부분적이 아니라 전반적으로 성령에 의해 다스려지고 인도될 몸이다."[16]

이런 이상은 그 이후의 바울의 진술에 대한 우리의 이해를 돕는다. "혈과 육은 하나님 나라를 유업으로 받을 수 없고 또한 썩은 것은 썩지 아니한 것을 유업으로 받지 못하느니라"(고전 15:50). 여기서 바울은 부활의 몸이 비육체적일 것이라고 말하지 않고 있음이 분명한데, 왜냐하면 로마서에서 그는 "만일 너희 속에 하나님의 영이 거하시면 너희가 육신에 있지 아니하고 영에 있나니"(롬 8:9)라고 말하기 때문이다.

"육신에 있지 않고"라는 구절에서 바울은 성령에 의해 인도되는 그리스도인들이 이미 그들의 육체적 몸을 떠났음을 의미하지 않음이 분명하다. 오히려, 그는 이미 그들이 현재적 삶에서 세속적 가치가 아니라 성령에 의해 인도되었음을 의미한다(롬 8:4~8). 만일 바울이 이미 현재의 삶에서 "육신에" 있지 않는 자로써 그리스도인들을 말할 수 있다면, 하나님 나라에 "혈과 육"이 없다는 그의 언급은 육신적 몸이 없음을 의미할 수 없다. 구속받은 자들은 성령으로 온전히 인도함 받을 것이기 때문에 그것은 분명히 현재의 삶의 자연적이고 육신적인 제한들과 죄로 기울어지는 경향이 없어지는 것을 의미한다.

G. C. 벌카우어는 "'신령한 몸'은 우리가 때때로 '신령화'라고 부르는 것과는 아무런 관계가 없다. '신령화'는 언제나 이원론을 전제로 하는데, 그것은 결국 몸에 대한 가치 절하를 가져오고, 바울의 가르침 어디에서도 발견할 수 없다. 그는 '프뉴마[성령]에 의해 지배되는' 몸에 대하여 말하고 있다. 이 성령은 이미 인간의 몸 안에서 활동하고 있지만, 부활 시에 인간의 생명을 완전히 지배할 것이다. …이 변화는 몸을 박탈하는 것이 아니라, 구별을 의미한다. 이 구별은 몸의 상실과 몸에서 영혼이 자유롭게 되는 것이 아닌데, 왜냐하면 하나님의 영은 이미 이 땅에 있는 인간의 현재의 본질 안에서도 살기 때문이다."[17] 벌카우어는 그 구별은 썩을 몸과 썩지 않을 몸 사이에 있을 것이라고 계속해서 설명한다.[18]

육체적 몸은 악하지 않음

만일 하나님께서 재림 시에 우리의 현재의 육체적인 몸을 비육체적이고 비물질적인 본질로 구성된 몸으로 변화시킨다면, 안토니 A. 훼케마가 예리하게 지적하는 것처럼, "마귀는 큰 승리를 얻을 것인데 왜냐하면 하나님께서 창조하셨던 육체적 몸을 가진 인간을 육체적 몸이 없는(천사처럼) 다른 종류의 피조물로 바꾸셔야 할 것이기 때문이다. 그러면 물질은 떨쳐버려야만 하는 것이기에 본질적으로 악한 것이 되는 것처럼 보일 것이다. 또한 그런 의미에서, 헬라 철학자들이 옳았다고 판명될 것이다. 그러나 물질은 악한 것이 아니다. 그것은 하나님의 선한 창조물 중의 일부이다."[19]

창조 기사에서, 하나님은 일곱 번이나 "좋았더라"(창 1:4, 10, 12, 18, 21, 25, 31)라고 말씀하심으로 그분의 물질적 창조물의 완전함에 대한 그분의 만족감을 표현하신다. 그리고 제칠일에 그분은 그분의 완전한 창조물의 완성을 기념하여 쉬셨다(창 2:1~3). 그분의 완전한 창조, 완성된 구속, 이 땅의 마지막 회복에 대한 복음을 기념하기 위해, 하나님께서는 인류에게 안식일을 주셨다(출 20:11; 신 5:15; 눅 4:16~21; 13:10~13; 히 4:9). 안식일을 통하여 이러한 경이로운 기쁜 소식을 찬양하는 제칠일 안식일 준수자로서, 나는 궁극적으로 하나님께서 인간의 몸의 구조와 구성을 변경하실 것이라고 이해하기란 불가능하다는 사실을 깨달았다.

만일 부활/변화의 몸이 원래의 창조된 몸과는 전적으로 상이한 것이 된다면, 하나님께서는 그분의 인간 몸에 대한 원래의 설계에 어떤 결점이 있다는 것, 즉 결국은 진실로 그분의 창조가 완전하지 않음을 인정해야 할 것이다. 그분은 남자와 여자로서의 육체적 존재에 대한 그분의 원래의 모델이 "그분의[하나님의] 형상"(창 1:27)을 적절하게 반영하지 못했다는 것을 시인해야만 할 것이다. 이 문제를 해결하기 위해, 하나님은 아마도 "남여 통성"(unisex)의 어떤 새로운 형태의 인간을 창조하셔야만 할 것이며, 그렇게 한다면 그들은 더 이상 문제에 빠지지 않을 것이다. 이런 주장은 적어도 하나님의 전지하심과 불변하심을 믿는다고 말하는 자에게는 우스꽝스러운 것이다. 형식과 구조를 바꾸는 것은 인간에게는 실수함으로 배우는 것이 정상적이지만, 처음과 끝을 아시는 하나님께는 비정상적이며 모순된 것이다.

천사들과 같음

어떤 사람들은 예수께서 "부활 때에는 장가도 아니가고 시집도 아니가고 하늘에 있는 천사들과 같으니라"(마 22:30)고 말씀하시지 않았냐고 반박한다. 부활의 때에 모든 성의 구별이 폐지되는 것은 우리의 몸이 더 이상 육체적이지 않는다는 것을 의미하지 않는가? 이것에 대한 결론은 예수님의 진술로부터 올바르게 추론될 수는 없다. 여기서 그분은 부활의 몸의 비육체적인 본질이나 새로운 세상에서의 성의 구별이 없어질 것을 가르치고자 함이 아니라 결혼의 출산적인 기능이 더 이상 존재하지 않을 것임을 설명하고자 천사를 언급하시는데, 그 이유는 그 나라는 새로운 아이가 태어날 필요가 없기 때문일 것이다.

사두개인들에 의해 만들어진 가설적 상황의 여섯 형제들이 그들의 형수에게 차례대로 장가들어야 하는 이유는 "형을 위하여 후사를 세워"(마 22:24)야 하기 때문이다. 예수의 답변에서, 그분이 새로운 세상에서는 출산을 위한 결혼이 더 이상 존재하지 않을 것을 설명하고자 천사를 언급했다고 판단하는 것이 합리적으로 보인다. 만일 이 세상에서 새로운 아이가 태어나지 않는다면, 결혼을 하거나 또 결혼으로 딸을 주는 일이 더 이상 가능하지 않다는 것이 확실하다.

인간의 출산 능력이 종결된다는 것은 육체적인 인간 구조에 대한 하나님의 원래의 계획이 수정되는 것으로 이해될 수도 있다. 그러나 그렇지 않다. 성경은 하나님께서 이미 그분의 원래의 계획 속에, "생육하고 번성하여 **땅에 충만하라**"(창 1:28)라고 말씀하셨을 때 그런 변화를 생각하셨다고 제기한다. 이 구절로 볼 때, 아마도 하나님께서는 인간의 출산과 증식의 과정이 이 행성이 지탱할 만큼 적절한 인구가 **땅에 충만할 때까지** 계속될 것을 의미하셨다.

완전한 세상에서, 죽음을 맛보지 않고, 인구와 땅의 최적의 균형은 죄와 죽음이 들어온 이 후 보다는 훨씬 빨리 도달할 것이다. 부활하고 변화된 성도들이 새땅을 알맞게 유지할 수 있는 가장 적절한 거주민의 수를 대표하기 때문에 "땅에 충만하라"는 하나님의 원래의 계획을 성취한다고 추정하는 것이 적절하다. 그런 경우에, 그 원래의 완전함을 회복한 이 행성의 생태학적 균형의 붕괴를 예방하기 위해 하나님께서는 인간의 출산 주기를 종결짓는 그분의 원래의 계획을 성취하실 것이다.

이런 결론은 "생명책에 창세 이후로"(계 13:8; 참조 17:8; 21:27; 단 12:1; 빌 4:3) 쓰여진 **이름들에** 대한 언급으로도 지지를 받는다. 그 이름들은 이 땅에 거주하는 의로운 백성들의 최적의 숫자에 대한 하나님의 원래의 계획을 뒷받침한다. 그것은 또한 이 최적의 수에 일단 도달하면, 그리스도께서 의로운 자들을 모으시기 위해, 또한 이 땅의 원래의 완전함으로 정결케하고 회복시키기 위해서 오실 것이라고 제기한다. 새 땅에서는 지구가 이미 이상적인 인구수를 채웠기 때문에 하나님께서 인간의 출생을 종결하실 것이다. 결혼의 출산 기능을 종결하는 것이 결혼의 상호 기능을 종결한다고 볼 필요는 없다.

관계의 영원성

천사들이 결혼에서 발견되는 한 형태와 비교되는 어떤 관계의 형태에 들어갈 수 없는 "중성적" 존재라고 주장하는 곳은 성경 어디에도 없다. 하나님께서 자신을 한 친밀하게 연합된 세 위격으로 구성되어진 분, 곧 삼위의 존재로서 자신을 드러내시므로 우리가 그분을 한 하나님으로 경배하는 것은 의미심장하다. 만일 신격이 삼위 간에 가장 친밀하고, 영원한 교제 가운데서 살아 계신다면, 하나님께서 그분 자신이 창조 시에 설립하신 친밀한 결혼관계를 궁극적으로 폐지하실 것이라고 믿을 이유는 없다.

창세기 1:27은 하나님의 형상이 남성에게만이 아니라 "남자와 여자를 창조하시고"라는 사실로 이해된다고 제시한다. 만일 하나님의 형상이 창조 시에 첫 번째 인간 부부의 남성과 여성의 혼합된 특징 안에서 반영되었다면, 그런 결합은

부활신학

하나님의 궁극적인 재창조 때에도 유지될 것이라고 우리는 믿을 수 있다. 더 나아가, 만일 하나님께서 시작 때에 남성과 여성의 성적 구분이 "매우 좋았더라"고 선포하셨다면, 하나님께서 마지막에는 그들을 "매우 나쁘더라"고 여기실 것으로 믿을만한 근거는 없다. 창조는 성경에서 마지막 재창조의 전형으로 제시된다. 하나님의 구속의 목표는 그분의 첫 번째 창조의 멸망이 아니라 그 원래의 완전함으로의 회복이다. 이것이 성경이 새로운 존재의 창조보다는 몸의 부활을 말하는 이유이다.

첫 번째 것들에 대한 교리(기원론)는 마지막 것들의 교리(종말론)를 조명한다. 놀랍게도, 많은 사람들은 창조와 궁극적인 회복 사이에는 아무런 관계가 없다고 잘못 추측한다. 줄여서 말하자면 우리는 원래의 완전한 창조에 대한 성서적 계획이 이 땅의 궁극적인 회복에 대한 계획의 근거가 됨을 살펴야 할 것이다. 이 원론자들이 이 물질적 세계가, 우리의 신체적 몸을 포함하여, 악하다고 주장함으로써 영원한 집은 **하늘에 올라가는 것이며 이 땅에 내려오는 것이 아니라고** 주장하는 것은 불행한 일이다.

5. 몸의 부활의 의미

"몸의 부활"은 무슨 의미인가? 우리가 아는 것처럼 성경 기자들도 그것이 현재의 육체적 몸의 재활을 의미할 수는 없다는 것을 알았다. 첫째로, 많은 육신들이 병들거나 망가졌기 때문이며, 둘째로, 사망 시에 그들은 해체되어 흙으로 돌아가기 때문이다. "주께서 저희 호흡을 취하신즉 저희가 죽어 본 흙으로 돌아가나이다"(시 104:29; 전 3:20; 창 3:19). 성서적 증거들에도 불구하고, 많은 그리스도인들은 수 세기를 통하여 죽을 때의 몸과 동일한 구성 요소로 부활할 것을 믿어왔다. 이런 믿음은 사도신경의 초기 형태에서 나타나는데, 그것은 "몸의 부활" 보다는 "나는…살(flesh)의 부활을 믿는다."[20]라고 제시하고 있다.

라틴 기독교의 교부로 간주되는 터툴리안(c. 160-c. 225)은 **육신의 부활에**

대하여(*On the Resurrection of the Flesh*)라는 그의 논문에서 하나님께서는 "땅에 위탁하셨던 바로 그 육체"로 부활시킬 것이라고 매우 길게 주장했다. 그는 "머리털까지 다 세신 바 되었나니"라는 예수님의 말씀을 그들이 부활 시에 모든 것이 회복될 것을 증명하는 것으로 사용한다. "만일 그들이 잃어버린바 된다면, 그들에 대한 그같은 무수한 관심을 어디에 사용할 것인가"[21]라고 터툴리안은 설명한다.

몸은 인격체를 의미함

"몸의 부활"에 대한 의미를 오해하는 것은 "몸"이라는 용어가 단순히 "인격체"라는 말과 동의어로 성경 기자들이 사용했다는 사실을 이해할 때 피할 수 있다. 예를 들어, 바울이 "양자 될 것 곧 우리 몸의 구속을 기다리느니라"(롬 8:23)라고 썼을 때, 그는 분명히 우리의 전 존재의 구속을 의미한다. 이 의미는 후에 같은 서신에서 바울이 "너희 몸을 하나님이 기뻐하시는 거룩한 산 제사로 드리라 이는 너희의 드릴 영적 예배니라"(롬 12:1)라고 호소한 것으로 더 분명해진다. 여기서 하나님께 드린 우리의 "몸"은 명백하게 우리의 전 존재를 통한 "영적 예배"를 표현하는 것으로써 정의된다.

바울이 몸의 부활에 대해 말할 때, 그는 분명히 전 인격을 생각하고 있었다. 마이클 페리가 올바르게 지적하고 있는 것처럼, "바울의 용례에서, '몸'은 사람 그 자신의 '외부적 어떤 것' 그가 **가진**(*has*) 어떤 것이 아니다. 그것은 그의 **존재**(*is*)인 것이다. 참으로, **소마**('몸'이라는 헬라어)는 '인격'과 가장 동일한 단어이다."[22] 이 사실에 비추어 볼 때, 몸의 부활/변화를 믿는 것은 내 인간적 삶, 곧 "나"라는 인격체가 다시 삶을 회복할 것을 믿는 것을 의미한다. 그것은 내가 나의 지금 모습과 다른 어떤 것이 아님을 의미한다. 나는 분명히 내 **자신**일 것이다. 요약하면, 그것은 하나님께서 나의 개성, 인격, 품성을 보존하기 위해 전념하신다는 것을 의미한다.

이 전체 장에서 바울이 인간의 부활에 대하여 말하고 있음을 주목하는 것은 중요하다. 부활한 육체가 영적인 혼과 재결합한다는 언급은 없다. 사실, "영혼-프쉬케"는 전혀 언급되지 않는다. 만일 부활에 몸과 영혼의 재결합이 포함된다면, 바울이 부활의 특성에 대하여 논의하는 동안 그것을 언급하지 않고 있다는 것은 매우 이상하지 않을까? 결국, 그런 개념은 부활 시에 몸과 영혼에게 어떤 일이 일어날 것에 대한 이해를 위해 필수적이다. 영혼에 대한 어떤 언급도 없다는 것은 바울이 전 인격, 몸과 영혼의 부활을 믿었음을 분명하게 나타낸다.

고린도전서 15:44에서 바울이 명사 **프쉬케**[영혼]에서 파생된 것으로 일반적으로 "육의" 혹은 "육체의"로 번역되어지는 형용사 프쉬키콘을 사용했다는 것을 언급해야만 한다. 그러나 그는 그것을 몸이 죽어도 살아 있다고 여겨지는 영적인 영혼이 아니라 땅에 묻혀진 "신체적 몸-**소마 프쉬키콘**"을 묘사하는데 사용했다. 이것은 바울이 인간의 몸이 묻혀지고 부활을 기다리는 "영적인-**프쉬키콘**" 국면을 보여주는 것이다.

진정으로 부활을 얻기 위해서, 우리는 진정으로 죽음을 맞아야 한다. 칼 바르트는 심오한 진리를 다음과 같이 말했다. "죽음이 무엇인지 모르는 사람은 부활이 무엇인지도 알지 못한다."[23] 죽음과 부활은 둘다 전 인간에게 영향을 끼친다. 헬무트 틸리케는 이 점을 개인적이고 단호한 방법으로 진술한다. "나는 불멸이며 우회하는 영혼으로 옮겨가기 때문에 나는 감히 나의 죽음이 실제로 나를 칠 어떤 것으로 간주하지 않는다. 나의 모든 것은 결코 죽음 속으로 내려가지 않는다. 인간의 전체성을 거절할 수 있는 그 어떤 권리도 나에게는 없으며, 성경은 죽음의 재앙과 연관하여 선포하는데, 갑작스럽게 그를 몸과 영혼으로 나누고, 나의 구획을 썩을 것과 썩지 않을 것으로 나눈다. 그러나 그리스도인으로서 나는 죽음의 상태로 남아있을 수 없다는 강한 확신으로 이 죽음에 내려간다. 왜냐하면 나는 하나님께서 지명하여 부른 자이며 따라서 나는 하나님의 날에 새롭게 되도록 불러냄을 받을 것이다. 나는 부활하신 분의 보호 아래 있다. 나는 불멸의 몸이 아니지만, 나의 부활을 기다린다."[24]

부활한 사람들의 정체성

부활에 대한 성서적 약속의 중심은 부활한 사람들은 그들이 이전에 이 땅에 존재할 때와 동일한 사람일 것이라는 점이다. 하나님께서는 사람처럼 생긴 막연한 무리를 부활시키시지 않고 죽은 바로 그 사람을 부활시킬 것이다. 이것이 문제를 야기한다. 이생과 내생 사이의 개인의 정체성을 보존하는 것을 우리는 어떻게 설명할 수 있을까? 이생으로부터 다음 생까지 인간의 개인적 정체성의 연속성을 무엇으로 보증하는가?

이원론자들은 개인의 정체성의 연속성을 보증하는 데 아무런 어려움이 없다고 확고하게 주장한다. 왜냐하면 "죽은 바로 그 사람이 부활의 몸을 받을 때까지 그리스도와 함께 [몸을 떠난 상태의 영혼으로] 존재하는 것을 아무런 방해없이 계속하기 때문이다."[25] 부활된 몸의 본질은 각각의 몸이 급진적으로 변화될 것이기 때문에 상이할지 몰라도, 개인적 정체성은 지속되는데, 왜냐하면 각 개인의 본질적인 특성을 형성하는 영혼은 몸이 죽어도 생존하며 부활한 몸과 결국에는 재결합되기 때문이다.

이원론자들은 인간 본질에 대한 통전적인 견해의 "결정적 약점"은 개인적 정체성의 계속성을 보증할 수 없다는 것이라고 주장한다. 그들은 통전적인 견해는 "부활한 사람들이 단순한 복제라기보다는 이 땅에 살았던 동일한 바로 그 사람이라고 보여줄 수 없다."[26]라고 말한다. 이런 비평은 통전적인 견해가 죽음과 부활 사이에 몸이나 영혼의 어떠한 연속성도 인정하지 않기 때문에, 부활한 육체들은 "아무리 그들이 똑같이 보이고 생각한다 할지라도 다른 사람들"[27]이어야 한다는 추정에 근거하고 있다.

통전적인 견해에 대한 이런 비평은 두 개의 주요한 이유로 허점이 노출된다. 첫째로, 성경 어디에도 개인의 정체성이 죽음 후에 영혼의 생존으로 보존된다고 암시하는 곳은 없다. 우리는 성경에서 "영혼"이 육체의 죽음으로 생존하는 인간 본질의 비물질적, 혹은 이성적인 요소가 아님을 확인하였다. 오히려, 영혼은 죄와 사망의 법에 종속된 육체적이고도 영적인 통전적인 인생이다. 둘째로,

개인적 정체성의 유지는 육체적 혹은 영적 본질의 계속성에 의존하는 것이 아니라, 각 개인의 품성 혹은 인격에 대한 하나님의 보존하심에 근거한다.

성경은 "생명책에 적힌 우리의 이름들"(빌 4:3; 계 3:5; 13:8; 17:8; 20:12)이라는 암시적인 심상을 통해 우리의 정체성이 보존된다고 우리에게 확증한다. 성경에서 이름은, 하나님의 성품을 묘사하기 위해 사용된 다양한 이름으로 드러나듯이, 품성 혹은 인격을 대표한다. 이는 하나님께서 이 땅에 살았던 각 사람들의 품성에 대한 정확한 모습을 보존하신다는 것을 암시한다. 각 삶에 대한 기록은 모든 것을 포함하는데, 왜냐하면 예수께서 "무슨 무익한 말을 하든지 심판 날에 이에 대하여 심문을 받으리니 네 말로 의롭다함을 받고 네 말로 정죄함을 받으리라"(마 12:36, 37)고 말씀하셨기 때문이다.

우리 그리스도인 삶의 도전은 영원한 삶에 적합한 품성을 계발시키기 위하여 "은혜와 지식에서 자라가"(벧후 3:18)는 것이다. 하나님께서 그분의 기억 속에 보존하시고 부활의 몸과 재결합시키실 것은 우리가 이생에서 계발시킨 성품이나 인격이다. 이것이 현재의 삶에서 그리스도인 품성을 계발시키는 중요성을 설명하고 있는데, 왜냐하면 이것이 오는 세상에서 우리 개인의 정체성이 될 것이기 때문이다. 경건한 품성을 계발하는 것은 평생의 과업이다. 그것은 성령의 능력에 자아를 날마다 복종시키는 것이다. 바울은 우리에게 "환난은 인내를, 인내는 연단을, 연단은 소망을"(롬 5:3, 4) 이룬다고 말한다.

각 성도들은 각자가 경험하는 유혹, 투쟁, 패배, 실망, 승리 그리고 은혜로 자라남의 결과로 그들만의 독특한 성품을 계발한다. 이것은 부활 시에 사람들의 "다중 복제", 즉 모두 같은 모습과 행동 그리고 사고를 가질 가능성은 희박하다는 것을 의미한다. 동일한 품성을 가진 두 그리스도인은 없다. 우리 각자는 하나님께서 보존하시고 부활의 몸과 재결합될 독특한 품성과 인격을 가지고 있다.

챨스 하트숀은 사망 시에 인간은 "하나님의 완전하고도 절대적인 기억 속에 살아 있다. …죽음은 멸망일 수 없으며, 자신의 생명책이 사라지는 것도 아니다; 그것은 단지 그 마지막 페이지가 결정되는 것을 의미한다. 죽음은 마지막 페이지에 '끝'이라고 기록하지만, 그러나 첨삭의 방법으로 그 책에 더 이상의 어떤 변화는 일어나지 않는다."[28]라고 견지한다.

실제적 의미들

전 인격체의 부활/변화에 대한 믿음이 실제로 무엇을 의미하는지를 발견하기란 그리 어렵지 않다. "이생에서 형성된 품성은 장래의 운명을 결정지을 것"[29]이라는 엘렌 G. 화잇의 분명한 진술처럼, 그리스도께서 오실 때 그분은 신자들을 부활시킬 것이며, 각자의 고유한 인격과 품성을 회복시키실 것이라는 사실을 우리에게 가르친다. 이것은 또한, 같은 저자가 강조하는 것처럼, "지금은 모든 사람이 하나님께서 그들에게 주신 능력을 배양하여 이 땅에서의 유익과 이후의 보다 고상한 삶을 위한 품성을 형성할 때"[30]임을 의미한다.

몸의 부활/변화를 믿는다는 것은 우리가 몸으로 또한 몸과 함께 행한 것이 우리의 부활의 정체성을 결정하기 때문에 우리 인간의 몸을 존중해야 함을 의미한다. 바울이 사용한 씨와 열매의 비유는 우리의 현재의 몸과 부활의 몸 사이에 연속성이 있음을 제기한다. 이런 연속성은 그들이 하늘 가나안에 도달할 때 버리게 될 땅의 것으로서 그들의 몸을 경멸하는 극단적인 금욕주의자들을 정죄한다. 이것은 또한 그들의 몸에서 일어나는 어떠한 일도 그들의 영혼에 영향을 미칠 수 없다는 이유로, 극도로 자신들의 몸을 방종해도 된다고 믿는 자유주의자들을 비난한다.

몸의 부활/변화를 믿는다는 것은 우리가 사랑했던 자들을 인식할 수 있음을 믿는 것을 의미한다. 비록 그들이 우리가 마지막으로 보았을 때와 완전히 동일하게 보일 필요는 없지만, 우리는 우리의 부활하고 변화된 사랑하는 자들을 알아 볼 것이다. 나는 내 할머니에게 그녀의 농장으로 그녀를 방문했던 어린 소년으로 알려져 있다. 나는 내 아내에게 36년전 그녀와 곱슬머리 대머리 청년으로 그녀와 결혼한 사람으로 인식된다. 내 손자들에게 나는 2차대전의 이야기를 들려주는 할아버지로 알려진다.

부활/변화의 때에, 우리는 우리의 사랑하는 자들을 알아볼 것인데, 그것은 우리가 그들을 마지막으로 보았을 때와 같이 젊거나 나이 많이 든 모습으로 보기 때문이 아니라, 그들의 독특한 개성과 인격이 하나님의 섭리로 보존되며 하나님에 의해 새로운 몸으로 부활되기 때문이다. 우리가 20년 혹은 30년 후에 초등학교나 중고등학교 친구들을 만날 때, 종종 우리는 세월이 흘러 변해버린 그들의 외모로 인해 그들을 알아보기가 힘들 때도 있다. 하지만, 우리가 함께 이야기를 나눌 때, 우리는 금세 그들의 독특한 개성은 변하지 않았음을 깨닫는다. 그들은 여전히 여러 해 전의 우리가 알았던 철수와 영철이 그리고 영희였다.

동일한 원리가 부활한 우리의 사랑하는 자들을 인식하는데도 적용된다. 우리는 그들의 신체적 외모가 놀랄만큼 개선되었음에도 불구하고 그들을 알아볼 것인데, 왜냐하면 하나님께서 그들의 독특한 인격과 개성으로 부활시키실 것이기 때문이다. 요약하면, 육체의 부활에 대한 믿음은 정신적, 육체적, 영적인 우리의 전 존재를 다 포함한다고 말할 수 있는데, 왜냐하면 우리는 "하나님께로부터 받은 바…성령의 전"(고전 6:19)이며 하나님께서 그리스도께서 오실 때 기적적으로 부활시키실 것이기 때문이다.

C. 마지막 심판

1. 마지막 심판의 당위성과 영역

신자와 불신자의 부활은 마지막 심판과 매우 밀접하게 연관되어 있는데, 왜냐하면 후자를 가능하게 만드는 것이 전자이기 때문이다. 마지막 심판은 재림과 동시에 일어나는 것으로 성경에 명백하게 제시되어 있다. 이런 의미에서, 그리스도의 재림의 주된 목적은 결정적이고도 궁극적이며 영원한 방법으로 악을 처리할 마지막 심판을 집행하는 것이다. 예수 자신도 다음과 같이 이같은 진리를 말씀하신다. "인자가 자기 영광으로 모든 천사와 함께 올 때에 자기 영광의 보좌에 앉으리니 모든 민족을 그 앞에 모으고 각각 분별하기를 목자가 양과 염소를 분별하는 것 같이 하여"(마 25:31, 32). 이러한 분별함의 결과로 악한 자들은 "영벌에 의인들은 영생에 들어가"(마 25:46)게 될 것이다.

바울도 마지막 심판을 언급할 때 동일한 기본적 진리를 반복한다. 그는 다음과 같이 말한다. "하나님께서 각 사람에게 그 행한 대로 보응하시되 참고 선을 행하여 영광과 존귀와 썩지 아니함을 구하는 자에게는 영생으로 하시고 오직 당을 지어 진리를 좇지 아니하고 불의를 좇는 자에게는 노와 분으로 하시리라"(롬 2:6~8). 이와 같은 진술들은 그리스도의 재림의 기본적 기능이 새 세상으로 인도할 마지막 심판을 집행하는 것임을 나타낸다.

마지막 심판을 부인함

오늘날 많은 사람들이 모든 인류를 향한 하나님의 마지막 심판에 대한 개념을 받아들이는 것에 어려움을 겪는다. 그들은 심판자로서 하나님의 개념과 마지막 심판의 기능에 대해 고민한다. 칼 바르트, 오스카 쿨만, 레인홀드 니버, C. H. 다드, 루돌프 불트만과 같이 잘 알려진 신학자들은 마지막 심판은 거의 언급하지 않으며, **대신에** 현재적 심판의 개념만 강조한다. 마지막 심판은 극적이고 결정적인 우주적 사건으로써가 아니라, 각 개인에 대한 하나님으로 말미암아 의롭다고 일컬어지거나 또는 정죄로 이어지는 그리스도를 위하거나 반대하는 것에 따른 현재적 결정으로써 해석된다.[31]

이원론자들은 마지막 심판의 필요성을 정당화하는 데에 어려움을 느끼는데, 그 이유는 그들은 각 개인의 운명이 그들이 죽을 때에 이미 결정된다고 믿기 때문이다. T. 프란시스 글래슨이 분명하게 진술하는 바와 같이, "만일 사람이 죽음 이후에 있을 그들의 운명을 안다면, 마지막으로 있을 집단적인 심판의 목적은 무엇이며, 또 모든 것이 이미 정해져 있는데 어떤 두려움이나 불확실성이 있

부활신학

을 필요가 없지 않을까?"[32] 이 의미는 분명하다. 이원론은 각 사람들이 죽을 때 그리스도와 마지막 심판을 경험한다고 가르치기 때문에 궁극적으로 재림과 마지막 심판의 필요성을 부인한다.

이 견해는 우리가 성경과 이질적이라고 살펴보았던 인간 본질에 대한 이원론적 이해에 근거한다. 성경 어디에도 첫 번째는 죽을 때 영혼을 위해, 두 번째는 그리스도께서 오실 때에 몸과 영혼을 위한 보상과 형벌의 두 국면을 가르치는 곳은 없다. 생명의 부활이나 죽음의 심판을 위한 부활은(요 5:29) 그리스도께서 오실 때에 마지막 심판으로써 전 인간이 경험하게 될 것이다.

마지막 심판의 필요성

성경은 마지막 심판의 필요성에 대해 논쟁하지 않으며, 단지 자명한 진리로서 그 실재성을 알려준다. 오는 세상으로 들어가는 유일한 방법은 점진적인 진화를 통해서가 아니라, 그리스도께서 오실 때 그분에 의해 집행되는 마지막 심판을 통해서이다. 마지막 심판의 실재성은 죽음처럼 피할 수 없는 것이다. "한번 죽는 것은 사람에게 정하신 것이요 그 후에는 심판이 있으리니"(히 9:27).

바울은 "사람아 네가 하나님의 판단을 피할 줄로 생각하느냐"(롬 2:3)며 수사학적으로 질문한다. 그에 대한 답은 의심의 여지가 없다. 마지막 심판은 일종의 자기 스스로를 입증하는 것이고 근본적으로 실제적인 것이어서 동료 신자들의 행위를 심판하는 것이 부적절하다는 것을 제시하는 심판이며(롬 14:10), "인간 법정"은 상대적인 가치로 신자들에게 심판을 부과한다(고전 4:3, 4).

마지막 심판의 필요성은 하나님의 도덕적 특성과 그분의 창조물의 도덕적 질서에 근거한다. 그분의 도덕적 특성과 그분의 도덕적 우주 질서를 파기함으로써만이, 하나님은 마지막 심판을 하지 않을 수 있으시다. 만일 하나님이 도덕적인 바로 그 하나님이시라면, 그분은 그분의 이성적인 모든 피조물들의 도덕적 행위를 마지막, 결정적인 방법으로 심판하셔야만 한다. 하나님의 공의와 자비는 그것들을 드러내고 옹호할 수 있는 최종적인 외부의 심판을 요구한다. 선악간의 쟁투가 결정적이고도 영원한 방법으로 악을 처리함으로써 끝을 맺을 수 있는 것은 오직 마지막 심판뿐이다.

마지막 심판의 필요성은 또한 우리 인간의 자유와 책임감에 의해 결정된다. 인간은 자동으로 행동하도록 하나님에 의해 짜여져 있지 않다. 하나님은 우리 인간의 자유를 충분히 존중하신다. 선택의 자유는 궁극적으로 자신의 결정과 운명에 대한 책임도 있음을 의미한다. 심판은 우리의 선택에 대한 하나님의 존중의 결과이다. 우리의 선택에 대한 영원한 결과가 마지막 심판에서 드러날 것이다.

악에 대한 하나님의 궁극적인 승리에 대한 우리의 소망과 낙관을 유지하기 위해서, 우리는 마지막 심판에 대한 교리가 완전하다는 것에 안전망을 쳐야 한다. 그것을 버린다는 것은 인간의 마지막 책임을 포기하는 것이며, 하나님의 공의와 자비의 미래적 계시를 부인하는 것으로, 그것은 악을 이 세상에서 영원한 실재로 간주하는 것을 의미할 것이다.

마지막 심판의 범위

마지막 심판은 신자들과 불신자들을 포함한 보편적인 것이다. 성경은 이 진리를 명백하게 가르친다. 예를 들어, 그리스도께서는 "**모든 민족**을 그 앞에 모으고 각각 분별하기를 목자가 양과 염소를 분별하는 것 같이 하여"(마 25:32)라고 말씀하셨다.

바울은 로마서에서 하나님께서 "**세상**을 심판"(롬 3:6)하실 것이며, "우리가 다 하나님의 심판대 앞에 서리라"(롬 14:10; 참조 고후 5:10)고 기록한다. 요한계시록 20장의 심판의 광경에는, 죽은 자들이 무론대소하고 심판의 보좌 앞에 서 있는 것이 보였다(계 20:12, 13).

마지막 심판은 인간을 넘어 심지어 타락한 천사들도 포함한다. 베드로는 타락한 천사들의 심판에 대해 구체적으로 말하고 있다. "하나님이 범죄한 천사들을 용서치 아니하시고 지옥[헬, **타르타로스**]에 던져 어두운 구덩이에 두어 심판 때까지 지키게 하셨으며"(벧후 2:4; 참조 유 6; 고전 6:2, 3). 그들의 활동이 제한되었지만, 타락한 천사들이 전혀 활동을 하지 않는 것은 아니다. 따라서 마지막 심판의 범위는 참으로 우주적이고 궁극적이다. 그것은 하늘 존재와 인간 모두를 포함하며, 악과 악을 행한 자들에 대한 하나님의 최종적이고도 결정적인 영원한 소멸을 의미한다.

모든 것이 심판받을 것임

대부분의 사람들은 만일 그들에게 어떤 비밀스러운 죄들이 숨겨진 채로 남겨질 수 있다면 마지막 심판에 대한 생각을 태연하게 맞을 수 있을 것이다. 그러나 심판의 날에 드러나지 않을 지금의 숨겨진 행위, 말, 생각들은 아무 것도 없다. 이 사실을 성경은 분명하게 가르친다. 예를 들어, 예수께서는 심판의 날에 사람들은 "무슨 무익한 말을 하든지 이에 대하여 심문을 받으리니"(마 12:36)라고 말씀하셨다.

마지막 심판의 조사는 우리의 은밀한 생각에까지 미친다. 바울은 기록한다. "때가 이르기 전 곧 주께서 오시기까지 아무 것도 판단치 말라 그가 어두움에 감추인 것들을 드러내고 마음의 뜻을 나타내시리니"(고전 4:5; 참조 롬 2:16; 눅 12:2; 마 10:26; 딤전 5:24). 우리가 이생에서 행한 모든 것이, 그것이 공개적이든지 은밀한 것이든지, 드러날 것이다.

요약하면, 마지막 심판은 사람들과 그들의 행위 모두를 포함한 총체적인 것이다. 그것은 이 땅에 살았던 모든 사람들과 각 사람이 행하거나 생각했던 모든 행동, 말, 생각들을 포함한다. 이 땅의 모든 구분들—사회적, 인종적, 언어적, 지리적, 경제적, 교육, 정치적—은 마지막 심판 때에 사라질 것이다. 루디야드 키프링은 이 보편성을 **동과 서의 노래**(*The Ballad of East and West*)에서 감동적으로 표현한다. "오, 동은 동이요, 서는 서라서, 이 둘은 결코 만나지 못할 것이다. 땅과 하늘이 이윽고 하나님의 위대한 심판대 앞에 서는 날까지."

2. 마지막 심판의 기준

계시를 받아들임

마지막 심판에서 성도들과 죄인들이 심판을 받는 표준은 각 사람이 하나님의 뜻을 받아들였는지 아닌지에 대한 계시이다. 직업, 명성, 외모, 사회적 관계와 같은 요소들이 하나님의 마지막 심판에 영향을 끼치지 않을 것이다. 분명한 시금석은 빛을 받아들였는지의 여부와 관련된 각 사람의 품성과 행동일 것이다. 바울은 "무릇 율법 없이 범죄한 자는 또한 율법 없이 망하고 무릇 율법이 있고 범죄한 자는 율법으로 말미암아 심판을 받으리라 하나님 앞에서는 율법을 듣는 자가 의인이 아니요 오직 율법을 행하는 자라야 의롭다 하심을 얻으리니"(롬 2:12, 13)라 설명한다.

수많은 사람들이 하나님의 최고의 구원의 계시이며 수단으로서의 그리스도에 대한 지식 없이 살아왔고 오늘날도 살아가고 있다. 이 사람들은 그들이 하나님에 대해 알고 있는 것에 대한 그들의 진실된 반응으로 구원을 발견할 수 있다. 어떤 특정한 종교를 통하여 어떤 사람에게 하나님의 뜻을 얼마나 많이 드러내실지를 결정하시는 분은 하나님이시다.

바울은 "율법 없는 이방인이 본성으로 율법의 일을 행할 때는 이 사람은 율법이 없어도 자기가 자기에게 율법이 되나니 이런 이들은 그 양심이 증거가 되어 그 생각들이 서로 혹은 송사하며 혹은 변명하여 그 마음에 새긴 율법의 행위를 나타내느니라 곧 내 복음에 이른 바와 같이 하나님이 예수 그리스도로 말미암아 사람들의 은밀한 것을 심판하시는 그날이라"(롬 2:14~16)고 설명한다.

하나님께서는 모든 인간의 양심에 어떤 기본적인 도덕적 원칙들을 기록하셨기 때문에 모든 사람들은 마지막 심판 때에 설명할 수 있어야 하며 "핑계치 못할 것이다"(롬 1:20). 인간 대리자들을 통해 구원의 복된 소식에 대하여 전혀 듣지 못했던 구원받은 "이방인들"은 놀라운 희락으로 대면할 것이다.

부활신학

그리스도에 대한 반응

마지막 심판의 결정적인 요소는 그리스도에 대한 사람의 반응이다. 구세주는 말씀하셨다. "나를 저버리고 내 말을 받지 아니하는 자를 심판할 이가 있으니 곧 나의 한 그 말이 마지막 날에 저를 심판하리라"(요 12:48). 말씀을 받아들이는 자들에게 영원한 생명을 주시는(요 3:18) 그리스도의 동일한 말씀이 그것을 거절하는 자들에게 영원한 죽음을 가져올 것이다. "내가 진실로 진실로 너희에게 이르노니 내 말을 듣고 또 나 보내신 이를 믿는 자는 영생을 얻었고 심판에 이르지 아니하나니 사망에서 생명으로 옮겼느니라"(요 5:24; 참조 3:36).

"심판(크리시스)에 이르지 아니하나니"라는 말이 구원받은 자들의 경우에 마지막 심판에 서지 않을 것이라는 의미가 아닌데, 왜냐하면 "우리가 다 반드시 그리스도의 심판대 앞에 드러"(고후 5:10; 참조 롬 14:10)날 것이기 때문이다. "심판"은 요한복음 5:24에서 영원한 "생명"과 대조된다. 따라서 이 본문의 의미는 그리스도 안에서 그들의 계속적인 "들음"과 "믿음"(헬라어로 현재 시제) 때문에 마지막 심판에서 정죄를 받지 않을 것이라는 뜻이다.

여기에 사용된 심판에 대한 헬라어 명사(크리시스)는 종종 정죄의 의미로 사용된다(요 3:19; 5:29; 살후 2:12). 바울도 관련된 단어들에 대해 동일한 견해를 표현한다. "그러므로 이제 그리스도 예수 안에 있는 자에게는 결코 정죄함이 없나니"(롬 8:1). 그리스도를 받아들인 자들은 그들의 현재의 삶에서나 미래의 심판에서 정죄함 없이 서는데, 왜냐하면 그들은 그들의 삶에서 "율법의 요구"(롬 8:4)를 이루게 하기 위한 그들의 죄에 대한 용서와 은혜를 받아들였기 때문이다.

행함에 따른 심판?

구약과 신약 성경은 모두 하나님께서 각 사람을 "행한 대로"(시 62:12; 참조 렘 17:10) 심판하실 것이라고 가르친다. 그리스도도 이 진리를 나타내셨다. "인자가 아버지의 영광으로 그 천사들과 함께 오리니 그때에 각 사람의 행한 대로 갚으리라"(마 16:27). 이와 비슷하게, 바울은 하나님께서 "각 사람에게 그 행한 대로 보응"(롬 2:6)하실 것이라고 기록했다. 베드로는 그의 독자들에게 하나님께서 "외모로 보시지 않고 각 사람의 행위대로 판단"(벧전 1:17)하신다고 상기시킨다. 요한계시록은 다음과 같은 약속으로 끝을 맺는다. "보라 내가 속히 오리니 내가 줄 상이 내게 있어 각 사람에게 그의 일한 대로 갚아 주리라"(계 22:12; 참조 20:12).

행함에 따라 마지막 심판이 있을 것이라는 이 가르침은 행함이 아니라 믿음으로 의롭게 된다는 성서적 가르침과 상충되는 듯하다(갈 2:16, 21; 롬 3:27). 만일 하나님께서 우리에게 믿음으로 영생의 선물을 주신다면, 어떻게 하나님께서 우리의 행위에 따라 우리를 심판하실까? 명백히 상충되는 두 개의 가르침을 해결하기 위해 다양한 시도가 있었다. 우리의 견해로는 **믿음의 역동적 견해**(dynamic view of faith)라는 용어에서 그 해결책을 찾아본다.

신자들의 구원은 시작부터(칭의) 마지막까지(심판), 믿음이나 행함으로 분리된 것이 아니라, 오히려 두 개가 결합된 즉, **역사하는 믿음**(a working faith)에 달려 있다. 구원받는 믿음은 단순히 하나님의 구원의 계획을 수동적으로 받아들이는 것이 아니라, 행함으로 증명되는 능동적인 반응이다. 존 칼뱅은 이렇게 표현한다. "의롭다함을 받는 것은 오직 믿음이지만, 의롭다함을 받은 믿음은 홀로 있지 않는다."[33] 믿음만으로 구원을 받지만, 행함이 없는 믿음만으로는 구원받지 못한다.

믿음에 대한 심판

"행한 대로" 받는 마지막 심판은 어떤 의미에서 믿음에 대한 심판이다. 그것은 고백한 믿음이 참으로 진실한지를 드러낼 것이다. 만일 믿음이 참되다면, 거기에는 행함이 증거로써 나타날 것이다. 만일 행함이 거기에 없다면, 그 믿음은 참되지 않다. 야고보는 이 진리를 매우 강력하게 표현한다. "혹이 가로되 너는 믿음이 있고 나는 행함이 있으니 행함이 없는 네 믿음을 내게 보이라 나는 행함으로 내 믿음을 네게 보이리라"(약 2:18).

마지막 심판은 우리 자신의 장점에 대한 심판이 아니라, 우리의 믿음 즉, 예수 그리스도를 통하여 값없이 우리에게 이르러 온 하나님의 은혜에 대한 반응에 대한 심판이다. 하나님께서는 물으실 것이다. 너는 영생의 가치에 합당한 어떤 일을 행하였는가? 그러나 그분은 "예수 그리스도로 말미암은 당신의 의의 열매"는 무엇인가?(빌 1:11)라고 질문할 것이다. 다르게 표현하면, 하나님께서는 살아있고 활동적인 믿음에 대한 "증거"를 물으실 것이다(롬 5:4; 고후 9:13). 그리스도인들의 과업은 마지막 심판을 통과하기 위해 날마다 적당한 양의 행함을 수행하는 것이 아니라, 그보다는 오히려 그의 믿음이 살아있고, "사랑으로 역사"(갈 5:6)한다는 것을 확증하는 것이다.

바울은 역동적인 방법으로 그의 믿음의 실제성을 확증하기 위한 자신의 노력을 표현한다. 예를 들어, 그는 "내가 내 몸을 쳐 복종하게 함은…자기가 도리어 버림이 될까 두려워함이로라"(고전 9:27; 참조 빌 3:13, 14)고 말한다. 그는 또한 신자들에게 권면한다. "항상 복종하여 두렵고 떨림으로 너희 구원을 이루라 너희 안에서 행하시는 이는 하나님이시니 자기의 기쁘신 뜻을 위하여 너희로 소원을 두고 행하게 하시나니"(빌 2:12, 13). 의지와 행함을 인도하시는 분은 하나님 자신이므로 마지막 심판에서 그리스도인들은 그들 자신의 업적에 대해서가 아니라 그들의 믿음 즉, 자신의 삶 속에서 하나님의 행하신 일에 대한 반응에 대하여 질문 받을 것이다.

수단과 표준 사이의 혼돈

믿음으로 말미암은 의와 행함에 따른 마지막 심판 사이의 분명한 긴장 관계는 종종 마지막 심판의 표준과 그 표준에 도달하기 위한 수단 사이의 관계에 오해를 불러일으킨다. 구원의 한 방편으로서 행함으로부터 떠나있는 믿음으로 말미암는 의에 대한 바울의 강조에 감명을 받고(롬 3:27, 28; 갈 2:16), 어떤 사람들은 마지막 심판의 표준은 **그리스도인의 행함**이 아니라 **그리스도의 행함**에 대한 믿음이라고 결론짓는다. 이 견해에 대한 문제점은 구원의 **방법**, 즉 믿음으로 말미암는 의에 대한 합리적인 강조를 하면서, 심판의 **표준**, 즉 예수 그리스도를 믿음으로 말미암아 가능케 되는 의를 무시한다. 극단적으로 나아가서, 이 견해는 믿음으로 말미암아 **죄인들이** 의롭게 되기보다는 무죄의 칭의를 증진시킨다. 이런 견해는 바울의 글을 편협하게 해석한 독단적인 것이다. 그것은 사도의 심판의 **표준**에 대한 중요한 가르침은 무시하고 있는 반면 구원의 **방법**에 대한 가르침에만 초점을 맞추고 있다.

로마서와 갈라디아서에서 구원의 역동성에 대한 그의 표현 중에서, 바울은 먼저 구원의 방법을 그다음으로는 구원의 표준을 논한다. 갈라디아서 4장까지뿐만 아니라 로마서 11장까지에서, 바울은 구원의 방법이 하나님의 은혜의 선물이며 인간의 성취가 아니라는 점을 다양한 실례로 설명하고 있다(롬 3:21~28; 10:9, 10; 갈 2:16; 3:10, 11; 4:28~30). 하지만, 구원을 **하나님의 선물(방법)**로 주석한 후에, 바울은 두 서신의 나머지 장들을 그리스도의 은혜를 통한 그분의 의지에 부합하는 것에 대한 **하나님의 요구(표준)**를 논하는 일에 할애하고 있다.

바울은 하나님께서 예수를 통하여 우리에게 주신 것과 성령의 능력을 통하여 그가 우리에게 요구하시는 것 사이의 불변의 관계를 인정하고 있다. 구원은 은혜의 선물이지만, 그 선물을 받아들이는 것은 우리의 믿음의 진실성을 보여주는 순종의 반응을 요구한다. 우리의 죗된 본질의 변화에 대한 증거는 우리의 행위들로서, 바울은 이것들을 "성령의 열매"(갈 5:22)라고 부른다. 이것은 마지막 심판에서 하나님께서 "각 사람에게 그 행한 대로 보응하시"(롬 2:6)는 이유를 설명한다. "행위" 혹은 "열매"는 구원에 대한 하나님의 선물을 믿음으로 받아들이는 증거가 되기 때문에 마지막 심판에서 결정적인 것이 된다. 에밀 부루너는 적절하게 말한다. "문제는 선한 행위가 결정적인지 아닌지에 관한 것이 아니라, 그 자신의 힘으로 선한 행위에 이르렀는지 아닌지에 관한 것이다."[34]

그러므로 결론적으로 믿음에 의한 구원의 **방법**은 행위에 따른 마지막 심판의 **표준**과 상충되는 것이 아니라는 것을 확증하는 것인데, 그 이유는 하나님의 요구하시는 행위는 살아있는 믿음으로부터 솟아나는 것이기 때문이다.

마지막 심판은 공의롭고 엄중함

행위에 근거한 심판은 하나님의 심판이 완전히 정의로울 것임을 의미하는데, 왜냐하면 그것은 꾸며낸 것이 아닌 사실에 근거하기 때문이다. 종종 인간의 재판은 외형적인 것이나 사실에 대한 부분적인 지식에 의존한다. 사람들은 행위를 부추긴 동기가 아니라, 행위 자체를 고려할 수 있다. 이와는 대조적으로, "하나님의 판단이 진리대로 되는 줄 우리가 아"(롬 2:2)는데, 왜냐하면 그것은 각 사람들의 삶 동안에 드러난 행위뿐만 아니라, 은밀한 동기에 대해 충분히 하는 지식에 근거하기 때문이다. 마지막 심판에서 주님은 "어두움에 감추인 것들을 드러내고 마음의 뜻을 나타내"(고전 4:5; 참조 롬 2:16)실 것이다.

행위에 따른 심판은 또한 마지막 심판이 영원한 결과를 수반하는 엄숙한 것임을 의미한다. 사람이 행한 선과 악은 그들의 영원한 구원 혹은 정죄를 결정할 것인데, 왜냐하면 그것은 구원의 선물을 수용하거나 아니면 거절하는 것을 반영하기 때문이다. 예수께서는 "무덤 속에 있는 자가 다 그의 음성을 들을 때가 오나니 선한 일을 행한 자는 생명의 부활로, 악한 일을 행한 자는 심판의 부활로 나오리라"(요 5:28, 29) 말씀하셨다.

마지막 심판의 엄중함은 때때로 성경에서 하나님의 진노와 관련되어 표현된다. 사실, 심판의 날은 때때로 "진노의 날"(롬 2:5)과 "진노의 큰 날"(계 6:17; 참조 11:18; 14:19)로 불리운다. 하나님의 진노는 그의 거룩함과 의와 사랑의 피할 수 없는 결과이다. 거룩하신 하나님이시므로, 그분은 죄를 눈감으시는 것이 아니라 그분이 밝히신 뜻에 대한 모든 죄악들을 엄중하게 처리하실 것이다(출 34:7). 십자가상에서의 그리스도의 죽음은 죄에 대한 하나님의 심판과 진노의 완전한 책임에 대한 독특한 계시를 보여준다(롬 3:24, 25; 요일 4:10). 만일 그리스도께서 우리의 죄를 향한 무거운 심판을 견디셨다면, "우리가 이같이 큰 구원을 등한히 여기면 어찌 피하리요"(히 2:3; 참조 10:26, 27).

3. 마지막 심판에 대한 재림교회의 견해

대쟁투 개념

마지막 심판에 대한 제칠일안식일예수재림교회의 이해는 독특한데, 그것은 **조사**와 **집행**의 국면을 모두 포함하기 때문이다. 마지막 심판에 대한 재림교회의 이해에 기초가 되는 것은 "대쟁투" 개념이다. 이 개념은 선과 악의 쟁투의 기원, 발전, 마지막 결말을 포함한다. 이 싸움의 시작에 대한 가장 극적인 묘사는 요한계시록 12장의 잘 알려진 심상에서 발견되는데, "하늘에서 일어난" 전쟁과, 사단과 그의 천사들이 "패하여" 쫓겨난 것에 대해 이야기한다(7~9절). 하늘에서 시작된 이 싸움은 땅으로까지 확대되어(13~17절) 사단이 "천년 동안" 갇혀 있을 때까지 계속될 것이다(계 20:1~3). 이 기간의 끝에, 사단은 결국 "불과 유황 못"에서 멸망할 것이다(계 20:7~10).

마지막 심판은 재림교회 신학에서, 인간 세상을 넘어 하늘의 존재까지 포함하는 곳으로 확장되는 "대쟁투"에 대한 하나님의 해결책을 위해 가장 필수적이고 결정적인 국면처럼 보인다(엡 3:10; 6:12; 골 1:16; 2:15; 롬 8:38). 마지막 심판을 통하여, 하나님은 적어도 두 가지 중요한 목적을 성취하신다. 한편으로, 그분은 인간과 하늘의 반역자들을 멸망시키시고 그분의 영원한 왕국을 세우실 "의의 심판"(롬 2:5, 6)을 드러내시고 집행하신다. 다른 한편으로, 마지막 심판을 통하여, 하나님께서는 그분의 도덕적 피조물들이 어떤 사람에게는 영생을 다른 사람에게는 영원한 사망을 주시는 공의를 이해하고 받아들일 수 있는 기회를 제공하신다(계 15:3, 4).

조사와 집행의 국면

도덕적 우주의 영원한 안전은 대부분 우주의 이성적 피조물들이 하나님의 심판의 공의를 이해하고 받아들이는 범위에 의해 결정된다. 하나님의 심판의 정당성을 신뢰를 가지고 수용하는 것은 그리스도께서 오실 때 각 사람에게 그분의 말씀에 따라 보상과 형벌을 주시는 철저한 그리스도의 일방적이고도 불가사이한 집행행위로 구성된 마지막 심판만으로는 거의 얻을 수 없다.

따라서 제칠일안식일예수재림교인들은 하나님의 마지막 심판이 **조사**와 **집행**의 국면 모두를 포함한다고 믿는다. 후자는 그리스도의 재림의 때에 그분에 의해 성취될 것이며, 그때 그분께서 살아있는 신자들과 부활한 신자들에게는 영생의 선물을 주시며 살아있는 악인들에게는 사망의 형벌을 내리실 것이다(살후 1:7~10; 마 25:31, 32; 롬 2:5~7).

전자는(조사의 국면) 재림의 전과 후에 일어난다. 그러므로 그것들은 "재림 전"과 "재림 후" 심판이라고 불리워진다. 이 조사 과정의 중요한 목적은 하늘의 존재들과 인간들이 하나님의 마지막 심판의 의로움을 완전하게 이해하고 받아들일 수 있도록 하는 것이다. 마지막 심판이 조사와 집행의 국면으로 구성된 것이라는 재림교회의 이해는 성경이 이 사건에 부여하는 단일성, 통일성, 궁극성을 유지하고 있다.

마지막 심판의 두 국면은 분명히 성경과 상이하지 않는데, 왜냐하면 성경 기자들에게는 마지막 심판의 사실이 그 **국면들**보다 더 중요했기 때문이다. 하지만 몇 성경 구절들은 마지막 심판이 조사와 **집행**의 국면 모두를 포함하고 있음을 분명히 제시한다. 마지막 심판의 재림 전과 후의 국면의 사상을 지지하는 성경 본문에 대한 적절한 분석을 이 장의 한정된 지면에 모두 제시하려는 시도를 할 수는 없다. 아래의 몇 가지 설명은 이 주제에 대한 다소의 이해를 돕기 위해 제공되었다. 더 관심있는 독자들은 저자의 책 **소망 없는 인류를 위한 재림의 소망** 13, 14장에서 마지막 심판에 대한 보다 방대한 연구를 살펴볼 수 있다.

마지막 심판의 재림 전 국면에 대한 일견

재림 전 조사 심판에 대한 주장은 심판에 대한 예수의 많은 교훈에 자리하고 있는 기본적인 개념이다. 예를 들어, 그분은 종종 하나님의 보상을 받는 것과 제외되는 것에 대하여 말씀하셨는데(마 5:46; 6:1, 2, 4, 5, 16, 18; 10:41; 막

9:41; 눅 6:23, 25), 그것은 누가 무엇을 받게 될 것인지를 결정하기 위한 조사 심판을 전제로 한다. 예수께서는 그 심판을 집행하러 오시지 그 심판을 시작하려고 오시는 것이 아니다.

예수께서는 또한 인간의 책임에 대해서도 말씀하셨는데, 그것은 행동뿐만 아니라 "무슨 무익한 말"(마 12:36)도 포함된다. 각 사람의 책임 소재는 그리스도께서 "선한 일을 행한 자는 생명의 부활로, 악한 일을 행한 자는 심판의 부활로"(요 5:29) 부르시기 전에 분명하게 결정된다. 생명이나 정죄의 부활은 조사 심판의 종결을 전제로 하는 그리스도의 집행 심판을 의미한다. 그리스도의 진술은 사람들이 **심판을 받기 위해서가 아니라 이미 심판받은 대로** 부활할 것임을 가리킨다. 만일 영원한 생명이나 사망으로 부활할 자들이 여전히 심판받아야 한다면, 심판 그 자체가 시작되기도 전에 심판의 결과를 받는 모순된 상황에 직면할 것이다.

바울은 마지막 심판을 "하나님의 의로우신 **판단이 나타나실**"(롬 2:5) 때로 묘사한다. "하나님의 의로우신 심판"이 드러나는 것은 영원한 생명의 선물을 받을 사람과 "주의 얼굴을 떠나 영원한 멸망의 형벌"(살후 1:9)을 받을 사람을 결정하는 조사의 과정이 선결되어야 한다는 것을 전제로 한다. 재림 때에 하나님의 심판이 **드러남**은 재림 전에 하나님의 심판이 **종결됨**을 전제로 한다.

"산 자와 죽은 자를 심판하실"(딤후 4:1; 참조 벧전 4:5) 그리스도에 대한 바울의 언급에서도 동일한 결론을 추론할 수 있다. 만일 죽은 자들이 여전히 죽어 있는 동안 심판을 받는다면, 그 심판은 영원한 생명이나 영원한 사망의 부활이 일어날 때인 재림 심판보다 선행되어야 한다. 이 언급은 바울이 디모데에게 말한 권면 중 일부이다. "하나님 앞과 산 자와 죽은 자를 심판하실 그리스도 예수 앞에서 그의 나타나실 것과 그의 나라를 두고 엄히 명하노니 너는 말씀을 전파하라"(딤후 4:1, 2).

윌리엄 바클레이는 그 권면의 연속적인 순서가 중요하다는 것을 주목한다. (1) 심판, (2) 나타나심, (3) 나라. 그가 지적하는 이 순서는 구원의 역사를 절정으로

부활신학

이끄는 논리적인 과정임을 보여준다.[35] 산 자와 죽은 자에 대한 그리스도의 심판은 그분의 출현으로 이어지고, 또한 그분의 영원한 나라로 인도할 것이다.

데살로니가전서 4:13~18에서 재림에 대한 바울의 기사는 그리스도께서 오실 때에 시작되어 진행되는 우주적 조사 심판의 가능성을 배제하고 있다. 신자들의 부활과 변형은 그들이 주를 만나는 순간 즉시 일어나는 것이지 조사 심판이 이어지는 것은 아니다(살전 4:16, 17). J. A. 세이스는 이 점을 예리하게 지적한다. "'눈 깜짝 할 사이에' 살아있는 자들이 부활하고 변화되는 그 진리는 자신들이 선행된 심판의 산물이며 구현인 것이다. 그것들은 이미 이루어진 판결의 결과들이다."[36]

다니엘 7장에는 인상적인 세 개의 이상이 있는데, 수천의 천사들에 의해 둘러싸인 옛적부터 항상 계신 자 앞에서의 하늘의 심판이 영원한 나라를 받기 위한 인자의 오심을 선행한다. 요한계시록 11장에서도 동일한데, "죽은 자를 심판하실 때"(계 11:18)라는 선언이 하늘 성전의 지성소가 열리고 언약궤가 보이는 것(계 11:19)보다 먼저 일어난다. 이것은 대속죄일이 그리스도께서 오실 때에 종말에 대한 우주적 표징의 징표임을 지적하는 원형적 성취로 이해되는 분명한 암시이다(계 11:19).

위에서 인용한 구절들은 재림 전 조사 심판에 대한 주장이 성경에서 다양한 방법으로 분명하게 암시되고 있음을 보여주기에 충분하다. 이 개념은 예수와 바울의 가르침의 많은 부분의 근간이 되는 주장이다. 재림 전 심판에 대한 더욱 명백한 기사들은 다니엘(7, 8장)과 요한계시록(5, 14장)의 묵시적 심판에 관한 이상에서 발견된다. 그리스도의 재림 전 심판 사역에 대한 중요한 인식은 히브리서에서 대속죄일에 지상 성소에서 대제사장이 수행한 사역과 하늘 성소에서 그리스도께서 수행하시는 사역 사이의 표상적인 상응성으로도 제시된다.

마지막 심판의 재림 후 국면에 대한 일견
몇 성경 구절들은 그리스도의 오심 이후에 구속받은 자들에 의해 심판이 수

행될 것이라고 분명하게 진술한다. 그리스도께서는 그분을 따르는 자들에게 "세상이 새롭게 되어 인자가 자기 영광의 보좌에 앉을 때에 나를 좇는 너희도 열 두 보좌에 앉아 이스라엘 열두 지파를 심판하리라"(마 19:28)고 약속하셨다.

동료 신자들을 법정에서 송사하는 일에 대해 고린도인들을 견책하면서, 바울은 이 놀라운 진술을 제시한다. "**성도가 세상을 판단할 것을** 너희가 알지 못하느냐 세상도 너희에게 판단을 받겠거든 지극히 작은 일 판단하기를 감당치 못하겠느냐 우리가 천사를 판단할 것을 너희가 알지 못하느냐 그러하거든 하물며 세상 일이랴"(고전 6:2, 3). 성도들이 심판할 "세상"은 구원받지 못한 자들의 세상임이 분명한데, 만약 그렇지 않다면 성도들은 스스로를 심판해야 할 것이다. "성도들이" 심판을 하고 있다는 사실은 그들이 이미 하나님의 나라에 들어가도록 용납받은 재림 전 심판을 받았음을 암시한다.

성도들은 또한 "**천사들**"도 심판할 것이다. 여기 언급된 것은 분명 타락한 천사들인데, 베드로에 따르면, 하나님께서 "심판 때까지 지키게"(벧후 2:4; 참조 유 6) 하신다. 요약하면, 바울에 따르면, 부활한 성도들은 구원받지 못한 인간들과 타락한 천사들의 사건을 조사할 재림 후 심판의 과정에 참여할 것이다.

계시자 요한은 성도들의 천년 동안의 통치에 대한 그의 기사에서 위의 증언들을 확증하고 정교하게 다듬는다. "또 내가 보좌들을 보니 거기 앉은 자들이 있어 심판하는 권세를 받았더라 또 내가 보니 예수의 증거와 하나님의 말씀을 인하여 목 베임을 받은 자의 영혼들과 또 짐승과 그의 우상에게 경배하지도 아니하고 이마와 손에 그의 표를 받지도 아니한 자들이 살아서 그리스도로 더불어 천 년 동안 왕 노릇 하니 그 나머지 죽은 자들은 그 천 년이 차기까지 살지 못하더라 이는 첫째 부활이라 이 첫째 부활에 참예하는 자들은 복이 있고 거룩하도다"(계 20:4~6).

이 구절은 무엇보다도 심판의 사역이 구속받은 자들에게 허락되었음을 우리에게 알려준다. 이 성도들은 첫째 부활의 때에 생명을 얻은 이후에 그들의 심판 사역을 시작할 것이다. 그 부활은 "그 나머지 죽은 자들"의 부활과는 다른 것인데, 그들은 천년 후에 불못에서 멸망받기 위해 살아날 것이다. 첫째 부활의 때는 그리스도의 재림 시이며, 그것은 하늘 군대와 함께 오시는 백마를 탄 놀라운 자의 심상을 통하여 이전 기사에서 상징적으로 묘사된다(계 19:11~16).

재림 후 심판의 범위

재림 후 심판은 지금까지 존재했던 모든 불신자들과 타락한 천사들을 포함할 것이다. 이런 총체적 내포성은 여러 가지 방법으로 표현된다. 예수께서는 그 심판에 "이스라엘의 열두 지파"(마 19:28)도 포함 될 것이라고 말씀하셨음을 우리는 살펴보았다. 바울은 "세상"과 "천사들"을 심판하는 성도들에 대하여 말한다(고전 6:2, 3). 요한은 이 포괄성을 가장 극적인 방법으로 표현한다. "또 내가 보니 죽은 자들이 무론대소하고 그 보좌 앞에 섰는데 책들이 펴 있고…바다가 그 가운데서 죽은 자들을 내어주고 또 사망과 음부도 그 가운데서 죽은 자들을 내어주매 각 사람이 자기의 행위대로 심판을 받고"(계 20:12, 13).

그 심판은 행위에 대한 책에 포함된 기록과 생명책에서 발견되는 기록에 의해 제시되는 증거를 근거로 진행된다. 이 두 종류의 책들은 요한계시록에서 언급된다. 그것들 중 첫 번째 것은 인간의 행위에 대한 기록을 분명하게 포함한다. "죽은 자들이 자기 행위를 따라 책들에 기록된 대로 심판을 받으니"(계 20:12). 그 평행어법은 책들의 내용이 "그들이 행한 것"에 대한 기록임을 제기한다. 우리는 백성들의 행위에 대한 기록에 근거한 그 심판의 개념이 성경에서 일반적인 것임을 살펴보았다. "심판을 베푸는데 책들이 펴 놓였더라"(단 7:10)고 다니엘은 말한다.

각 사람의 행위에 대해 하나님께서 간수하고 계신 기록의 개념은 각 사람이 자신의 운명에 대해 기록하고 있음을 제기한다. 우리의 일상을 통하여, 우리는 마지막 심판에서 우리에게 부끄러움이나 명예를 안겨줄 기록을 쌓아가고 있다. 이런 의미에서, 그것은 하나님이 각 사람을 심판하신다기보다는 각 사람이 자신의 마지막 심판을 기록하고 있는 것이다.

다른 책은 "생명책"이라 불리운다. "또 다른 책이 펴졌으니 곧 생명책이라 죽은 자들이 자기 행위를 따라 책들에 기록된 대로 심판을 받으니…누구든지 생명책에 기록되지 못한 자는 불못에 던지우더라"(계 20:1, 15). 이것은 그리스도를 믿는 모든 사람들의 이름이 포함된 책이다. 구약과 신약에서 모든 의로운 자들의 이름이 포함된 책에 대하여 종종 말하고 있다(출 32:32, 33; 단 12:1; 눅 10:20; 빌 4:3; 계 3:5; 13:8; 21:27).

행위에 대한 책과 생명책 사이의 관계성은 분명치 않다. 오스틴 M. 파라르는 그들의 이름이 생명책에서 빠진 자들은 그들의 삶의 기록이 포함된 책들을 살펴봄으로써 그 이유를 이해할 수 있는 기회를 가진다고 분명하게 제기한다.[37] 이 검증이 성도들에 의해 수행되는 심판의 과정의 일부분인 것처럼 보인다. 하나님의 나라에서 존경 받던 "성도들" 중 일부가 보이지 않을 것이며 악명 높은 "죄인들" 중 일부가 있을 때 놀라운 일이 될 것이다. 행위에 대한 책은 어떤 사람들의 이름이 생명책에 존재하는 반면 다른 사람들은 빠져 있는 지에 대한 이유를 설명할 것이다. 그러므로 재림 후 심판의 중요한 기능은, 재림 전 심판의 기능처럼, 도덕적 존재들이 하나님의 심판의 공의를 충분히 이해하고 받아들일 수 있게 하는 것이다.

재림 전 심판과 재림 후 심판의 비교

마지막 심판의 재림 전과 재림 후 국면 사이의 비교는 몇 가지 유사점과 상이점을 제기한다. 재림 전과 재림 후 심판 모두는 마지막 보상이나 형벌을 주는 하나님의 집행적 행위에 선결하는 사법적 과정들이다. 두 심판 모두 도덕적 지성들이 어떤 사람은 구원받고 다른 사람은 정죄받는 하나님의 심판의 공의를 평가하고 수용할 수 있도록 고안되었다. 둘 다 지성적이고 도덕적인 존재들의 영원한 운명을 결정한다.

또한 몇 가지 상이점들도 있다. 재림 전 심판은 타락하지 않은 하늘 존재들 앞에서 열리는 반면에 재림 후 심판은 구원받은 인간들 앞에서 집행된다. 전자는 신자들을 구원함에 있어서 하나님의 공의를 드러내는 한편, 후자는 비신자들을 벌하는 그분의 공의를 드러낸다. 전자는 그리스도께서 오셔서 의로운 자들에게 영원한 생명을 주시며, 후자는 악한 자들의 영원한 멸망을 종결짓는다.

두 가지 결과들

마지막 심판에 대한 재림 전과 재림 후의 조사국면 사이의 차이점은 주로 그 결과에 있다. 재림 전 조사 심판은 타락하지 않은 하늘 존재들 앞에서 열리며 부활하고 살아 있는 성도들에게 영원한 생명의 선물을 주시기 위해 그리스도께서 오실 때에 하나님의 공의를 드러낸다. 다른 한편으로, 재림 후 조사 심판은 구원 받은 사람들 앞에서 시행되며 천년기 끝에 부활한 악한 자들을 영원한 사망으로 벌하시기 위해 그리스도께서 이 땅에 내려오심에 대한 하나님의 공의를 드러낸다.

첫째로는 재림 시에 그리고 그 후에는 천년기 끝에, 그리스도에 의해 집행되는 마지막 심판의 궁극적인 결과는 의로운 자들에게는 영생이요 불의한 자들에게는 영원한 소멸이다. 마지막 심판에 대한 제칠일안식일예수재림교의 이런 이해는 성경이 이 사건에 부여한 통일성과 궁극성을 보존한다. 그것은 하나님의 공의에 대한 우리의 이해를 강화시키며 재림에 대한 우리의 기대를 고양시킨다.

D. 다가올 세상

그리스도의 다시 오심의 궁극적인 산물은 이 세상이 본래의 완전함으로 회복되는 것이다. 신자들의 부활과 변화, 마지막 심판 그리고 비신자들의 부활과 멸망은 모두 구속의 역사의 마지막 행위들로서 "새 하늘과 새 땅"(계 21:1; 벧후 3:13)의 창조로 인도하는 선결 사건들이다.

창조와 구속의 목적은 죄의 영향들이 전체 창조물로부터 제거되어지고 새롭고 완전한 질서가 하나님에 의해 설립될 때 궁극적으로 성취될 것이다. **실낙원**이 **복낙원**으로 될 때 이 세상에 오신 그리스도의 초림과 재림의 목적이 완전히 성취될 것이다.

1. 새 땅은 구약의 약속들을 성취함

하나님께서는 창조 시에 인류에게 이 땅이 우리 인간의 거주지요 유산이 될 것이라고 약속하셨다(창 1:28). 죄의 결과로 인해, 우리의 첫 부모는 에덴동산에서 쫓겨나고 땅은 지금의 저주 아래 놓였다(창 3:17). 타락 후에 즉시로 하나님께서 만드신 최후의 승리에 대한 약속은(창 3:15) 새 땅에서 회복된 낙원에 대한 함축적인 보증이 포함된다.

동일한 보증은 아브라함과 맺은 하나님의 약속에서 분명하게 제시된다. "내가 너와 네 후손에게 너의 우거하는 이 땅 곧 가나안 일경으로 주어 영원한 기업이 되게 하고 나는 그들의 하나님이 되리라"(창 17:8). 하나님께서 가나안 땅을 아브라함의 후손들뿐만 아니라 아브라함 자신에게도 약속한 사실을 주목하라. 분명히 이 약속은 아브라함 자신에게는 결코 성취되지 않았는데, 그 이유는 가나안에서 그가 소유했던 유일한 땅은 그가 헷 족속으로부터 구입한 매장 동굴뿐이었기 때문이다(창 23장).

확장된 성취

히브리서는 아브라함이 가나안 땅, 즉 "하나님의 경영하시고 지으실 터가 있는 성"(히 11:10)에 대한 하나님의 약속된 유산의 더 큰 성취를 바라보았다고 우리에게 알려 준다. 아브라함이 고대한 그 "성"은 새 예루살렘이었고, 그것은 새 땅에 있을 것이다. 그러므로 아브라함에게 한 하나님의 약속은 궁극적으로 성취될 것인데, 세대주의자들이 가르치는 것처럼 유대인들이 팔레스틴 온 땅을 재점령할 때가 아니라, 하나님께서 아브라함의 모든 영적 자녀들의 유산으로서 새 세상을 설립하실 때이다.

바울은 하나님께서 아브라함과 그의 후손들에게 "세상의 후사가 되리라"(롬 4:13)고 약속하셨다고 말할 때 가나안 땅에 대한 확장된 성취를 암시한다. 가나안 땅의 개념에 대한 동일한 확장은 그리스도의 팔복에서도 보여진다. "온유한 자는 복이 있나니 저희가 땅을 기업으로 받을 것임이요"(마 5:5). 그것은 시 37:11의 의역이다. "오직 온유한 자는 땅을 차지하며." 가나안 땅의 안식과 화평에 들어가는 약속은 하나님의 백성들이 기다리는 새 땅의 안식과 화평의 표상이다(히 4:9). 그러므로 새 땅은 그분의 백성에 대한 하나님의 약속의 궁극적인 성취를 의미한다.

2. 현재의 땅의 소멸인가 아니면 재생인가?

구약 성경과 신약 성경은 둘 다 하나님께서 구속받은 자들을 위해 "새 하늘과 새 땅"(사 65:17; 벤후 3:13; 계 21:1)을 설립하실 것이라는 다가올 세상에 대하여 말하고 있다. "새 하늘과 새 땅"이라는 표현의 의미는 무엇인가? 그것은 우리의 행성인 지구가 완전히 소멸되고, 하나님께서 지금과는 전혀 다른 새로운 행성을 창조하실 것을 의미하는가? 아니면 그것은 하나님께서 우리의 행성인 지구를 정결케하고 재생하실 것을 의미하는가?

G. C. 벌카우어는 현재의 지구는 소멸되고 옛 땅과 새 땅 사의의 완전한 단절이라는 개념을 좋아하는 루터파 신학자들을 언급한다.[38] 그들은 벤후 3:12과 같은 구절을 좋아한다. "하늘이 불에 타서 풀어지고 체질이 뜨거운 불에 녹아지려니와."

죄인들과 이 죗된 세상을 향한 그리스도의 마지막 심판의 집행과 동반한 재앙적 사건들로 이 지구는 급격한 변화를 겪음은 의심의 여지가 없다. 하지만 성경은 이 땅의 전적인 소멸에 대한 개념을 지지하기보다는 오히려 지구의 재생과 회복을 지지한다. 네 가지 이유를 제시한다.

기원이 아닌 질에 있어서의 새로움

첫째로, 이 세상의 새로움을 의미하기 위해 벧후 3:13과 계 21:1에서 사용된 용어는(새 하늘과 새 땅) 헬라어로 **네오스**가 아니라 **카이노스**이다. 두 단어의 차이점은 분명하다. J. 벰의 설명에 따르면, **네오스**는 "시간적으로 기원적으로 새로운" 것인 반면, "**카이노스**는 본질에 있어서 새로운, 일반적인 것과는 다른, 인상적인, 옛 것보다는 좋은, 가치나 유익함에 있어서 우월한 새로움이다."[39] 그러므로 "새 하늘과 새 땅"이라는 표현은 새 땅이 현재의 것과는 완전히 다른 것이 아니라, 그보다는 더 좋은 것인데, 왜냐하면 그것은 영화롭게 재생될 것이기 때문이다.

카이노스의 의미에 대한 좋은 예가 고린도후서 5:17에서 발견되는데 바울은 말한다. "누구든지 그리스도 안에 있으면 새로운[카이네] 피조물이라 이전 것은 지나갔으니 보라 새[카이나] 것이 되었도다." 신자 각자가 하나님의 은혜로 새롭게 되고 변화됨으로써 "새로운 피조물 혹은 창조"(둘 다 가능한 번역임)가 될 때, 이 세상은 하나님의 권능으로 정결케되고 회복됨으로써 "새 하늘과 새 땅"이 될 것이다. 두 경우 모두, "새" 것은 옛 것과 연관성이 있다.

썩어짐으로부터 자유

이 세상의 소멸보다는 재생이 더 그럴듯한 두 번째 이유는 "그 바라는 것은 피조물도 썩어짐의 종노릇한 데서 해방되어 하나님의 자녀들의 영광의 자유에 이르는 것이니라"(롬 8:21)는 바울의 진술이다. 바울이 "썩어짐의 종노릇"에서의 자유로 이 세상의 궁극적인 회복을 묘사한 사실은, 이 세상과 아무런 연관성이 없는 완전히 상이한 어떤 창조물이 아니라 현재 창조물의 재생을 제시한다.

세 번째 이유는 육체의 부활에 의해 제시되는 연속성이다. 성경이 새로운 인간의 창조가 아니라 육체의 부활에 대하여 말하고 있는 것은 우리 존재의 현재 상태와 새 땅에서의 상태 사이에 분명한 연속성이 있음을 제시한다. 만일 이것이 인간 창조에 있어서 사실이라면, 인간에게 종속된 창조물들에게도 동등하

부활신학

게 공평하다고 우리가 믿을 수 있는 근거가 된다.

사단의 패배

소멸보다 재생을 더 좋아하는 네 번째 이유는 소멸이 하나님의 승리가 아닌 사단의 승리를 의미할 것이라는 점이다. 안토니 훼케마가 올바르게 설명하는 것처럼, 이것은 "사단이 현재의 우주와 지구를 너무나 비참하게 황폐화시켜서 하나님께서 그 존재를 완전히 없이하시는 것 외에 할 수 있는 것이 없었더라면 그는 성공했을 것이다. 그러나 사단은 그런 성공을 획득하지 못했다. 그와 반대로, 사단은 결정적으로 패배했다. 하나님께서는 사단이 인류를 속인 바로 이 지구를 새롭게 하시고 마침내 사단의 모든 악한 음모의 결과를 다 축출하실 때 그 패배의 완전한 국면을 드러내실 것이다."[40]

현재 지구에 대한 재생의 실제적인 의미는 우리가 지구를 완전히 잃어버린 것으로 간주하고 그 황폐함을 기뻐할 수만은 없다는 것이다. 그와는 반대로, 우리는 마지막에 지구를 새롭게 하실 하나님의 계획의 관점에서 현재의 세상을 더 좋게 만들도록 힘써야 한다. 우리의 사명은 현재의 세상에서 뿐만 아니라 다가올 세상에서도 가치 있는 그리스도인의 생활모습을 분명하게 발전시키고 증진시키는 것이다.

3. 새 땅에 대한 성서적 견해

천상의 낙원

대부분의 사람들은 다가올 세상을 하늘에 있는 영적인 쉼터로, 그곳에서 영화롭게 된 영혼들이 영원토록 기도와 묵상으로 시간을 보내는 것으로 생각한다. 이런 오해는 사람들이 말하는 것처럼 인기 있는 찬송의 가사에서도 반영된다. "영화롭고 영원한 기쁨의 처소에서, 나는 그 밝은 하늘에서 당신을 찬양하리라."

우주 밖 어딘가의 영적인 세상에서 하얀 의복을 입고, 하프를 치며, 노래하며, 묵상하고, 기도하며 영원히 지낸다는 생각은 대도시의 광경과 소리를 사랑하는 20세기 그리스도인들에게는 거의 호소력이 없다. 시인 라우리 리는 "낙원"이라는 제목의 수필에서 현대 지성인들이 낙원에 대한 전통적인 생각에 얼마나 불만족스러워하는지를 다음과 같이 기록한다. "너무나 순결하고, 너무나 고상하고 그 행동이 너무 좋아서, 신자들로부터 예의바른 목례 외에는 아무 것도 받지 못했다. 다른 한편으로 지옥은 언제나 훌륭한 군중들로 흥분이 고조되며, 유난히도 강한 색깔, 높은 온도, 가장 흥미로운 동료들이 있다."[41]

모호한 천상의 낙원에 대한 이런 상상력은 성서적인 가르침이 아니라 헬라의 철학에서 고양되었다. 헬라 사람들은 이 세상의 물질 요소들은 악해서, 결과적으로 생존할 가치가 없는 것으로 본다. 그들의 목표는 물질적 육체의 감옥에서 자유롭게 된 영혼이 영원한 행복을 누릴 수 있는 영적인 영역에 도달하는 것이었다.

이 연구의 과정을 통해 우리는 얼마나 많은 그리스도인 교회들이 인간 본질과 운명에 대한 헬라의 이원론적인 견해를 폭넓게 채택해 왔는지를 살펴보았다. 그리스도인 사상과 습관에 미친 이원론의 영향은 이루 말할 수 없다. 그것은 삶의 **영적인 생명**(vita comtemplativa)만을 좋아하여 삶의 **육적인 생명**(vita activa)의 경시를 조장했을 뿐만 아니라 "하늘" 저 위의 어떤 영적인 영역을 선호하여 이 물질적인 세상의 가치를 하락시켰다.

오늘날 대부분의 그리스도인들은 "하늘 위에서" 영원히 지내기를 원하고, 새롭게 된 지구에 내려오기를 원하지 않는다. 이 사실은 본 장을 연구하는 동안에 본인을 이상한 방법으로 귀착점에 이르게 했다. 내가 앤드류스 대학 도서관의 목록표에서 "새 땅"이라는 단어를 쳤을 때, 모니터에는 오직 한 개의 목록만이 나타났다. 그것은 일리노이 주의 "새 땅 식당"에 관한 연구였다. 그러나 내가 "하늘"이라는 단어를 쳤을 때, 모니터에는 200개가 넘는 제목이 떴다. 다가올 세상에 대한 그리스도인의 생각에는 "새 땅"이 아니라 "하늘"과 더 연관되어 있음이 분명하다.

부활신학

성서적 실재론

"하늘 위의" 어느 곳에 있는 천상의 영적 낙원에 대한 상상은 성서적인 실재론이기보다는 헬라 이원론에 영향을 받았다. 구약 성경과 신약 성경은 모두 우주 밖 다른 세상 어딘가가 아닌, 현재의 하늘과 땅이 그 본래의 완전함으로 새롭게 되고 변형된 "새 하늘과 새 땅"(사 65:17; 계 21:1)에 대하여 말하고 있다.

다른 연구에서, 나는 최초의 안식일-아담이 창조된 후 첫째 날-의 평화, 조화, 물질적 번영, 기쁨에 대한 광경이 구약 시대에 다가올 세상에 대한 일반적 호칭인, 마지막 날의 패러다임으로서 어떤 역할을 했는지 살펴보았다.[42] 아담과 동물들 사이에 존재했던 평화와 조화가 "그때에 이리가 어린 양과 함께 거하며 표범이 어린 염소와 함께 누우며 송아지와 어린 사자와 살찐 짐승이 함께 있어 어린 아이에게 끌리며"(사 11:6) 새 땅에서 회복될 것이다.

유사하게, 창조 시에 넘쳐났던 번영과 풍요로움이 새 땅에서 회복될 것이며, 그곳은 "밭가는 자가 곡식 베는 자의 뒤를 이으며 포도를 밟는 자가 씨 뿌리는 자의 뒤를 이으며 산들은 단 포도주를 흘리며 작은 산들은 녹으리라"(암 9:13; 참조 사 4:2; 30:23~25; 욜 3:18; 습 3:13). 이런 구절들은 새 세상에서 실제적이고 풍요로운 "지상의" 삶에 대한 모습을 전해준다.

도시의 삶

신약 성경은 현재 세상에서의 삶과 다가올 세상에서의 삶 사이의 연속성에 대하여 동일하게 강조한다. 새 세상에 대한 연속성과 실재성의 의미를 전달하기 위해 사용된 가장 강력한 심상은 아마도 도시의 심상이다. 예를 들어, 히브리서는 아브라함이 "하나님의 경영하시고 지으실 터가 있는 성을 바랐음이니라"(히 11:10)고 말한다. 아브라함의 경험은 모든 신자들의 경험의 표상인데, 왜냐하면 같은 저자가 설명하기를, "우리가 여기는 영구한 도성이 없고 오직 장차 올 것을 찾나니"(히 13:14)라고 말하기 때문이다.

신약 성경은 "오직 어린 양의 생명책에 기록된 자들"(계 21:27)만이 환영받는 거룩한 도시, 예루살렘에 대한 가장 강력한 묘사로 끝을 맺는다. 그 도시에 대한 상세한 모든 것을 문자적으로 받아들여야 하는 지는 의심스럽다. 예를 들어, 그 도시에 있는 매우 높은 벽은 벽 너머에 있는 경이로운 광경들을 도시민들로 하여금 보지 못하게 하려고 세운 것인가? 분명히, 그런 높은 벽과 같은 광경은 요한과 그의 동시대 사람들에게 완전한 안전성에 대한 확신을 전달했다. 그 당시에는, 벽이 높을수록 거주민들이 밤에 더 평화롭게 잠들 수 있었을 것이다.

유사하게, 열 두 문에 새겨진 열 두 지파의 이름과(계 21:2) 열 두 기초석 위에 기록된 열 두 사도의 이름에 대한(14절) 언급은 거룩한 도시의 시민들이 구약과 신약 성경 공동체 모두의 신자들로 구성되었음을 제기한다. 그 모든 상세한 것들의 의미가 무엇이든지 간에, 거룩한 도시의 이상은 하늘 휴식처의 신화적이고 은둔적인 삶이 아니라, 새롭게 된 지구에서 열심히 활동하는 도시적 삶의 심상을 전달한다.

활동적이고 즐거운 삶

거룩한 도시에 대한 성서적 이상은 새 땅에서의 삶이 고립되거나 외로운 삶이 아니라 교제하고 흥미롭고 활동적인 삶이라는 것을 제안한다. 새 땅은 다른 인종, 문화, 언어를 가진 모든 사람들이 평화롭게 살고 함께 일하는 복합적이고 대도시적인 장소일 것이다. 삶은 정적이고 따분하지 않고, 오히려 동적이고 창조적일 것이다.

쉴리 C. 구뜨리는 "새 예루살렘에서는 획일적이지 않은 공동체 의식과 무책임하지 않은 개인주의가 있을 것이다. 개인의 권리와 공동의 복리 사이의 문제는 사랑으로 연합된 자유 책임적 존재들의 공공복리에 있어서 공동체는 개인에게 봉사하고, 개인은 공동체를 섬기는 방법으로 해결될 것이다."[43]

상호 관련성과 상호 의존성을 가지고 하나님의 도시에서 함께 살아가는 구속받은 자들에 대한 심상은 창조와 구속에 대한 하나님의 의도가 성취됨을 의미한다. 창조 시에, 인류를 향한 하나님의 뜻은 홀로 살아가는 것이 아니라 땅을 정복하고 다스리는 일을 함께 함으로 이루어 질 것이었다. 구속을 통하여, 그리스도께서는 하나님과 인간 동료들과 우리를 화목시키시고, 또 우리는 한때 적으로 여겼던 사람들과 평화롭게 살아갈 수 있다.

하나님에 의해 승인된 도시의 삶

새 땅의 거룩한 도성에 대한 성서적 이상은 우리에게 도시의 삶의 구조가 하나님에 의해 승인된 것으로 가르쳐주는 것이 분명하다. 많은 사람들은 우리의 현재의 도시들이 하나님의 도성을 결코 반영하고 있지 못하기 때문에 이러한 견해를 받아들이기가 어렵다. 이와는 반대로, 그 도성들은 하나님과 동료들을 대적하는 넘쳐나는 범죄, 증오, 적대감, 무관심의 장소들이다.

도시의 삶의 현재적 상태가 우리로 하여금 도시화를 원칙적으로는 죗된 사회 구조로 거부하도록 하는 원인이 되어서는 안 된다. 도시의 삶이 새 땅에서도 계속될 것이라는 사실은 사람들이 오늘날 경험하는 사회적, 경제적, 환경적, 정치적, 인종적 문제들을 야기시키지 않고도 상호 관련을 가지고 상호 의존하는 복합적인 도시 구조 속에서 함께 살아가는 것이 가능할 것임을 우리에게 말하고 있다. 더 나아가, 미래에 하나님의 도성에서 함께 살아가는 것에 대한 이상은 그리스도인들이 시골로 도망감으로 도시에서 한 무리로 살아가는 것을 포기하지 않고, 오히려 그리스도인 영향력을 발휘하여 도시를 위해 일하고 많은 복합적인 문제들을 해결하는 데에 도움을 주도록 우리에게 도전을 던진다.

4. 새 땅에서의 삶에 대한 시연

새 땅에서의 삶에 대하여 말하고 있는 주요한 성경 구절들은(사 65:17~25; 66:22, 23; 계 21:1~22:5) 단지 그곳에서의 실제 삶에 대한 일별(一瞥)만을 우리에게 제공한다. 그러므로 다가올 세상의 삶, 조건, 직업을 구체화하려는 그 어편 시도도 "눈으로 보지 못하고 귀로도 듣지 못하고 사람의 마음으로도 생각지 못한"(고전 2:9) 실재를 묘사하기에는 너무나도 제한적이고 불완전한 노력으로 보여질 것이다.

하나님의 임재

새 땅에서의 삶의 가장 특이하고도 보람있는 국면은 하나님의 백성들 사이에 전에 없었던 하나님의 임재를 경험하는 일일 것이다. "보라 하나님의 장막이 사람들과 함께 있으매 하나님이 저희와 함께 거하시리니 저희는 하나님의 백성이 되고 하나님은 친히 저희와 함께 계셔서"(계 21:3). 이 익숙한 말씀은 새 땅에서 완전하게 성취될 하나님의 은혜의 언약의 중심적 약속이다(참조 창 17:7; 렘 31:33; 히 8:10).

그분의 비유에서, 예수께서는 하나님의 임재하심으로 인간의 운명에 대하여 종종 말씀하셨다. 그분은 당신을 따르는 자들의 운명을 혼인 잔치로 비유하셨는데, 그분 자신은 신랑이나(마 25:1~13) 혹은 주인일 것이며(마 22:1~10); 또는 집주인이나 주인으로 그리스도 자신을 비유하셨고, 그분의 충성스러운 종들을 보상하기 위해 다시 오셔서 다음과 같이 말씀하신다. "네 주인의 즐거움에 참예할지어다"(마 25:21; 참조 눅 12:35~38).

새 땅에서 하나님의 임재는 너무나도 실제적이어서 "그 성은 해나 달의 비침이 쓸 데 없으니 이는 하나님의 영광이 비취고 어린 양이 그 등이"(계 21:23) 되실 것이다. 이 구절은 새 땅에서, 하나님의 거하시는 장소인 하늘과 사람의 거주지인 땅이 더 이상 분리되지 않을 것이며 합쳐질 것임을 암시한다.

신자들은 아담과 하와가 매 안식일마다 하나님께서 그들을 방문하셨던 것을 경험했던 그 축복된 교제를 새 땅에서 즐길 것이다. 타락은 이 축복된 교제를 더럽혔지만, 안식일은 신자들에게 미래의 회복을 상기시키고자 남아있다(히 4:9). 우리가 매주 맞는 안식일의 축복은 새 땅에서 하나님과 함께 나눌 미래의 교제에 대한 우리의 소망을 품게 한다. 아우구스티누스가 말하는 것처럼, 그것

부활신학

은 "안식일 중 가장 큰 날"일 것이며, 그때 "우리는 안식할 것이며 우리는 볼 것이다; 우리는 볼 것이며 우리는 사랑할 것이다. 우리는 사랑할 것이며 우리는 찬양할 것이다; 이것이 끊임없이 영원히 계속될 것이다."[44]

모든 신자들과의 교제

우리가 성삼위 하나님과 즐길 교제는 우리로 하여금 모든 시대와 온 세상의 신자들과 교제하도록 이끌 것이다. 오늘날 우리는 단지 우리 시대와 우리 주변에 사는 사람들과 교제할 수 있다. 새 땅에서는, 우리의 교제가 모든 시대와 나라에서 살았던 사람들로 확장될 것이다. 그들은 부조들, 선지자들, 사도들, 순교자들, 선교사들, 개척자들, 우리의 가족 조상들, 후손들, 목사들 그리고 평신도들이다.

이 거대한 교제에 대한 상징은 어린 양의 큰 혼인 잔치이다. "어린 양의 혼인 잔치에 청함을 입은 자들이 복이 있도다"(계 19:9). 이 교제는 "각 나라와 족속과 백성과 방언에서 아무라도 능히 셀 수 없는 큰 무리"(계 7:9)가 포함될 것이다. 우리가 지금까지 살았던 가장 탁월한 사람들과 개인적으로 친분을 가짐으로 얻게 될 영감과 정보를 상상하기란 불가능하다.

악의 부재

우리의 현재 삶과 새 땅에서의 삶 사이의 가장 주목할 만한 차이점은 지금 우리의 삶을 제한하고 해를 끼친 모든 것들이 사라질 것이라는 점이다. 모든 악의 형태의 궁극적 원천인 마귀는 불못에서 멸망당할 것이다(계 20:10). 결과적으로, 우리 안에서나 우리 주변에서 악의 모습은 더 이상 없을 것이다. 더 이상 증오, 시기, 두려움, 적대감, 차별, 사기, 압제, 살인, 치열한 경쟁, 정치적 적수, 전쟁, 경제 침체, 인종 갈등, 기근, 부자와 가난한 자 사이의 차별, 질병과 죽음이 없을 새 세상에서 살아가는 것을 상상하기란 힘든 일이다.

"모든 눈물을 그 눈에서 씻기시매 다시 사망이 없고 애통하는 것이나 곡하는 것이나 아픈 것이 다시 있지 아니하리니 처음 것들이 다 지나갔음이러라"(계 21:4). 이 힘있는 필체는 그것이 실제로 의미하는 것보다 더 강하게 제시한다. 거기에는 불치의 질병도 더 이상 없으며, 비극적인 사고, 절뚝거리는 자녀들, 장례 예식, 영원한 이별도 더 이상 없을 것임을 묘사한다. 그것은 우리가 하나님께서 우리에게 부여하신 목표를 성취할 수 있을 것이라고 제기한다. 우리의 현재의 삶에서, 질병 혹은 죽음은 종종 우리가 추구하고 있는 야심찬 계획들을 종결시킨다. 새 땅에서는 모든 사람들이 가장 높은 목표를 달성하기 위해 무제한의 시간과 자료들을 갖게 될 것이다.

두려움의 부재

악의 부재는 특히 두려움, 불안함, 근심을 사라지게 할 것이 분명하다. 우리의 현재의 삶은 위험, 불확실, 두려움에 끊임없이 노출된다. 우리는 우리의 직업의 상실, 우리 집안에 침입하는 강도, 우리의 차의 부서짐, 우리의 배우자의 불충실함, 학교나 직장에서 우리의 자녀들의 실패, 우리의 건강의 피폐함, 우리의 동료들에 의한 거절 등을 두려워한다. 다시 말하면, 우리는 삶의 모든 불확실성을 두려워한다. 그런 두려움들은 우리의 삶을 근심으로 가득 채우고, 이로 인해 우리를 향한 하나님의 목적에 상반되고 우리의 인간적 잠재성은 줄어든다.

성경은 우리에게 새 땅에서는 두려움이나 불안감이 조금도 없을 것이라고 재확신시키기 위해서 다양한 심상들을 사용하고 있다. 성경은 하나님 자신이 지으실 터가 있는 한 도시에 대하여(히 11:10), "진동치 못할 나라"(히 12:28)라고 말한다. 아마도 1세기 그리스도인들에게 안전을 위한 가장 효과적인 심상은 "크고 높은 성곽이 있는"(계 21:12) 도시였을 것이다. 고대의 도시들에서 일단 거대한 문들이 닫히면, 그 시민들은 비교적 안전하게 그 안에서 살 수 있었다. 새 땅에서 완전한 안전성을 강조하기 위해, 거룩한 성은 길이와 높이가 같은 벽을 가진 모습으로 요한에게 보여졌다(계 21:16).

새 땅에서 완전한 안전성의 의미를 전달하기 위해 고안된 또 다른 중요한 심

부활신학

상은 바다가 사라진 것이다("바다도 다시 있지 않더라"–계 21:1). 요한에게 바다는 밧모 섬에서의 고립과 본토의 동료 신자들과의 분리를 의미했다. 바다는 세상의 안전성을 위협하는 것으로 보여졌으며(참조 계 13:1; 17:15), 특히 해군이 없었던 히브리인들은 바다로부터의 갑작스런 공격의 위험에 끊임없이 노출되어 있었다. 그러므로 새 땅에서 바다가 없다는 것은 그 안전성과 조화를 위협하는 것이 사라진다는 것을 의미한다. 안전성에 대한 동일한 의미가 다른 이미지를 통해 20세기 그리스도인들에게도 가장 잘 전달되어질 수 있는 것은 경보 시스템, 안전 자물쇠, 주택 보험, 안전 확인 지점, 전략적 방어 체계 등이 없다는 것이다. 사용된 심상들과 상관없이, 새 땅에서 우리는 두려움과 근심의 엄청난 영향으로부터 자유롭게 될 것이 분명하다.

오염의 부재

새 땅에서의 삶의 가장 즐거운 국면 중 하나는 깨끗한 환경이다. "무엇이든지 속된 것이나 가증한 일 또는 거짓말하는 자는 결코 그리로 들어오지 못하되"(계 21:27). 죄의 도덕적 오염으로부터 자유롭게 되는 것은 환경의 물리적인 오염으로부터 자유롭게 되는 것을 반영할 것이다. 삶은 더 이상 무책임한 오염과 천연 자원의 고갈에 대한 위협에 시달리지 않을 것인데, 왜냐하면 새 땅의 시민들은 하나님의 새로운 창조물에 대한 충실한 청지기가 될 것이기 때문이다. 새 땅에는 "흡연 구역"이 없을 것인데, 왜냐하면 아무도 자신의 건강을 해치는 흡연을 하지 않을 것이기 때문이다. 안심할 수 있는 것은 실내와 실외에서 항상 상쾌하고 맑은 공기를 호흡할 수 있는 것이며; 어떤 샘에서건 깨끗한 물을 마실 수 있으며 살충제와 방부제에 오염되지 않은 신선한 식품을 마음껏 먹을 수 있다는 것이다!

우리는 하나님께서 공기, 물, 토양의 오염으로부터 이 땅을 어떻게 정결케 하실 것인지에 대하여 알 수 없다. 베드로는 불에 의한 정결을 다음과 같이 제기한다. "하늘이 불에 타서 풀어지고 체질이 뜨거운 불에 녹아지려니와"(벧후

3:12). 불은 고대 세상에서 정결케 하는 주요한 도구로써 알려졌다. 하지만 불 외에도 지하에 쌓여있는 독한 쓰레기를 깨끗케 하기 위하여 지구의 깊은 곳까지도 다다를 수 있는 다른 도구들을 하나님께서 사용하실 수도 있다. 현재 공기, 물, 토양의 오염을 완전하게 제거하기 위해 사용하실 하나님의 도구가 무엇이든지 간에 새 땅은 도덕적으로나 물리적으로 깨끗하게 될 것임이 분명하다.

고무적인 것은 새 땅의 시민들은 하나님의 새로운 창조물들을 다시는 망치지 않을 충실한 청지기들이 될 것이라는 사실이다. 그들은 아마도 쓰레기를 거의 만들지 않을 것이며 천연계가 쓰레기를 흡수하고 처리할 수 있는 방법으로 배출하는 법을 알 것이다. 완전한 환경적 균형이 유지될 것이며, 그곳은 인류와 유인원들의 양질의 삶을 보증할 것이다.

활동력과 창조력

새 땅에서의 삶은 게으름이나 수동적인 명상으로 보내는 것이 아니라 생산적인 활동력과 창조력이 있을 것이다. 구속받은 자들이 새 세상에서 하나님에 의해 영광스런 손님으로, 먹여주고, 집을 제공해주고, 대접받으며 살 것이라고 생각하는 자들은 완전히 오해하고 있는 것이다. 새 땅은 하나님께서 모든 사람들에게 자유이용권을 한없이 제공해 주는 디즈니랜드 놀이동산 같은 곳이 아니다. 다가올 세상에서 "무임승차권"은 없을 것이다. 이사야는 다음과 같이 기록한다. "그들이 가옥을 건축하고 그것에 거하겠고 포도원을 재배하고 열매를 먹을 것이며 그들의 건축한 데 타인이 거하지 아니할 것이며 그들의 재배한 것을 타인이 먹지 아니하리니"(사 65:21, 22).

장래 세상에 대한 성서적 모습은 실제 사람들이 생산적이고도 창조적인 활동에 종사하는 것이다. 우리의 계획을 완성하기 위해 시간이나 자원이 부족하지 않을 것이다. 오늘날의 지식 분야에서, 우리는 단지 우리가 전문화되기로 선택한 어떤 분야의 표면만 긁을 수 있다. 우리는 많이 배울수록, 우리가 아직 배워야 할 것이 더 많다는 것을 깨닫는다. 새 땅에서는 지식과 은혜에 대한 우리

부활신학

의 지성을 증진시키는 데에 그 어떤 제약도 없을 것이다. "모든 재능은 발전될 것이며, 모든 능력은 증가될 것이다. 지식의 습득이 정신을 약하게 하거나 활력을 고갈시키지 않을 것이다. 그곳에서 가장 위대한 계획이 실현될 수 있으며, 가장 고상한 염원에 도달하고, 가장 높은 야망은 실현된다. 여전히 새로 도전할 높은 곳이 있으며, 감탄할 만한 새로운 경이로움과, 이해할 수 있는 새로운 진리들, 정신과 영혼과 육체의 능력을 발전시킬 수 있는 새로운 도전들이 있을 것이다."[45]

현재 문화와의 연속성

새 땅에서의 삶은 우리가 현재 문화라고 막연하게 부르고 있는 것과의 어떤 연속성을 내포할 것이다. 이것은 앞서 살펴본 것처럼 성경이 이 세상의 소멸보다는 변형에 대하여 말하고 있다는 사실에 의해 제안된다. 연속성은 육체의 부활에 의해 암시되는데, 그것은 죽음에서부터 부활로 우리의 인격의 보존과 연속성을 의미한다.

연속성의 또 다른 중요한 암시는 요한계시록 21:24, 26에서 발견된다. "땅의 왕들이 자기 영광을 가지고 그리로 들어오리라 사람들이 만국의 영광과 존귀를 가지고 그리로 들어오겠고." 첫째로 이 구절은 새 땅의 거민들 속에는 이 세상에서 큰 영향력과 권세를 가졌던 사람들이 포함될 것이라고 제기한다. 왕, 대통령, 과학자 등등. 둘째로, 현재의 삶의 발전을 이룩한 각 나라들의 특별한 공헌은 새 땅의 삶을 풍요롭게 할 것이다. 이것은 우리 시대의 컴퓨터, 통신, 교통 분야에서의 기술적인 발전 등이 소실되지 않고 더 발전되고, 세련되고, 완전해질 것이라고 믿을 수 있는 근거가 된다.

스티븐 트라비스는 예리하게 주장하기를 "그분이 만드신 세상이 선하다는 것을 확증하신 하나님께서는 예술과 아름다움 그리고 인간의 고안물들의 자산들을 포기할 수 없으실 것이다. 하나님의 경제에 낭비되는 것은 아무 것도 없다. 하나님의 풍성한 창조성을 반영하는 남녀들의 모든 창조적 작품은 변화된 세상으로 옮겨질 것이다."[46]라고 한다. 하나님께서는 때때로 커다란 인간적 희생으로 만들어진 우리의 창조적 성취를 귀하게 여기신다. 그것들의 가치가 현재의 삶 저 너머에 있는 새 땅까지 확장될 것이라 생각하는 것은 위안이 된다. 인류의 특별한 업적들이 새 땅에서 보존된다는 것은 그곳에서의 삶이 지겹고 무료한 것이 아니라 흥미롭고 성취감이 있을 삶이라는 것을 암시한다.

정규적 예배

새 땅에서의 삶의 중심은 하나님께 정규적인 예배를 드리는 것이다. 이사야는 그 시대에 익숙한 용어로 새 땅에서의 예배의 정규성과 안정성을 다음과 같이 기술한다. "여호와가 말하노라 매 월삭과 매 안식일에 모든 혈육이 이르러 내 앞에 경배하리라"(사 66:23). 이 문맥에서 예배를 위한 규칙적인 모임은, 무엇보다도, 예루살렘의 정치적 회복과 종교적 예식의 회복에 대한 소망을 의미하고(20절), 둘째로, 전자가 표상하고 있는 마지막 때에 이 땅이 회복된다는 것을 의미한다. 선지자들은 종종 임박한 역사적 사건들 속에 투영된 궁극적인 하나님의 목적들을 바라본다.

이사야는 안식일과 함께 "월삭"을 언급하는데 왜냐하면 그것은 새 해, 매 달의 시작과 또한 유월절, 오순절, 대속죄일 같은 중요한 연중행사의 날짜를 결정하는 핵심적인 역할을 감당하기 때문이다. 월삭의 날짜는 실제적인 관찰에 의하여 결정되기 때문에, 그 존재는 민력과 성력의 안정성에 필수적인 것이었다. 이것이 이사야와(66:23) 에스겔이(46:3) 회복된 예루살렘에서 월삭과 안식일의 정규적 모임에 대하여 말하고 있는 이유이다. 그들에게 이것은 예배의 정규성과 안정성을 의미했다.

월삭의 주요 기능은 이스라엘 사람들이 그들의 연중 절기를 산정하고 그것을 위해 준비하는 것을 도와주는 것이었기 때문에 구속받은 자들이 월삭에 예배를 위해 모일 것이라고 믿는 이유는 되지 못한다. 이사야는 새 땅에서 모이는 정규적 예배의 시간으로써 월삭을 언급하는데 왜냐하면 그는 "열방에서"(사

392   부활신학

66:20) 온 유대인들의 역사적인 모임의 문맥에서 기술하기 때문이다. 그러므로 월삭과 같이 국가적 이스라엘에게 적용되는 요소들과 안식일과 같이 새 땅에서 계속될 요소들을 구분하는 것이 필요하다. 더욱이, 이사야의 관심은 사회적 삶과 종교적 삶 모두의 안정성과 정규성을 강조하는 것임을 이해하는 것이 중요하다("새 땅이…너희 자손과 너희 이름이 항상 있으리라" 사 66:22). 이 보증은 과거에 성취된 예루살렘의 회복과 미래의 새 땅에서의 삶 모두에 적용된다.

풍성한 예배

새 땅에서, 개인적 예배와 대중적 예배 둘 다 규칙적일 뿐만 아니라 표현과 의미에 있어서 더 풍성해 질 것이다. 요한계시록의 찬양은 그 예배가 어떠할 것인지에 대한 약간의 실마리를 우리에게 제공한다. 144,000인은 "땅에서 구속함을 얻은" 사람 외에는 누구도 배울 수 없는 "새 노래"를 부를 것이라고 말한다(계 14:3). 분명히 이 노래는 새롭고 특별한 것인데 왜냐하면 그것이 하나님의 경이로운 구속에 대하여 하나님께 개인적인 감사를 표현하는 경험의 노래이기 때문이다. 마지막 기만을 극복한 사람들이 "불이 섞인 유리 바다" 같이 보이는 곳에서 혹은 옆에 서서 "어린 양의 노래"를 부르는 것이 요한에게 보여졌다. "주 하나님 곧 전능하신이시여 하시는 일이 크고 기이하시도다 만국의 왕이시여 주의 길이 의롭고 참되시도다. …주의 의로우신 일이 나타났으매 만국이 와서 주께 경배하리이다"(계 15:2~4).

요한계시록의 찬양은 새 땅에서의 예배의 중심이 그분의 완전한 창조(4:11), 경이로운 구속(5:9, 12) 그리고 그분의 백성의 궁극적 옹호와 회복(15:3, 4; 19:1~3)에 대하여 하나님의 존귀하심을 찬양하는 것이 될 것임을 암시한다. 예배의 본질은 찬양과 경배를 통하여 하나님의 존귀하심을 인정하는 것이므로, 새 땅에서의 예배는 여기서보다 더 풍성할 것인데, 그 이유는 구속받은 자들이 하나님의 존귀하심에 대하여 더 충만한 인식을 가질 것이기 때문이다.

이생의 삶에서, 우리가 비록 그분이 왜 악한 자들이 번창하고 무고한 자들이 고통받도록 허락하시는 지에 대한 이유를 언제든지 이해하지는 못할지라도, 우리는 하나님을 예배한다. 새 땅에서 이 신비는 구속받은 자들이 하나님의 심판의 정당성을 이해할 수 있는 기회를 얻게 됨으로 해결될 것이다. "주의 의로우신 일이 나타났으매 만국이 와서 주께 경배하리이다"(계 15:4). 하나님의 공의와 자비에 대한 이런 깨달음은 구속받은 자들로 하여금 하나님을 찬양하도록 고무시킬 것이다. "할렐루야 구원과 영광과 능력이 우리 하나님께 있도다 그의 심판은 참되고 의로운지라"(계 19:1, 2).

새 땅에서의 예배는 더 풍성해질 것인데, 하나님의 자비와 공의에 대한 더 풍성한 이해로 인해서 뿐만 아니라, 하나님을 대면하여 예배하는 기회를 가지기 때문이다. "하나님과 그 어린 양의 보좌가 그 가운데 있으리니 그의 종들이 그를 섬기며 그의 얼굴을 볼 터이요 그의 이름도 저희 이마에 있으리라"(계 22:3, 4). 이 구절은 새 땅에서 하나님께 예배하는 것이 신자들로 하여금 하나님에 대한 더욱 충만한 지식과 기쁨을 얻게 할 것이라고 제기한다. 이런 의미에서, 예배의 궁극적인 기능은 우리의 삶에서 그분의 임재, 평화, 능력을 경험하는 것이다. 이러한 경험은 새 땅에서 너무나도 실제적이어서 그 장소는 진정으로 하늘이 될 것이다.

E. 결론

첫 장에서 우리는 우리가 인간의 본질의 구성 요소에 대하여 믿는 바가 곧 우리의 궁극적인 운명에 대한 우리의 믿음을 대부분 결정한다는 것을 확인했다. 본 연구의 과정을 통하여, 우리는 인간 본질의 **이원론적** 견해, 즉 물질적이고 썩을 육체와 영적이고 썩지 않을 영혼 사이의 구별을 강조하는 것과, **전인적** 견해, 즉 각 부분이 개인적인 유기체의 한 부분으로서의 몸, 혼, 영의 연합체를 강조하는 것을 비교하고 대조하였다.

우리의 연구는 인간 본질에 대한 이원론적 견해가 대부분 헬라 철학자들로부터 시작되었고 그리스도인 신념과 행습에 많은 영향을 끼쳤다는 것을 보여주었다. 예를 들어, 몸은 죽으나 영혼은 죽지 않는다는 신앙은 성경에서 분명하게 가르치고 있는 생명의 중지라기보다는 죽을 몸에서 죽지 않을 영혼이 분리되는 것이라는 죽음에 대한 이상한 정의가 생기게 되었다. 이런 비성서적인 죽음에 대한 정의는 죽는 순간에 영혼이 낙원, 지옥, 혹은 연옥으로 옮겨진다는 대중적인 신념을 조장시켜왔다. 또한, 이 신조는 성도들의 중보 역할에 대한 가톨릭 교리와 지상의 교회가 연옥에서 고통받고 있는 영혼들을 위해 성도들의 공로를 적용할 수 있는 사법권을 가지고 있다는 신앙을 만들어냈다.

악한 자들의 마지막 형벌에 대해서는, 영혼불멸설 신앙이 잃어버린 자들이 하나님에 의해 영원토록 지옥에서 고통을 받아야 한다는 해석에 어떻게 영향을 끼쳤는지를 살펴보았다. 그런 견해는 오늘날 큰 문제에 봉착했는데 그 이유는 그리스도인들이 성서적이며 도덕적인 이유로 그런 견해를 점점 더 거부하고 있기 때문이다. 성서적으로, 악한 자들의 운명에 대하여 묘사하기 위해 성경 전반에 걸쳐 사용된 멸망에 대한 많은 심상과 용어들은 그들의 마지막 형벌은 소멸이지, 결코 의식을 가지고 영원히 고통을 받는 것이 아님을 분명하게 지적한다. 도덕적으로 말하자면 의식을 가지고 받는 영원한 고통은 하나님의 사랑과 공의에 대해 가르치는 성경과 조화되지 않는다.

마지막 장에서, 우리는 이원론이 사람들이 죽을 때 몸을 떠난 영혼이 그리스도를 만날 수 있다는 신앙으로 인도함으로써 그리스도의 오심에 대한 기대를 약화시키고 있음을 발견했다. 각 사람은 사망 시에 즉시 하늘로 보내지든지 아니면 지옥에 위탁될지를 결정하는 심판을 받는다고 가르침으로써 마지막 심판은 실질적으로 불필요한 것으로 간주된다. 그것은 부활한 육체의 신체적인 면과 다가올 세상의 물질적인 면을 경시하므로 몸의 부활과 다가올 세상을 신령화시켜 버렸다. 이원론의 부산물은 오늘날 대부분의 그리스도인들이 영원히 찬양하고 묵상하고 기도하는 영광스러운 영혼들로서 영원히 살게 될 하늘 낙원에 대한 이상에 전혀 고무되지 않는다는 것이다.

그리스도인 삶과 생각의 다양한 국면에서 스며들어 있는 이원론의 부정적인 영향을 평가하기란 거의 불가능하다. 많은 학자들은 몸과 영혼의 이원론이 인간의 본질에 대한 성서적 견해와 상충될 뿐만 아니라 사람들에게 해로운 다른 이분법을 조장하고 있다는 것을 인식한다. 신학자들은 종종 몸과 영혼의 이원론을 세속적인 삶과 거룩한 삶의 이원론과 연관시키므로 삶의 거룩한 국면과 세속적인 국면 사이를 차별화 시킨다. 선교학자들은 이원론이 인간의 전인에 대해 봉사하지 않고도 영혼을 구원하는 일에 초점을 맞춘 잘려진 복음의 증거로 이끌어왔음을 시인한다.

교육자들은 전인을 희생시키면서까지 지성을 계발하는 데 집중하고 있는 전통적인 교육 제도에서 이원론의 부정적인 영향력을 발견한다. 의사들과 심리학자들은 신체적이고도 정신적인 질병의 정신신체의학의 다양성을 인정하지 못한 책임이 이원론에 있다는 것을 인정한다. 본 연구에서 이원론에 의해 영향을 받은 다양한 분야들을 연구하려는 그 어떤 시도도 없었기 때문에 결론적으로, 본인은 이원론의 다음의 세 가지의 중요한 국면들을 간단하게 제시하고자 한다. (1) 종교적 이원론, (2) 도덕적 이원론, (3) 사회적 이원론.

종교적 이원론

몸과 영혼을 구분하는 이원론은 삶을 다음과 같이 두 별개의 분야로 비논리적으로 구분하는 일을 조장했다. 종교적 삶과 세속적 삶, 종교적 소명과 세속적 직업, 혹은 중세 시대의 구분을 사용하여, **영적인 생명**(*vita comtemplativa*)과 **육적인 생명**(*vita activa*). 어떤 학자들은 현대의 이러한 영적-세속적 이분법이 몸-영혼, 본질-은혜로 구분하는 중세신학에 직접적으로 영향을 받은 결과로 이해한다.[47]

일반적으로 인간 본질에는 물질적인 육체와는 구별되는 영적인 영혼이 있기 때문에, 인간의 삶 속에서 신학적 신념, 인격적 경건, 도덕성으로 구성된 영적

부활신학

혹은 거룩한 영역이 있으며, 그것은 세속적인 추구들로 구성된 인생의 세속적인 영역과는 구분된다. 후자는 하나님의 계시의 원칙과 관련을 맺지 않고서도 성공적으로 실현될 수 있다. 따라서 사업, 과학, 정치, 예술, 놀이, 문화는 종교적 가치에 직접적으로 영향을 받지 않으며, 이것들은 본래부터 세속적인 추구들로 이해된다. 종교와 신앙은 세속적인 세상 밖에 머무를 수밖에 없는데, 그 이유는 후자는 다른 기준에 따라 움직이기 때문이다.

이런 이원론적 사상은 인생의 종교적인 영역과 세속적인 영역의 잘못된 이분법을 만들어낸다. 그러한 사상은 성서적 원칙들과 복음의 변화시키는 능력이 인간의 모든 활동부분을 형성할 수 있도록 해야 한다는 것을 경시한다. 그것은 인간의 삶과 본질에 대한 성경의 전인적 견해를 간과한다. 그러나 몸과 혼, 육적인 것과 영적인 것, 인간과 유인원, 이 모든 것은 하나님의 선하신 창조물이며 마지막 회복의 대상들이다.

도덕적 이원론

몸과 영혼을 구분하는 이원론은 사회 안에서 대립 혹은 계급에 영향을 끼쳤다. 이런 동향은 결과적으로 영혼이 육체보다 우월하며, 노동보다는 정신적 사고가 더 중요하다고 여겼던 역사적 경향성 속에서 이해되어질 수 있다. 존 쿠퍼는 다음과 같은 사실을 주목하고 있다. "어떤 지역에서는 여전히 성직자, 의사, 교수들이 배관공과 농부 보다 더 높이 평가되는데, 왜냐하면 단지 그들이 더 많이 배웠고 그들의 일이 손으로 하는 것보다 대부분 머리로 하는 것이기 때문이다. 세상은 단지 세속적일 뿐만 아니라 참으로 영적인 사람들이 함께 하기에는 적절하지 않은 '더러운' 장소로 여기는 그리스도인들이 있다."[48]

이원론에 의해 조장된 또 따른 중요한 구별은 성직자와 평신도 사이에서 발견된다. 역사적으로, 종교적인 삶을 위한 거룩한 부르심에 스스로 헌신한 사람들은 세속적 직업에 종사하는 사람들보다 더 거룩하게 인식되어져 왔다. 더 거룩한 성직자들의 지위는 교회의 성복과 "목사님 혹은 신부님"과 같은 특별한 칭호를 사용함으로써 거룩하게 인식되어졌다. 성직자로의 부르심은 그들 자신이 영혼을 구원하는 일에 헌신하기 때문에 거룩한 것으로 여겨져 온 반면에, 평신도는 육체의 필요를 채우는 데 몰두하기 때문이다. 이런 도덕적 이원론은 인생의 어떤 직업이나 분야가 더 고상하거나 우월한 반면에 이에 비해 다른 것들은 이차적이거나 열등한 것으로 간주되도록 용인하였다.[49]

사회적 이원론

몸−영혼의 이원론은 또한 일단의 사람들에 대하여 불법적인 차별과 멸시를 의미했다. 가장 노골적인 예는 계급주의와 인종주의이다. 어떤 소수의 무리가 종속되고 착취당해야하는 기본적인 근거는 그들의 인간에 영혼이 철저히 부족하기 때문이라는 것이다. 백인 우월주의자들은 아프리카 흑인들과 아메리카 인디언들이 이성적인 영혼을 갖지 못하고 있기 때문에 그들은 합법적으로 압제받을 수 있다고 주장한다.

우리의 종교적, 사회적, 정치적 구조에 있는 몸−영혼의 이원론에 대한 모든 영향력을 다 살펴보기란 불가능하다. 몸과 영혼으로 인간을 나누는 것은 인간의 삶에서 모든 종류의 잘못된 이분법들을 증가시킨다. 그것은 세속주의와 인본주의의 힘에 삶의 거대한 분야와 도덕적 가치 그리고 지식을 굴복하도록 인도했다.

성서적 전인주의의 회복이 필요함

이 연구의 과정을 통하여 우리가 살펴본 이원론의 광범위한 교리적이고도 실제적인 의미들은 독자들로 하여금 인간 본질과 운명에 대한 성서적인 전인주의, 곧 통전주의 견해를 회복할 필요가 있다는 것에 감명을 주어야한다. 성서적 통전주의는 우리의 삶의 신체적이고 영적인 부분 모두를 긍정적으로 바라보도록 우리에게 촉구하는데, 왜냐하면 우리의 몸과 영혼은 분리할 수 없는 결합체이며 하나님에 의해 창조되었고 구속되었기 때문이다. 우리가 우리의 몸을 취급하는 방식은 우리 영혼의 영적인 상태를 반영하는데, 왜냐하면 우리의 몸은 "성령의 전"(고전 6:19)이기 때문이다. 만일 우리가 담배, 술, 마약, 건강에 해로운 음식들로 우리의 몸을 오염시킨다면, 우리는 우리의 몸의 **신체적 오염**뿐만 아니라 우리 영혼의 **영적인 오염**도 일으키는 것이다.

성서적 전인주의는 우리가 영혼의 영적인 필요와 몸의 육체적 필요 모두를 충족시키도록 노력함으로써 전 인격에 대하여 생각하도록 촉구한다. 더 나아가서, 교회는 사람들의 "영혼"을 구원하는 일과 건강 그리고 식생활 교육과 같은 분야에서 봉사함으로써 그들의 삶의 질을 향상시키는 일에도 힘써야 한다.

그리스도인 학교는 전인의 발전에 대해서도 연구해야 한다. 학교의 프로그램은 인간의 정신적, 신체적, 영적인 부분의 발전에 그 목표를 두어야 한다. 건강 분야의 종사자들은 신체적, 감정적, 영양적, 영적 상태를 포함한 전 인간의 분야에서 질병을 다루어야 한다.

인간 본질에 대한 성서적인 통전적 견해는 몸과 영혼, 물질과 영적 세계를 포함한 범 우주적인 구속의 견해를 전제로 한다. 그것은 영화롭게 된 영혼들이 거주하는 천상의 낙원이 아니라, 이 지구 행성이 본래의 완전함으로 회복되어 실제적인 삶과 활동에 종사할 실질적인 인간들이 살게 될 곳임을 보여준다. 다가올 세상에서의 삶은 정적이거나 지겨운 것이 아니라 동적이고 창조적인 것이 될 것이다.

하늘은 너무 정결하고, 너무 소독이 잘되어 있고, 너무 비실제적이며, 너무나 따분하다고 하기 때문에 많은 그리스도인들이 그곳에서의 삶에 대한 흥미를 상실한 이때에, 새 땅에 대한 성서적인 통전주의와 실제적인 이상을 회복하는 일은 긴요하다. 그곳은 우리의 모든 재능들이 계발될 곳이며, 숭고한 포부들이 실현될 곳이며, 거창한 계획들이 성취될 곳이며, 또한 하나님과 동료 이웃들과 가장 아름다운 교제를 나누며 즐기게 될 장소가 될 것이다.

이것이 우리의 구속의 절정일 것이다. 그때는 엘렌 G. 화잇이 힘 있게 묘사한 것과 같을 것이다. "죄와 죄인들은 없어졌다. 온 우주는 깨끗해졌다. 오직 조화와 기쁨의 맥박만이 온 우주의 만물을 통하여 고동(鼓動)한다. 생명과 빛과 환희가 만물을 창조하신 분에게서 끝없이 넓은 우주로 퍼져나간다. 가장 작은 원자(原子)로부터 가장 큰 세계에 이르기까지, 만물은 생물계와 무생물계를 막론하고 조금도 흠이 없는 아름다움과 완전한 기쁨으로 하나님은 사랑이시라고 선포한다."[50]

미주

제 1 장

1. John A. T. Robinson, *The Body* (London, 1952), 16.

2. Reinhold Niebuhr, *The Nature and Destiny of Man* (New York, 1941), 4~17.

3. George E. Ladd, *A Theology of the New Testament* (Grand Rapids, 1974), 457.

4. John W. Cooper, *Body, Soul and Life Everlasting: Biblical Anthropology and the Monism-Dualism Debate* (Grand Rapids, 1989), 3.

5. Ibid., 1.

6. Ibid., 4.

7. Oscar Cullmann, *Immortality of the Soul or Resurrection of the Dead? The Witness of the New Testament* (New York, 1958), 5.

8. Clark H. Pinnock, "The Conditional View", *in Four Views on Hell*, William Crockett, ed. (Grand Rapids, 1992), 161.

9. Ibid., 162.

10. John R. W. Stott and David Edwards, *Essentials, A Liberal-Evangelical Dialogue* (London, 1988), 319, 320.

11. See *Christianity Today* (June 16, 1989), 60~62. 회의 문서에서 존 앵커벌그(John Ankerberg) 는 영혼의 불멸성과 지옥에서의 영원한 형벌에 대한 전통적인 견해를 부정하는 것으로, 곧 그 리스도의 신성을 부정하는 증거라고 제시했다(See K. S. Kantzer and Carl F. Henry, eds., *Evangelical Affirmations* [Grand Rapids, 1990]).

12. Cited in G. C. Berkouwer, *The Return of Christ* (Grand Rapids, 1972), 34. 이와 동일한 견해가 러셀 포스터 올드윈클에 의해서 표현된다. Russell Foster Aldwinckle, *Death in the Secular City* (London, 1972), 82.

13. Conrad Bergendoff, "Body and Spirit in Christina Thought", *The Lutheran Quarterly* 6 (August 1954): 188, 189.

14. 어떻게 몸과 혼의 이원론이 근대 세속주의의 발생에 기여해왔으며, 세속과 영적, 곧 종교적인 생애와의 사이의 구별은 브라이언 왈스와 리차드 미들톤에 기초하고 있다. Brian Walsh and Richard Middleton, "The Development of Dualism", chapter 7 in *The Transforming Vision* (Downers Grove, Illinois, 1984).

15. D. R. G. Owen, *Body and Soul, A Study on the Christian View of Man* (Philadelphia, 1957), 28에 서 인용하였다.

16. 존 던(John Donne)의 시, "The Anniversary"로부터 인용하였다.

17. Henlee H. Barnette, *The Church and the Ecological Crisis* (New York, 1972), 65.

18. *Encyclopedia Americana*, 1983 ed., s.v. "Holistic Medicine."

19. Norman Cousins, *Anatomy of an Illness* (New York, 1979), 133. Among the many books on holistic medicine, the following may be noted: David Allen et al., *Whole Person Meicine* (Downers Grove, Illinois, 1980); Ed Gaedwang, ed., *Inner Balance: The Power of Holistic Healing* (Englewood Cliffs, NJ, 1979); Morton Walker, *Total Health: The Holistic Alternative to Traditional Medicine* (New York, 1979); Jack La Patra, *Healing the Coming Revolution in Holistic Medicine* (New York, 1978).

제 2 장

1. P. E. Hughes, *Hope for a Despairing World* (Grand Rapids, 1997), 50.

2. 사람 속에 있는 하나님의 형상에 대한 다양한 연구들 위해 다음의 책을 보라. H. D. McDonald, *The Christian View of Man* (Westchester, Illinois, 1981), 33~41.

3. 예컨대, 리더 스미스(C. Ryder Smith) 같은 사람은 히브리 단어들과 헬라어의 동의어들은 하나님과 인간 사이에는 신체적으로 닮았다고 주장한다(*The Bible Doctrine of Man* [London, 1951], 29, 30). 이와 유사하게 군켈(H. Gunkel)은 구약에서는 하나님이 매우 의인화되어 묘사되고 있다고 주장한다(*The Legend of Genesis* [Chicago, 1901]. 8~10).

4. R. Lair-Harris, *Man-God's Eternal Creation: A Study of Old Testament Culture* (Chicago, 1971), 24.

5. John Calvin, *Institutes of the Christian Religion* I, XV, 3 (London, 1949), 1:162, 165.

6. 이러한 견해는 사람 속에 있는 하나님의 형상을 정확하게 남자와 여자로 되어 있다고 주장하는 칼 바르트를 따르는 폴 제왯(Paul Jewett)에 의해 표현되었다. 그는 선언하기를 "창세기 1:27의 하단('남자와 여자를 창조하시고')은 1:27 상단('하나님이 자기 형상 곧 하나님의 형상대로')의 주석이라고 선언한다(*Man: Male and Female* [Grand Rapids, 1975], 33).

7. *Webster's New Collegiate Dictionary*, 1974 ed., s.v. "Soul."

8. Claude Tresmontant, *A Study in Hebrew Thought* (New York, 1960), 94. 본서는 히브리 사상과 헬라 사상 사이에 있는 차이점을 알기 위해서 적극적으로 추천하는 도서이다.

9. Aubrey Johnson, *The Vitality of the Individual in the Thought of Ancient Israel* (Cardiff, Wales, 1964), 19.

10. Johannes Pedersen, *Israel: Its Life and Culture* (London, 1926), 1:99.

11. Ibid., 99, 100.

12. Han Walter Wolff, *Anthropology of the Old Testament* (Philadelphia, 1974), 10.

13. Dom Wulstan Mork, *The Biblical Meaning of Man* (Milwaukee, Wisconsin, 1967), 34.

14. Pedersen, 34.

15. H. Wheeler Robinson, *The Christian Doctrine of Man* (Edinburg, 1952), 27.

16. Mork, 34.

17. Norman Snaith, *"Justice and Immorality"*, Scottish Journal of Theology 17/3 (September 1964): 312, 313.

18. Basil F. C. Atkinson, *Life and Immortality* (London, n.d.), 1, 2.

19. Ibid., 2.

20. Ibid.

21. Tory Hoff, "Nephesh and the Fulfillment It Receives as Psyche", in *Toward a Biblical View of Man: Some Readings,* eds. Arnold H. De Graaff and James H. Olthuis (Toronto, 1978), 103.

22. Atkinson, 17.

23. The tabulation is from Atkinson, 3.

24. Wolff, 10.

25. Hoff, 25.

26. Ibid.

27. Ibid.

28. Wolff, 25.

29. Mork, 40.

30. Ibid.

31. W. David Stacey, *The Pauline View of Man* (London, 1956), 87.

32. Mork, 41.

33. Pedersen, 179.

34. Ibid., 180.

35. Edmund Jacobs, "Nephesh", *Dictionary of the New Testament, ed. Gerhard Friedrich* (Grand Rapids, 1974), 9:621.

36. Pedersen, 171.

37. Robert A. Morey, *Death and the Afterlife* (Minneapolis, 1984), 49.

38. Wolff, 20.

39. Jacob, 619.

40. Hoff, 101.

41. Jacob, 618.

42. Atkinson, 10.

43. 수도원 생활의 규칙들은 영혼의 안녕을 개발하는데 금욕이 필수불가결한 것임을 분명하게 보여준다. 예컨대 베네딕트 수도원에는 환자에게는 목욕을 하게하되, 그러나 건강한 자를 위해서는 제한한다. "환자들에게는 필요에 따라 욕실의 사용을 허락할 수 있으나 건강한 자들에게, 특히 청년들에게는 그렇게 하지 말아야 한다"(Henry Bettenson, *Documents of the Christian Church* [Oxford, 1967], 121).

44. D. R. G. Owen, *Body and Soul* (Philadelphia, 1956), 167.

45. Ibid. 169.

46. Wolff, 26〜31.

47. Pedersen, 178.

48. 이 통계는 Hans Walter Wolff가 한 것이다(Wolff, 40).

49. Walther Eachrodt, *Theology of the Old Testament* (Philadelphia, 1967), 2:143.

50. R. C. Dentan, "Heart", *The Interpreter's Dictionary of the Bible* (Nashville, 1962), 2:549.

51. Wolff, 66.

52. Hans Walter Wolff의 계산에서 옴(Wolff, 40).

53. Pedersen, 104.

54. 본 일람표는 Hans Walter Wolff, 32에서 인용함.

55. Ibid.

56. Ibid.

57. Mork, 73.

58. Atkinson, 18.

59. Friedrich Baumgartel, "Spirit of God", *Bible Key Words* (New York, 1961), 1.

60. 겔 21:12; 출 6:9; 사 61:3; 65:14; 단 7:15도 보라.

61. 시 31:5; 76:12; 104:29, 30; 146:4; 욥 34:14, 15; 전 3:19〜21; 8:8; 12:7 등에서 죽을 때에 영이 떠나거나 없어지는 것에 대해서 언급한다.

62. Ralph Walter Doermann, "Sheol in the Old Testament", Ph.D. dissertation, Duke University (1961), 205.

제 3 장

1. 인간의 본질과 운명에 대해서 다루는 신구약 중간기 동안의 문헌에 대해서 가장 포괄적으로 제시하고 있는 연구가 H. C. C. Cavalin, *Life after Death: Paul's Argument for the Resurrection of the Dead in 1 Corinthians; Part I: An Inquiry into the Jewish Background* (Lund: Holland 1974). 또 다

른 학술적인 연구는 George Nickelsburg, Jr., *Resurrection, Immortality, and Eternal Life in Inter-testamentary Judaism* (Cambridge, 1972) 이다.

2. *2 Baruch* 30, cited from R. H. Charles, *The Apocrypha and Pseudepigrapha of the Old Testament in English with Introductory and Critical Explanatory Notes to the Several Books* (Oxford, 1913), 498.

3. Commenting on this text, R. H. Charles wrote: "This conditional immortality of man appears also in 1 Enoch 69:11; Wisdom 1:13, 14; 2Enoch 30:16, 17; 4 Ezra 3:7" ((Ibid., 477).

4. Ibid., 49. R. H. Charles에 따르면 "이것은 기원전 마지막 두 세기에 있었던 이런 기대감에 대한 가장 초기에 시도되었던 예이다"(Ibid., 10).

5. Ibid., 538.

6. See 4 *Maccabees* 10:15; 13:17; 18:18; 18:23.

7. See 4 *Maccabees* 9:8, 32; 10:11, 15; 12:19; 13:15.

8. H. Wheeler Robinson, *The Christian Doctrine of Man* (Edinburgh, 1952), 74.

9. Basil F. c. Atkinson, *Life and Immortality* (Taunton, England, N. D.), 12.

10. John A. T Robinson, *The Body: A Study of Pauline Theology* (London, 1966), 23.

11. Edward Schweizer, "Psyche", *Theological Dictionary of the New Testament*, ed., Gerhard Friedrich (Grand Rapids, 1974), Vol. 9, 640.

12. Schweizer, 644.

13. Ibid., 653.

14. Oscar Cullmann, "Immortality of the soul or Resurrection of the Dead?" in *Immortality and Resurrection. Death in the Western World: Two Conflicting Currents of Thought*, ed., Krister Stenahl (New York, 1968), 36, 37.

15. Robert A. Morey, *Death and the Afterlife* (Minneapolis, 1984), 152.

16. Edward William Fudge, *The Fire That Consumes* (Houston, 1989), 173.

17. Ibid., 177.

18. Schweizer, 646.

19. 이러한 견해는 에드워드 슈바이처에 의해서도 표현된다. p. 650. 이와 유사하게 토니 호프도 "바울은 죽음에도 살아있는 생명을 위해 프쉬케를 결코 사용하지 않는다. … 그 이유는 그가 이 시기에 바로 이것에 대한 곡해의 가능성을 인지했기 때문이다. 그는 플라톤의 전통이 특별히 회심한 이방인들에게 혼란을 줄 수 있을 것을 알았다("*Nephesh and the Fulfillment It receives as Psyche*" in *Toward a Biblical View of Man: Some Readings, It Receives a Psyche in Toward a Biblical View of Man: Some Readings*, ed. Arnold H. De Graff and James H. Olthuis[Toronto, 1978], 114).

20. John Calvin, *Institute of the Christian Religion*, trans. F. L. Battles (Philadelphia, 1960), Vol. 1, 192.

21. Ibid.

22. Robinson, 122.

23. *Catechism of the Catholic Church* (Rome, 1994), 93, 94.

24. Ibid., 93.

25. Schweizer, 651.

26. W. White, "Spirit", *The Zondervan Pictorial Encyclopedia of the Bible*, ed. Merrill C. Tenney (Grand Rapids, 1978), 5:505.

27. David W. Stacey, *The Pauline View of Man* (London, 1956), 135.

28. Claude Tresmontant, *A Study of Hebrew Thought* (New York, 1960), 107.

29. Henry Barclay Swete, *The Holy Spirit in the New Testament* (London, 1910), 342.

30. Robinson, 109.

31. 참조: Robert A. Morey, 62; W. Morgan, *The Religion and Theology of Paul* (New York, 1917), 17. 육과 영에 대한 이원론적인 고전적 제시가 O. Pfleiderer, *Primitive Christianity* (New York, 1906), 1:280 ff에서 발견된다. Mary E. White, "The Greek an Roman Contribution", *in The Heritage of Western Culture*, ed. R. C. Chalmers (Toronto, 1952), 19~21에 나타난 수필도 참조 하라. 그녀는 육체와 영 사이의 대조는 헬라의 이원론에서 이끌어 오며, "균형이 회복되기 전에 육체의 변화에 대해서 수 세기 동안에 영향을 미쳐왔다"고 주장한다.

32. D. E. H. Whiteley, *The Theology of St. Paul* (Grand Rapids, 1964), 39.

33. George Eldon Ladd, *A Theology of the New Testament* (Grand Rapids, 1964), 472.

34. Cullmann, 25, 26.

35. 바울의 이원론에 대한 오해에 대해 통찰력 있는 연구를 위해서 다음의 문헌을 읽도록 하라. Ronald L. Hall, "Dualism and Christianity: A Reconsideration," *Center Journal* (Fall 1982), 43~45.

36. Robinson, 117.

37. D. R. G. Owen, *Body and Soul* (Philadelphia, 1956), 171.

38. Hall, 50.

39. Owen, 174.

40. Ibid., 174, 175.

41. Rudolf Bultmann, *Theology of the New Testament* (New York, 1951), 194.

42. Karl Barth, *Church Dogmatics* (Edinburgh, 1960), 3:2:436.

43. 기독교 역사를 통해서 교회의 지도자들과 학자들이 인간의 본질에 대한 전인적인 견해를 가

지고 있으며, 아울러 조건적인 불멸설을 주장하는 자들에 대한 연구를 위해 다음의 문헌을 참고하라. Edwin Froom, *The Conditionalist Faith of our Fathers: The Conflict of the Ages over the Nature and Destiny of Man* (Washington, D. C., 1965).

44. William Temple, *Christian Faith and Life* (London, 1954), 81.

45. William Temple, *Man, Nature and God* (London, 1953), 472.

46. Cullmann, 28.

47. Ibid., 47.

48. Ibid.

49. Martin J. Heinecken, *Basic Christian Teachings* (Philadelphia, 1949), 37, 133.

50. Basil F. C. Atkinson, *The Pocket Commentary of the Bible* (London, 1954), 1:32.

51. Claude Tresmontant, *St. Paul and the Mystery of Christ* (New York, 1957), 132, 133. 중고딕 부분 강조함. 이와 비슷한 맥락에서 불란서의 도미니카파의 학자인 트레멜(Y. B. Tremel)은 매우 주목할만한 인정을 다음과 같이 하고 있다. "신약은 분명히 죽음 후에 사람의 생명에 대해서 철학적으로나 또는 영혼의 자연적인 불멸의 관점에서 생각하고 있지 않다. 거룩한 저자들은 자연적인 과정의 일환으로 장차 올 생명을 생각하지 않는다. 오히려 그와는 반대로 그들에게 있어서 불멸은 언제나 구원과 구속의 결과로 오며, 하나님의 뜻과 그리스도의 승리에 전적으로 의존한다." ("Man Between Death and Resurrection", *Theology Digest*[Autumn 1957], 151).

52. Dom Wulstan Mork, *The Biblical Meaning of Man* (Milwaukee, WI, 1967), x.

53. Ibid., 49.

54. Reinhold Niebuhr, *The Nature and Destiny of Man* (New York, 1964), 295, 강조부분 주목할 것.

55. T. A. Kantonen, *The Christian Hope* (Philadelphia, 1954), 28.

56. Derwyn R. G. Owen, *Body and Soul: A Study of the Christian View of Man* (Philadelphia, 1956), 27.

57. Ibid., 29.

58. Ibid., 98.

59. Emil Brunner, *Eternal Hope* (Philadelphia, 1954), 106. 강조부분 주목할 것.

60. Ibid., 101.

61. Ibid.

62. Stephen H. Travis, *I Believe in the Second Coming of Jesus* (Grand Rapids, 1982), 198.

63. Ibid., 163.

64. Bruce R. Reichenbach, *Is Man the Phoenix? A Study of Immortality* (Grand Rapids, 1978), 54.

65. Donald G. Bloesch, *Essentials of Evangelical Theology* (San Francisco, 1979), Vol. 2, 188.

66. Anthony Hoekema, *The Bible and the Future* (Grand Rapids, 1979), 90.

67. F. F. Bruce, "Paul on Immortality", *Scottish Journal of Theology* 24, 4 (November 1971), 469.

68. Murray Harris, "Resurrection and Immortality: Eight Theses", *Themelios* 1/2 (Spring, 1976), 53.

69. Ibid.

70. Ralph Walter Doermann, "Sheol in the Old Testament", Doctoral dissertation, Duke University, (1961), 205.

71. H. Dooyeweerd, "Kuypers Wetenschapsleer", *Philsophia Reformata*, IV, 199〜201, as cited by G. C. Berkouwer, Man: The Image of God (Grand Rapids, 1972), 255, 256.

72. Anthony A. Hoekema, *The Bible and the Future* (Grand Rapids, 1979), 91.

제 4 장

1. Ray S. Anderson, *Theology, Death and Dying* (New York, 1986), 104.

2. See hans Schwarz, "Luther's Understanding of Heaven and Hell", *Interpreting Luther's Legacy*, ed. F. W. Meuser and S. D. Scheider (Minneapolis, 1969), 83〜94.

3. The text of this work is found *Calvin's Tracts and Treatises of the Reformed Faith*, trans. H. Beveridge (Grand Rapids, 1958), 3:413〜490.

4. See, for example, Charles Hodge, *Systematic Theology* (Grand Rapids, 1940), 3:713〜730; W. G. T. Shedd, *Dogmatic Theology* Grand Rapids, n.d.), 2:591〜640. G. C. Berkouwer, *The Return of Christ* (Grand Rapids, 1972), 32〜64.

5. Westminster Confession, chap. 32, as cited by John H. Leith, ed., *Creeds of the Churches* (Atlanta, 1977), 228.

6. See David Hume, *A Treatise of Human Nature* (Published in 1739). 사후에도 생명이 남아있다는 신앙에 대해서 공격한 사람들에 대한 간략한 연구를 위해서는 Robert A. Morey, *Death and the Afterlife* (Minneapolis, 1984), 173〜184를 보라.

7. K. Osis and E. Haraldson, *At the Hour of Death* (Avon, 1977), 13.

8. Ibid., 13, 14. See also W. D. Rees, "The Hallucinations of Widowhood", *BMJ* 4 (1971), 37〜41; G. N. M. Tyrrell, *Apparitions* (Duckworth, 1953), 76, 77.

9. Paul Badham and Linda Badham, *Immortality or Extinction?* (Totatwa, New Jersey, 1982), 93, 94.

10. Ibid., 94.

11. Ibid., 98.

12. Ibid., 95~98.

13. 이러한 특성들은 미국의 심령술사인 레이몬드 무디의 보고서로부터 온 것으로, 그는 이 주제에 관해서 다음의 두 권의 독창적인 책을 저술했다. *Life after Life* (1976), *Reflections on Life after Life* (1977). 무디의 보고서는 Schwarz, 40, 41에 인용되어 있다.

14. 전 역사에서 죽음 직전의 경험들에 관한 논의는 다음의 문헌을 보라. Hans Schwarz, *Beyond the Gates of Death: A Biblical Examination of Evidence for Life After Death* (Minneapolis, 1981), 37~48.

15. Plato, Republic, 10, 614, 621, in Edith Hamilton and Huntington Cairns, eds., *The Collected Dialogues of Plato Including the Letters* (New York, 1964), 839, 844.

16. Ibid., 844.

17. See C. S. King, *Psychic and Religious Phenomena* (New York, 1978). For further literature on the subject, see Stanislav Grof and Christiana Grof, *Beyond Death: the Gates of Consciousness* (New York, 1989); Maurice Rawlings, *Sacred and the Psychic: Parapsychology and the Christian Theology* (New York, 1984); Hans Schwarz, *Beyond the Gates of Death: A Biblical Examination of Evidence for Life After Death* (Minneapolis, 1981).

18. Paul Badham and Linda Badham, 88.

19. R. A. Moody, *Life after Life* (New York, 1975)의 표지에서.

20. Ibid., 182.

21. Editorial, *Lancet* (June 24, 1978)

22. Paul Kurtz, "Is There Life After Death?" a paper submitted to the Eighth International Conference on th Unity of the Science, Los Angeles, November 1979.

23. Paul Badham and Linda Badham, 81.

24. Anderson, 109.

25. Osis and Haraldsson, 197.

26. 중요한 뉴 에이지에 관한 연구들은 다음과 같다. Vishal Mangalwadi, *When the New Age Gets Old: Looking for a Greater Spirituality* (Downers Grove, Illinois, 1992); Ted Peters, *The Cosmic Self, A Penetrating Look at Today's New Age Movements* (New York, 1991); Michael Perry, *Gods Within: A Critical Guide to the New Age* (London, 1992); Robert Basil, ed., *Not Necessarily the New Age* (New York, 1988).

27. Elliot Miller, *A Crash Course on the New Age Movement* (Grand Rapids, 1989), 183.

28. Ibid., 141.

29. Ibid., 144.

30. Lynn Smith, "The New, Chic Metaphysical Fad of Channeling" *Los Angeles Times* (December

부활신학

5, 1986), Part V.

31. Advertisement, *The Whole Person*, July 1987, 1.

32. See NinaEaston, "Shirley MacLaine's Mysticism for the Masses", *Los Angeles Times Magazine* (September 6, 1987), 8.

33. Alan Vaughan, "Channels—Historic Cycle Begins Again", *Mobius Reports* (Spring/Summer 1987), 4.

34. "Jesus" (through Virginia Essene, "Secret Truths—What Is Life?" *Life Times*, 1, 3, as cited in Elliot Miller, 172.

35. Miller, 178.

36. Oscar Cullmann, "Immortality of the Soul or Resurrection of the Dead?" in Immortality and Resurrection. Death in the Sestern World: Two Conflicting Current of Thought, Krister Stendahl, ed., (New York, 1965), 12~20.

37. Ibid., 16, 17.

38. Ibid., 19.

39. Ibid.

40. *Catechism of the Catholic Church* (Rome, 1994), 265.

41. Augustus Hopkins Strong, *Systematic Theology* (Old Tappan, Jew Jersey, 1970), 982.

42. Henry Clarence Thiessen, *Lectures in Systematic Theology* (Grand Rapids, 1979), 338.

43. Francis Pieper, *Christian Dogmatics*, trans. Theodore Engelder (St. Louis, 1950), Vol. 1, 536.

44. Paul Althaus, *Die Letzten Dinge* (Gutersloth: Germany, 1957), 157.

45. Ibid., 155.

46. Ibid.

47. Ibid., 156.

48. John A. T. Robinson, *The Body, A Study in Pauline* Theology (London, 1957), 14.

49. Taito Kantonen, *Life after Death* (Philadelphia, 1952), 18.

50. E. Jacob, "Death", *The Interpreter's Dictionary of the Bible* (Nashville, 1962), 1:802.

51. Herman Bavink, "Death", *The International Standard Bible Encyclopaedia* (Grand Rapids, 1960), 2:812.

52. Jacobs, 803.

53. Howard W. Tepker, "Problem in Eschatology: The Nature of Death and the Intermediate State", *The Spring Fielder* (Summer 1965), 26.

54. Basil F. C. Atkinson, *Life and Immortality* (Taunton, England, n.d.), 38.

55. 강조부분 유의할 것.

56. W. Robertson Nicoll, ed., *Expositor's Bible* (New York, 1908), 362.

57. Albert Barnes, *Notes on the New Testament, Luke and John* (Grand Rapids, 1978), 297. 강조 부분 유의할 것.

58. Bruce R. Reichenbach, *Is Man the Phoenix* (Grand Rapids, 1978), 185. 강조 부분 의의할 것.

59. Martin Luther, *Werke* (Weimar, 1910), XVII, II, 235.

60. Ibid.

61. Ibid., XXXVII, 151.

62. Tepker, 26.

63. John W. Cooper, *Body, Soul, and Life Everlasting* (Grand Rapids, 1989), 151. 같은 견해가 Karel Hanhart, The Intermediate State of the Dead (Franeker, 1966), 106~114에서 표현된다; Murray Harris, *Raised Immortal* (London, 1986), 134~137.

64. Tepker, 26; "Egeiro", in *A Greek-English Lexicon of the New Testament*, ed. William F. Arndt and F. Wilbur Gingrich (Chicago, 1979), 214.

65. Vern A. Hannah, "Death, Immortality and Resurrection: A Response to John Yates, 'The Origin of the Soul,'" *The Evangelical Quarterly* 62:3 (1990), 249.

66. S. Mikolaske, ed., *The Creative Theology of P. T. Forsyth* (Grand Rapids, 1969), 249.

67. Hannah, 245.

68. Ibid., 244.

69. Cullmann, 19.

70. Helmut Thieliche, *Tod un Leben*, 30, 43, as cited by G. C. Berkouwer, *Man: The Image of God* (Grand Rapids, 1972), 253.

제 5 장

1. See Table 2. I Religious Belief Europe and the USA, in Tony Walter, *The Eclipse of Eternity* (London, 1996), p. 32

2. "Heaven and Hell: Who Will Go Where and Why?" *Christianity Today* (May 27, 1991), p.29.

3. Alexander Heidel, *The Gilgamish Epic and the Old Testament Parallels* (Chicago, 1949), 170~207.

4. See Desmond Alexander, "The Old Testament View of Life After Death", *Themelios* 11, 2 (1986), 44.

부활신학

5. Robert A. Morey, *Death and the Afterlife* (Minneapolis, 1984), 72

6. *Selected Shorter Writings of Benjamin B. Warfield.* ed. J. Meeter (Trenton, New Jersey, 1970), 339, 345.

7. George Eldon Ladd, "Death", *The New Bible Dictionary,* eds. F.F. Bruce and others, (Grand Rapids, 1962), 380

8. J. G. S. S. Thomson, "Death and State of the Soul after Death", in *Basic Christian Doctrines,* de. Darl F. H. Fenry (New York, 1962), 271.

9. Morey, 73.

10. William G. T Shedd, *The Doctrine of Endless Punishment* (New York 1886), 23 See also Louis Berkhof, *Systematic Theology* (Grand Rapids, 1953), 685; Jon E, Barun, *Whatever Happened to hell?* (Nashville, 1979), 132~142.

11. John W. Cooper, *Body, Soul, and Life Everlasting: Biblical Anthropology and the Monism-Debate* (Grand Rapids, 1989), 61.

12. Theodore H. Gester, "Abode of the Dead", *The Interpreter's Dictionary of the Bible* (Nashville, 1962), 788.

13. Johannes Pedersen, *Israel: Its life and Culture* (Atlanta, 1991), 1:462.

14. Ralph Walter Doermann, "Sheol in the Old Testament", Ph. D. dissertation, Duke University, (1961), 191.

15. Gaster, 787.

16. Doermann, 37.

17. See also Ps 30:3; Prov 1:12;ls 14:15; 38:18; Ez 31:16.

18. In Numbers 16:33 it is used of rye rebels who "perished in Sheol."

19. Anthony A. Hoekema. *The Bible and the Future* (Grand Rapids, 1979), 96.

20. Hans Walter Wolff. *Anthropology of the Old Testament* (London, 1974), 103.

21. N. H. Snaith, "Life after Death", *Interpretation* I (1947), 322.

22. Morey, 28.

23. Robert A. Peterson, *Hell on Trial: The Case for Eternal Punishment* (Phillpsburgh, New Jerseym 1995), 28.

24. 욥 26:5; 시 88:10; 잠 2:18; 9:18; 21:16; 사 14:9; 26:14, 19.

25. Morey, 78.

26. Paul Haupt,"Assyrian Rabu, 'To Sink' —Hebrew rapha", *American Journal of Semitic Languages and Literature* 33 (1916, 1917), 48.

27. Pedersen, 180.

28. Cooper, 71, 72.

29. Ibid.

30. Basil F. C. Atkinson, *Life and Immortality: An Examination of the Nature and Meaning of Life and Death as They Are Revealed in the Scriptures* (Taunton, England, n. d.), 41, 42.

31. Cooper, 65, 66.

32. Morey, 49.

33. G. C. Berkouwer, *The Rapture of Christ* (Grand Rapids, 1972), 63. 안토니 훼케마는 그리스도의 재림에 관해   발견되는 문장의 영어번역이 "누군가가 신약이 선포하고 있는 것에 어떤 것을 더할 수 있는 것처럼" 그것을 "선포"로 해석하므로 '속삭이다'(fiuistering)는 화란어 단어를 정확하게 재생해내지 않고 있다고 지적하고 있다(Hoekema, 94).

34. Edward William Fudge, *The Fire That Consumes. A Biblical and Historical Study of the Final Punishment* (Houston 1989), 205.

35. For an informative discussion of the adoption of the Greek conception of *hades* during the intertestamental period, see Joachim Jeremias, "Hades", *Theological Dictionary of the New Testament,* ed. Gerhard Kittel (Grand Rapids, 1974), Vol. 1, 147–148.

36. 마 11:23; 16:18; 눅 10:15; 16:23; 행 2:27, 31; 계 1:18, 6:8; 20:13; 20:14.

37. 고전 15:55.

38. 마 5:22, 29, 30; 10:28; 18:9; 23:15, 33; 막 9:43, 45, 47; 눅 12:5; 약 3:6

39. 카렐 한하르트(Karel Hanhart)는 암스텔담 대학교에서 발표한 그녀의 논문에서 근본적으로는 동일한 결론을 제시했다. 그녀는 기록하기를 "우리는 이 구절들이 우리의 문제[중간기 상태에 대한]에 어떤 명확한 빛을 주고 있지 않다고 결론 맺는다. 죽음, 가장 깊은 현실, 극도의 비천과 심판을 위한 장소로써 하데스란 용어는 스올을 뜻하고 있는 구약을 넘어가지 않고 있다(Karel Hanhart, "The Intermediate State in the New Testament, "Doctoral dissertation, University of Amsterdam, [1966], 35).

40. Peterson, 67.

41. Josephus, *Discourse to the Greeks Concerning Hades, in Josephus Complete Works.* trans. William Whiston (Grand Rapids, 1974), 637.

42. Ibid.

43. Ibid.

44. Ibid.

45. Ibid.

46. 하데스에 있는 죽은자의 상태에 대한 중간기의 유대문헌에 대한 간략한 연구를 위해서는 Hanhart, 18~31을 참조하라.

부활신학

47. Cooper, 139.

48. Ibid.

49. Ibid.

50. Norval Geldenhuys, *Commentary on the Gospel of Luke* (Grand Rapids, 1983), 611.

51. Morey, 211, 212.

52. Helmut Thielicke, *Living with Death*, trans. Geoffrey W. Bromiley (Grand Rapids, 1983), 177.

53. Rey S. Anderson, *On Being Human* (Grand Rapids, 1982), 117.

54. 강조부분 참조.

55. Atkinson, 67.

56. G. C. Berkouwer, *Man: The Image of God* (Grand Rapids, 1962), 265.

57. Hanhart, 184.

58. See, for example, G. C Berkouwer, *The Return of Christ* (Grand Rapids. 1972), 55~59; John Calvin, *Second Epistle of Paul, the Apostle to the Corinthians, ad, loc,; R. V. G. Tasker, The Second Epistle of Paul to the Corinthians, ad loc.;* for an extensive bibliography see Karel Hanhart, 150~155.

59. Morey, 210.

60. Ibid.

61. See C. H. Dodd, *The Bible and the Greeks* (New York, 1954), pp. 191~195; Philo speaks of man's longing for the state of the naked soul in *Legum Allegoriae* 2, 57, 59.

62. 그러한 견해를 가지고 있는 학자들의 리스트를 위해서는 다음의 책을 보라. Murray J. Harris, *Raised Immortal: Resurrection and Immortality in the New Testament* (London 1986), 255.

63. See, F. F. Bruce, *Paul: Apostle of the Heart Set Free* (Grand Rapids. 1977), 310.

64. See for example, James Denney: *Second Epistle to the Corinthians* (New York, 1903), *ad loc;* Floyd V. Filson, *the Second Epistle to the Corinthians, in The Interpreter's Bible* (New York 1952), Vol. 10, ad loc; Philipe. Hughes, *Paul's Second Epistle to the Corinthians* (Grand Rapids, 1976), ad loc; Atkinson, 64, 65; *The Seventh-day Adventist Commentary* (Washington, D.C, 1957), 6:861~863.

65. Hanhart, 156.

66. 강조부분 참조.

67. Peterson, 185.

68. Morey, 214.

69. George Eldon Ladd, *A Commentary on the Revelation of John* (Grand Rapids, 1979), 103.

70. 예컨대, 안토니 훼케마는 "흰옷과 쉬는 것은 그들이 마지막 부활을 내다보면서 일종의 예비적인 축복을 즐기는 것이라고 제시한다"는 것이다(235). 다음을 참조하라. Harris, 138; G. B. A Caird, *A Commentary on the Revelation of St. John the Divine* (New York, 1966), 86; R. H. Preston and A. T. Hanson, *The Revelation of Sant John the Divine* (London, 1949), 81.

71. Robet H. Mounce, *The Book of Revelation* (Grand Rapids. 1977), 160.

제 6 장

1. Bertland Russell, *Why I Am Not a Christian* (London, 1976), 22, 23.

2. John F. Walvoord, "The Literal View", *in Four Views on Hell*, ed. William Crockett (Grand Rapids, 1992). 12.

3. Clark H. Pinnock "Response to John F. Walvoord", in *Four Views on Hell, ed.*, William Corckett, " Grand Rapids, 1992), 39.

4. For a concise but compelling presentation of the metaphorical view of hell, see William Crokett, "The Metaphorical View", in Four Views of Hell, ed. William Crockett (Grand Rapids, 1992), 43~81.

5. Ibid., 46, 47.

6. Jonathan Edwards, in John Gerstner, *Jonathan Edwards on Heaven and Hell* (Grand Rapids, 1980), 56.

7. As cited by Fred Carl Kuehner, "Heaven or Hell?" in *Fundamentals of the Faith* ed, Carl F. H. Henry (Grand Rapids, 1975), 239.

8. Robert A Peterson, Hell on Trial! *The Case for Eternal Punishment* (Phillipsburg, New Jersey, 1995), 200, 201.

9. See, for example, Walvoord, 11~31; Robert A. Morey, Death and the Afterlife (Minneapolis, 1984), 100~172; E. B. Pusey, *What Is the Faith as to Eternal Punishment?* (Oxford, 1880).

10. R, N. Whybray, *Isaiah* 40~66, New Century Bible Commentary (Grand Rapids, 1975), 293.

11. Peterson, 32. See also Harry Buis, *The Doctrine of Eternal Punishment* (Philadelphia, 1957), 13.

12. Edward W, Fudge, *The Fire That Consumes. A Biblical and Historical Study of the Final Punishment* (Houston, 1982), 112.

13. Peterson, 36.

14. Andre Lacoque, *The Book of Daniel* (Atlanta, 1979), 241.

15. Emmanuel Petavel, *The Problem of Immortality* (London, 1892), 323.

16. The quotations from the Apocrypha are from R. H. Charles, *The Apocrypha and Pseudepigrapha of the Old Testament in English* (Oxford, 1913), 1.

17. Josepehus, War of the Jews 2, 9, 11, cited from *Josephus Complete Works trans. William Whiston* (Grand Rapids, 1974), 478.

18. Ibid.

19. Ibid.

20. The text of the Dead Sea Scrolls is cited from Andre Dupont Sommer, ed. The *Essene Writings from Qumran*, trans. G. Vermes (New York, 1962).

21. 강조부분 유의함. 악한자의 마지막 멸망과 관련한 언급들은 사해두루마리의 전반적인 부분에서 발견된다. 다른 본문들이나 논의를 위해서는 Fudge, 136~140를 참조하라.

22. Kenneth Kantzer, "Troublesome Questions", *Christianity Today* (March 20, 1987), 45. 이와 유사하게 W. T. G. Shedd는 다음과 같이 기록한다. "영원한 형벌의 교리를 가장 강하게 지지하는 것은 인류의 구속주 되시는 그리스도의 가르침이다. 비록 그 교리가 분명히 바울 서신들과 성경의 다른 부분들에서 가르쳐지고 있지만, 성육하신 하나님의 분명하고도 단호한 진술들이 없이는 그토록 두려운 진리가 기독교의 신조들에서 늘 있었던 것처럼 미심쩍은 위치에 있게될 것이다. … 만약 그분께서 그들에게 충분히 부합하는 미래의 멸망이 없고 벌레도 죽지 않는 불에 대해서 알고 계시면서, 동시에 결코 끌 수 없는 불에 대해서는 반대하셨다면, 그리스도께서 저토록 빈번히 또 진지하게 사람에 대해서 경고하실 수 없었을 것이다(Dogmatic Theology [New York, 1888], 665, 666).

23. Leon Morris, "The Dreadful Harvest," *Christianity Today* (May 27, 1991), 34.

24. "Hell," *Protestant Dictionary,* ed. Charles Sydney and G. E. Alison Weeks (London, 1933), 287.

25. Josephus, *War of the Jews* 6, 8, 5; 5, 12, 7.

26. Fudge, 161.

27. Peterson, 44.

28. 강조부분 유의.

29. Peterson, 47.

30. John Stott and David L. Edwards. *Essentials: A Liberal Evangelical Dialogue* (London, 1988), 316.

31. R. V. G. Tasker, *The Gospel According St. Matthew. An Introduction and Commentary* (Grand Rapids, 1963), 240.

32. 강조부분 유의.

33. Stott, 317.

34. Basil F. C. Atkinson, *Life and Immortality, An Examination of the Nature and Meaning of Life and Death as They Are Revealed in the Scriptures* (Taunton, England, n. d.), 101.

35. 강조부분 유의.

36. Anthony A. Hoekema, *The Bible and the future* (Grand Rapids, 1979), 270.

37. Harry Buis, *The Doctrine of Eternal Punishment* (Philadelphia, 1957), 49

38. 강조부분 유의.

39. 강조부분 유의.

40. Fudge, 172.

41. See, for example, Peterson, 78, 79.

42. Ibid., 88.

43. Robert A. Morey, *Death and the Afterlife* (Minneapolis, 1984), 144. 동일한 견해가 해리 부이스(Harry Buis)에 의해서 다음과 같이 표현된다. "서신과 계시록에 있는 이런 구절들은 사도들이 심각한 생애의 선택을 가르치는 그들의 주님의 교훈을 따르고 있다는 것을 입증한다. 그것들은 영원한 생명이냐 아니면 영원한 죽음인가를 결정하는 심판의 사실을 분명하게 가르치고 있으며, 이는 존재의 정지가 아니라 오히려 잃어버린 자가 죄의 끔찍한 결과를 경험하는 하나의 존재인 것이다. 그들은 이러한 존재가 끝이 없다는 것을 가르친다(48).

44. J. P. M. Sweet, *Revelation* (Philadelphia; 1979), 228.

45. 강조부분 유의.

46. Harold E. Guillebaud, *The Righteous Judge: A Study of the Biblical Doctrine of Everlasting Punishment* (Taunton, England, n. d.), 24.

47. Walvoord, 23.

48. George Eldon Ladd, *A Commentary on the Revelation of John* (Grand Rapids, 1979), 270.

49. Peterson, 90.

50. As cited by J. Massyngberde Ford, *Revelation, Introduction, Translation and Commentary*, The Anchor Bible (New York, 1975), 393.

51. M. McNamara. *The New Testament and the Palestinian Targum to the Pentateuch* (New York, 1958), 117.

52. Ibid.

53. Ibid., 123.

54. Ibid.

55. Robert H. Mounce, *The Book of Revelation* (Grand Rapids, 1977), 367.

56. Henry Alford, *Apocalypse of John in The Greek Testament* (Chicago, 1958), Vol. 4, 735, 736.

57. Billy Graham, "There is a Real Hell", *Decision* 25 (July–August 1984), 2. Elsewhere Graham asks: "Could it be that the fire Jesus talked about if an eternal search for God that is never quenched? That, indeed, would be hell. To be away from God forever, separated from His Presence" (*in The Challenge: Sermons from Madeison Square Garden* [Garden City, New York, 1969], 75

58. Crockett, 43.

59. Ibid., 44.

60. Ibid

61. Ibid., 59.

62. Ibid., 60.

63. The statement is from Professor Coleman–Norton at Princeton University and quoted by Bruce M. Metzger in "Literary and Canonical Pseudepigrapha", *Journal of Biblical Literature* 91 (1972), 3.

64. Crockett, 61.

65. Jacques Ellul, *Apocalypse, The Book of Revelation* (New York, 1977), 212.

66. See, Arthur W. Pink, *Eternal punishment* (Swengel, Pennsylvania, n. d.),p. 2; William Hendricksen, *The Bible on the Life Hereafter* (Grand Rapids, 1963), 188.

67. J. I. Packer, "Evangelicals and the Way of Salvation: New Challenges to the Gospel Universalism and Justification by Faith", *in Evangelical Affirmations*, ed. K.

68. Pinnock, 161.

69. Ibid., 162.

70. Stott, 319, 320.

71. Ibid., 314, 315.

72. James D. G. Dunn, "Paul's Understanding of the Death of Jesus", *in Reconciliation and Hope: New Testament Essays on Atonement and Eschatology* ed. Robert Banks (Grand Rapids, 1974), 136.

73. 대속죄일의 표상과 그것의 성취를 위해서는 다음의 책을 참조하라: Samuele Bacchocchi, *God's Festival. Part 2: The Fall Festivals* (Berrien Springs, 1996), 127~205.

74. Leon Morris, *The Cross on the New Testament* (Grand Rapids, 1965), 47.

75. Atkinson, 103.

76. 이 논증을 분석하기 위해서는 Fudge, 232, 233을 참조하라.

77. Edward White, Life of Christ: *A Study of the Scripture Doctrine on the nature of Man, the Object of the Divine Incarnation, and the Condition of Human Immortality* (London, 1878),

241.

78. Atkinson, 85–56.

79. Stott, 315.

80. Ibid., 316.

81. Pinnock, 147.

82. Ibid., 149, 150.

83. Clark H. Pinnock, "The Destruction of the Finally Impenitent," *Criswell Theological Review* 4/2 (1990), 247.

84. John Hick, *Death and Eternal Life* (New York, 1976), 199, 201.

85. As cited by Philip Schaff, *History of the Christian Church* (Grand Rapids, 1958), 8:782.

86. Ibid., 785.

87. Ibid., 786.

88. Stott, 318, 319.

89. Hick, 201.

90. Harry Buis, "Everlasting Punishment", *The Zondervan Pictorial Encyclopedia of the Bible* (Grand Rapids. 1978), 4:956.

91. Pinnock, 152, 153.

92. Hans Kung, *Eternal Life, Life after Death as a Medical, Philosophical and Theological Problem* (New York 1984), 137.

93. Ellen G. White, *The Desire of Ages* (Mountain View, California, 1950), 638.

94. Stott, 319.

95. Ibid.

제 7 장

1. Anthony J. Willhelm, Christ among Us. *A Modern Presentation of the Catholic Faith* (New York, 1985), 417

2. Ibid., 416

3. Oscar Cullman, *Christ and Time* (Philadelphia, 1964), 147.

4. G. C. Berkouwer, *The Return of Christ* (Grand Rapids, 1972), 34. The same view is expressed by Russell Foster Aldwincinckle, *Death in the Secular City* (London, 1972), 82에서 재인용함.

5. Cullman, 234.

6. Stephen H. Travis, *I Believe in the Second Coming of Jesus* (Grand Rapids, 1982), 171.

7. Oscar Cullmann, *Salvation in History* trans. S. G. Sowers (New York, 1967), 84.

8. See, for example, J. Dwight, *Pentecost Things to Come* (Grand Rapids, 1980), 402–411.

9. 안토니 훼케마도 같은 견해를 다음과 같이 표현한다. : "여기서 대조가 되는 것은 신자와 불신자의 부활 사이의 대조가 아니라, 그리스도 안에서 죽은 자들과 그리스도께서 오실 때에 살아있는 자들의 휴거 사이의 대조이다. 바울은 죽은 신자들 부활은 재림의 때에 살아있는 자들의 휴거와 변화 전에 있을 것이다"(*The Bible and the Future* [Grand Rapids, 1979], 244).

10. 재림교인들은 재림 때에 하나님의 일에 맹렬히 반대했던 일단의 악한 자들의 "특별 부활"을 믿는다. 이러한 신앙은 기본적으로 요한계시록 1:7에 근거한 것으로 영광스런 재림의 때(단 12:2)에 "그를 찌른 자도 볼터이요"라는 말씀에 근거한다.

11. Hoekema, 247.

12. J. N. D. Kelly, *Early Christian Doctrines* (New York, 1960), 467.

13. George Eldon Ladd, *The Last Things* (Grand Rapids, 1979), 79.

14. See, for example, W. D. Davies, *Paul and Rabbinic Judaism* (New York, 1955), 183, 308; R. Kabisch, *Die Eschatologie des Paulus* (Gottingen, 1893), 113.

15. Murray J. Harris, *Raised Immortal. Resurrection and Immortality in the New Testament* (London, 1986), 121.

16. Hoekema, 250.

17. G. C. Berkouwer, *The Return of Christ* (Grand Rapids, 1963), 192.

18. Ibid.

19. Hoekema, 250.

20. A comparative table listing the various versions of the Apostles' Creed is founded in Philip Schaff, *History of the Christian Church* (Grand Rapids, 1982), 181.

21. Tertullian, *On the Resurrection of the Flesh, Chapter 35, in The Ante-Nicene Fathers* (Grand Rapids, 1973), 3:571.

22. Michael Perry, *The Resurrection of Man* (Oxford, 1975), 119.

23. Karl Barth, *Dogmatics in Outline* (New York, 1959), 154.

24. Helmut Thielicke, *Death and Life* (Philadelphia, 1970), 198.

25. John W. Cooper, "The Identity of the Resurrected Persons: Fatal Flaw of Monistic Anthropology", *Calvin Theological Journal* 23/I (April 1988), 26.

26. Ibid., 20.

27. Ibid., 27.

28. Charles Hartshorne, *The Logic of Perfection* (Lasalle, Illinois, 1962), 177, 178.

29. Ellen G. White, *Child Guidance* (Nashville, 1954), 229.

30. Ibid., 164, 165.

31. 미래에 있을 마지막 심판을 간과하거나 부정하는 신학자들에 대한 간단한 토론은 다음의 책을 참조하도록 하라. Leon Morris, *The Biblical Doctrine of Judgment* (Grand Rapids, 1960), 54~58 참조.

32. T. Francis Glasson, "The Last Judgment in Rev. 20 and Related Writings", *New Testament Studies* 28 (1982), 537.

33. *In Tracts and Treatises in Defense of the Reformed Faith, trans, H. Beveridge* (Grand Rapids, 1965), 3:152.

34. Emil Brunner, *The Letter to the Romans* (London, 1959), 20.

35. William Barclay, *The Letter to Timothy, Titus, and Philemon* (Philadelphia, 1960), 232~234.

36. Austin M. Farrar, *The Revelation of St. John the Divine* (Oxford, 1964), 210.

37. Austin M. Farrar, *The Revelation of St. John the Divine* (Oxford, 1964), 210.

38. Berkouwer, 220.

39. J. Behm, "Kainos", *Theological Dictionary of the New Testament*, ed. Gerhard Kittel (Grand Rapids, 1974), 3:447.

40. Hoekema, 281.

41. Travis, 176에서 재인용.

42. See, Samuele Bacchiocchi, *The Sabbath in the New Testament* (Berrien Springs, Michigan, 1985), 50~65: also, *Divine Rest for Human Restlessness* (Berrien Springs, Michigan, 1994), 134~138.

43. Shirley C. Guthrie, *Christian Doctrine* (Atlanta, 1968), 398.

44. Augustine, *City of God*, 22~30.

45. Ellen G. White, *The Great Controversy Between Christ and Satan* (Mountain View, California, 1950), 677.

46. Steve Travis, *I Believe in the Second Coming of Jesus* (Grand Rapids, 1982).

47. Ibid., 171.

48. See, for example, Arvin Vos, *Aquinas, Calvin, and Contemporary Protestant Thought* (Grand Rapids, 1985), 124~133.

49. John W. Cooper, *Body, Soul, and Life Everlasting: Biblical Anthropology and the Monism-Dualism Debate* (Grand Rapids, 1989), 203.

50. White, *The Great Controversy Between Christ and Satan*, 678.

부활신학
Immortality or Resurrection?

초판인쇄 2014년 7월 14일
초판발행 2014년 7월 17일

저 자 사무엘레 바키오키
역 자 장병호
발행인 김경직
발행처 기독교리서치연구소
출판등록 2009년 9월 14일
발행처등록 제315-2009-000053
주 소 서울시 강서구 염창동 282-9
          현대아이파크 업무동 106호
전 화 010-8074-9191
E-mail thank33@naver.com
우편받는곳 150-010 여의도 우체국 사서함 227호

정가 15,000원
ISBN 978-89-963195-2-8 93210